여러분의 합격을 응원하는
해커스경찰의 특별 혜택!

📝 회독용 답안지 (PDF)

해커스경찰(police.Hackers.com) 접속 후 로그인 ▶ 상단의 [교재·서점 → 무료 학습 자료] 클릭 ▶
본 교재 우측의 [자료받기] 클릭하여 이용

FREE 경찰헌법 특강

해커스경찰(police.Hackers.com) 접속 후 로그인 ▶ 상단의 [무료강좌 → 경찰 무료강의] 클릭하여 이용

해커스경찰 온라인 단과강의 20% 할인쿠폰

3274F3524496B93N

해커스경찰(police.Hackers.com) 접속 후 로그인 ▶ 상단의 [내강의실] 클릭 ▶
[쿠폰/포인트] 클릭 ▶ 쿠폰번호 입력 후 이용

* 등록 후 7일간 사용 가능(ID당 1회에 한해 등록 가능)

경찰 합격예측 온라인 모의고사 응시권 + 해설강의 수강권

D864697848ECB7EV

해커스경찰(police.Hackers.com) 접속 후 로그인 ▶ 상단의 [내강의실] 클릭 ▶
[쿠폰/포인트] 클릭 ▶ 쿠폰번호 입력 후 이용

* ID당 1회에 한해 등록 가능

쿠폰 이용 관련 문의 1588-4055

단기 합격을 위한 해커스경찰 커리큘럼

입문
탄탄한 기본기와 핵심 개념 완성!
누구나 이해하기 쉬운 개념 설명과 풍부한 예시로 부담없이 쌩기초 다지기

TIP 베이스가 있다면 **기본 단계**부터!

▼

기본+심화
필수 개념 학습으로 이론 완성!
반드시 알아야 할 기본 개념과 문제풀이 전략을 학습하고
심화 개념 학습으로 고득점을 위한 응용력 다지기

▼

기출+예상 문제풀이
문제풀이로 집중 학습하고 실력 업그레이드!
기출문제의 유형과 출제 의도를 이해하고 최신 출제 경향을 반영한
예상문제를 풀어보며 본인의 취약영역을 파악 및 보완하기

▼

동형문제풀이
동형모의고사로 실전력 강화!
실제 시험과 같은 형태의 실전모의고사를 풀어보며 실전감각 극대화

▼

최종 마무리
시험 직전 실전 시뮬레이션!
각 과목별 시험에 출제되는 내용들을 최종 점검하며 실전 완성

PASS

* 커리큘럼 및 세부 일정은 상이할 수 있으며,
자세한 사항은 해커스경찰 사이트에서 확인하세요.

단계별 교재 확인 및
수강신청은 여기서!

police.Hackers.com

해커스경찰 황남기 경찰헌법

Season 1 쟁점별 모의고사

해커스

황남기

약력

현 | 해커스경찰 헌법 강의
    해커스공무원 헌법/행정법 강의

전 | 동국대 법대 겸임교수
    외교부 사무관
    윌비스 헌법/행정법 대표교수
    제27회 외무 고등고시 수석합격
    2012년 공무원 승진시험 출제위원
    연세대, 성균관대, 한양대, 이화여대, 중앙대, 전남대,
    전북대 사법시험 특강

저서

해커스경찰 황남기 경찰헌법 기본서
해커스경찰 황남기 경찰헌법 핵심요약집
해커스경찰 황남기 경찰헌법 Season 1 쟁점별 모의고사
해커스경찰 황남기 경찰헌법 Season 2 진도별 모의고사
해커스경찰 황남기 경찰헌법 Season 3 전범위 모의고사 Vol.1 1차 대비
해커스경찰 황남기 경찰헌법 Season 3 전범위 모의고사 Vol.2 2차 대비
해커스경찰 황남기 경찰헌법 3개년 핵심+최신 판례집 2024 상반기
해커스경찰 황남기 경찰헌법 최신 판례집 2023 하반기
해커스공무원 황남기 헌법 기본서 1권
해커스공무원 황남기 헌법 기본서 2권
해커스공무원 황남기 헌법 단원별 기출문제집
해커스공무원 황남기 헌법 진도별 모의고사 기본권편
해커스공무원 황남기 헌법 진도별 모의고사 통치구조론편
해커스공무원 황남기 헌법족보
해커스공무원 황남기 헌법 최신 판례집
해커스공무원 황남기 행정법총론 기본서
해커스공무원 황남기 행정법각론 기본서
해커스공무원 황남기 행정법 모의고사 Season 1
해커스공무원 황남기 행정법 모의고사 Season 2
해커스공무원 황남기 행정법총론 최신 판례집
황남기 경찰헌법 기출총정리, 멘토링
황남기 행정법총론 기출문제집, 멘토링
황남기 행정법각론 기출문제집, 멘토링

서문

본 교재는 헌법 과목의 기출 선지를 쟁점별로 정리했으며, 기출문제 공부를 충실히 했는지를 점검할 수 있는 모의고사 교재입니다. 모의고사는 이론공부보다 시험장과 비슷한 상황에서 훈련하는 것이 주된 목적입니다. 따라서 다음 사항을 주의해서 본 교재를 활용하시기 바랍니다.

1. 모의고사는 20문제당 13분 정도의 시간을 기준으로 풀기 바랍니다.

2. 틀린 문제는 암기가 안 된 것인지, 실수인지, 이해를 못 해서인지 분석하시기 바랍니다.

3. 틀린 문제에 해당하는 범위의 기출문제를 다시 보시기 바랍니다.

4. 많이 틀린 파트는 발췌강의를 수강하시거나 기본서 공부를 다시 하시기 바랍니다.

5. 이후에 모의고사 선지를 암기하시기 바랍니다.

황남기 헌법 모의고사는 매주 토요일 해커스 노량진 학원에서 1년 동안 상시적으로 진행됩니다. 가능한 한 현장에서 진행하는 모의고사에 참여해 보는 것이 실전 훈련에 큰 도움이 될 것입니다.

더불어 경찰공무원 시험 전문 **해커스경찰(police.Hackers.com)**에서 학원강의나 인터넷동영상강의를 함께 이용하여 꾸준히 수강한다면 학습효과를 극대화할 수 있습니다.

본 교재 작업에는 7급 합격생 다수가 참여하여 정리 작업을 해주었습니다. 또한 해커스 편집팀의 수고가 많이 담겨 좋은 교재로 나오게 되었습니다. 참여해 주신 분들에게 감사드립니다. 황남기 헌법 시리즈와 행정법 시리즈는 계속해서 출간될 예정이니 공부 후 실력 점검과 내용 보충에 활용하시기 바랍니다.

2025년 1월
황남기

목차

문제

1회	쟁점별 모의고사 (헌법의 의의와 기능 ~ 법치주의원리)	8
2회	쟁점별 모의고사 (법치주의원리 ~ 현행헌법상의 지방자치제도)	16
3회	쟁점별 모의고사 (기본권 총론 ~ 인간의 존엄성)	24
4회	쟁점별 모의고사 (생명권 ~ 평등권)	34
5회	쟁점별 모의고사 (신체의 자유)	44
6회	쟁점별 모의고사 (사생활의 자유 ~ 언론·출판의 자유)	54
7회	쟁점별 모의고사 (집회 및 결사의 자유 ~ 직업선택의 자유)	64
8회	쟁점별 모의고사 (직업선택의 자유 ~ 현행헌법의 선거제도)	72
9회	쟁점별 모의고사 (공무담임권 ~ 국가배상청구권)	80
10회	쟁점별 모의고사 (범죄피해자구조청구권 ~ 국민의 기본적 의무)	88

정답 및 해설

| 1회 | 쟁점별 모의고사
(헌법의 의의와 기능 ~ 법치주의원리) | 98 |

| 2회 | 쟁점별 모의고사
(법치주의원리 ~ 현행헌법상의 지방자치제도) | 107 |

| 3회 | 쟁점별 모의고사
(기본권 총론 ~ 인간의 존엄성) | 116 |

| 4회 | 쟁점별 모의고사
(생명권 ~ 평등권) | 125 |

| 5회 | 쟁점별 모의고사
(신체의 자유) | 135 |

| 6회 | 쟁점별 모의고사
(사생활의 자유 ~ 언론·출판의 자유) | 144 |

| 7회 | 쟁점별 모의고사
(집회 및 결사의 자유 ~ 직업선택의 자유) | 153 |

| 8회 | 쟁점별 모의고사
(직업선택의 자유 ~ 현행헌법의 선거제도) | 162 |

| 9회 | 쟁점별 모의고사
(공무담임권 ~ 국가배상청구권) | 170 |

| 10회 | 쟁점별 모의고사
(범죄피해자구조청구권 ~ 국민의 기본적 의무) | 179 |

해커스경찰
police.Hackers.com

2025 해커스경찰 황남기 경찰헌법 Season 1 쟁점별 모의고사

쟁점별 모의고사

1회 쟁점별 모의고사
(헌법의 의의와 기능
~ 법치주의원리)

2회 쟁점별 모의고사
(법치주의원리
~ 현행헌법상의 지방자치제도)

3회 쟁점별 모의고사
(기본권 총론
~ 인간의 존엄성)

4회 쟁점별 모의고사
(생명권 ~ 평등권)

5회 쟁점별 모의고사
(신체의 자유)

6회 쟁점별 모의고사
(사생활의 자유
~ 언론·출판의 자유)

7회 쟁점별 모의고사
(집회 및 결사의 자유
~ 직업선택의 자유)

8회 쟁점별 모의고사
(직업선택의 자유
~ 현행헌법의 선거제도)

9회 쟁점별 모의고사
(공무담임권
~ 국가배상청구권)

10회 쟁점별 모의고사
(범죄피해자구조청구권
~ 국민의 기본적 의무)

1회 쟁점별 모의고사
(헌법의 의의와 기능 ~ 법치주의원리)

소요시간: _____ / 15분   맞힌 답의 개수: _____ / 20

문 1. 관습헌법에 관한 설명으로 옳은 것을 모두 고른 것은? (다툼이 있는 경우 판례에 의함)

> ㄱ. 성문헌법이라고 하여도 그 속에 모든 헌법사항을 빠짐없이 완전히 규율하는 것은 불가능하고 헌법은 국가의 기본법으로서 간결성과 함축성을 추구하기 때문에 형식적 헌법전에는 기재되지 아니한 사항이라도 이를 관습헌법으로 인정할 소지가 있다.
> ㄴ. 헌법사항에 관하여 형성되는 관행 내지 관례가 전부 관습헌법이 되는 것은 아니고 강제력이 있는 헌법규범으로서 인정되려면 엄격한 요건들이 충족되어야만 하며, 이러한 요건이 충족된 관습만이 관습헌법으로서 성문의 헌법과 동일한 법적 효력을 가진다.
> ㄷ. 헌법 제1조 제2항은 "대한민국의 주권은 국민에게 있고, 모든 권력은 국민으로부터 나온다."라고 규정한다. 이와 같이 국민이 대한민국의 주권자이며, 국민은 최고의 헌법제정권력이기 때문에 성문헌법의 제·개정에 참여할 뿐만 아니라 헌법전에 포함되지 아니한 헌법사항을 필요에 따라 관습의 형태로 직접 형성할 수 있다.
> ㄹ. 관습헌법이 성립하기 위하여서는 기본적 헌법사항에 관하여 어떠한 관행, 관행의 반복성, 항상성, 명료성, 국민적 합의를 요한다.
> ㅁ. 관습헌법도 헌법의 일부로서 성문헌법의 경우와 동일한 효력을 가지기 때문에 그 법규범은 헌법 제130조에 의거한 헌법개정의 방법에 의하여만 개정될 수 있으며, 단순히 관습헌법을 지탱하고 있는 국민적 합의성을 상실했다는 이유만으로는 그 법적 효력을 상실하지 않는다.

① ㄱ, ㄴ
② ㄴ, ㄷ
③ ㄷ, ㄹ, ㅁ
④ ㄱ, ㄴ, ㄷ, ㄹ

문 2. 헌법해석에 관한 설명으로 가장 적절하지 않은 것은? (다툼이 있는 경우 판례에 의함)

① 헌법의 기본원리는 헌법의 이념적 기초인 동시에 헌법을 지배하는 지도원리로서 입법이나 정책결정의 방향을 제시하며, 구체적 기본권을 도출하는 근거로 될 수 있다.
② 헌법 제12조 제4항 본문에 규정된 '구속'은 형사절차상 구속뿐 아니라 행정절차상 구속까지 의미하는 것으로 보아도 문언해석의 한계를 넘지 않는다.
③ 헌법 제16조의 영장주의에 대해서도 예외를 인정하되, 그 장소에 범죄혐의 등을 입증할 자료나 피의자가 존재할 개연성이 소명되고, 사전에 영장을 발부받기 어려운 긴급한 사정이 있는 경우에만 제한적으로 허용될 수 있다고 보는 것이 타당하다.
④ 헌법 제21조 제2항의 집회에 대한 허가금지조항은 집회의 허용 여부를 행정권의 일방적·사전적 판단에 맡기는 집회에 대한 허가제를 절대적으로 금지하겠다는 헌법개정권력자인 국민들의 헌법적 결단이다.

문 3. 합헌적 법률해석에 관한 설명으로 가장 적절하지 않은 것은? (다툼이 있는 경우 판례에 의함)

① 합헌적 법률해석이란 법률이 외형상 위헌적으로 보일 경우라도 그것이 헌법의 정신에 맞도록 해석될 여지가 조금이라도 있는 한 이를 쉽사리 위헌이라고 판단해서는 안 된다는 헌법의 해석지침을 말한다.
② 법률조항의 문구가 간직하고 있는 말의 뜻을 넘어서 말의 뜻이 완전히 다른 의미로 변질되지 아니하는 범위 내이어야 한다는 문의적 한계와 입법권자가 그 법률의 제정으로써 추구하고자 하는 입법자의 명백한 의지와 입법의 목적을 헛되게 하는 내용으로 해석할 수 없다는 법 목적에 따른 한계가 바로 그것이다.
③ 대법원은 헌법재판소가 법률의 합헌적 해석기준을 들어 재판에 관여하는 것은 헌법 및 그에 기초한 법률체계와 맞지 않는 것이고 그런 의견이 제시되었더라도 이는 법원을 구속할 수 없다고 한다.
④ 합헌적 법률해석은 주로 경제적·사회적 자유 규제 입법에 적용된다.

문 4. 합헌적 법률해석에 관한 설명으로 가장 적절하지 않은 것은? (다툼이 있는 경우 판례에 의함)

① 합헌적 법률해석은 헌법재판소가 법률을 해석할 때 사용하는 해석기법이나, 일반법원도 합헌적 법률해석을 하므로 법원과 무관한 것은 아니다.
② 실효된 법률조항을 유효한 것으로 해석하는 것은 헌법합치적 법률해석을 이유로 정당화될 수 없다.
③ 법인의 종업원 등이 법인의 업무에 관하여 범죄행위를 하면 그 법인에게도 동일한 벌금형을 과하도록 규정하고 있는 '수질 및 수생태계 보전에 관한 법률' 제81조는 그 문언상 '법인의 종업원에 대한 선임감독상의 과실 기타 귀책사유'가 명시되어 있지 않더라도 그와 같은 귀책사유가 있는 경우에만 처벌하는 것으로 해석할 수 있으며, 이러한 합헌적 해석을 전제로 할 때 형벌에 관한 책임주의원칙에 위반되지 아니한다.
④ 합헌적 법률해석을 통해 당해 법조항의 본래의 의미나 목적을 새롭게 변경시키는 것도 허용되지 않는다.

문 5. 헌법개정에 관한 설명으로 가장 적절하지 않은 것은? (다툼이 있는 경우 판례에 의함)

① 헌법개정안 공고문의 전문에는 대통령이 서명한 후 대통령인을 찍고 그 공고일을 명기하여 국무총리와 각 국무위원이 부서한다.
② 헌법개정 국민투표의 효력에 관하여 이의가 있는 투표인은 투표인 10만인 이상의 찬성을 얻어 중앙선거관리위원회 위원장을 피고로 하여 투표일로부터 20일 이내에 대법원에 제소할 수 있다.
③ 유신헌법의 개정 또는 폐지를 주장·발의·제안 또는 청원하는 일체의 행위를 금지하는 긴급조치 제1호, 제2호는 목적의 정당성이나 방법의 적절성을 갖추지 못하였다.
④ 성문헌법은 법률의 형식으로, 일반적인 입법절차에 의하여 개정될 수 있다.

문 6. 헌법보호에 관한 설명으로 가장 적절하지 않은 것은? (다툼이 있는 경우 판례에 의함)

① 제7차 개정헌법(유신헌법)은 긴급조치를 규정했고 제8차 개정헌법은 비상조치권을 국가긴급권으로 규정하였다.
② 헌법장애상태와 국가비상상태는 구별되므로 헌법장애상태를 전제로 한 국가긴급권 발동은 허용될 수 없다.
③ 권력분립과 헌법개정의 경성은 사전적 헌법수호제도이나, 탄핵제도와 위헌정당강제해산제도는 사후적 헌법수호제도이다.
④ 북한의 남침가능성의 증대라는 추상적이고 주관적인 상황인식만으로도 긴급조치를 발령할 만한 국가적 위기상황이 존재한다고 볼 수 있다.

문 7. 방어적 민주주의에 관한 설명으로 가장 적절한 것은? (다툼이 있는 경우 판례에 의함)

① 방어적 민주주의는 국민의 일반의사를 방어하기 위해 도입되었는바, 동일성 민주주의에서 도출된 민주주의이다.
② 방어적 민주주의는 민주주의의 적으로부터 민주주의를 수호하기 위한 것이기 때문에 강력한 수단을 갖고 있어야 하고 그 효력이 강력할수록 방어적 민주주의에 대한 신뢰도 커진다.
③ 민주적 헌법질서의 전복을 기도하는 민주주의의 적은 관용할 수 없다는 철학에 기초한다.
④ 위헌정당해산제도와 민주적 기본질서는 민주주의는 어떠한 이념도 수용할 수 있다는 상대적 민주주의에 근거한 것이다.

문 8. 헌법전문에 관한 설명으로 가장 적절한 것은? (다툼이 있는 경우 판례에 의함)

① 헌법전문에는 "우리 대한민국은 1948년 7월 17일에 제정되고 9차에 걸쳐 개정한 헌법을 국회의 의결로 개정한다."라고 규정되어 있다.
② 헌법전문 중 '3·1운동으로 건립된 대한민국임시정부의 법통을 계승'한다는 부분으로부터 독립유공자와 그 유족에 대하여는 응분의 예우를 하여야 할 국가의 헌법적 의무는 도출되나 헌법전문으로부터 특정인을 국가유공자로 인정해야 할 의무가 도출되지 않는바, 보훈처장의 서훈추천거부는 헌법소원심판의 대상이 될 수 없다.
③ 헌법전문이 최초로 개정된 것은 1972년 제7차 개정헌법이었다.
④ 통일정신, 국민주권원리 등은 우리나라 헌법의 연혁적·이념적 기초로서 국민의 개별적 기본권성을 도출할 수 있으므로 헌법전문에 기재된 대한민국임시정부의 법통을 계승하는 부분에 위배된다는 점이 청구인들의 법적 지위에 현실적이고 구체적인 영향을 미친다고 볼 수 있다.

문 9. 헌법전문에 관한 설명으로 가장 적절하지 않은 것은? (다툼이 있는 경우 판례에 의함)

① 헌법재판소 결정에 의하면 헌법전문은 헌법규범의 일부로서 헌법으로서의 규범적 효력을 나타내기 때문에 구체적으로는 헌법소송에서의 재판규범이 된다.
② 헌법전문상 대한민국은 대한민국임시정부의 법통을 계승하고 있으므로 1938.4.1.부터 1945.8.15. 사이의 일제 강제동원사태와 관련한 입법을 하면서, 국내 강제동원자를 지원대상에서 제외한 것은 국가의 기본권 보호의무를 위반한 것이다.
③ 3·1운동으로 건립된 대한민국임시정부의 법통의 계승을 천명하고 있는 헌법전문에 비추어 외교부장관은 일본군 위안부 피해자들의 일본에 대한 배상청구권 실현을 위해 적극적으로 노력할 구체적 작위의무가 있다.
④ 대한민국임시정부의 법통의 계승을 천명하고 있다는 점에서 지금의 정부는 일제강점기에 일본군 위안부로 강제동원되어 인간의 존엄과 가치가 말살된 상태에서 장기간 비극적인 삶을 영위하였던 피해자들의 훼손된 인간의 존엄과 가치를 회복시켜야 할 의무를 부담한다.

문 10. 대한민국 헌정사에 관한 설명으로 옳지 <u>않은</u> 것을 모두 고른 것은?

> ㄱ. 1948년 헌법상 대통령은 임기 4년으로 국회에서 간접선거로 선출되었고, 대통령과 국무총리 및 국무위원으로 구성되는 국무회의는 의결기관이었다.
> ㄴ. 1952년 헌법은 대통령과 부통령 직선제 및 양원제를 도입하고, 국무총리제를 폐지하였다.
> ㄷ. 1962년 헌법상 대통령은 임기 4년의 직선제 선출 기관이었고, 국무총리 임명에 국회의 동의를 요하지 않았다.
> ㄹ. 1972년 헌법상 대통령은 통일주체국민회의에서 임기 7년으로 선출되며 국회해산권을 가졌고, 대통령이 발의한 헌법개정안은 바로 국민투표로 확정되었다.
> ㅁ. 1980년 헌법은 국회가 국무총리 또는 국무위원에 대하여 개별적으로 그 해임을 건의할 수 있으나, 국무총리에 대한 해임건의는 국회가 임명동의를 한 후 1년 이내에는 할 수 없도록 규정하였다.

① ㄱ, ㄴ, ㄷ
② ㄱ, ㄷ, ㅁ
③ ㄴ, ㄷ, ㄹ
④ ㄴ, ㄹ, ㅁ

문 11. 제1차 개정헌법에 관한 설명으로 가장 적절한 것은?

① 대통령 직선제를 처음 도입하였다.
② 불신임제도와 탄핵제도를 처음으로 규정하였다.
③ 국회의 의결은 거쳤으나 국민투표를 거치지 아니하였으므로 헌법개정절차를 무시한 위헌적 개정이었다.
④ 헌법개정에 필요한 의결정족수에 미달하여 부결되어야 했으나, 이를 번복하여 가결되었다.

문 12. 대한민국 헌정사에 관한 설명으로 가장 적절하지 <u>않은</u> 것은?

① 1980년 제8차 개정헌법에서는 무죄추정원칙이 최초로 규정되었고 체포구속부의 심사청구권이 다시 규정되었다.
② 1960년 제4차 개정헌법에서는 부칙에 대통령, 부통령 선거에 관하여 부정행위를 한 자를 처벌하기 위한 특별법 또는 특정 지위에 있음을 이용하여 현저한 반민주행위를 한 자의 공민권을 제한하기 위한 특별법을 제정할 수 있는 소급입법의 근거를 두었다.
③ 1969년 제6차 개정헌법에서는 대통령의 계속 재임은 3기에 한한다고 규정하였다.
④ 1972년 제7차 개정헌법에서는 5년 임기의 통일주체국민회의 대의원을 국민의 직접선거에 의하여 선출하고, 통일주체국민회의는 국회의원 정수 2분의 1에 해당하는 수의 국회의원을 선거하였다.

문 13. 국적에 관한 설명으로 가장 적절하지 <u>않은</u> 것은? (다툼이 있는 경우 판례에 의함)

① 외국인인 개인이 특정한 국가의 국적을 선택할 권리가 자연권으로서 또는 우리 헌법상 당연히 인정된다고 할 수 없다.
② 출생이나 그 밖에 국적법에 따라 대한민국 국적과 외국 국적을 함께 가지게 된 사람으로서 대통령령으로 정하는 사람은 대한민국의 법령 적용에서 대한민국 국민으로만 처우한다.
③ 외국인이 귀화허가를 받기 위해서는 '품행이 단정할 것'의 요건을 갖추도록 규정한 것은 명확성원칙에 위배되지 않는다.
④ 복수국적자가 외국에 주소가 있는 경우에만 국적이탈을 신고할 수 있도록 정한 국적법 조항은 복수국적자에게 과도한 불이익을 발생시켜 과잉금지원칙에 위배되어 국적이탈의 자유를 침해한다.

문 14. 대한민국 국적에 관한 설명으로 가장 적절한 것은? (다툼이 있는 경우 판례에 의함)

① 출생 당시에 모가 자녀에게 외국 국적을 취득하게 할 목적으로 외국에서 체류 중이었던 사실이 인정되는 자는 외국 국적을 포기하거나 법무부장관이 정하는 바에 따라 대한민국에서 외국 국적을 행사하지 아니하겠다는 뜻을 서약하고 법무부장관에게 대한민국 국적을 선택한다는 뜻을 신고할 수 있다.
② 외국인과의 혼인으로 그 배우자의 국적을 취득하게 된 대한민국의 국민은 그 외국 국적을 취득한 때부터 6개월 내에 대한민국 국적을 보유할 의사가 없다는 뜻을 법무부장관에게 신고하고 이를 법무부장관이 인정하면 신고시부터 대한민국 국적을 상실한다.
③ "법무부장관은 거짓이나 그 밖의 부정한 방법으로 귀화허가, 국적회복허가, 국적의 이탈 허가 또는 국적보유판정을 받은 자에 대하여 그 허가 또는 판정을 취소할 수 있다."라는 국적법 조항 중 국적회복허가취소에 관한 부분은 거주·이전의 자유 및 행복추구권을 침해하지 아니한다.
④ 6세 미만의 아동일 때 외국으로 이주한 이후 계속하여 외국에 주된 생활의 근거를 두고 있는 사람으로서 국적법 제12조 제2항 본문 및 제14조 제1항 단서에 따라 병역준비역에 편입된 때부터 3개월 이내에 국적이탈을 신고하지 못한 정당한 사유가 있다면 3개월이 경과한 후에 법무부장관에게 국적이탈을 신고할 수 있다.

문 15. 외국인이 대한민국 국적을 취득한 경우에 관한 설명으로 가장 적절한 것은? (다툼이 있는 경우 판례에 의함)

① 대한민국의 민법상 성년이 되기 전에 외국인에게 입양된 후 외국 국적을 취득하고 외국에서 계속 거주하다가 국적회복허가를 받은 자는 대한민국 국적을 취득한 날부터 1년 내에 외국 국적을 포기하거나 법무부장관이 정하는 바에 따라 대한민국에서 외국 국적을 행사하지 아니하겠다는 뜻을 법무부장관에게 서약하여야 한다.
② 외국인이 대한민국 국적을 취득한 날로부터 1년 내 외국 국적을 포기하지 않거나 외국 국적을 행사하지 않겠다고 서약하지 않으면 외국 국적을 상실한다.
③ 대한민국의 국적을 취득한 외국인으로서 외국 국적을 가지고 있는 자는 대한민국의 국적을 취득한 날부터 6월 내에 그 외국 국적을 포기하여야 하며, 이를 이행하지 아니하여 대한민국의 국적을 상실한 자가 그 후 1년 내에 그 외국 국적을 포기한 때에는 법무부장관에게 신고함으로써 대한민국의 국적을 재취득할 수 있다.
④ 법무부장관은 복수국적자로서 대한민국에서 외국 국적을 행사하지 아니하겠다는 뜻을 서약한 자가 그 뜻에 현저히 반하는 행위를 한 경우에는 1년 내에 하나의 국적을 선택할 것을 명할 수 있다.

문 16. 법률유보원칙에 관한 설명으로 옳고 그름의 표시 (○, ×)가 바르게 된 것은? (다툼이 있는 경우 판례에 의함)

> ㄱ. 전기판매사업자로 하여금 전기요금에 관한 약관을 작성하여 산업통상자원부장관의 인가를 받도록 한 전기사업법 제16조 제1항은 의회유보원칙에 위반된다.
> ㄴ. 거래소에서 상장규정을 제정할 때 '증권의 상장폐지기준 및 상장폐지에 관한 내용을 포함'하도록 한 '자본시장과 금융투자업에 관한 법률' 제390조 제2항 제2호는 포괄위임금지원칙에 위반된다.
> ㄷ. 서울특별시장이 정비구역 직권해제 대상에서 상업지역의 도시정비형 재개발사업을 제외한 '서울특별시 도시 및 주거환경정비 조례' 부칙 제23조 제2항은 법률유보원칙에 반하여 청구인들의 재산권을 침해한다.
> ㄹ. 금융위원회위원장이 2019.12.16. 시중 은행을 상대로 투기지역·투기과열지구 내 초고가 아파트(시가 15억 원 초과)에 대한 주택구입용 주택담보대출을 2019.12.17.부터 금지한 조치는 법률유보원칙에 반하여 청구인의 재산권 및 계약의 자유를 침해한다.
> ㅁ. 의료기관의 장으로 하여금 보건복지부장관에게 비급여 진료비용에 관한 사항을 보고하도록 한 의료법 제45조의2 제1항 중 '비급여 진료비용'에 관한 부분은 법률유보원칙에 반하여 의사의 직업수행의 자유와 환자의 개인정보자기결정권을 침해한다.

① ㄱ(○), ㄴ(○), ㄷ(×), ㄹ(×), ㅁ(○)
② ㄱ(×), ㄴ(○), ㄷ(○), ㄹ(×), ㅁ(×)
③ ㄱ(×), ㄴ(×), ㄷ(×), ㄹ(○), ㅁ(○)
④ ㄱ(×), ㄴ(×), ㄷ(×), ㄹ(×), ㅁ(×)

문 17. 소급입법금지원칙에 관한 설명으로 가장 적절하지 않은 것은? (다툼이 있는 경우 판례에 의함)

① 부당환급받은 세액을 징수하는 근거규정인 개정조항을 개정법 시행 후 최초로 환급세액을 징수하는 분부터 적용하도록 규정한 법인세법 부칙 제9조는 진정소급입법으로서 재산권을 침해한다.
② 헌법재판소가 성인대상 성범죄자에 대하여 10년 동안 일률적으로 의료기관에의 취업제한 등을 하는 규정에 대하여 위헌결정을 한 뒤, 개정법 시행일 전까지 성인대상 성범죄로 형을 선고받아 그 형이 확정된 사람에 대해서 형의 종류 또는 형량에 따라 기간에 차등을 두어 의료기관에의 취업 등을 제한하는 '아동·청소년의 성보호에 관한 법률' 부칙 제5조 제1호는 헌법상 원칙적으로 금지되는 진정소급입법에 해당하지 아니한다.
③ 법률 시행 당시 개발이 진행 중인 사업에 대하여 장차 개발이 완료되면 개발부담금을 부과하려는 것은 이른바 부진정소급입법에 해당하는 것이어서 원칙적으로 헌법상 허용되는 것이다.
④ 임기만료일 전 180일 이내에 비례대표국회의원에 궐원이 생긴 때를 비례대표국회의원 의석승계 제한 사유로 규정한 공직선거법 제200조 제2항 단서는 헌법 제13조 제2항이 금하고 있는 소급입법에 해당한다.

문 18. 신뢰보호에 관한 설명으로 옳지 않은 것을 모두 고른 것은? (다툼이 있는 경우 판례에 의함)

> ㄱ. 법적 안정성의 객관적 측면은 한번 제정된 법규범은 원칙적으로 존속력을 갖고 자신의 행위기준으로 작용하리라는 개인의 신뢰를 보호하는 것이다.
> ㄴ. 정부가 1976년부터 자도소주구입제도를 시행한 것을 고려할 때, 주류판매업자로 하여금 매월 소주류 총구입액의 100분의 50 이상을 당해 주류판매업자의 판매장이 소재하는 지역과 같은 지역에 소재하는 제조장으로부터 구입하도록 명하는 자도소주구입명령제도에 대한 소주제조업자의 강한 신뢰보호이익이 인정되지만, 이러한 신뢰보호도 '능력경쟁의 실현'이라는 보다 우월한 공익에 직면하여 종래의 법적 상태의 존속을 요구할 수는 없다.
> ㄷ. 1953년부터 시행된 "교사의 신규채용에 있어서는 국립 또는 공립 교육대학 사범대학의 졸업자를 우선하여 채용하여야 한다."라는 교육공무원법 조항에 대한 헌법재판소의 위헌결정에도 불구하고 헌법재판소의 위헌결정 당시의 국·공립 사범대학 등의 재학생과 졸업자의 신뢰는 보호되어야 하므로, 입법자가 위헌법률에 기초한 이들의 신뢰이익을 보호하기 위한 법률을 제정하지 않은 부작위는 헌법에 위배된다.
> ㄹ. 위헌적 법률에 기초한 신뢰이익은 합헌적인 법률에 기초한 신뢰이익과 동일한 정도의 보호, 즉 '헌법에서 유래하는 국가의 보호의무'까지는 요청할 수 없다.

① ㄱ, ㄴ ② ㄱ, ㄷ
③ ㄴ, ㄷ ④ ㄷ, ㄹ

문 19. 헌법 제37조 제2항의 법률유보원칙에 관한 설명으로 가장 적절한 것은? (다툼이 있는 경우 판례에 의함)

① 교육공무원법에 가산점 항목에 관하여는 아무런 명시적 언급도 하지 않고 있으므로 대전광역시 교육감의 대전, 충남 지역 소재 사범계대학 또는 한국교원대학교의 졸업자(졸업예정자)에 가산점을 주도록 한 것은 아무런 법률적 근거가 없는 것이어서 헌법 제37조 제2항에 반하고 비례원칙에도 반하여 실체적으로도 헌법에 위반된다.
② 헌법 제37조 제2항은 기본권 제한에 관한 일반적 법률유보조항이라고 할 수 있는데, 법률유보의 원칙은 '법률에 의한 규율'만을 요청하기 때문에 기본권 제한의 형식이 반드시 법률의 형식이어야 한다.
③ 주민등록증발급기관이 주민등록증에 지문정보를 수록하는 것에 대하여만 주민등록법 제17조의8 제2항에 근거가 마련되어 있을 뿐 경찰청장이 지문원지를 수집·보관할 수 있도록 하는 법률의 직접적인 규정은 찾아볼 수 없으므로 경찰청장의 지문정보의 수집·보관행위는 헌법상 법률유보원칙에 어긋난다.
④ 지방공무원법 제58조 제2항이 노동운동을 하더라도 형사처벌에서 제외되는 공무원의 범위에 관하여 당해 지방자치단체에 조례제정권을 부여하고 있다고 하여 헌법에 위반된다고 할 수 없다.

문 20. 과잉금지원칙에 관한 설명으로 가장 적절하지 않은 것은? (다툼이 있는 경우 판례에 의함)

① 전기간선시설의 설치비용을 누구에게, 어느 정도로 부담시킬 것인지의 문제는 개인의 본질적이고 핵심적 자유영역에 속하는 사항이라기보다는 사회적 연관관계에 놓여지는 경제적 활동을 규제하는 경제사회적인 입법사항에 해당하므로 비례의 원칙을 적용함에 있어서도 보다 완화된 심사기준이 적용된다고 할 것이다.

② 군사법경찰관의 10일간의 구속기간 추가 허용하고 있는 군사법원법 제239조이 과잉금지의 원칙에 위배되는지 여부를 심사함에 있어서는 그 제한되는 기본권의 중요성이나 기본권 제한방식의 중첩적·가중적 성격에 비추어 엄격한 기준에 의할 것이 요구된다.

③ 동성동본금혼제도는 그 입법목적이 이제는 혼인에 관한 국민의 자유와 권리를 제한할 '사회질서'나 '공공복리'에 해당될 수 없다는 점에서 헌법 제37조 제2항에도 위반된다.

④ 보석허가결정에 대한 검사에게 즉시항고권을 허용한 형사소송법은 방법의 적정성을 갖춘 것이라고도 할 수 있다.

2회 쟁점별 모의고사
(법치주의원리 ~ 현행헌법상의 지방자치제도)

소요시간: _____ / 15분   맞힌 답의 개수: _____ / 20

문 1. 일반적 법률유치에 관한 설명으로 가장 적절한 것은? (다툼이 있는 경우 판례에 의함)

① 헌법 제60조 제1항에 따라 국회의 동의를 얻어 법률적 효력을 가지는 조약은 기본권을 제한할 수 있으나, 그 경우에도 헌법 제37조 제2항의 비례의 원칙을 준수해야 한다.
② 기본권을 제한하는 작용을 하는 법률에서 하위규범으로 입법위임을 할 때에는 대통령령이나 총리령 또는 부령 등 법규명령의 형식으로만 가능하며, 금융감독위원회의 고시와 같은 행정규칙의 형식으로는 위임할 수 없다.
③ 법률유보원칙은 법률에 의한 규율을 의미하므로 위임입법에 의한 기본권 제한은 헌법상 인정되지 않는다.
④ 법률유보의 원칙은 기본권의 제한에 있어서 법률의 근거뿐만 아니라, 그 형식도 반드시 법률의 형식일 것을 요구한다.

문 2. 법률유보원칙에 관한 설명으로 가장 적절하지 않은 것은? (다툼이 있는 경우 판례에 의함)

① '변호사의 공공성이나 공정한 수임질서를 해치거나 소비자에게 피해를 줄 우려가 있는 광고에 참여 또는 협조하여서는 아니 된다'는 '변호사 광고에 관한 규정'은 법률유보원칙에 위배된다고 할 수 없다.
② '공정한 수임질서를 저해할 우려가 있는 무료 또는 부당한 염가' 법률상담방식에 의한 광고를 금지하는 '변호사 광고에 관한 규정'은 법률유보원칙에 위배된다고 할 수 없다.
③ 의료급여수가기준은 전문적이고 정책적인 영역이어서 구체적인 수가기준을 반드시 법률로 정하여야 할 사항은 아니다.
④ 협회의 유권해석에 반하는 내용의 광고를 금지하는 '변호사 광고에 관한 규정', 협회의 회규, 유권해석에 위반되는 행위를 목적 또는 수단으로 하여 행하는 법률상담 광고를 금지하는 '변호사 광고에 관한 규정'은 법률유보원칙에 위반되지 않는다.

문 3. 법치국가원리에 관한 설명으로 가장 적절하지 <u>않은</u> 것은? (다툼이 있는 경우 판례에 의함)

① 무기징역의 집행 중에 있는 자의 가석방요건을 종전의 '10년 이상'에서 '20년 이상' 형 집행 경과로 강화한 개정 형법 조항을 개정 당시에 이미 수용 중인 사람에게도 적용하는 것은 신뢰보호원칙에 위배되지 않는다.
② 법률유보의 원칙은 단순히 행정작용이 법률에 근거를 두기만 하면 충분한 것이 아니라, 국가공동체와 그 구성원에게 기본적이고도 중요한 의미를 갖는 영역에 있어서는 행정에 맡길 것이 아니라 국민의 대표자인 입법자 스스로 그 본질적 사항에 대하여 결정하여야 한다는 요구까지 내포한다.
③ 농지법이나 그 밖의 법률에 따라 소유할 수 있는 농지로서 대통령령으로 정하는 경우는 비사업용 토지에서 제외하도록 규정한 구 소득세법 조항은 법률에 규정하여야 할 과세대상을 대통령령에 전반적으로 위임하므로 포괄위임금지원칙에 위배된다.
④ 체계정당성의 원리는 동일 규범 내에서 또는 상이한 규범 간에 그 규범의 구조나 내용 또는 규범의 근거가 되는 원칙면에서 상호 배치되거나 모순되어서는 안 된다는 하나의 헌법적 요청이고, 이러한 체계정당성 위반은 비례의 원칙이나 평등의 원칙 등 일정한 헌법의 규정이나 원칙을 위반하여야만 비로소 위헌이 된다.

문 4. 법치행정에 관한 설명으로 가장 적절하지 <u>않은</u> 것은? (다툼이 있는 경우 판례에 의함)

① 법률이 공법적 단체 등의 정관에 자치법적 사항을 위임한 경우 헌법 제75조가 정하는 포괄적인 위임입법의 금지가 원칙적으로 적용되며, 위임을 하더라도 그 사항이 국민의 권리·의무에 관련되는 것일 경우 적어도 국민의 권리·의무에 관한 기본적이고 본질적인 사항은 국회가 정하여야 한다.
② 사관생도의 모든 사적 생활에서까지 예외 없이 금주의무를 이행할 것을 요구하면서 제61조에서 사관생도의 음주가 교육 및 훈련 중에 이루어졌는지 여부나 음주량, 음주 장소, 음주 행위에 이르게 된 경위 등을 묻지 않고 일률적으로 2회 위반시 원칙으로 퇴학 조치하도록 정한 '사관생도 행정예규' 제12조는 사관생도의 일반적 행동자유권, 사생활의 비밀과 자유 등 기본권을 과도하게 제한하는 것으로서 무효에 해당한다.
③ 법외노조 통보는 적법하게 설립된 노동조합의 법적 지위를 박탈하는 중대한 침익적 처분으로서 원칙적으로 국민의 대표자인 입법자가 스스로 형식적 법률로써 규정하여야 할 사항이고, 행정입법으로 이를 규정하기 위하여는 반드시 법률의 명시적이고 구체적인 위임이 있어야 한다.
④ 사업시행인가 신청시 필요한 토지 등 소유자의 동의 요건은 기본적이고 본질적인 사항이므로 의회가 직접 정해야 하고, 이를 정관에 위임한 것은 법률유보원칙에 반한다.

문 5. 신뢰보호에 관한 설명으로 가장 적절하지 않은 것은? (다툼이 있는 경우 판례에 의함)

① 국민이 어떤 법률이나 제도가 장래에도 그대로 존속될 것이라는 합리적인 신뢰를 바탕으로 하여 일정한 법적 지위를 형성한 경우, 국가는 그와 같은 법적 지위와 관련된 법규나 제도의 개폐에 있어서 국민의 신뢰를 최대한 보호하여야 한다.
② 진정소급입법의 경우 구법에 의하여 이미 얻은 자격 또는 권리를 그대로 존중할 의무가 발생하지 않는다.
③ 국가에 의하여 일정 방향으로 유인된 신뢰가 아니라 단지 법률이 부여한 기회를 활용한 신뢰의 이익은 법적으로 보호해야 하는 것은 아니다.
④ 수형자가 형법에 규정된 형 집행 경과기간 요건을 갖춘 것만으로 가석방을 요구할 권리를 취득하는 것이 아니므로, 10년간 수용되어 있으면 가석방 적격심사 대상자로 선정될 수 있었던 구 형법에 대한 청구인의 신뢰를 헌법상 권리로 보호할 필요성이 없다.

문 6. 헌법상 책임주의원칙에 관한 설명으로 가장 적절하지 않은 것은? (다툼이 있는 경우 판례에 의함)

① 선박소유자가 고용한 선장이 선박소유자의 업무에 관하여 범죄행위를 하면 그 선박소유자에게도 동일한 벌금형을 과하도록 규정하고 있는 구 선박안전법 조항은 선장이 저지른 행위의 결과에 대해 선박소유자의 독자적인 책임에 관하여 전혀 규정하지 않은 채, 단순히 선박소유자가 고용한 선장이 업무에 관하여 범죄행위를 하였다는 이유만으로 선박소유자에 대하여 형사처벌을 과하고 있으므로 책임주의원칙에 위배된다.
② 책임주의원칙은 헌법상 법치국가의 원리에 내재하는 원리인 동시에 헌법 제10조의 취지로부터 도출되는 원리이고, 법인의 경우도 자연인과 마찬가지로 책임주의원칙이 적용된다고 할 것이다.
③ 국민건강보험공단이 사위 기타 부당한 방법으로 보험급여비용을 받은 요양기관에 대하여 급여비용에 상당하는 금액의 전부 또는 일부를 징수할 수 있도록 한 국민건강보험법 조항은, 요양기관이 그 피용자를 관리·감독할 주의의무를 다하였다고 하더라도 보험급여비용이 요양기관에 일단 귀속되었고 그 요양기관이 사위 기타 부당한 방법으로 보험급여비용을 지급받은 이상 부당이득반환의무가 있다는 것이므로 책임주의원칙에 어긋난다고 볼 수 없다.
④ 법인이 고용한 종업원 등의 일정한 범죄행위에 대하여 곧바로 법인을 종업원 등과 같이 처벌하도록 하고 있는 산지관리법 조항은 법인 자신의 지휘·감독의무를 다하지 못한 과실을 처벌하는 것이므로 책임주의원칙에 위배된다고 보기 어렵다.

문 7. 소급입법금지원칙에 관한 설명으로 옳은 것을 모두 고른 것은? (다툼이 있는 경우 판례에 의함)

> ㄱ. 진정소급입법도 특정의 법적 상황에 대한 신뢰가 객관적으로 정당화될 수 없는 경우에는 예외적으로 허용될 수 있다.
> ㄴ. 헌법 제13조 제2항이 금지하고 있는 소급입법은 진정소급효를 가지는 법률과 부진정소급효를 가지는 법률을 의미한다.
> ㄷ. 기존의 법에 의하여 형성되어 이미 굳어진 개인의 법적 지위를 사후입법을 통하여 박탈하는 것 등을 내용으로 하는 진정소급입법은, 기존의 법을 변경하여야 할 공익적 필요는 심히 중대하고 그 법적 지위에 대한 개인의 신뢰를 보호하여야 할 필요가 경미한 경우 허용될 수 있다는 것이 헌법재판소의 입장이다.
> ㄹ. 소급입법이 예외적으로 허용되기 위해서는 '그럼에도 불구하고 소급입법을 허용할 수밖에 없는 공익상의 이유'가 인정되어야 한다. 이러한 필요성도 없이 단지 소급입법을 예상할 수 있었다는 사유만으로 소급입법을 허용하는 것은 헌법 제13조 제2항의 소급입법금지원칙을 형해화시킬 수 있으므로 예외사유에 해당하는지 여부는 매우 엄격하게 판단하여야 한다.
> ㅁ. 형벌불소급의 원칙은 행위의 가벌성에 관한 것일 뿐 아니라 형사소추가 얼마 동안 가능한가의 문제에 관한 것이기도 하다.

① ㄱ, ㄴ
② ㄴ, ㄷ
③ ㄱ, ㄷ, ㄹ
④ ㄱ, ㄷ, ㅁ

문 8. 소급입법금지원칙에 관한 설명으로 가장 적절하지 않은 것은? (다툼이 있는 경우 판례에 의함)

① 과거에 소멸한 저작인접권을 회복시키는 저작권법 부칙 제4조 제2항은 헌법 제13조 제2항이 금지하는 소급입법에 의한 재산권 박탈에 해당한다.
② 부당환급받은 세액을 징수하는 근거규정인 개정조항을 개정된 법 시행 후 최초로 환급세액을 징수하는 분부터 적용하도록 규정한 법인세법 부칙 제9조는 진정소급입법으로서 신뢰보호의 요청에 우선하여 진정소급입법을 하여야 할 매우 중대한 공익상 이유가 있다고 볼 수도 없으므로 재산권을 침해한다.
③ 공무원이 '직무와 관련 없는 과실로 인한 경우' 및 '소속 상관의 정당한 직무상의 명령에 따르다가 과실로 인한 경우'를 제외하고 재직 중의 사유로 금고 이상의 형을 받은 경우, 퇴직급여 등을 감액하도록 규정한 구 공무원연금법 조항을 다음 해부터 적용하도록 규정한 동법 부칙조항은 진정소급입법에 해당하지 않는다.
④ 1945.9.25. 및 1945.12.6. 각각 공포된 재조선미국육군사령부군정청 법령 중, 1945.8.9. 이후 일본인 소유의 재산에 대하여 성립된 거래를 전부 무효로 한 조항과 그 대상이 되는 재산을 1945.9.25.로 소급하여 전부 미군정청의 소유가 되도록 한 조항은 모두 소급입법금지원칙에 대한 예외에 해당하므로 헌법에 위반되지 않는다.

문 9. 다음 중 헌법 경제조항과 일치하는 것은?

① 국가는 지속 가능한 국민경제의 성장 및 안정과 균등한 소득의 분배를 유지하고, 시장의 지배와 경제력의 남용을 방지하며, 경제주체 간의 조화를 통한 경제의 민주화를 위하여 경제에 관한 규제와 조정을 할 수 있다.
② 농지는 농민에게 분배하며 그 분배의 방법, 소유의 한도, 소유권의 내용과 한계는 법률로써 정한다.
③ 국토와 자원은 국가의 보호를 받으며, 국가는 국토의 효율적이고 지속 가능한 개발과 보전을 위하여 필요한 계획을 수립한다.
④ 수력(水力)은 법률이 정하는 바에 의하여 일정한 기간 그 이용을 특허할 수 있다.

문 10. 경제질서에 관한 설명으로 가장 적절하지 <u>않은</u> 것은?
(다툼이 있는 경우 판례에 의함)

① 헌법 제119조는 개인의 경제적 자유를 보장하면서 사회정의를 실현하는 경제질서를 경제헌법의 지도원칙으로 표명함으로써 국가가 개인의 경제적 자유를 존중해야 할 의무와 더불어 국민경제의 전반적인 현상에 대하여 포괄적인 책임을 지고 있다는 것을 규정하고 있다.
② 헌법 제126조에서 금지하는 '사영기업의 국유 또는 공유로의 이전'이란 일반적으로 공법적 수단에 의하여 사기업에 대한 소유권을 국가나 기타 공법인에 귀속시키고 사회정책적·국민경제적 목표를 실현할 수 있도록 그 재산권의 내용을 변형하는 것을 의미한다.
③ 농지의 소작제도는 농업생산성의 제고와 농지의 합리적인 이용을 위하여 불가피한 경우 법률이 정하는 바에 의하여 인정될 수 있다.
④ 고의나 과실로 타인에게 손해를 가한 경우에만 그 손해에 대한 배상책임을 가해자가 부담한다는 과실책임원칙은 헌법 제119조 제1항의 자유시장경제질서에서 파생된 것이다.

문 11. 사회국가원리에 관한 설명으로 가장 적절한 것은?
(다툼이 있는 경우 판례에 의함)

① 헌법 제34조 제5항의 '신체장애자'에 대한 국가보호의무조항은 사회국가원리를 구체화한 것이므로, 이 조항으로부터 장애인을 위하여 저상버스를 도입해야 한다는 구체적 내용의 의무가 도출된다.
② 자유와 평등의 실질적 보장을 추구하는 사회국가원리에 비추어 볼 때 국가는 기회의 균등을 형식적으로 보장하는 데 그칠 것이 아니라 공정한 경쟁이 이루어질 수 있는 조건을 적극적으로 조성해야 할 책무를 진다고 할 것이다. 이러한 점에서 사회적 약자에 대한 우선적 처우의 위헌 여부가 문제되는 경우 엄격한 비례성의 원칙에 따른 심사가 이루어져야 할 필요성이 더욱 크다고 할 것이다.
③ 국가가 저소득층 지역가입자를 대상으로 소득수준에 따라 국민건강보험법상의 보험료를 차등지원하는 것은 사회국가원리에 의하여 정당화된다.
④ 사회국가원리에 근거하여 실업방지 및 부당한 해고로부터 근로자를 보호하여야 할 국가의 의무를 도출할 수는 있으므로 국가에 대한 직접적인 직장존속보장청구권을 근로자에게 인정할 헌법상 근거는 있다.

문 12. 문화국가원리에 관한 설명으로 가장 적절하지 않은 것은? (다툼이 있는 경우 판례에 의함)

① 관습화된 문화요소로 인식되는 종교적 의식행사에 대한 국가의 지원은 전통문화의 계승·발전이라는 문화국가원리에 부합하며 정교분리원칙에 위배되지 않는다.
② 영화상영관 경영자에게 관람객과 가까이 있다는 이유로 부과금 징수 및 납부의무를 부담시킨 것은 관람객의 재산권과 영화관 경영자의 직업수행의 자유를 침해하였다고 볼 수 없다.
③ 헌법 제9조의 규정취지와 민족문화유산의 본질에 비추어 볼 때, 국가가 민족문화유산을 보호하고자 하는 경우 이에 관한 헌법적 보호법익은 '민족문화유산의 존속' 그 자체를 보장하는 것에 그치고, 민족문화유산의 훼손 등에 관한 가치보상이 있는지 여부는 이러한 헌법적 보호법익과 직접적인 관련이 없다.
④ 문화체육관광부장관이 야당 소속 후보를 지지하였거나 정부에 비판적 활동을 한 문화예술인이나 단체를 정부의 문화예술 지원사업에서 배제할 목적으로, 한국문화예술위원회, 영화진흥위원회, 한국출판문화산업진흥원 소속 직원들로 하여금 특정 개인이나 단체를 문화예술인 지원사업에서 배제하도록 한 일련의 지시행위는 급부행위를 배제하는 것에 불과하므로 법률유보원칙이 적용되지 않는다.

문 13. 문화국가의 원리에 관한 설명으로 가장 적절하지 않은 것은? (다툼이 있는 경우 판례에 의함)

① 문예진흥기금확보를 위해 공연관람자에게 부담금을 부과하는 것은 헌법 제9조의 문화국가이념에 역행하는 것이다.
② 문화국가원리는 제8차 개정헌법부터 헌법상의 기본원리로 인정되어온바, 이 원리의 구체적인 실현을 위해서는 국가가 어떤 문화현상도 특별히 선호하거나 우대하는 경향을 보이지 않는 불편부당의 원칙에 입각한 정책이 바람직하다.
③ 어떤 표현이 가치가 없거나 유해한 경우 그 표현의 해악을 시정하는 1차적 기능은 국가가 아니라 시민사회 내부에 존재하는 사상의 경쟁메커니즘에 맡겨져 있다.
④ 국가 및 지방자치단체에게 '초·중등교육 과정에 지역어 보전 및 지역의 실정에 적합한 기준과 내용의 교과를 편성할 구체적인 의무'는 헌법 제10조(행복추구권), 제31조(교육을 받을 권리), 제9조(전통문화의 계승·발전과 민족문화의 창달에 노력할 국가의무)로부터 도출된다고 할 수 없다.

문 14. 통일조항에 관한 설명으로 가장 적절한 것은? (다툼이 있는 경우 판례에 의함)

① 대한민국은 통일을 지향하며, 자유민주적 기본질서에 입각한 평화적 통일정책을 수립하고 이를 추진한다는 헌법 제4조는 1987년 개정헌법에서 처음으로 규정되었다.
② 통일의 방법으로 이른바 흡수통일은 평화통일의 원칙에 반하므로 헌법적으로 허용되지 않는다.
③ 헌법 제3조의 영토조항은 제헌헌법 당시부터 규정되어 왔고 제4조의 통일조항은 현행헌법에서 비로소 규정되었으므로 제4조로 인하여 제3조가 사문화된다는 데 학설은 일치한다.
④ 헌법상의 여러 통일 관련 조항들은 국가의 통일의무를 선언한 것이므로, 그로부터 국민 개개인의 통일에 대한 기본권, 특히 국가기관에 대하여 통일과 관련된 구체적인 행위를 요구하거나 일정한 행동을 할 수 있는 권리도 도출된다.

문 15. 북한에 관한 설명으로 가장 적절하지 않은 것은? (다툼이 있는 경우 판례에 의함)

① 영토조항을 두고 있는 이상 대한민국의 헌법은 북한을 포함한 한반도 전체에 효력이 미치고, 따라서 북한지역은 대한민국의 영토가 되어, 북한은 외국환거래법 소정의 '대한민국'으로 인정되고 북한 주민은 '거주자'로 인정된다.
② 현행헌법 제3조(영토조항)에 의하면 북한지역도 대한민국의 영토이기 때문에 당연히 대한민국의 주권이 미친다.
③ 헌법상 규정된 통일이라는 국가목표를 저해하지 않는 한 입법자는 남북한관계를 적대적으로 또는 우호적으로 규정하는 유동적인 입법을 할 수 있다.
④ 북한은 대화와 협력의 동반자이자 반국가단체라는 이중적 지위를 가지고 있으며 대화와 협력의 동반자의 지위를 보장하기 위해서 '남북교류협력에 관한 법률'이 시행되고 있다.

문 16. 국가보안법에 관한 설명으로 가장 적절하지 않은 것은? (다툼이 있는 경우 판례에 의함)

① 국가보위입법회의가 제정한 법률의 제정절차의 하자를 이유로 다툴 수 없다.
② 국가보위입법회의가 제정한 법률의 제정절차의 하자는 물론 내용에 대해서도 다툴 수 없다.
③ 국가보안법의 해석·적용상 북한을 반국가단체로 보고 이에 동조하는 반국가활동을 규제하는 것 자체가 헌법이 규정하는 국제평화주의나 평화통일의 원칙에 위반된다고 할 수 없다.
④ 국가보안법은 북한을 반국가단체로 규정하고 있지는 않지만 영토조항에 근거하여 북한을 반국가단체로 해석할 수는 있다.

문 17. 조약에 관한 설명으로 가장 적절하지 않은 것은? (다툼이 있는 경우 판례에 의함)

① 대한민국과 일본국 간의 어업에 관한 협정(조약 제1477호)은 우리나라와 일본 간의 어업에 관해 헌법에 의하여 체결·공포된 조약으로서 국내적으로 법률과 같은 효력을 가진다.
② 대통령이 국회의 동의 없이 헌법 제60조 제1항의 조약을 체결·비준하는 경우에는 국회의 체결·비준 동의권뿐만 아니라 조약의 체결·비준 동의안에 대한 국회의원의 심의·표결권도 침해된다.
③ 법률적 효력을 갖는 조약은 위헌법률심판의 대상과 헌법소원심판의 대상이 될 수 있다.
④ 국제통화기금협정은 법률의 효력을 가지므로 위헌법률심판의 대상이 될 수 있다.

문 18. 지방자치단체의 자치사무 감사에 관한 설명으로 가장 적절한 것은? (다툼이 있는 경우 판례에 의함)

① 지방자치단체의 자치사무에 대하여 중앙행정기관의 장은 합목적성 감독을 지향해야 한다.
② 중앙행정기관의 장은 자치사무에 관하여 특정한 법령위반행위가 확인되었거나 위법행위가 있었으리라는 합리적 의심이 있거나 법령위반을 적발하기 위한 경우에 한하여 자치사무에 대한 감사를 할 수 있다.
③ 중앙행정기관의 장은 자치사무에 대하여 사전적·포괄적 감사를 할 수 없으나 감사원은 자치사무에 대하여 사전적·포괄적 감사를 할 수 있다.
④ 행정안전부장관이나 시·도지사가 지방자치단체의 자치사무와 관련하여 서류·장부 또는 회계를 감사할 수 있으나 이 경우 법령위반사항에 한정되지 않는다.

문 19. 지방자치에 관한 설명으로 가장 적절한 것은? (다툼이 있는 경우 판례에 의함)

① 지방의회의 조직·권한·의원 선거와 지방자치단체의 장의 선임방법 기타 지방자치단체의 조직과 운영에 관한 사항은 조례로 정한다.
② 헌법은 지방자치단체의 종류, 지방의회의원과 지방자치단체의 장의 선거방법에 대해서는 법률로 정하도록 하고 있다.
③ 지방자치단체의 장의 선임방법 기타 지방자치단체의 조직과 운영에 관한 사항은 법률로 정하나, 지방의회의 조직·권한·의원 선거에 관한 사항은 조례로 정한다.
④ 주민자치제를 본질로 하는 민주적 지방자치제도가 안정적으로 뿌리내린 현 시점에서 지방자치단체의 장 선거권을 지방의회의원 선거권, 나아가 국회의원 선거권 및 대통령 선거권과 구별하여 하나는 법률상의 권리로, 나머지는 헌법상의 권리로 이원화하는 것은 허용될 수 없으므로 지방자치단체의 장 선거권 역시 다른 선거권과 마찬가지로 헌법 제24조에 의해 보호되는 기본권으로 인정하여야 한다.

문 20. 주민소환에 관한 설명으로 옳지 않은 것은 모두 몇 개인가? (다툼이 있는 경우 판례에 의함)

ㄱ. 주민소환제의 제도적인 형성에 있어서는 입법자에게 광범위한 입법재량이 인정된다.
ㄴ. 주민소환제의 제도 형성에 관해서는 입법자에게 광범위한 입법재량이 인정되지만, 주민소환제는 주민의 참여를 적극 보장하고 이로써 주민자치를 실현하여 지방자치에도 부합하므로, 주민소환제 자체는 지방자치의 본질적인 내용에 해당한다.
ㄷ. 주민소환제 자체는 지방자치의 본질적인 내용이라고 할 수 없으므로 이를 보장하지 않는 것은 헌법에 위반된다고 할 수 없다.
ㄹ. 주민소환제 자체는 지방자치의 본질적인 내용이라고 할 수 없으므로 어떤 특정한 내용의 주민소환제를 보장해야 한다는 헌법적인 요구가 있다고 볼 수 없다.
ㅁ. 주민소환권은 주민소환제에 부수하여 법률상 창설된 권리일 뿐, 헌법에서 열거되지 아니한 기본권으로 볼 수는 없다.
ㅂ. 주민소환제는 기본적으로 정치적 성격보다는 사법적 성격이 강한 것으로 평가될 수 있다.
ㅅ. '주민소환에 관한 법률'에는 주민소환의 청구사유를 두고 있으므로 주민소환의 청구사유에 규정되지 아니한 사유로는 주민소환을 청구할 수 없다.
ㅇ. 주민소환투표의 공고를 이유로 주민소환투표 대상자의 권한행사를 정지하도록 한 규정은 주민소환투표 대상자의 공무담임권을 침해하는 것이 아니다.
ㅈ. 주민소환투표의 청구시 주민소환의 청구사유를 명시하지 아니하고 주민소환 청구사유의 진위 여부에 대한 확인을 규정하지 아니하고 있는 '주민소환에 관한 법률'은 청구인의 공무담임권을 침해했다고 할 수 없다.
ㅊ. 주민소환투표청구를 위한 서명요청활동을 '소환청구인서명부를 제시'하거나 '구두로 주민소환투표의 취지나 이유를 설명하는' 두 가지 경우로만 엄격히 제한하고 이에 위반할 경우 형사처벌하는 '주민소환에 관한 법률'은 표현의 자유를 침해했다고 할 수 없다.
ㅋ. 주민소환투표가 발의되어 공고되었다는 이유만으로 곧바로 주민소환투표 대상자의 권한행사가 정지되도록 한 것은 주민소환투표 대상자의 공무담임권을 침해했다고 할 수 없다.

① 1개　　② 2개
③ 3개　　④ 4개

3회 쟁점별 모의고사
(기본권 총론 ~ 인간의 존엄성)

소요시간: _____ / 15분   맞힌 답의 개수: _____ / 20

문 1. 공법인 또는 국가기관의 기본권 주체성에 관한 설명으로 가장 적절하지 <u>않은</u> 것은? (다툼이 있는 경우 판례에 의함)

① 원칙적으로 국가기관 또는 국가조직의 일부는 기본권의 수범자로서 국민의 기본권을 보호해야 할 책임과 의무를 지지만, 대통령은 사인의 지위에서는 제한적으로 기본권의 주체가 될 수 있다.
② '국가균형발전 특별법'에 의한 도지사의 혁신도시 입지선정과 관련하여 그 입지선정에서 제외된 지방자치단체는 자의적인 선정기준을 다투는 평등권의 주체가 된다.
③ 사법절차적 기본권은 성격상 자연인, 법인을 가리지 아니하고 사법절차에 참가한 자는 누구나 원용할 수 있어야 한다.
④ 선출직 공무원인 하남시장은 주민소환투표가 발의된 경우 주민소환투표 대상자의 권한을 정지시키는 이 사건 법률조항으로 인하여 공무담임권 등이 침해된다고 주장하여, 순수하게 직무상의 권한행사와 관련된 것이라기보다는 공직의 상실이라는 개인적인 불이익과 연관된 공무담임권을 다투고 있으므로, 기본권의 주체성이 인정된다.

문 2. 기본권 주체성에 관한 설명으로 가장 적절하지 <u>않은</u> 것은? (다툼이 있는 경우 판례에 의함)

① 공법상 재단법인인 방송문화진흥회가 최다출자자인 방송사업자는 관련 법규정에 의하여 공법상의 의무를 부담하고 있기 때문에 기본권 주체가 될 수 없다.
② 배아생성자는 배아에 대해 자신의 유전자정보가 담긴 신체의 일부를 제공하고, 배아가 모체에 성공적으로 착상하여 인간으로 출생할 경우 생물학적 부모로서의 지위를 갖게 되므로, 배아의 관리 또는 처분에 대한 결정권을 가진다고 할 것이며 이러한 배아생성자의 배아에 대한 결정권은 헌법상 명문으로 규정되어 있지는 아니하지만, 헌법 제10조로부터 도출되는 일반적 인격권의 한 유형으로서의 헌법상 권리라 할 것이다.
③ 행정심판청구를 인용하는 재결이 행정청을 기속하도록 규정한 행정심판법에 대해 지방자치단체의 장은 기본권의 주체가 될 수 없으므로 재판청구권 침해를 주장할 수 없다.
④ 서울시의회는 기본권의 '수범자'이지 기본권의 주체로서 그 '소지자'가 아니고 오히려 국민의 기본권을 보호 내지 실현해야 할 책임과 의무를 지니고 있는 지위에 있을 뿐이므로, 기본권의 주체가 될 수 없고 따라서 헌법소원을 제기할 수 있는 적격이 없다.

문 3. 기본권 주체에 관한 설명으로 옳고 그름의 표시(O, ×)가 바르게 된 것은? (다툼이 있는 경우 판례에 의함)

> ㄱ. 정당은 국민의 정치적 의사형성에 참여하기 위한 조직이지만, 구성원과는 독립하여 그 자체로서 기본권의 주체가 될 수 있다.
> ㄴ. 주택재개발정비사업조합은 노후·불량한 건축물이 밀집한 지역에서 주거환경을 개선하여 도시의 기능을 정비하고 주거생활의 질을 높여야 할 국가의 의무를 대신하여 실현하는 기능을 수행하고 있으므로 기본권의 주체가 될 수 없다.
> ㄷ. 국가 조직영역 내에서 공적 과제를 수행하는 대통령은 소속 정당을 위하여 정당활동을 할 수 있는 사인으로서의 지위를 가지는 경우에도 기본권 주체성을 갖는다고 할 수 없다.
> ㄹ. 사자(死者)에 대한 사회적 명예와 평가의 훼손은 사자와의 관계를 통하여 스스로의 인격상을 형성하고 명예를 지켜온 그들 후손의 인격권, 즉 유족의 명예 또는 유족의 사자에 대한 경애추모의 정을 침해한다.
> ㅁ. 외국인에게는 제한적으로 직업의 자유에 대한 기본권 주체성을 인정할 수 있는데, 근로관계가 형성되기 전 단계인 특정한 직업을 선택할 수 있는 권리는 국가정책에 따라 법률로써 외국인에게 제한적으로 허용되는 것이지 헌법상 기본권에서 유래되는 것은 아니다.

① ㄱ(O), ㄴ(O), ㄷ(×), ㄹ(O), ㅁ(O)
② ㄱ(O), ㄴ(×), ㄷ(O), ㄹ(O), ㅁ(×)
③ ㄱ(O), ㄴ(×), ㄷ(O), ㄹ(×), ㅁ(O)
④ ㄱ(×), ㄴ(O), ㄷ(×), ㄹ(O), ㅁ(O)

문 4. 기본권 보호의무에 관한 설명으로 옳은 것을 모두 고른 것은? (다툼이 있는 경우 판례에 의함)

> ㄱ. 기본권 침해가 국가가 아닌 제3자로서의 사인에 의해서 유발된 것이라고 하더라도 국가의 적극적인 보호의 의무는 기본권의 객관적 질서로부터 도출된다.
> ㄴ. 국가가 국민의 건강하고 쾌적한 환경에서 생활할 권리를 보호할 의무를 진다고 하더라도, 국가의 기본권 보호의무를 어떻게 실현하여야 할 것인가 하는 문제는 원칙적으로 권력분립과 민주주의의 원칙에 따라 사법부의 책임범위에 속한다.
> ㄷ. 동물장묘업 등록에 관하여 '장사 등에 관한 법률' 제17조 외에 다른 지역적 제한사유를 규정하지 않았다고 하더라도 청구인들의 환경권을 보호하기 위한 입법자의 의무를 과소하게 이행하였다고 평가할 수는 없다.
> ㄹ. 지뢰피해자 및 그 유족에 대한 위로금 산정시 사망 또는 상이를 입을 당시의 월평균임금을 기준으로 하고, 그 기준으로 산정한 위로금이 2천만 원에 이르지 아니할 경우 2천만 원을 초과하지 아니하는 범위에서 조정·지급할 수 있도록 한 '지뢰피해자 지원에 관한 특별법'은 국가의 기본권 보호의무 위반 여부가 문제가 되는 사안이다.

① ㄱ, ㄴ
② ㄱ, ㄷ
③ ㄷ, ㄹ
④ ㄴ, ㄷ, ㄹ

문 5. 기본권 보호의무 위반 심사에 관한 설명으로 가장 적절한 것은? (다툼이 있는 경우 판례에 의함)

① 외교행위는 고도의 정치행위로서 사법심사에서 제외되므로 외교행위의 기본권 보호의무 위반 여부에 대한 사법적 심사는 자제되어야 한다.
② 국가가 국민의 건강하고 쾌적한 환경에서 생활할 권리를 보호할 의무를 진다고 하더라도, 국가의 기본권 보호의무를 입법자 또는 그로부터 위임받은 집행자가 어떻게 실현하여야 할 것인가 하는 문제는 원칙적으로 입법자의 책임범위에 속한다.
③ 과잉금지원칙은 국가가 국민의 소극적 방어권으로서의 기본권을 제한하는 경우뿐 아니라, 사인 상호 간에 기본권적 법익 침해가 문제되어 국가가 생명발전의 각 단계에서 그 각 단계별로 생명 보호를 위해 어떤 수단을 투입하는 것이 바람직할 것인가를 판단하는 경우에 적용되는 법리이다.
④ 헌법재판소는 '교통사고처리 특례법'이 교통사고 피해자가 업무상 과실 또는 중대한 과실로 인하여 중상해를 입은 경우까지 면책되도록 규정한 것은 국민의 신체와 생명에 대한 국가의 보호의무를 위반하는 것이라고 결정하였다.

문 6. 동물 장묘업의 지역적 등록제한사유를 불충분하게 규정한 동물보호법에 관한 설명으로 가장 적절하지 않은 것은? (다툼이 있는 경우 판례에 의함)

① 기본권 침해가 국가가 아닌 제3자로서의 사인에 의해서 유발된 것이라고 하더라도 국가의 적극적인 보호의 의무는 기본권의 객관적 질서로부터 도출된다.
② 환경피해는 생명·신체의 보호와 같은 중요한 기본권적 법익 침해로 이어질 수 있는 점 등을 고려할 때, 일정한 경우 국가는 사인인 제3자에 의한 국민의 환경권 침해에 대해서도 적극적으로 기본권 보호조치를 취할 의무를 부담한다.
③ 국가가 국민의 건강하고 쾌적한 환경에서 생활할 권리를 보호할 의무를 진다고 하더라도, 국가의 기본권 보호의무를 어떻게 실현하여야 할 것인가 하는 문제는 원칙적으로 권력분립과 민주주의의 원칙에 따라 사법부의 책임범위에 속한다.
④ 동물장묘업 등록에 관하여 '장사 등에 관한 법률' 제17조 외에 다른 지역적 제한사유를 규정하지 않았다고 하더라도 청구인들의 환경권을 보호하기 위한 입법자의 의무를 과소하게 이행하였다고 평가할 수는 없다.

문 7. 기본권 보호의무에 관한 설명으로 가장 적절한 것은? (다툼이 있는 경우 판례에 의함)

① 국가가 기본권을 제한할 때와 국가가 기본권을 보호할 때의 위헌 여부 심사기준은 동일하므로 국민의 생명·신체·안전을 보호하기 위한 조치가 필요한 상황에서 국가의 기본권 보호의무 위반 여부에 대해서는 헌법재판소는 원칙적으로 엄격한 심사를 한다.
② 기본권 보호의무는 기본권적 법익이 사인으로부터 침해당했을 때 국가의 기본권 보호의무를 의미한다.
③ 선거운동을 위하여 확성장치의 사용을 허용하면서 확성장치에 의한 소음허용기준을 규정하지 아니한 공직선거법이 청구인의 환경권을 침해하였는지 여부에 대해서는 과소보호금지원칙이 아니라 헌법 제37조 제2항의 과잉금지원칙이 심사기준이 되어야 한다.
④ 대통령은 행정부의 수반으로서 국가가 국민의 생명과 신체의 안전 보호의무를 충실하게 이행할 수 있도록 권한을 행사하고 직책을 수행하여야 하는 의무를 부담하므로 국민의 생명이 위협받는 재난상황이 발생하였다고 하여 피청구인이 직접 구조활동에 참여하여야 하는 등 구체적이고 특정한 행위의무까지 바로 발생한다고 볼 수 있다.

문 8. 기본권의 제3자적 효력에 관한 설명으로 가장 적절한 것은? (다툼이 있는 경우 판례에 의함)

① 대법원은 기본권규정이 사법상의 일반원칙을 규정한 민법 제2조, 제103조, 제750조, 제751조 등의 내용을 형성하고 그 해석기준이 되는 경우에는 직접적으로 사법관계에 효력을 미친다고 판시하였다.
② 기본권규정은 민사상 법률관계에 직접적으로 적용할 수는 없는 것이나, 다만 사법상의 일반원칙을 규정한 민법 제2조, 제103조, 제750조 등의 내용을 형성하고 그 해석기준이 되므로 간접적으로 사법관계에 효력을 미치게 된다.
③ 평등권이라는 기본권의 침해도 민법 제750조의 일반규정을 통하여 사법상 보호되는 인격적 법익 침해의 형태로 구체화되어 논하여질 수 있고, 그 위법성 인정을 위하여 사인간의 평등권 보호에 관한 별개의 입법이 있어야 한다.
④ 대법원은 사적 단체가 남성 회원에게는 별다른 심사 없이 총회의결권 등을 가지는 총회원 자격을 부여하면서도 여성 회원의 경우에는 지속적인 요구에도 불구하고 원천적으로 총회원 자격심사에서 배제하여 온 것에 대해 평등권의 효력이 간접적으로 사법관계에 미친다고 하면서 기본권 침해를 인정하였다.

문 9. 기본권의 경합에 관한 설명으로 옳은 것을 모두 고른 것은? (다툼이 있는 경우 판례에 의함)

ㄱ. 일반적 기본권과 특별한 기본권이 경합하는 경우 예를 들면 공무담임권과 직업의 자유가 경합하는 경우 직업의 자유의 침해 여부를 판단한다.
ㄴ. 사생활 비밀과 통신비밀이 경합하는 경우 사생활 비밀의 침해 여부만 심사하면 족하다.
ㄷ. 성범죄자에 대한 신상정보등록을 규정한 아동·청소년의 성보호에 관한 법률로 제한되는 기본권은 개인정보자기결정권이고, 개인정보자기결정권 침해 여부를 판단을 하면 족하지 행복추구권 침해 여부를 판단할 필요는 없다.
ㄹ. 종교단체가 노인주거복지시설을 설치하고자 하는 경우에 신고의무를 부과한 노인복지법에 의해 거주·이전의 자유와 인간다운 생활을 할 권리 제한은 발생하지 않고, 종교법인의 인격권과 법인운영의 자유 침해 여부를 판단할 필요 없이 종교의 자유 침해 여부를 판단하는 것으로 족하다.
ㅁ. 공무원에 대하여 국가 또는 지방자치단체의 정책에 대한 반대·방해행위를 금지한 구 국가공무원 복무규정은 표현의 자유와 집회의 자유를 제한하나 공무원의 정치적 표현의 자유에 대한 제한 문제를 중심으로 판단하면 족하다 할 것이다.

① ㄱ, ㄴ
② ㄱ, ㄷ, ㅁ
③ ㄴ, ㄹ, ㅁ
④ ㄷ, ㄹ, ㅁ

문 10. 기본권 충돌에 관한 설명으로 가장 적절하지 않은 것은? (다툼이 있는 경우 판례에 의함)

① 헌법재판소에 따르면 모욕죄를 규정하고 있는 형법에 의해 명예권과 표현의 자유라는 두 기본권이 충돌하게 된다. 이와 같이 두 기본권이 충돌하는 경우 규범조화적 해석에 의해 기본권 충돌을 해결해야 한다.
② 개인적 단결권과 집단적 단결권이 충돌하는 경우 기본권의 서열이론에 입각하여 어느 기본권이 더 상위의 기본권이라고 단정할 수 없다.
③ 근로자에게 보장되는 적극적 단결권이 단결하지 아니할 자유보다 특별한 의미를 갖고 있고, 노동조합의 조직강제권도 이른바 자유권을 수정하는 의미의 생존권(사회권)적 성격을 함께 가지는 만큼 근로자 개인의 자유권에 비하여 보다 특별한 가치로 보장되는 점 등을 고려하면, 노동조합의 적극적 단결권은 근로자 개인의 단결하지 않을 자유보다 중시된다고 할 것이다.
④ 근로자의 3분의 2 이상을 대표하는 노동조합에 한해 근로자의 노동조합 가입을 강제함으로써 근로자의 기본권과 노동조합의 기본권이 충돌한 경우 규범조화적 해석에 따라 해결해야 한다.

문 11. 기본권 제한에 관한 설명으로 옳은 것은 모두 몇 개인가? (다툼이 있는 경우 판례에 의함)

> ㄱ. '의료행위'의 사회적 기능이나 사회적 연관성의 비중은 매우 크다고 할 수 있으므로 요양기관강제지정제를 택한 것은 최소침해의 원칙에 반하는가'에 대한 판단은 '입법자의 판단이 현저하게 잘못되었는가' 하는 명백성의 통제에 그치는 것이 타당하다고 본다.
> ㄴ. 헌법은 헌법 제119조 이하의 경제에 관한 장에서 '균형 있는 국민경제의 성장과 안정, 적정한 소득의 분배, 시장의 지배와 경제력남용의 방지, 경제주체 간의 조화를 통한 경제의 민주화, 균형 있는 지역경제의 육성, 중소기업의 보호육성, 소비자 보호 등'의 경제영역에서의 국가목표를 명시적으로 규정함으로써 국가가 경제정책을 통하여 달성하여야 할 '공익'을 구체화하고, 동시에 헌법 제37조 제2항의 기본권 제한을 위한 일반법률유보에서의 '국가안전보장'을 구체화하고 있다.
> ㄷ. 경제적 기본권의 제한을 정당화하는 공익이 헌법에 명시적으로 규정된 목표에만 제한되는 것은 아니고, 헌법은 단지 국가가 실현하려고 의도하는 전형적인 경제목표를 예시적으로 구체화하고 있을 뿐이므로 기본권의 침해를 정당화할 수 있는 모든 공익을 아울러 고려하여 법률의 합헌성 여부를 심사하여야 한다.
> ㄹ. 헌법 제23조 제3항에서 규정하고 있는 '공공필요'는 '국민의 재산권을 그 의사에 반하여 강제적으로라도 취득해야 할 공익적 필요성'으로서, '공공필요'의 개념은 '공익성'과 '필요성'이라는 요소로 구성되어 있는바, 기본권 일반의 제한사유인 '공공복리'보다 넓게 보는 것이 타당하다.
> ㅁ. 헌법 제37조 제2항은 기본권 제한에 관한 일반적 법률유보조항이라고 할 수 있는데, 법률유보의 원칙은 '법률에 의한 규율'만을 요청하는 것이고 '법률에 근거한 규율'을 요청하는 것이 아니기 때문에 기본권 제한의 형식이 반드시 법률의 형식이어야 한다.

① 1개 ② 2개
③ 3개 ④ 4개

문 12. 기본권 경합에 관한 설명으로 옳은 것을 모두 고른 것은? (다툼이 있는 경우 판례에 의함)

> ㄱ. 노인주거복지시설을 설치하고자 하는 경우에 신고의무를 부과한 노인복지법에 의해 거주·이전의 자유와 인간다운 생활을 할 권리 제한은 발생하지 않고, 종교법인의 인격권과 법인운영의 자유 침해 여부를 판단할 필요 없이 종교의 자유 침해 여부를 판단하는 것으로 족하다.
> ㄴ. 일반적 기본권과 특별한 기본권이 경합하는 경우 예를 들면 공무담임권과 직업의 자유가 경합하는 경우 특별한 기본권인 공무담임권이 적용되므로 직업의 자유의 침해 여부를 판단하지 아니한다.
> ㄷ. 형제자매가 가족관계등록부의 기록사항에 관하여 증명서 교부를 청구할 수 있도록 한 '가족관계의 등록 등에 관한 법률'의 기본권 침해 여부는 개인정보자기결정권 침해 여부를 판단한다면 인간의 존엄과 가치, 사생활의 비밀 침해 여부 판단할 필요는 없다.
> ㄹ. 양심적 병역거부는 양심의 자유와 종교의 자유 간 경합이 발생하나 종교의 자유 침해 여부를 중심으로 판단한다.
> ㅁ. 사생활 비밀과 통신비밀이 경합하는 경우 사생활 비밀의 침해 여부만 심사하면 족하다.

① ㄱ, ㄷ
② ㄱ, ㄹ
③ ㄷ, ㅁ
④ ㄱ, ㄴ, ㄷ

문 13. 기본권의 제한과 유사경합에 관한 설명으로 가장 적절한 것은? (다툼이 있는 경우 판례에 의함)

① 성범죄로 유죄판결이 확정된 자로서 신상정보등록 대상자로 하여금 성명, 주민등록번호, 주소, 거주지, 직장 등에 대한 정보를 관할 경찰서의 장에게 제출하도록 한 '성폭력범죄의 처벌 등에 관한 특례법'은 개인정보자기결정권은 제한하나, 거주·이전의 자유가 제한된다고 보기 어렵다.
② 수용자의 처우 또는 교정시설의 운영에 관하여 명백한 거짓사실을 포함하고 있는 때, 서신 반출을 금지한 '형의 집행 및 처우에 관한 법률'은 언론의 자유와 통신의 자유 중 언론의 자유를 제한한다.
③ 인터넷 신문을 발행하려는 사업자가 취재인력과 편집인력 포함 5인 이상 상시 고용하도록 하는 법률은 언론의 자유보다는 직업수행의 자유를 직접 제한한다.
④ 안전벨트를 맬 것인가의 여부는 자신의 운명이나 생활습관 등과 같은 사생활의 영역을 스스로 형성할 자유와 관련되는 것이고, 헌법 제17조에서 보장되는 사생활의 자유는 일반적 행동자유권의 헌법적 기초가 되는 행복추구권과의 관계에서 특별기본권으로서의 지위를 가진다고 할 것이므로, 특별한 사정이 없는 한 사생활의 자유의 침해 여부만 검토하면 된다고 보아야 한다.

문 14. 헌법 제10조에 관한 설명으로 가장 적절하지 않은 것은? (다툼이 있는 경우 판례에 의함)

① 성년후견개시심판이 이루어진 경우 성년후견인이 피성년후견인의 법률행위를 대리하고 신상에 관하여 결정할 수 있도록 하는 것은 피성년후견인의 자기결정권 및 일반적 행동자유권을 제한하는 것이다.
② 주방용오물분쇄기의 판매와 사용을 금지하는 것은 주방용오물분쇄기를 사용하려는 자의 일반적 행동자유권을 제한하나, 현재로서는 음식물 찌꺼기 등이 바로 하수도로 배출되더라도 이를 적절히 처리할 수 있는 사회적 기반시설이 갖추어져 있다고 보기 어렵다는 점 등을 고려하면 이러한 규제가 사용자의 기본권을 침해한다고 볼 수 없다.
③ 어린이보호구역에서 제한속도 준수의무 또는 안전운전의무를 위반하여 어린이를 상해에 이르게 한 경우 가중처벌하는 특정범죄 가중처벌 등에 관한 법률상 조항은 과잉금지원칙에 위반되어 청구인들의 일반적 행동자유권을 침해한다.
④ 기부행위자는 자신의 재산을 사회적 약자나 소외 계층을 위하여 출연함으로써 자기가 속한 사회에 공헌하였다는 행복감과 만족감을 실현할 수 있으므로, 기부행위는 행복추구권과 그로부터 파생되는 일반적 행동자유권에 의해 보호된다.

문 15. 헌법 제10조에 관한 설명으로 가장 적절하지 않은 것은? (다툼이 있는 경우 판례에 의함)

① 누구든지 금융회사 등에 종사하는 자에게 타인의 금융거래 관련 정보를 요구하는 것을 금지하고 이를 처벌조항으로 강제하는 것은 과잉금지원칙에 위배되어 일반적 행동자유권을 침해하지 아니한다.
② 환자가 장차 죽음에 임박한 상태에 이를 경우에 대비하여 미리 의료인 등에게 연명치료 거부 또는 중단에 관한 의사를 밝히는 등의 방법으로 죽음에 임박한 상태에서 인간으로서의 존엄과 가치를 지키기 위하여 연명치료의 거부 또는 중단을 결정할 수 있고, 이는 헌법상 자기결정권의 한 내용으로서 보장된다.
③ 공공기관 등의 공문서는 어문규범에 맞추어 한글로 작성하도록 규정한 국어기본법 조항은 '공공기관 등이 작성하는 공문서'에 대하여만 적용되며, 일반국민이 공공기관 등에 접수·제출하기 위하여 작성하는 문서나 일상생활에서 사적 의사소통을 위해 작성되는 문서에는 적용되지 않으므로 행복추구권을 침해하지 아니한다.
④ 성전환자에 해당함이 명백한 사람에 대해서는 호적의 성별란 기재의 성을 전환된 성에 부합하도록 수정할 수 있도록 허용함이 상당하므로, 성전환자임이 명백한 사람에 대하여 호적정정을 허용하지 않는 것은 인간의 존엄과 가치를 향유할 권리를 온전히 구현할 수 없게 만드는 것이다.

문 16. 인간의 존엄과 가치에 관한 설명으로 가장 적절하지 않은 것은? (다툼이 있는 경우 판례에 의함)

① 독립유공자의 손자녀의 경우 독립유공자가 1945.8.14. 이전에 사망한 경우에만 보상금을 지급하도록 규정한 독립유공자 예우에 관한 법률 조항은 인간의 존엄과 가치를 침해한다고 할 수 없다.
② 사람은 자신의 얼굴 등을 영리적으로 이용당하지 아니할 권리를 가지는데, 이러한 초상권은 헌법 제10조의 인간의 존엄과 가치와 행복추구권에서 보장될 수 있다.
③ 일반적 인격권에는 개인의 명예에 관한 권리도 포함되고, 여기서 말하는 '명예'는 사람이나 그 인격에 대한 사회적 평가, 즉 객관적·외부적 가치평가를 말할 뿐 주관적·내면적인 명예감정까지 포함한다고는 할 수 없다.
④ '일제강점하 반민족행위 진상규명에 관한 특별법' 제2조 제9호 중 '조선총독부 중추원 참의로 활동한 행위'를 친일반민족행위로 규정한 것은 인격권을 침해했다고 할 수 있다.

문 17. 인간으로서의 존엄과 가치 및 행복추구권에 관한 설명으로 가장 적절하지 않은 것은? (다툼이 있는 경우 판례에 의함)

① '가구 내 고용활동'에 대해서는 근로자퇴직급여 보장법을 적용하지 않도록 규정한 근로자퇴직급여 보장법 제3조는 재산권과 행복추구권을 제한한다고 할 수 없다.
② 육군장교가 민간법원 약식명령을 받아 확정된 사실에 대해 자진신고의무를 부과한 2020년도 육군지시 자진신고조항 및 2021년도 육군지시 자진신고조항은 과잉금지원칙을 위반하여 일반적 행동의 자유를 침해하지 않는다.
③ 이동통신사업자가 제공하는 전기통신역무를 타인의 통신용으로 제공하는 것을 원칙적으로 금지하고, 위반시 형사처벌하는 전기통신사업법 제30조는 이동통신서비스를 타인의 통신용으로 제공한 행위에 이르게 된 경위, 행위의 태양, 위법성의 정도 등 제반 사정을 고려할 여지를 전혀 두지 아니한 채 이동통신서비스 이용자가 이동통신서비스를 타인의 통신용으로 제공하는 행위를 일률적으로 금지하고 위반시 형사처벌하도록 함으로써 그것이 달성하려는 공익의 비중에도 불구하고 이동통신서비스 이용자의 일반적 행동자유권을 과도하게 제한하고 있다.
④ 각급 선거관리위원회 위원·직원의 선거범죄 조사에 있어서 피조사자에게 자료제출의무를 부과한 공직선거법은 일반적 행동자유권을 침해한다고 볼 수 없다.

문 18. 인간으로서의 존엄과 가치 및 행복추구권에 관한 설명으로 가장 적절한 것은? (다툼이 있는 경우 판례에 의함)

① 성년후견개시심판이 이루어진 경우 성년후견인이 피성년후견인의 법률행위를 대리하고 신상에 관하여 결정할 수 있도록 하는 것은 피성년후견인의 자기결정권 및 일반적 행동자유권을 제한하지 않는다.
② 유사군복을 판매목적으로 소지하는 행위를 금지하고 이를 처벌하는 것은 일회적·단발적으로 판매하기 위하여 유사군복을 소지하는 것까지 규제하는 것으로 해당 유사군복 소지자의 일반적 행동의 자유를 침해한다.
③ 형법상 자기낙태죄 조항은 모자보건법이 정한 일정한 예외를 제외하고는 임신기간 전체를 통틀어 모든 낙태를 전면적·일률적으로 금지하고, 이를 위반할 경우 형벌을 부과하는 것으로 과잉금지원칙을 위반하여 임신한 여성의 자기결정권을 침해한다.
④ 전동킥보드의 최고속도를 시속 25km 이하로 제한하는 것은 운행자의 신체·생명의 안전성을 보호하기 위한 것으로 전동킥보드를 구입하고자 하는 자의 자기결정권 및 일반적 행동자유권뿐 아니라 신체의 자유도 제한한다.

문 19. 자기결정권에 관한 설명으로 옳고 그름의 표시(○, ×)가 바르게 된 것은? (다툼이 있는 경우 판례에 의함)

> ㄱ. 자기낙태죄 조항은 모자보건법에서 정한 사유에 해당하지 않는다면 결정가능기간 중에 다양하고 광범위한 사회적·경제적 사유를 이유로 낙태갈등 상황을 겪고 있는 경우까지도 예외 없이 전면적·일률적으로 임신의 유지 및 출산을 강제하고, 이를 위반한 경우 형사처벌하는 것은 입법목적을 달성하기 위하여 필요한 최소한의 정도를 넘어 임신한 여성의 자기결정권을 제한하고 있어 침해의 최소성을 갖추지 못하였다.
> ㄴ. 헌법 제10조의 개인의 인격권·행복추구권에는 개인의 자기운명결정권이 전제되는 것이고 자기운명결정권에는 성행위 여부 및 그 상대방을 결정할 수 있는 성적 자기결정권이 포함되어 있다.
> ㄷ. 미군기지의 이전은 평택시의 미군기지가 늘어나면 평택 주민들의 생활에 직접적인 영향을 미치게 되는 것이므로 헌법상 자기결정권의 보호범위에 포함된다.
> ㄹ. '죽음에 임박한 환자'는 연명치료의 거부 또는 중단을 결정할 수 있다 할 것이고, 위 결정은 헌법상 기본권인 자기결정권의 한 내용으로서 보장된다 할 것이다.
> ㅁ. 본인의 생전 의사에 관계없이 인수자가 없는 시체를 해부용으로 제공하도록 규정한 구 '시체 해부 및 보존에 관한 법률'은 자기결정권을 침해한다고 할 수 있다.

① ㄱ(○), ㄴ(○), ㄷ(×), ㄹ(○), ㅁ(○)
② ㄱ(○), ㄴ(×), ㄷ(○), ㄹ(×), ㅁ(○)
③ ㄱ(×), ㄴ(○), ㄷ(○), ㄹ(×), ㅁ(×)
④ ㄱ(×), ㄴ(×), ㄷ(○), ㄹ(○), ㅁ(×)

문 20. 국가인권위원회의 인권침해에 대한 조사에 관한 설명으로 가장 적절하지 않은 것은? (다툼이 있는 경우 판례에 의함)

① 국가인권위원회에게 진정할 수 있는 인권침해를 국가기관, 지방자치단체 또는 구금·보호시설의 업무수행(국회의 입법 및 법원·헌법재판소의 재판을 제외한다)과 관련하여 헌법 제10조 내지 제22조에 정한 자유권적 기본권을 침해당한 경우로 한정된다.

② 법원의 재판을 국가인권위원회에 진정할 수 있는 대상에서 제외하는 국가인권위원회법 조항은 평등권을 침해한다고 할 수 없다.

③ 국가인권위원회는 인권의 보호와 향상에 중대한 영향을 미치는 재판이 계속 중인 경우 법원 또는 헌법재판소의 요청이 있는 경우에 한해 법원의 담당재판부 또는 헌법재판소에 법률상의 사항에 관하여 의견을 제출할 수 있다.

④ 인권위원회는 인권을 침해당한 사람 등의 진정이 없는 경우에도 인권침해사안에 대해 조사할 수 있다.

4회 쟁점별 모의고사
(생명권 ~ 평등권)

소요시간: _____ / 15분   맞힌 답의 개수: _____ / 20

문 1. 낙태죄에 관한 설명으로 옳지 않은 것은 모두 몇 개인가? (다툼이 있는 경우 판례에 의함)

> ㄱ. 태아가 비록 그 생명의 유지를 위하여 모에게 의존해야 하지만, 그 자체로 모와 별개의 생명체이고 특별한 사정이 없는 한 인간으로 성장할 가능성이 크므로 태아에게도 생명권이 인정되어야 하며, 태아가 독자적 생존능력을 갖추었는지 여부를 그에 대한 낙태 허용의 판단기준으로 삼을 수는 없다.
> ㄴ. 모든 인간은 헌법상 생명권의 주체가 되며, 형성 중의 생명인 태아에게도 생명에 대한 권리가 인정되어야 한다. 따라서 국가는 헌법 제10조 제2문에 따라 태아의 생명을 보호할 의무가 있고, 생명을 보호하는 입법적 조치를 취함에있어 인간생명의 발달단계에 따라 그 보호 정도나 보호수단을 달리하여서는 아니 된다.
> ㄷ. 모자보건법상의 정당화사유에는 사회적·경제적 사유도 포함되는데, 이에 해당하더라도 임신 24주 이내에만 낙태가 가능하므로 임신한 여성의 자기결정권을 보장하기에는 불충분하다.
> ㄹ. 태아의 생명을 보호하기 위하여 낙태를 금지하고 형사처벌하는 것 자체가 모든 경우에 헌법에 위반된다고 볼 수는 없다.
> ㅁ. 헌법재판소는 임신 제1삼분기(임신 14주 무렵까지)에는 사유를 불문하고 낙태가 허용되어야 하므로 자기낙태죄 규정에 대하여 단순위헌결정을 하였다.
> ㅂ. 자기낙태죄 조항은 태아의 생명을 보호하기 위한 것으로서, 정당한 입법목적을 달성하기 위한 적합한 수단이나, 자기낙태죄 조항은 입법목적을 달성하기 위하여 필요한 최소한의 정도를 넘어 임신한 여성의 자기결정권을 제한하고 있어 침해의 최소성을 갖추지 못하였으므로 임신한 여성의 자기결정권을 침해한다.

① 1개   ② 2개
③ 3개   ④ 4개

문 2. 인격권과 행복추구권에 관한 설명으로 가장 적절한 것은? (다툼이 있는 경우 판례에 의함)

① 청원경찰법이 품위손상행위를 징계사유로 규정한 것은 과잉금지원칙에 위배되어 일반적 행동의 자유를 침해한다.
② 명의신탁이 증여로 의제되는 경우, 명의신탁의 당사자에게 증여세의 과세가액 및 과세표준을 신고할 의무를 부과하는 구 '상속세 및 증여세법' 제68조 제1항은 일반적 행동의 자유를 침해한다.
③ 전동킥보드에 대한 최대속도를 시속 25km 이내로 제한한 것은 헌법 제10조의 행복추구권에서 파생되는 소비자의 자기결정권을 제한할 뿐, 일반적 행동자유권은 제한하지 않는다.
④ 의료사고로 사망의 결과가 발생한 경우, 의료분쟁 조정절차를 자동으로 개시하도록 한 '의료사고 피해구제 및 의료분쟁 조정 등에 관한 법률' 제27조 제9항은 청구인의 일반적 행동의 자유를 침해한다고 할 수 없다.

문 3. 행복추구권 보호영역과 제한에 관한 설명으로 가장 적절하지 않은 것은? (다툼이 있는 경우 판례에 의함)

① 일반적 행동자유권은 그 보호대상으로서의 행동이란 국가가 간섭하지 않으면 자유롭게 할 수 있는 행위 내지 활동을 의미하고 병역의무의 이행으로서의 현역병 복무는 국가가 간섭하지 않으면 자유롭게 할 수 있는 행위에 속하지 않으므로 일반적 행동자유권에 현역병으로 복무할 권리가 포함된다고 할 수 없다.
② 술에 취한 상태로 도로 외의 곳에서 운전하는 것을 금지하고 이를 위반했을 때 처벌하는 것은 일반적 행동의 자유를 제한한다.
③ 국가 등의 양로시설 등에 입소하는 국가유공자에게 부가연금, 생활조정수당 등의 지급을 정지하도록 한 '국가유공자 등 예우 및 지원에 관한 법률'은 행복추구권을 제한한다고 할 수 없다.
④ 단체의 재정 확보를 위한 모금행위가 단체의 결성이나 결성된 단체의 활동과 유지에 있어서 중요한 의미를 가질 수 있기 때문에 기부금품모집행위의 제한이 행복추구권에 영향을 미칠 수 있다는 것은 인정되나, 행복추구권에 대한 제한은 기부금품모집행위를 규제하는 데서 오는 간접적이고 부수적인 효과일 뿐이고, 기부금품모집행위의 규제에 의하여 제한되는 기본권은 결사의 자유이다.

문 4. 행복추구권 보호영역과 제한에 관한 설명으로 가장 적절한 것은? (다툼이 있는 경우 판례에 의함)

① 행복추구권과 기타 개별 기본권이 경합하는 경우에도 행복추구권 침해 여부에 대하여 독자적으로 판단하여야 한다.
② 학원교습시간 제한에 관한 조례에 의하여 제한되는 기본권은 배우고자 하는 아동과 청소년의 인격의 자유로운 발현권 및 학원을 운영하는 자의 직업수행의 자유이고, 자녀교육에 대하여 결정할 수 있는 부모의 교육권이다.
③ 보호영역으로서 '직업'이 문제되는 경우 직업의 자유 침해 여부와 행복추구권 관련 위헌 여부의 심사도 병행되어야 한다.
④ 교도소장이 교도소 독거실 내 화장실 창문과 철창자 사이에 안전철망을 설치한 행위를 다투는 경우 우선적으로 적용되는 행복추구권을 주 기본권으로 삼아 판단한다.

문 5. 행복추구권의 보호영역에 관한 가장 적절한 것은? (다툼이 있는 경우 판례에 의함)

① 공물을 사용·이용하게 해달라고 국가에 대하여 청구할 수 있는 권리, 즉 공물이용권이 행복추구권에 포함되므로 일반공중에게 개방된 장소인 서울광장을 개별적으로 통행하거나 서울광장에서 여가활동이나 문화활동을 하는 것은 일반적 행동자유권의 내용으로 보장된다.
② 초·중등교육법 제31조 제2항 중 공립학교에 관한 부분은 학교운영위원 선거에 있어서 직원대표 입후보 규정을 두지 않고 있어 직원대표위원 활동을 통하여 사회형성에 적극적으로 참여하는 행위를 제한하고 있으므로 행복추구권에서 파생되는 일반적 행동자유권과 관련된다고 볼 수 있다.
③ 국민건강보험법에 의하여 요양급여를 요구할 권리는 포괄적 자유권인 행복추구권의 내용에 포함된다고 할 수 있다.
④ 행복추구권이란 국민이 행복을 추구하기 위한 활동을 국가권력의 간섭 없이 자유롭게 할 수 있다는 소극적 권리의 성격만을 가지는 것이 아니라 국민이 행복을 추구하기 위해 필요한 급부를 국가에게 요구할 수 있는 적극적 권리의 성격도 가진다.

문 6. 수형자의 민원인에 대해서만 인터넷화상접견과 스마트접견을 신청할 권리를 인정하면서 미결수용자의 가족에게는 이를 인정하지 않은 '수용관리 및 계호업무 등에 관한 지침'에 대해 헌법소원심판이 청구되었다. 이에 관한 설명으로 옳은 것을 모두 고른 것은? (다툼이 있는 경우 판례에 의함)

> ㄱ. 미결수용자가 가족과 접견하는 것과 미결수용자의 가족이 미결수용자와 접견하는 것 역시 헌법 제10조가 보장하고 있는 인간으로서의 존엄과 가치 및 행복추구권 가운데 포함되는 헌법상의 기본권이다.
> ㄴ. 미결수용자의 가족이 인터넷화상접견이나 스마트접견과 같이 영상통화를 이용하여 접견할 권리가 접견교통권의 핵심적 내용에 해당되어 헌법에 의해 직접 보장된다.
> ㄷ. 미결수용자의 배우자에 대해서는 인터넷화상접견과 스마트접견을 허용하지 않는 구 '수용관리 및 계호업무 등에 관한 지침'은 행복추구권 또는 일반적 행동자유권의 제한을 제한하지 않는다.
> ㄹ. 수형자의 민원인에 대해서만 인터넷화상접견과 스마트접견을 신청할 권리를 인정하면서 미결수용자의 가족에게는 이를 인정하지 않은 '수용관리 및 계호업무 등에 관한 지침'에 의한 평등권 침해 여부는 차별에 합리적 이유가 있는지를 살펴보는 방식으로 심사하는 것이 적절하다.
> ㅁ. 인터넷화상접견 대상자 지침조항 및 스마트접견 대상자 지침조항에 의한 미결수용자의 배우자와 수형자의 배우자 사이의 차별에는 합리적 이유를 인정하기 어렵다.

① ㄱ, ㄹ
② ㄱ, ㄷ, ㄹ
③ ㄴ, ㄷ, ㄹ
④ ㄴ, ㄷ, ㅁ

문 7. 혼인·가족제도 내지 가족생활에 관한 설명으로 가장 적절하지 않은 것은? (다툼이 있는 경우 판례에 의함)

① 자의성을 정함에 있어 부성주의를 원칙으로 하는 것은 헌법 제10조, 제36조 제1항에 위반되지 않는다.
② 출생 직후의 자(子)에게 성(姓)을 부여할 당시 부(父)가 이미 사망하였거나 부모가 이혼하여 모(母)가 단독으로 친권을 행사하고 양육할 것이 예상되는 경우, 혼인 외의 자를 부가 인지하였으나 여전히 모가 단독으로 양육하는 경우 등과 같은 사례에 있어서도 일방적으로 부의 성을 사용할 것을 강제하면서 모의 성의 사용을 허용하지 않고 있는 것은 개인의 존엄과 양성의 평등을 침해한다.
③ 부성(父姓)의 사용으로 인해 재혼이나 입양 등의 경우에 있어서 개인이 받는 불이익은 재혼이나 입양에 대한 사회적 편견이 원인이지 부성주의가 원인은 아니다. 추상적인 자유와 평등의 잣대만으로 우리 사회에서 여전히 유효하게 존속하면서 가치를 인정받고 있는 생활양식이자 문화현상인 부성주의의 합헌성을 부정하는 것은 부적절하다.
④ 친생부인의 소의 제척기간을 규정한 민법(2005.3.31. 법률 제7427호로 개정된 것) 제847조 제1항 중 '부(夫)가 그 사유가 있음을 안 날부터 2년 내' 부분은 친생부인의 소의 제척기간에 관한 입법재량의 한계를 일탈하지 않은 것으로서 헌법에 위반되지 아니한다.

문 8. 혼인금지에 관한 설명으로 옳고 그름의 표시(○, ×)가 바르게 된 것은? (다툼이 있는 경우 판례에 의함)

> ㄱ. 인격권과 행복추구권은 개인의 자기운명결정권을 전제로 하고 자기운명결정권은 다시 성적 상대방의 결정권, 나아가 배우자결정권을 포함한다.
> ㄴ. 동성동본금혼을 규정한 민법 제809조 제1항은 이제 사회적 타당성 내지 합리성을 상실하고 있음과 아울러 인간으로서의 존엄과 가치 및 행복추구권을 규정한 헌법이념 및 개인의 존엄과 양성의 평등에 기초한 혼인과 가족생활의 성립·유지라는 헌법규정에 정면으로 배치될 뿐 아니라, 남계혈족에만 한정하여 성별에 의한 차별을 함으로써 헌법상의 평등의 원칙에도 위반되며, 그 입법목적이 정당하지 않다는 점에서 헌법 제37조 제2항에도 위반된다'는 이유로 헌법불합치결정을 하였으나 8촌 이내 혈족 사이의 혼인금지의 목적은 정당하다.
> ㄷ. 유전학적 연구결과에 의하더라도 8촌 이내 혈족 사이의 혼인이 일률적으로 그 자녀나 후손에게 유전적으로 유해한지에 대한 과학적인 증명이 있었다고 보기 어려우므로, 유전학적 관점은 혼인의 상대방을 선택할 자유를 제한하는 합리적인 이유가 될 수 없다. 따라서 8촌 이내의 혈족 사이에서는 혼인할 수 없도록 하는 민법 제809조 제1항은 입법목적 달성에 필요한 범위를 넘는 과도한 제한으로서 과잉금지원칙에 위배하여 혼인의 자유를 침해한다.
> ㄹ. 8촌 이내의 혈족 사이에서는 혼인할 수 없도록 하는 민법 제809조 제1항은 헌법 제36조에서 도출되는 '혼인과 가족생활을 스스로 결정하고 형성할 수 있는 자유'(혼인의 자유)를 제한하고 이 경우 과잉금지원칙을 기준으로 위헌 여부를 심사한다.
> ㅁ. 8촌 이내의 혈족 사이에서는 혼인할 수 없도록 하는 민법을 위반한 혼인을 무효로 하는 민법 제815조 제2호는 과잉금지원칙에 위배하여 혼인의 자유를 침해한다.

① ㄱ(○), ㄴ(○), ㄷ(×), ㄹ(○), ㅁ(○)
② ㄱ(○), ㄴ(×), ㄷ(×), ㄹ(×), ㅁ(×)
③ ㄱ(×), ㄴ(○), ㄷ(○), ㄹ(○), ㅁ(×)
④ ㄱ(×), ㄴ(×), ㄷ(○), ㄹ(×), ㅁ(○)

문 9. 평등권에 관한 설명으로 옳고 그름의 표시(○, ×)가 바르게 된 것은? (다툼이 있는 경우 판례에 의함)

> ㄱ. 현역병, 승선근무예비역, 사회복무요원, 예술·체육요원, 전문연구요원, 산업기능요원으로 복무하게 되는 사람의 경우와 달리 법무사관후보생의 군사교육기간을 단기법무장교의 의무복무기간에 산입하지 않는 것은 합리적인 이유 없는 차별에 해당한다.
> ㄴ. 공무원연금법이 정한 퇴직수당의 지급에 있어 지방자치단체장을 다른 공무원과 달리 취급하는 것에는 합리적 이유를 찾을 수 없으므로, 지방자치단체장을 공무원연금법상 퇴직급여 및 퇴직수당의 지급 대상에서 제외하고 있는 구 공무원연금법은 평등원칙에 위배된다.
> ㄷ. 장애보상금 지급대상을 군인으로 한정함으로써 군복무 중 질병 또는 부상으로 퇴직한 이후에 장애상태가 확정된 군인을 장애보상금 지급대상에서 제외하고 있는 구 군인연금법 제31조 제1항 중 군인에 대한 장애보상금에 관한 부분은 평등원칙에 위배되지 않는다.
> ㄹ. 공무상 질병 또는 부상으로 '퇴직 이후에 폐질상태가 확정된 군인'에 대해서 상이연금 지급에 관한 규정을 두지 아니한 군인연금법 제23조 제1항은 평등의 원칙에 위배되어 헌법에 위반된다.
> ㅁ. 현역병이 국민건강보험공단으로부터 요양비에 관한 지급을 받을 수 있도록 규정하지 아니한 구 국민건강보험법 제60조 제1항 중 '현역병'에 관한 부분과 관련하여 현역병과 일반 건강보험가입자는 차별이 문제되는 비교집단이라 볼 수 있다.

① ㄱ(○), ㄴ(○), ㄷ(×), ㄹ(○), ㅁ(○)
② ㄱ(○), ㄴ(○), ㄷ(×), ㄹ(×), ㅁ(×)
③ ㄱ(○), ㄴ(×), ㄷ(○), ㄹ(×), ㅁ(×)
④ ㄱ(×), ㄴ(×), ㄷ(○), ㄹ(○), ㅁ(×)

문 10. 평등권에 관한 설명으로 가장 적절하지 않은 것은?
(다툼이 있는 경우 판례에 의함)

① 65세 미만의 경우 치매·뇌혈관성질환 등 대통령령으로 정하는 노인성 질병을 가진 자에 한해 장애인활동지원급여 신청자격을 인정하고 있는 '장애인활동 지원에 관한 법률'은 평등권을 침해한다.
② 특별교통수단에 있어 표준휠체어만을 기준으로 휠체어 고정설비의 안전기준을 정하고 있는 '교통약자의 이동편의 증진법 시행규칙' 제6조 제3항 별표 1의2는 합리적 이유 없이 표준휠체어를 이용할 수 있는 장애인과 표준휠체어를 이용할 수 없는 장애인을 달리 취급하여 청구인의 평등권을 침해한다고 할 수 없다.
③ 근로자가 사망할 당시 그 근로자와 생계를 같이하고 있던 유족 중 '대한민국 국민인 유족' 및 '국내거주 외국인유족'은 퇴직공제금을 지급받을 유족의 범위에 포함하면서 청구인과 같은 '외국거주 외국인유족'을 그 범위에서 제외하는 구 '건설근로자의 고용개선 등에 관한 법률' 제14조 제2항은 평등원칙에 위반된다.
④ 국가를 상대로 하는 당사자소송의 경우에는 가집행선고를 할 수 없다고 규정한 행정소송법 제43조는 평등원칙에 반한다.

문 11. 평등권에 관한 설명으로 가장 적절하지 않은 것은?
(다툼이 있는 경우 판례에 의함)

① 독립유공자의 유족 중 자녀의 범위에서 사후양자를 제외하는 '독립유공자예우에 관한 법률' 제5조 제3항 본문은 평등원칙에 위반되지 않는다.
② 주택재개발조합이 행정심판의 피청구인이 된 경우 그 인용재결에 기속되도록 규정한, 행정심판법 제49조 제1항 중 피청구인 가운데 '도시 및 주거환경정비법상 재개발사업의 사업시행인 조합'에 관한 부분은 평등원칙에 반하지 않는다.
③ 6·25전몰군경자녀에게 6·25전몰군경자녀수당을 지급하면서 그 수급권자를 6·25전몰군경자녀 중 1명에 한정하고, 나이가 많은 자를 우선하도록 정한 구 '국가유공자 등 예우 및 지원에 관한 법률' 제16조의3 제1항 본문 중 '자녀 중 1명'에 한정하여 6·25전몰군경자녀수당을 지급하도록 한 부분은 나이가 적은 6·25전몰군경자녀의 평등권을 침해하지 않는다.
④ 내국인 등과 달리 외국인의 경우 보험료를 체납한 경우에는 다음 달부터 곧바로 보험급여를 제한하는 국민건강보험법 제109조 제10항은 청구인들의 평등권을 침해한다.

문 12. 평등권 및 평등원칙에 관한 설명으로 가장 적절하지 않은 것은? (다툼이 있는 경우 판례에 의함)

① 전문과목을 표시한 치과의원에게 그 표시한 전문과목에 해당하는 환자만을 진료하도록 하는 것은 전문과목을 표시하더라도 진료범위에 대하여 제한을 받지 않는 의사전문의나 한의사전문의에 비하여 치과전문의를 차별취급하고 있으나, 의사전문의, 한의사전문의와 치과전문의 사이에는 본질적인 차이가 있으므로 치과전문의의 평등권을 침해한다.
② 국회의원을 후원회지정권자로 정하면서 지방의회의원을 후원회지정권자에서 제외하는 것은 지방의회의원의 전문성을 확보하고 원활한 의정활동을 지원하기 위해 지방의회의원들에게도 후원회를 허용하여 정치자금을 합법적으로 확보할 수 있는 방안을 마련해 줄 필요가 있다는 점에서 해당 지방의회의원의 평등권을 침해한다.
③ 건설 근로자가 사망할 당시 대한민국 국민이 아닌 자로서 외국에서 거주하고 있던 유족에게 퇴직공제금을 지급하지 않는 것은 '외국인'이라는 사정 또는 '외국에 거주'한다는 사정이 대한민국 국민인 유족 혹은 국내거주 외국인유족과 달리 취급받을 합리적인 이유가 될 수 없다는 점에서 헌법상 평등원칙에 위반된다.
④ 지원에 의하여 현역복무를 마친 여성의 경우 현역복무 과정에서의 훈련과 경험을 통해 예비전력으로서의 자질을 갖추고 있을 것으로 추정할 수 있으므로 지원에 의하여 현역복무를 마친 여성을 예비역 복무의무자의 범위에서 제외한 군인사법 조항은 예비역 복무의무자인 남성인 청구인의 평등권을 침해한다.

문 13. 평등권에 관한 설명으로 가장 적절하지 않은 것은? (다툼이 있는 경우 판례에 의함)

① 퇴역연금수급자인 퇴직군인이나 장해연금수급자인 퇴직공무원과 달리 상이연금수급자에 대한 공무원 재직기간 합산방법을 규정하지 않은 구 공무원연금법은 평등원칙에 위배되지 않는다.
② 업무상 재해에 통상의 출퇴근 재해를 포함시키는 개정 법률조항을 개정법 시행 후 최초로 발생하는 재해부터 적용하도록 하는 산업재해보상보험법 부칙은 헌법상 평등원칙에 위반된다.
③ '선거일 이전에 행하여진 선거범죄' 가운데 '선거일 이전에 후보자격을 상실한 자'와 '선거일 이전에 후보자격을 상실하지 아니한 자'는 본질적으로 동일한 집단이라 할 것이므로 선거일 이전에 행하여진 선거범죄의 공소시효 기산점을 '당해 선거일 후'로 규정한 공직선거법으로 차별이 발생한다고 보기 어렵다.
④ 집행유예의 실효요건은 집행유예기간 중 '고의로 범한 죄로' 금고 이상의 실형을 선고받아 그 판결이 확정된 때로 하면서 선고유예는 여전히 선고유예기간 중에 자격정지 이상의 판결이 확정되기만 하면 실효되도록 한 형법 제61조는 선고유예를 보다 가벼운 제재로 예정한 입법자의 의사 및 우리 법체계와 부합하지 않는 것으로, 평등원칙에 위반된다.

문 14. 평등권에 관한 설명으로 가장 적절하지 않은 것은? (다툼이 있는 경우 판례에 의함)

① 퇴역연금수급자인 퇴직군인이나 장해연금수급자인 퇴직공무원과 달리 상이연금수급자에 대한 공무원 재직기간 합산방법을 규정하지 않은 구 공무원연금법은 평등원칙에 위배되지 않는다.
② 기초연금 수급액을 '국민기초생활 보장법'상 이전소득에 포함시키도록 하는 구 '국민기초생활 보장법 시행령' 제5조 제1항 제4호 다목 중 기초연금법에 관한 부분은 청구인들과 같이 기초연금을 함께 수급하고 있거나 장차 수급하려는 '국민기초생활 보장법'상 수급자인 노인들의 평등권을 침해하지 않는다.
③ '선거일 이전에 행하여진 선거범죄' 가운데 '선거일 이전에 후보자격을 상실한 자'와 '선거일 이전에 후보자격을 상실하지 아니한 자'는 본질적으로 동일한 집단이라 할 것이므로 선거일 이전에 행하여진 선거범죄의 공소시효 기산점을 '당해 선거일 후'로 규정한 공직선거법으로 차별이 발생한다고 보기 어렵다.
④ 업무상 재해에 통상의 출퇴근 재해를 포함시키는 개정 법률조항을 개정법 시행 후 최초로 발생하는 재해부터 적용하도록 하는 산업재해보상보험법 부칙은 헌법상 평등원칙에 위반된다고 할 수 없다.

문 15. 평등권에 관한 설명으로 가장 적절한 것은? (다툼이 있는 경우 판례에 의함)

① 영화업자가 영화근로자와 계약을 체결할 때 근로시간을 구체적으로 밝히도록 하고 위반시 처벌하는 '영화 및 비디오물의 진흥에 관한 법률' 제3조가 영화제작계약을 일반적인 근로계약과 마찬가지로 취급하는 것으로서 영화업자의 평등권을 침해한다고 할 수 없다.
② 근로자가 사망할 당시 그 근로자와 생계를 같이 하고 있던 유족 중 '대한민국 국민인 유족' 및 '국내거주 외국인유족'은 퇴직공제금을 지급받을 유족의 범위에 포함하면서 '외국거주 외국인유족'을 그 범위에서 제외하는 구 '건설근로자의 고용개선 등에 관한 법률' 제14조 제2항은 평등원칙에 위반된다고 할 수 없다.
③ 안장 대상자의 사망 후 배우자가 재혼하였다는 이유만으로 그 기여를 전혀 고려하지 않고 일률적으로 국립묘지 합장 대상에서 제외한 '국립묘지의 설치 및 운영에 관한 법률' 제5조 제3항 본문 제1호 단서는 재혼한 배우자를 불합리하게 차별한 것으로서 평등원칙에 위배된다.
④ 가정폭력 가해자에 대해 피해자 또는 가정구성원에 대한 전기통신사업법 제2조 제1호의 전기통신을 이용한 접근금지만 규정하여 우편을 이용한 접근금지를 피해자보호명령에 포함시키지 아니한 구 '가정폭력범죄의 처벌 등에 관한 특례법' 제55조의2 제1항이 전기통신을 이용한 접근금지를 규정하고 있는 것과 달리 우편을 이용한 접근금지에 대하여 규정하지 아니한 것은 합리적 이유 없는 차별로서 평등원칙에 위배된다.

문 16. '가구 내 고용활동'에 대해서는 '근로자퇴직급여 보장법'을 적용하지 않도록 규정한 '근로자퇴직급여 보장법' 제3조에 대한 헌법소원심판이 청구되었다. 이에 대한 설명으로 가장 적절한 것은? (다툼이 있는 경우 판례에 의함)

① '가구 내 고용활동'에 대해서는 '근로자퇴직급여 보장법'을 적용하지 않도록 규정한 '근로자퇴직급여 보장법' 제3조는 가구 내 고용활동근로자의 재산권을 제한한다고 할 수 없다.

② 헌법 제32조 제4항은 고용·임금 및 근로조건에 있어서 여성에 대한 부당한 차별을 금지하고 있는데 '가구 내 고용활동'에 대해서는 '근로자퇴직급여 보장법'을 적용하지 않도록 규정한 '근로자퇴직급여 보장법' 제3조는 여성에 대한 근로에서 부당한 차별을 금지하고 있는 헌법 제32조 제4항의 위반문제가 발생한다.

③ 헌법 제32조 제4항은 '여자의 근로는 특별한 보호를 받으며, 고용·임금 및 근로조건에 있어서 부당한 차별을 받지 아니한다'고 규정하여 '근로' 내지 '고용'의 영역에 있어서 특별히 남녀평등을 요구하고 있다. 그런데 '가구 내 고용활동'에 대해서는 '근로자퇴직급여 보장법'을 적용하지 않도록 규정한 '근로자퇴직급여 보장법' 제3조로 인해 거의 대부분이 여성인 가구 내 활동에 종사하는 가사사용인과 '근로자퇴직급여보장법'의 적용을 받는 다른 근로자를 달리 취급하고 있는바, 이에 대해서는 엄격한 심사척도를 적용하여 비례성원칙에 따른 심사를 행하여야 할 것이다.

④ 가구 내 고용활동은 크게 가사관리와 돌봄으로 구분할 수 있는데 양자의 차이를 고려하지 않고 일률적으로 전부 '근로자퇴직급여 보장법'의 적용범위에서 배제하는 것은 타당하지 않다. 가사사용인은 고용보험, 산업재해보상보험, 국민건강보험 등 사회보장제도에서 소외되고 있는바, 퇴직급여제도에서까지 배제하는 것은 사회안전망의 사각지대를 발생시키게 된다. 따라서 '가구 내 고용활동'에 대해서는 '근로자퇴직급여 보장법'을 적용하지 않도록 규정한 '근로자퇴직급여 보장법' 제3조은 평등원칙에 위배된다.

문 17. 평등원칙 위반 여부에 관한 심사기준에 대한 설명으로 가장 적절한 것은? (다툼이 있는 경우 판례에 의함)

① 비례심사의 경우에는 차별을 정당화하는 합리적인 이유가 있는지만을 심사하기 때문에 그에 해당하는 비교대상 간의 사실상의 차이나 입법목적(차별목적)의 발견, 확인에 그친다.

② 평등권의 침해 여부에 대한 심사는 그 심사기준에 따라 자의금지원칙에 의한 심사와 비례의 원칙에 의한 심사로 크게 나누어 볼 수 있다. 자의심사의 경우에는 단순히 합리적인 이유의 존부 문제가 아니라 차별을 정당화하는 이유와 차별 간의 상관관계에 대한 심사, 즉 비교대상 간의 사실상의 차이의 성질과 비중 또는 입법목적(차별목적)의 비중과 차별의 정도에 적정한 균형관계가 이루어져 있는가를 심사한다.

③ 헌법에서 특별히 평등을 요구하고 있는 경우나 차별적 취급으로 인하여 관련 기본권에 중대한 제한을 초래하는 경우 이외에는 완화된 심사척도인 비례원칙에 의하여 심사하면 족하다.

④ 평등권 위반 여부의 심사기준으로서 자의금지원칙은 입법형성의 자유가 넓은 영역에서 인정되는 심사기준이라면, 비례심사는 입법형성의 자유가 좁은 경우 차별의 평등 위반 여부를 심사하는 기준이다.

문 18. 평등권에 관한 설명으로 옳지 않은 것을 모두 고른 것은? (다툼이 있는 경우 판례에 의함)

> ㄱ. 의료급여수급자와 건강보험가입자는 사회보장의 한 형태로서 의료 보장의 대상인 점에서 공통점이 있고, 그 선정방법, 법적 지위, 재원조달방식, 자기 기여 여부 등에서는 차이가 있기는 하지만 본질적으로는 동일한 비교집단으로 볼 수 있으므로 의료급여수급자를 대상으로 선택병의원제도 및 비급여항목 등을 건강보험의 경우와 달리 규정하고 있는 것은 평등권을 침해하는 것이다.
> ㄴ. 공무상 질병 또는 부상으로 인하여 퇴직 후 장애상태가 확정된 군인에게 상이연금을 지급하도록 한 개정된 군인연금법 제23조 제1항을 개정법 시행일 이후부터 적용하도록 한 군인연금법 조항은 평등원칙에 위반된다.
> ㄷ. '수사가 진행 중이거나 형사재판이 계속 중이었다가 그 사유가 소멸한 경우'에는 잔여퇴직급여 등에 대해 이자를 가산하는 규정을 두면서, '형이 확정되었다가 그 사유가 소멸한 경우'에는 이자 가산규정을 두지 않은 군인연금법(2013. 3. 22. 법률 제11632호로 개정된 것) 제33조 제2항은 평등원칙을 위반한다.
> ㄹ. '부마민주항쟁 관련자의 명예회복 및 보상 등에 관한 법률'은 부마민주항쟁이 단기간 사이에 집중적으로 발생한 민주화운동이라는 상황적 특수성을 감안하여 민주화운동에 관한 일반법과 별도로 제정된 것인데, 부마민주항쟁을 이유로 30일 미만 구금된 자를 보상금 또는 생활지원금의 지급 대상에서 제외하여 부마민주항쟁 관련자 중 8.1%만 보상금 및 생활지원금을 지급받는 결과에 이르게 한 것이 이 법을 별도로 제정한 목적과 취지에 반하여 평등권을 침해한다.
> ㅁ. 애국지사는 일제 국권침탈에 반대하거나 항거한 당사자로서 조국의 자주독립을 위해 직접 공헌하고 희생한 사람이고, 순국선열의 유족은 일제 국권침탈에 반대하거나 항거하다가 사망한 당사자의 유가족으로서, 두 집단은 본질적으로 다른 집단이므로 같은 서훈 등급임에도 애국지사 본인에게 높은 보상금 지급액 기준을 두고 있는 것은 평등권을 침해하지 않는다.

① ㄱ, ㄹ
② ㄷ, ㅁ
③ ㄱ, ㄷ, ㄹ
④ ㄴ, ㄷ, ㅁ

문 19. 병(兵)에 대한 징계처분으로 일정 기간 부대나 함정(艦艇) 내의 영창, 그 밖의 구금장소에 감금하는 영창처분이 가능하도록 규정한 구 군인사법 제57조 제2항 중 '영창'에 관한 부분에 대해 헌법재판소법 제68조 제2항의 헌법소원이 청구되었다. 이에 관한 설명으로 가장 적절한 것은? (다툼이 있는 경우 판례에 의함)

① 현행 군인사법에 따르면 병과 하사관은 군인이라는 공통점을 제외하고는 그 복무의 내용과 보직, 진급, 전역체계, 보수와 연금 등의 지급에서 상당한 차이가 있으며, 그 징계의 종류도 달리 규율하고 있으므로 병과 하사관은 영창처분의 차별취급을 논할 만한 비교집단이 된다고 보기 어려우므로, 평등원칙 위배 여부는 판단할 필요가 없다.
② 심판대상조항은 병의 복무규율 준수를 강화하고, 복무기강을 엄정히 하기 위하여 제정된 것으로 군의 지휘명령체계의 확립과 전투력 제고를 목적으로 하는바, 그 입법목적은 정당하나, 심판대상조항은 수단의 적합성은 인정되지 않는다.
③ 법정의견에 따르면 심판대상조항에 의한 영창처분은 그 인신구금과 같이 기본권에 중대한 침해를 가져오는 것으로 영장주의원칙이 적용되므로 법관이 관여하도록 규정되어 있지 않은 채 인신구금이 이루어질 수 있도록 하고 있어 헌법 제12조 제1항·제3항의 영장주의의 본질을 침해하고 있다.
④ 헌법 제12조 제3항의 문언이나 성격상 영장주의는 징계절차에 그대로 적용된다고 볼 수 없으므로 심판대상은 영장주의에 위반되지 않는다.

문 20. 구금에 관한 설명으로 옳은 것은 모두 몇 개인가? (다툼이 있는 경우 판례에 의함)

> ㄱ. 상소제기 후 상소를 취하한 때까지의 구금일수를 법정통산의 대상에서 제외하고 있는 형사소송법은 신체의 자유를 침해한다.
> ㄴ. 피고인이 범행 후 미국으로 도주하였다가 한국과 미국정부 간의 범죄인 인도조약에 따라 체포되어 인도될 때까지 구금된 기간은 본형에 산입될 미결구금일수에 해당한다.
> ㄷ. 1심 결정에 의한 소년원 수용기간을 항고심 결정에 의한 보호기간에 산입하지 아니하는 소년법 규정은 형사사건에서 미결구금일수가 본형에 산입되는 것과 비교하면 평등원칙에 위반된다.
> ㄹ. 검사가 상소제기하기 전 미결구금일수를 본형에 산입하지 않도록 한 형사소송법 조항은 신체의 자유와 평등권을 침해한다.
> ㅁ. 판결선고 전 구금일수 산입범위를 법관의 재량에 맡긴 형법 조항은 평등권을 침해한다.
> ㅂ. 미결구금일수의 본형산입의 문제는 기본적으로 입법자의 광범위한 입법형성의 자유가 인정되는 영역인바, 그 재량 행사에 따른 입법이 명백히 불합리하지 않은 한 이를 위헌이라고 할 수 없으므로 반드시 전부 본형에 산입하여야만 인권이 보호된다는 논리는 성립할 수 없다.

① 없음.   ② 1개
③ 2개   ④ 3개

5회 쟁점별 모의고사
(신체의 자유)

소요시간: _____ / 15분   맞힌 답의 개수: _____ / 20

문 1. 청구인은 수단 국적의 외국인이다. 청구인은 인천국제공항에 도착하여 난민인정신청을 하였고, 난민인정심사 회부 여부 결정시까지 인천국제공항 송환대기실에 수용되었다. 청구인은 피청구인 인천공항 출입국·외국인청장의 난민인정심사 불회부 결정 취소의 소를 제기하였고, 청구인의 변호인은 소송이 계속 중이던 피청구인에게 청구인의 접견을 신청하였으나, 피청구인은 이를 거부하였다. 청구인은 위와 같은 피청구인의 변호인 접견신청 거부행위가 헌법 제12조 제4항 본문에 규정된 변호인의 조력을 받을 권리 및 재판청구권을 침해한다고 주장하면서, 헌법소원심판을 청구하였다. 이에 관한 설명으로 옳고 그름의 표시(○, ×)가 바르게 된 것은? (다툼이 있는 경우 판례에 의함)

ㄱ. 헌법 제12조 제1항 제2문, 제2항 내지 제7항은 당해 헌법조항의 문언상 혹은 당해 헌법조항에 규정된 구체적인 신체의 자유 보장방법의 속성상 형사절차에만 적용됨이 분명한 경우가 아니라면, 형사절차에 한정되지 않는 것으로 해석하는 것이 타당하다.

ㄴ. 헌법 제12조 제4항 본문은 "누구든지 체포 또는 구속을 당한 때에는 즉시 변호인의 조력을 받을 권리를 가진다."라고 규정하고 있는바, 이와 같은 변호인의 조력을 받을 권리는 형사절차에서 피의자 또는 피고인의 방어권 보장을 위한 것으로서 출입국관리법상 보호 또는 강제퇴거의 절차에도 적용된다고 보기는 어렵다.

ㄷ. 헌법 제12조 제4항 본문의 문언 및 헌법 제12조의 조문 체계, 변호인 조력권의 속성, 헌법이 신체의 자유를 보장하는 취지를 종합하여 보면 헌법 제12조 제4항 본문에 규정된 '구속'은 구속뿐 아니라, 행정절차에서 이루어진 구속까지 포함하는 개념이다. 따라서 헌법 제12조 제4항 본문에 규정된 변호인의 조력을 받을 권리는 행정절차에서 구속을 당한 사람에게도 즉시 보장된다.

ㄹ. 인천국제공항에서 난민인정신청을 하였으나 난민인정심사 불회부 결정을 받은 청구인을 인천국제공항 송환대기실에 약 5개월째 수용하고 환승구역으로의 출입을 막은 것은 헌법 제12조 제4항 본문에 규정된 '구속'에 해당된다.

ㅁ. 출입국항에서 입국불허결정을 받아 송환대기실에 있는 사람과 변호사 사이의 접견교통권의 보장은 헌법상 보장되는 재판청구권의 한 내용으로 볼 수 있으므로, 이 사건 변호사 접견신청 거부는 재판청구권의 한 내용으로서 청구인의 변호사의 도움을 받을 권리를 제한한다. 이 사건 변호사 접견신청 거부는 아무런 법률상의 근거 없이 이루어졌고, 국가안전보장, 질서유지, 공공복리를 달성하기 위해 필요한 기본권 제한조치로 볼 수도 없으므로, 청구인의 재판청구권을 침해한다.

① ㄱ(○), ㄴ(○), ㄷ(×), ㄹ(○), ㅁ(○)
② ㄱ(○), ㄴ(×), ㄷ(○), ㄹ(○), ㅁ(×)
③ ㄱ(○), ㄴ(×), ㄷ(×), ㄹ(×), ㅁ(×)
④ ㄱ(×), ㄴ(○), ㄷ(○), ㄹ(○), ㅁ(×)

문 2. 검사의 수사권에 관한 설명으로 가장 적절한 것은? (다툼이 있는 경우 판례에 의함)

① 헌법 제12조 제3항의 영장신청권자로서 검사는 '검찰청법상 검사'와 동일하다.
② 헌법상 영장신청권이 수사과정에서 남용될 수 있는 강제수사를 '법률전문가이자 인권옹호기관'인 검사가 합리적으로 '통제'하기 위한 연혁과 취지에서 도입된 것임을 고려할 때, 검사에 대한 영장신청권 부여 조항으로부터 검사에 대한 수사권 부여까지 헌법상 도출된다.
③ 국회가 입법사항인 수사권 및 소추권의 일부를 행정부에 속하는 국가기관 사이에서 조정·배분하도록 법률을 개정한 것으로 인해, 청구인 검사들의 헌법상 권한이 침해되거나 침해될 가능성이 있다고 볼 수 없다.
④ 검사의 영장신청권은 제헌헌법(1948년 헌법)에서 처음 도입되었다.

문 3. 무죄추정의 원칙에 대한 설명으로 가장 적절한 것은? (다툼이 있는 경우 판례에 의함)

① 무죄추정원칙은 신체의 자유 조항에 규정되어 있고 헌법에서 형사피의자가 공소제기되기 전까지 무죄로 추정된다고 규정하고 있다.
② 미결구금일수의 본형산입의 문제는 기본적으로 입법자의 광범위한 입법형성의 자유가 인정되는 영역인바, 그 재량행사에 따른 입법이 명백히 불합리하지 않은 한 이를 위헌이라고 할 수 없으므로 반드시 전부 본형에 산입해야 하는 것은 아니다.
③ 유죄확정판결을 받은 수형자는 무죄추정이 배제되나 형사재판의 피고인으로 출석하는 수형자에 대하여 무죄추정원칙은 적용된다.
④ 무죄추정의 원칙은 형사절차 내에서 원칙으로 형사절차 이외의 기타 일반 법생활 영역에서의 기본권 제한과 같은 경우에는 적용되지 않는다.

문 4. 검열금지원칙에 관한 설명으로 옳고 그름의 표시(O, ×)가 바르게 된 것은? (다툼이 있는 경우 판례에 의함)

ㄱ. 헌법상 검열금지원칙은 검열의 주체와 무관하게 모든 형태의 사전적인 규제를 금지하는 것이다.
ㄴ. 검열은 행정권이 주체가 되어야 하고 표현하기 이전에 표현물의 제출의무와 이에 대한 사전적 통제 그리고 표현의 내용을 심사·선별하여 표현을 금지하고 심사절차를 관철할 수 있는 강제수단이 있어야 한다. 이 모든 요건이 충족되어야 검열에 해당하여 헌법에 위반되게 된다.
ㄷ. 언론·출판에 대한 사전검열은 법률로써도 불가능한 것으로서 절대적으로 금지되는 것이며, 그러한 사전검열은 비례의 원칙이나 명확성의 원칙에 반하는지 여부를 살펴볼 필요도 없이 헌법에 위반된다.
ㄹ. 헌법 제21조 제1항과 제2항은 모든 국민은 언론·출판의 자유를 가지며, 언론·출판에 대한 허가나 검열은 인정되지 아니한다고 규정하고 있으므로, 검열을 수단으로 한 제한은 국가안전보장·질서유지 또는 공공복리를 위하여 필요한 경우에 한하여 법률로써 하는 경우에만 허용될 수 있다.
ㅁ. 의료광고의 심의기관이 행정기관인가 여부는 기관의 형식에 의하기보다는 그 실질에 따라 판단되어야 하며, 민간심의기구가 심의를 담당하는 경우에도 행정권의 개입 때문에 자율성이 보장되지 않는다면 헌법이 금지하는 행정기관에 의한 사전검열에 해당하게 될 것이다.

① ㄱ(O), ㄴ(O), ㄷ(×), ㄹ(O), ㅁ(O)
② ㄱ(O), ㄴ(×), ㄷ(×), ㄹ(×), ㅁ(×)
③ ㄱ(×), ㄴ(O), ㄷ(O), ㄹ(O), ㅁ(×)
④ ㄱ(×), ㄴ(O), ㄷ(O), ㄹ(×), ㅁ(O)

문 5. 신체의 자유에 관한 설명으로 가장 적절하지 않은 것은? (다툼이 있는 경우 판례에 의함)

① 강제퇴거명령을 받은 사람을 보호할 수 있도록 하면서 보호기간의 상한을 마련하지 아니한 출입국관리법 제63조 제1항에 대해서는 엄격한 심사기준이 적용되어야 한다.

② 식품의약품안전처장이 식품의 사용기준을 정하여 고시하고, 고시된 사용기준에 맞지 아니하는 식품을 판매하는 행위를 금지·처벌하는 구 식품위생법은 위임의 한계를 넘는다.

③ DNA 증거 등 그 죄를 증명할 수 있는 과학적 증거가 있는 특정 성폭력 범죄는 공소시효를 10년 연장하는 조항을 연장조항 시행 전에 범한 죄로 아직 공소시효가 완성되지 아니한 것에 대하여도 적용하는 조항은 형벌불소급의 원칙이 적용되는 범위에 포함되지 아니하고, 연장조항으로 인하여 제한되는 성폭력범죄자의 신뢰이익이 실체적 정의라는 공익에 우선하여 특별히 헌법적으로 보호할 가치가 있다고 보기 어려우므로, 부칙조항은 형벌불소급의 원칙이나 신뢰보호원칙에 위배되지 아니한다.

④ 형벌불소급의 원칙은 '행위의 가벌성'에 관한 것이기 때문에 소추가능성에만 연관될 뿐이고 가벌성에는 영향을 미치지 않는 공소시효에 관한 규정은 원칙적으로 그 효력범위에 포함되지 않는다. 따라서 공소시효의 정지규정을 과거에 이미 행한 범죄에 대하여 적용하도록 하는 법률이라 하더라도 그 사유만으로 헌법 제12조 제1항 및 제13조 제1항에 규정한 죄형법정주의의 파생원칙인 형벌불소급의 원칙에 언제나 위배되는 것으로 단정할 수는 없다.

문 6. 진술거부권에 관한 설명으로 가장 적절하지 않은 것은? (다툼이 있는 경우 판례에 의함)

① 유사석유제품을 제조하여 조세를 포탈한 자를 처벌하도록 규정한 구 조세범 처벌법은 진술거부권을 제한한다고 할 수 없다.

② 교통에너지 환경세의 과세물품 수량을 신고하도록 한 것은 형사상 불이익한 사실의 진술을 강요하는 것이 아니므로 진술거부권을 제한한다고 할 수 없다.

③ 정치자금 수입·지출에 관한 명세서와 영수증을 보관하도록 한 것은 진술에 해당하지 아니한다.

④ 정치자금을 받고 지출하는 행위는 당사자가 직접 경험한 사실로서 이를 문자로 기재하도록 하는 것은 진술에 해당하지 않는다.

문 7. 피의자 甲이 체포영장에 의하여 체포되었다. 피의자 신문 중 변호사인 乙은 피의자 가족들의 의뢰를 받아 피의자와의 접견을 신청하였으나, 교도관은 '형의 집행 및 수용자의 처우에 관한 법률 시행령' 제58조 제1항에 근거하여 접견을 거부하였고 피청구인 검사는 접견조치를 취하지 아니하였다. 변호사인 乙의 헌법소원심판청구에 관한 설명으로 옳지 않은 것을 모두 고른 것은? (다툼이 있는 경우 판례에 의함)

> 형의 집행 및 수용자의 처우에 관한 법률 시행령 제58조 【접견】 ① 수용자의 접견은 매일(공휴일 및 법무부장관이 정한 날은 제외한다) 국가공무원 복무규정 제9조에 따른 근무시간 내에서 한다.
>
> 형사소송법 제243조의2 【변호인의 참여 등】 ① 검사 또는 사법경찰관은 피의자 또는 그 변호인·법정대리인·배우자·직계친족·형제자매의 신청에 따라 변호인을 피의자와 접견하게 하거나 정당한 사유가 없는 한 피의자에 대한 신문에 참여하게 하여야 한다.

> ㄱ. 담당교도관의 접견 불허 통보 이후 피청구인 검사가 별다른 조치를 취하지 아니하였다면 헌법소원의 대상이 되는 검사의 접견불허행위가 있었다고 보아야 한다.
> ㄴ. 피의자신문 중 변호인 등의 접견신청이 있는 경우에는 피의자를 수사기관으로 호송한 교도관에게 이를 허가하거나 제한할 권한은 인정된다.
> ㄷ. 수용자에 대한 접견신청이 있는 경우 그 장소가 교도관의 수용자 계호 및 통제가 요구되는 공간이라면 교도소장·구치소장 또는 그 위임을 받은 교도관이 그 허가 여부를 결정하는 것이 원칙이나 피의자신문 중 변호인 접견신청이 있는 경우에는 검사 또는 사법경찰관이 그 허가 여부를 결정할 주체이다.
> ㄹ. '변호인이 되려는 자'의 접견교통권 역시 피체포자 등의 '변호인의 조력을 받을 권리'를 기본권으로 인정한 결과 발생하는 간접적이고 부수적인 효과로서 형사소송법 등 개별법률을 통하여 구체적으로 형성된 법률상의 권리에 불과하고, '헌법상 보장된 독자적인 기본권'으로 볼 수는 없다.
> ㅁ. '형의 집행 및 수용자의 처우에 관한 법률 시행령' 제58조는 검사 또는 사법경찰관이 그 허가 여부를 결정하는 피의자신문 중 변호인 등의 접견신청의 경우에는 적용된다.

① ㄷ, ㄹ
② ㄱ, ㄴ, ㅁ
③ ㄴ, ㄹ, ㅁ
④ ㄷ, ㄹ, ㅁ

문 8. 적법절차의 원칙에 관한 설명으로 가장 적절하지 않은 것은? (다툼이 있는 경우 판례에 의함)

① 공소제기된 사립학교교원을 직위해제함에 있어서 당해 교원은 자기에게 유리한 사실을 진술하거나 필요한 증거를 제출할 기회가 헌법 제12조의 적법절차에서 요구되는 절차라고 할 수 없다.
② 출국금지결정을 사전통지하지 않고 청문절차를 거치지 아니했다고 하더라도 적법절차원칙에 위배된다고 할 수 없다.
③ 택지개발예정지구를 지정함에 있어 당사자들에게 사전에 적절한 고지를 하고 의견제출의 기회를 부여하고 있으며 사후불복의 기회도 주는 등 일정한 절차를 보장하고 있으므로, 택지개발예정지구 지정에 있어 토지소유자들 중 일정 비율 이상의 동의 내지 찬성을 요건으로 하고 있지 않고 주민들의 의견청취결과에 반드시 구속되지 않더라도 이를 두고 적법절차원칙에 위배되었다고 할 수는 없다.
④ 적법절차원칙은 형사소송절차에 국한되지 않고 모든 국가작용 전반에 적용되는 것이므로 국민에게 부담을 주는 행정작용인 과징금 부과절차에도 적용된다.

문 9. 과잉형벌금지원칙에 관한 설명으로 가장 적절하지 않은 것은? (다툼이 있는 경우 판례에 의함)

① 음주운전 금지규정 위반 또는 음주측정거부 전력이 1회 이상 있는 사람이 다시 음주운전 금지규정 위반행위를 한 경우 2년 이상 5년 이하의 징역이나 1천만 원 이상 2천만 원 이하의 벌금에 처하도록 규정한 도로교통법 제148조의2 제1항은 책임과 형벌 간의 비례원칙에 위반된다.
② 아동·청소년이 등장하는 아동·청소년성착취물을 배포한 자를 3년 이상의 징역에 처하도록 한 '아동·청소년의 성보호에 관한 법률' 제11조 제3항 중 '아동·청소년이 등장하는 아동·청소년성착취물을 배포한 자'에 관한 부분은 책임과 형벌 간의 비례원칙에 위반된다고 할 수 없다.
③ 주거침입강제추행죄와 주거침입준강제추행죄에 대하여 무기징역 또는 7년 이상의 징역에 처하도록 한 '성폭력범죄의 처벌 등에 관한 특례법'은 책임과 형벌 간의 비례원칙에 위배된다.
④ 아동학대 신고의무자인 초·중등학교 교원이 보호하는 아동에 대하여 아동학대범죄를 범한 때에는 그 죄에 정한 형의 2분의 1까지 가중하도록 한 '아동학대범죄의 처벌 등에 관한 특례법' 제7조 가운데 제10조 제2항 제20호 중 초·중등교육법 제19조에 따른 교원에 관한 부분은 책임과 형벌 간의 비례원칙에 위배된다.

문 10. 명확성원칙에 관한 설명으로 가장 적절한 것은? (다툼이 있는 경우 판례에 의함)

① 노사가 체결한 단체협약은 단순히 근로조건에 관한 계약에 불과한 것이 아니라 개별적·집단적 노사관계를 규율하는 최상위 자치규범으로서 법규범 내지 법규범에 준하는 법적 성질을 인정받고 있으므로, 노동조합 관련 법률에서 단체협약에 위반한 자를 처벌할 수 있도록 규정한다고 하여 죄형법정주의에 위반하는 것은 아니다.
② 기본권 제한입법에 있어서 규율대상이 지극히 다양하거나 수시로 변화하는 성질의 것이어서 입법기술상 일의적으로 규정할 수 없는 경우라면 명확성의 요건이 완화되어야 한다.
③ 기본권을 제한하는 법률의 명확성에 관하여 법적 안정성과 예측가능성의 보장은 법치국가의 중요한 내용이기 때문에 법률의 규율 영역과 상관없이 동일하게 엄격한 기준이 적용된다.
④ 명확성의 원칙은 헌법상 법치국가원리의 표현이므로 부담적 성격을 가진 법률규정이나 수익적 성격을 가진 규정 등 모든 법률규정에 있어서 명확성의 원칙은 동일한 정도가 요구된다.

문 11. 영장주의에 관한 설명으로 가장 적절하지 않은 것은? (다툼이 있는 경우 판례에 의함)

① 관계 행정청이 등급분류를 받지 아니하거나 등급분류를 받은 게임물과 다른 내용의 게임물을 발견한 경우 관계 공무원으로 하여금 이를 수거·폐기하게 할 수 있도록 한 것은, 급박한 상황에 대처하기 위한 것으로서 그 불가피성과 정당성이 충분히 인정되는 경우이므로, 영장 없는 수거를 인정한다고 하더라도 영장주의에 위배되는 것으로 볼 수 없다.
② 각급 선거관리위원회 위원·직원의 선거범죄 조사에 있어서 피조사자에게 자료제출의무를 부과한 공직선거법 조항에 따른 자료제출요구는, 행정조사의 성격을 가지는 것으로 수사기관의 수사와 근본적으로 그 성격을 달리하며, 그 상대방에 대하여 직접적으로 어떠한 물리적 강제력을 행사하는 강제처분을 수반하는 것이 아니므로 영장주의의 적용대상이 아니다.
③ 기지국 수사를 허용하는 통신사실 확인자료 제공요청은 통신비밀보호법이 규정하는 강제처분에 해당하므로, 법관이 발부한 영장에 의하지 않고 관할 지방법원 또는 지원의 허가만 받으면 이를 가능하게 한 것은 영장주의에 위반된다.
④ 형사소송법 제199조 제2항 등에 따른 수사기관의 사실조회행위에 대하여 공사단체가 이에 응하거나 협조하여야 할 의무를 부담하는 것은 아니므로, 이러한 사실조회행위는 강제력이 개입되지 아니한 임의수사에 해당하고 이에 응하여 이루어진 정보제공행위에는 영장주의가 적용되지 않는다.

문 12. 죄형법정주의 등에 관한 설명으로 옳은 것을 모두 고른 것은? (다툼이 있는 경우 판례에 의함)

ㄱ. 죄형법정주의와 형벌불소급원칙의 근본취지는, 허용된 행위와 금지된 행위의 경계를 명확히 설정하여 어떤 행위가 금지되고 그에 위반한 경우 어떤 처벌이 있는가를 미리 국민에게 알려 행위를 그에 맞출 수 있도록 하고, 사후입법에 의한 처벌이나 가중처벌을 금지함으로써 법적 안정성, 예측가능성 및 국민의 신뢰를 보호하기 위한 데 있으므로, 형벌불소급원칙에서 의미하는 '처벌'은 형사법에 규정되어 있는 형식적 의미의 형벌 유형에 국한된다.

ㄴ. 현대국가의 사회적 기능증대와 사회현상의 복잡화에 따라 국민의 권리·의무에 관한 사항이라도 모두 입법부에서 제정한 법률만으로 정할 수는 없어서 불가피하게 예외적으로 하위법령에 위임하는 것이 허용되지만, 위임입법의 형식은 원칙적으로 헌법 제75조, 제95조에서 예정하고 있는 대통령령, 총리령 또는 부령 등의 법규명령의 형식을 벗어나서는 안 된다.

ㄷ. 법률에 의한 처벌법규의 위임은 반드시 구체적이고 개별적으로 한정된 사항에 대하여 행해져야 하고 그 요건과 범위가 더 엄격하게 제한적으로 적용되어야 하므로, 처벌법규의 위임은 특히 긴급한 필요가 있거나 미리 법률로써 자세히 정할 수 없는 부득이한 사정이 있는 경우에 한정되어야 한다.

ㄹ. 공중도덕상 유해한 업무에 취업시킬 목적으로 근로자를 파견한 사람을 형사처벌하도록 규정한 구 '파견근로자보호 등에 관한 법률' 조항에서 처벌기준으로 제시된 '공중도덕'이 그 자체로 '사회구성원들이 질서를 유지하고 서로의 행복과 이익을 위해 스스로 마땅히 지켜야 할 행동 준칙이나 규범 일반'을 의미함을 건전한 상식과 통상적 법감정을 가진 사람이라면 충분히 인식할 수 있어, 위 법률조항은 죄형법정주의의 명확성원칙에 위배되지 않는다.

ㅁ. 형사처벌에 관련되는 주요사항을 특수법인의 자치규범인 정관에 위임하는 것은 헌법이 위임입법의 형식으로 인정하고 있지 않은 형식에 해당하고, 사실상 그 정관 작성권자에게 처벌법규의 내용을 형성할 권한을 준 것이나 다름없으므로, 죄형법정주의에 비추어 허용되기 어렵다.

① ㄱ, ㄴ, ㄷ
② ㄱ, ㄷ, ㄹ
③ ㄴ, ㄷ, ㅁ
④ ㄴ, ㄹ, ㅁ

문 13. 적법절차원칙에 관한 설명으로 가장 적절하지 않은 것은? (다툼이 있는 경우 판례에 의함)

① 법원의 구속집행정지결정에 대하여 검사가 즉시항고할 수 있도록 한 형사소송법 조항은 법원의 구속집행정지결정을 무의미하게 할 수 있는 권한을 검사에게 부여한 것이라는 점에서 적법절차원칙에 위배되지만, 영장주의에 위배되는 것은 아니다.

② 보호명령을 발령하기 전에 당사자에게 의견을 제출할 수 있는 절차적 기회가 마련되어 있지 아니하였다면 강제퇴거명령을 받은 사람을 보호할 수 있도록 하면서 보호기간의 상한을 마련하지 아니한 출입국관리법 제63조 제1항은 적법절차원칙에 위배되어 피보호자의 신체의 자유를 침해한다.

③ 통지의 대상을 수사대상이 된 가입자로만 한정한 통신비밀보호법 제9조의3 제2항은 적법절차원칙에 위배되어 개인정보자기결정권을 침해한다고 할 수 없다.

④ '급속을 요하는 때'에는 형사소송법 제121조에 정한 참여권자에 대한 압수수색 집행의 사전통지를 생략할 수 있도록 규정한 형사소송법 제122조 단서는 적법절차원칙에 위배된다고 할 수 없다.

문 14. 형벌불소급원칙에 관한 설명으로 가장 적절한 것은?
(다툼이 있는 경우 판례에 의함)

① 미성년자에 대한 성폭력범죄의 공소시효는 형사소송법 제252조 제1항에도 불구하고 해당 성폭력범죄로 피해를 당한 미성년자가 성년에 달한 날부터 진행하도록 한 '성폭력범죄의 처벌 등에 관한 특례법' 부칙을 '성폭력범죄의 처벌 등에 관한 특례법' 시행 전 행하여진 성폭력범죄에 적용하도록 한다면 형벌불소급의 원칙에 위배된다.
② 형사처벌을 규정하고 있던 행위시법이 사후에 폐지되었음에도, 신법이 아니라 행위시법에 의하여 형사처벌하도록 규정한 것은 헌법 제13조 제1항의 형벌불소급원칙의 보호영역에 포섭되지 아니한다.
③ 관세법 위반행위에 대한 벌칙규정을 완화시킨 개정법률을 소급적용하지 않도록 한 구 관세법 부칙 제4조는 형벌불소급원칙에 위반된다.
④ 보안처분도 그것이 형벌적인 것인지 비형벌적인 것인지 여부에 관계없이 범죄에 대한 국가의 형사제재수단임은 형벌과 다르지 않으므로, 죄형법정주의의 소급입법금지원칙의 적용대상에서 예외가 될 수 없다.

문 15. 일사부재리 내지 이중처벌금지원칙에 관한 설명으로 가장 적절하지 <u>않은</u> 것은? (다툼이 있는 경우 판례에 의함)

① 추징은 몰수에 갈음하여 그 가액의 납부를 명령하는 사법처분이나 부가형의 성질을 가지므로, 주형은 아니지만 부가형으로서의 추징도 일종의 형벌임을 부인할 수는 없으나 일정 액수의 추징금을 납부하지 않은 자에게 내리는 출국금지의 행정처분은 형법 제41조상의 형벌이 아니다.
② 구 건축법 제54조 제1항에 의한 형사처벌의 대상이 되는 범죄의 구성요건은 당국의 허가 없이 건축행위 또는 건축물의 용도변경행위를 한 것이고, 동법 제56조의2 제1항에 의한 과태료는 건축법령에 위반되는 위법건축물에 대한 시정명령을 받고도 건축주 등이 이를 시정하지 아니할 때 과하는 것이므로, 양자는 처벌 내지 제재대상이 되는 기본적 사실관계로서의 행위를 달리하는 것이다.
③ 구 청소년의 성보호에 관한 법률상 신상공개제도는 이를 공개하는 과정에서 부수적으로 수치심 등이 발생된다고 하여 이것을 기존의 형벌 외에 또 다른 형벌로서 수치형이나 명예형에 해당한다고 볼 수는 없다.
④ 보호감호는 형벌과 집행상 뚜렷한 구분이 되고, 보호감호와 형벌은 그 본질, 추구하는 목적과 기능이 전혀 다른 별개의 제도이더라도 형벌과 보호감호를 서로 병과하여 선고하는 것은 헌법 제13조 제1항에 정한 이중처벌금지의 원칙에 위반된다.

문 16. 체포영장을 집행하는 경우 필요한 때에는 타인의 주거 등에서 피의자 수사를 할 수 있도록 한 형사소송법에 관한 설명으로 옳은 것을 모두 고른 것은? (다툼이 있는 경우 판례에 의함)

> ㄱ. 체포영장을 집행하는 경우 필요한 때에는 타인의 주거 등에서 피의자 수사를 할 수 있도록 한 형사소송법 제216조 제1항 제1호는 명확성원칙에 위배된다.
> ㄴ. 헌법 제12조 제3항과는 달리 헌법 제16조 후문은 "주거에 대한 압수나 수색을 할 때에는 검사의 신청에 의하여 법관이 발부한 영장을 제시하여야 한다."라고 규정하고 있을 뿐 영장주의에 대한 예외를 명문화하고 있지 않다.
> ㄷ. 헌법 제12조 제3항과는 달리 헌법 제16조 후문은 "주거에 대한 압수나 수색을 할 때에는 검사의 신청에 의하여 법관이 발부한 영장을 제시하여야 한다."라고 규정하고 있을 뿐 영장주의에 대한 예외를 명문화하고 있지 않으므로 헌법 제16조의 영장주의에 대해서도 그 예외는 인정되지 않는다.
> ㄹ. 체포영장을 집행하는 경우 필요한 때에는 타인의 주거 등에서 피의자 수사를 할 수 있도록 한 형사소송법은 영장주의에 위반된다.

① ㄱ, ㄷ
② ㄴ, ㄷ
③ ㄴ, ㄹ
④ ㄷ, ㄹ

문 17. 영장주의에 관한 설명으로 옳고 그름의 표시(○, ×)가 바르게 된 것은? (다툼이 있는 경우 판례에 의함)

> ㄱ. 헌법 제12조 제3항 중 '검사의 신청'이라는 부분의 취지도 모든 영장의 발부에 검사의 신청이 필요하다는 것이 아니라 수사단계에서 영장의 발부를 신청할 수 있는 자를 검사로 한정한 것으로 해석함이 타당하다.
> ㄴ. 관계 행정청이 등급분류를 받지 아니하거나 등급분류를 받은 게임물과 다른 내용의 게임물을 발견한 경우 관계 공무원으로 하여금 이를 수거·폐기하게 할 수 있도록 한 법률조항은 영장주의의 배제가 용인되고, 그 성격상 사전적 절차와 친하지 않으므로 적법절차관점에서 일정한 절차적 보장이 요청된다고도 할 수 없다.
> ㄷ. 형사재판이 계속 중인 국민의 출국을 금지하는 법무부장관의 출국금지결정은 영장주의가 적용되는 신체에 대하여 직접적으로 물리적 강제력을 수반하는 강제처분에 해당한다.
> ㄹ. 교도소장이 마약류사범인 수형자에게 마약류반응검사를 위하여 소변을 받아 제출하게 한 행위는 신체에 대한 강제처분에 해당하므로 영장주의에 위배된다.

① ㄱ(○), ㄴ(×), ㄷ(×), ㄹ(×)
② ㄱ(×), ㄴ(○), ㄷ(×), ㄹ(○)
③ ㄱ(×), ㄴ(○), ㄷ(×), ㄹ(×)
④ ㄱ(×), ㄴ(×), ㄷ(○), ㄹ(×)

문 18. 변호인의 조력을 받을 권리에 관한 설명으로 옳지 않은 것을 모두 고른 것은? (다툼이 있는 경우 판례에 의함)

> ㄱ. 검찰수사관인 피청구인이 피의자신문에 참여한 변호인인 청구인에게 피의자 후방에 앉으라고 요구한 행위(후방착석요구행위)는 목적의 정당성이 인정된다.
> ㄴ. 변호인의 조력을 받을 권리의 내용 중 하나인 미결수용자의 변호인 접견권은 국가안전보장·질서유지 또는 공공복리를 위해 필요한 경우에는 법률로써 제한될 수 있음은 당연하다.
> ㄷ. 수용자에 대한 접견신청이 있는 경우 그 장소가 교도관의 수용자 계호 및 통제가 요구되는 공간이라면 교도소장·구치소장 또는 그 위임을 받은 교도관이 그 허가 여부를 결정하는 것이 원칙이나 피의자신문 중 변호인 접견신청이 있는 경우에는 검사 또는 사법경찰관이 그 허가 여부를 결정할 주체이다.
> ㄹ. 변호인의 변호권은 법률상 권리에 불과하므로 후방착석요구행위는 청구인의 직업수행의 자유를 침해한 것으로 보는 것이 타당하다.

① ㄱ, ㄴ ② ㄱ, ㄹ
③ ㄴ, ㄷ ④ ㄴ, ㄹ

문 19. 강제퇴거명령을 받은 사람을 보호할 수 있도록 하면서 보호기간의 상한을 마련하지 아니한 출입국관리법에 관한 위헌법률심판에 관한 설명으로 옳지 않은 것을 모두 고른 것은? (다툼이 있는 경우 판례에 의함)

> ㄱ. 신체의 자유는 인간의 권리에 해당하고, 국내 체류자격 유무에 따라 그 인정 여부가 달라지는 것이 아니다.
> ㄴ. 강제퇴거명령을 받은 사람을 보호할 수 있도록 하면서 보호기간의 상한을 마련하지 아니한 출입국관리법이 신체의 자유를 침해하는지 여부에 대해서는 엄격한 심사기준이 적용되어야 한다.
> ㄷ. 심판대상조항이 달성하고자 하는 공익이 중요하다고 하더라도 기간의 상한이 없는 보호로 인하여 피보호자의 신체의 자유가 제한되는 정도가 지나치게 크므로, 심판대상조항은 침해의 최소성 및 법익의 균형성 요건을 충족하지 못한다.
> ㄹ. 보호의 개시 또는 연장 단계에서 제3의 독립된 중립적 기관이나 사법기관이 개입하도록 할 것인지는 각국의 입법정책의 문제이므로 강제퇴거대상자의 보호의 개시 또는 연장 단계에 법원의 관여를 배제했다는 이유만으로 심판대상조항이 적법절차원칙에 위배되었다고 판단할 수 없다.

① ㄹ ② ㄱ, ㄴ
③ ㄱ, ㄹ ④ ㄴ, ㄷ

문 20. 교도관의 수용자 서신에 대한 검열과 개봉에 관한 설명으로 가장 적절하지 <u>않은</u> 것은? (다툼이 있는 경우 판례에 의함)

① 피의자나 피고인과 변호인 사이의 서신의 비밀을 보장받기 위하여는 교도소 측에서 상대방이 변호인 또는 변호인이 되려는 자라는 사실을 확인할 수 있어야 하고 미결수용자의 변호인과의 사이의 서신임이 확인되었다고 하더라도, 이를 통하여 마약 등 소지금지품의 반입을 도모한다든가, 그 내용에 도주·증거인멸·수용시설의 규율과 질서의 파괴·기타 형벌법령에 저촉되는 내용이 기재되어 있다고 의심할 만한 합리적인 이유가 있는 경우가 아니어야 할 것이다.

② 미결수용자의 지위를 가지는 수형자와 변호인과의 서신 개봉행위는 변호인의 조력을 받을 권리를 제한하므로 변호인의 조력을 받을 권리 침해 여부를 심사하는 것으로 족하며 통신비밀의 자유 침해 여부에 대하여는 별도로 판단하지 아니한다.

③ 미결수용자와 변호인과의 서신을 검열한 행위는 서신에 소지금지품이 포함되어 있거나 불법적인 내용이 기재되어 있다고 의심할 만한 사정은 보이지 아니하다면 통신의 비밀을 침해받지 아니할 권리와 변호인의 조력을 받을 권리를 침해한 것이라 할 것이다.

④ 교도소장이 금지물품 동봉 여부를 확인하기 위하여 미결수용자와 같은 지위에 있는 수형자의 변호인이 위 수형자에게 보낸 서신을 개봉한 후 교부한 행위는 위 수형자의 변호인의 조력을 받을 권리를 침해한다.

6회 쟁점별 모의고사
(사생활의 자유 ~ 언론·출판의 자유)

소요시간: _____ / 15분   맞힌 답의 개수: _____ / 20

문 1. 금치의 징벌을 받은 수용자에 관한 설명으로 옳은 것을 모두 고른 것은? (다툼이 있는 경우 판례에 의함)

> ㄱ. 금치처분을 받은 사람은 금치기간 동안 전화통화, 서신수수, 접견, 라디오, 방송청취, 신문열람 등을 제한받는데, 여기에 더하여 텔레비전 시청까지 제한되면 정보를 취득할 수 없게 되므로 알 권리를 침해한다.
> ㄴ. 구 행형법상 징벌의 일종인 금치처분을 받은 자에 대하여 금치기간 중 집필을 전면 금지한 행형법 시행령 규정은 수형자의 표현의 자유를 침해한 것이다.
> ㄷ. 금치처분을 받은 사람에 대하여 실외운동을 원칙적으로 금지하고, 다만 소장의 재량에 의하여 이를 예외적으로 허용하는 것은 수용자의 정신적·신체적 건강에 필요 이상의 불이익을 가하고 있어 수용자의 신체의 자유를 침해한다고 할 수 없다.
> ㄹ. 금치처분을 받은 사람에 대하여 금치기간 동안 공동행사 참가를 제한하더라도, 서신수수, 접견을 통해 외부와 통신할 수 있고, 종교상담을 통해 종교활동을 할 수 있으면 종교의 자유를 침해하지 않는다.
> ㅁ. 금치처분을 받은 자에 대한 집필 제한은 표현의 자유를 제한하는 것이며, 서신수수 제한은 통신의 자유에 대한 제한에 속한다.

① ㄱ, ㄴ, ㄷ ② ㄴ, ㄷ, ㄹ
③ ㄴ, ㄹ, ㅁ ④ ㄷ, ㄹ, ㅁ

문 2. 보안관찰대상자에 대해 출소 후 거주지 보고와 거주지 변동시 보고의무를 부과하는 보안관찰법에 관한 설명으로 가장 적절한 것은? (다툼이 있는 경우 판례에 의함)

① 경찰서에 대상자 신규발생이 그리 많지 않고 시행령에 동태보고도 규정되어 있어 이미 확보한 자료를 토대로 대상자의 실거주 여부 확인이 어렵지 않아 보다 완화된 방법으로도 입법목적을 충분히 달성할 수 있으므로 보안관찰처분대상자가 교도소 등에서 출소한 후 7일 이내에 출소사실을 신고하도록 정한 구 보안관찰법 제6조 제1항은 과잉금지원칙을 위반하여 청구인의 사생활의 비밀과 자유 및 개인정보자기결정권을 침해한다.
② 출소 후 신고조항 및 위반시 처벌조항은 대상자라는 이유만으로 재범의 위험성이 인정되지 않은 사람들에게 신고의무를 부과하고 그 위반시 형사처벌하도록 정하여, 보안처분에 대한 죄형법정주의적 요청에 위배된다.
③ 변동신고의무를 부과할 필요성이 인정된다 하더라도, 대상자에게 변동사항의 신고의무를 아무런 기간의 상한 없이 부과한 변동신고조항 및 위반시 처벌조항은 지나치게 장기간 대상자를 불안정한 지위에 놓이게 한다는 점에서 침해의 최소성에 위배된다.
④ 신고한 거주예정지 등이 변동될 경우 변동신고하도록 하고 이를 위반할 경우 처벌하도록 정한 보안관찰법 제27조가 무기한의 신고의무를 부담시키더라도 신고의무기간에 일률적인 상한을 두어서는 입법목적 달성이 어려운바, 과잉금지원칙을 위반하여 청구인의 사생활의 비밀과 자유 및 개인정보자기결정권을 침해하지 아니한다.

문 3. 사생활의 자유 등에 관한 설명으로 가장 적절하지 않은 것은? (다툼이 있는 경우 판례에 의함)

① 전기통신역무제공에 관한 계약을 체결하는 경우 전기통신사업자로 하여금 가입자에게 본인임을 확인할 수 있는 증서 등을 제시하도록 요구하고 부정가입방지시스템 등을 이용하여 본인인지 여부를 확인하도록 한 전기통신사업법은 통신의 자유를 제한하나 통신의 비밀을 제한한다고 할 수 없다.
② 옥외집회·시위에 대한 경찰의 촬영행위에 의해 취득한 자료는 '개인정보'의 보호에 관한 일반법인 '개인정보 보호법'이 적용되는 개인정보라고 할 수 없다.
③ 송·수신이 완료된 전기통신에 대한 압수·수색사실을 수사대상이 된 가입자에게만 통지하도록 하고, 그 상대방에 대하여는 통지하지 않도록 한 통신비밀보호법은 적법절차원칙에 위배되어 개인정보자기결정권을 침해한다고 볼 수 없다.
④ 기소중지결정된 경우, 통신사실 확인자료를 제공받았다는 사실을 통지하도록 하지 않은 통신비밀보호법은 통신의 자유를 침해한다.

문 4. 개인정보자기결정권에 관한 설명으로 옳고 그름의 표시(O, X)가 바르게 된 것은? (다툼이 있는 경우 판례에 의함)

ㄱ. 공중밀집장소추행죄로 유죄판결이 확정된 자를 그 형사책임의 경중과 관계없이 신상정보 등록대상자로 규정한 법률조항은 개인정보자기결정권을 침해한다.
ㄴ. 게임물 관련사업자에게 게임물 이용자의 회원가입시 본인인증을 할 수 있는 절차를 마련하도록 규정한 법조항은 개인정보자기결정권을 침해하지 아니한다.
ㄷ. 보안관찰처분대상자가 교도소 등에서 출소한 후 7일 이내에 출소사실을 신고하도록 하고 이를 위반하는 경우 처벌하는 법률조항은 보안관찰처분대상자의 불편이 크다거나 7일의 신고기간이 지나치게 짧다고 할 수 없으므로 개인정보자기결정권을 침해하지 아니한다.
ㄹ. 디엔에이신원확인정보는 '개인정보 보호법' 제2조 제1호에서 말하는 생존하는 개인에 관한 정보로서 당해 정보만으로는 특정 개인을 식별할 수 없더라도 다른 정보와 쉽게 결합하여 당해 개인을 식별할 수 있는 정보에 해당하는 개인정보이다.
ㅁ. 거짓이나 그 밖의 부정한 방법으로 보조금을 교부받거나 보조금을 유용하여 어린이집 운영정지, 폐쇄명령 또는 과징금 처분을 받은 어린이집에 대하여 그 위반사실을 공표하도록 한 구 영유아보육법 제49조의3 제1항 제1호는 거짓이나 그 밖의 부정한 방법으로 보조금을 교부받거나 보조금을 유용한 어린이집에 대하여 그 어린이집 대표자 또는 원장의 의사와 관계없이 어린이집의 명칭, 종류, 주소, 대표자 또는 어린이집 원장의 성명 등을 불특정 다수인이 알 수 있도록 하고 있으므로 공표대상자의 개인정보자기결정권을 제한한다.

① ㄱ(O), ㄴ(X), ㄷ(O), ㄹ(X), ㅁ(X)
② ㄱ(X), ㄴ(O), ㄷ(O), ㄹ(O), ㅁ(O)
③ ㄱ(X), ㄴ(O), ㄷ(X), ㄹ(O), ㅁ(X)
④ ㄱ(X), ㄴ(X), ㄷ(X), ㄹ(O), ㅁ(X)

문 5. 헌법재판소 판례에 관한 설명으로 옳고 그름의 표시 (○, ×)가 바르게 된 것은?

> ㄱ. 피청구인 경북북부제2교도소장이 2020.10.7. 및 2020.11.4. 청구인의 정신과진료 현장에 각각 간호직교도관을 입회시킨 행위 및 피청구인 홍성교도소장이 2020.12.8. 및 2021.1.5. 청구인의 정신과 화상진료 현장에 각각 간호직교도관을 입회시킨 행위는 청구인의 법률유보원칙 또는 과잉금지원칙에 반하여 사생활의 비밀과 자유를 침해한다고 볼 수 없다.
> ㄴ. 대체복무요원 생활관 내부의 공용공간에 CCTV를 설치하여 촬영하는 행위는 대체복무요원 생활관에서 합숙하는 청구인들의 사생활의 비밀과 자유를 침해한다고 볼 수 없다.
> ㄷ. 단기법무장교의 의무복무기간을 장교에 임용된 날부터 기산하도록 한 군인사법 시행령은 과잉금지원칙을 위반하여 청구인들의 일반적 행동자유권을 침해한다.
> ㄹ. 가족관계등록부의 재작성 신청을 혼인무효사유가 한쪽 당사자나 제3자의 범죄행위로 인한 경우로 한정한 '가족관계등록부의 재작성에 관한 사무처리지침'은 청구인의 개인정보자기결정권을 침해한다고 볼 수 없다.
> ㅁ. 정보주체의 배우자나 직계혈족이 정보주체의 위임 없이도 정보주체의 가족관계 상세증명서의 교부 청구를 할 수 있도록 하는 '가족관계의 등록 등에 관한 법률' 제14조 제1항은 개인정보자기결정권을 침해한다.

① ㄱ(○), ㄴ(○), ㄷ(○), ㄹ(×), ㅁ(×)
② ㄱ(○), ㄴ(○), ㄷ(×), ㄹ(○), ㅁ(×)
③ ㄱ(○), ㄴ(×), ㄷ(×), ㄹ(×), ㅁ(○)
④ ㄱ(×), ㄴ(×), ㄷ(○), ㄹ(○), ㅁ(○)

문 6. 개인정보자기결정권에 관한 설명으로 가장 적절하지 않은 것은? (다툼이 있는 경우 판례에 의함)

① 변동신고조항 및 이를 위반할 경우 처벌하도록 정한 보안관찰법 제27조 제2항 중 제6조 제2항 전문에 관한 부분은 과잉금지원칙을 위반하여 청구인의 사생활의 비밀과 자유 및 개인정보자기결정권을 침해한다.
② 수사기관 등이 전기통신사업자에게 이용자의 성명 등 통신자료의 열람이나 제출을 요청할 수 있도록 한 전기통신사업법 제83조 제3항은 과잉금지원칙에 위배되지 않는다.
③ 소년에 대한 수사경력자료의 삭제와 보존기간에 대하여 규정하면서 법원에서 불처분결정된 소년부송치 사건에 대하여 규정하지 않은 구 '형의 실효 등에 관한 법률' 제8조의2 제1항 및 제3항은 과잉금지원칙에 반하여 개인정보자기결정권을 침해한다.
④ 의료기관의 장으로 하여금 보건복지부장관에게 비급여 진료비용에 관한 사항을 보고하도록 한 의료법 제45조의2 제1항은 과잉금지원칙에 반하여 의사의 직업수행의 자유와 환자의 개인정보자기결정권을 침해한다.

문 7. 개인정보자기결정권에 관한 설명으로 옳고 그름의 표시(○, ×)가 바르게 된 것은? (다툼이 있는 경우 판례에 의함)

ㄱ. 통신매체이용음란죄로 유죄판결이 확정된 자도 신상정보 등록대상자가 된다고 규정한 '성폭력범죄의 처벌 등에 관한 특례법' 제42조 제1항은 통신매체이용음란죄로 유죄판결이 확정된 자의 개인정보자기결정권을 침해한다.
ㄴ. 일정한 성범죄를 저지른 자로부터 신상정보를 제출받아 보존·관리하는 것은 정당한 목적을 위한 적합한 수단이고, 침해되는 사익은 크지 않은 반면 해당 조항을 통해 달성되는 공익은 매우 중요하므로, '성폭력범죄의 처벌 등에 관한 특례법' 위반(카메라 등 이용촬영, 카메라 등 이용촬영미수)죄로 유죄판결이 확정된 자는 신상정보 등록대상자가 되도록 규정한 '성폭력범죄의 처벌 등에 관한 특례법'은 개인정보자기결정권을 침해하지 않는다.
ㄷ. 강제추행으로 유죄판결된 자의 신상정보제출의무와 신상정보 반기 1회 등록정보진위확인을 위해 대면확인하도록 한 것은 개인정보자기결정권을 침해한다.
ㄹ. 법무부장관이 등록대상자의 재범 위험성이 상존하는 20년 동안 그의 신상정보를 보존·관리하는 것은 정당한 목적을 위한 적합한 수단이나, 모든 등록대상 성범죄자에 대하여 일률적으로 20년의 등록기간을 적용하고 있다면 최소성원칙에 반하여 개인정보자기결정권을 침해한다.
ㅁ. 보안관찰대상자에게 신고한 거주예정지 등이 변동될 경우 변동신고하도록 하고 이를 위반할 경우 처벌하도록 정한 보안관찰법 제27조는 무기한의 신고의무를 부담시키더라도 신고의무기간에 일률적인 상한을 두어서는 입법목적 달성이 어려운바, 과잉금지원칙을 위반하여 청구인의 사생활의 비밀과 자유 및 개인정보자기결정권을 침해하지 아니한다.

① ㄱ(○), ㄴ(○), ㄷ(×), ㄹ(○), ㅁ(×)
② ㄱ(○), ㄴ(○), ㄷ(×), ㄹ(×), ㅁ(×)
③ ㄱ(○), ㄴ(×), ㄷ(○), ㄹ(×), ㅁ(○)
④ ㄱ(×), ㄴ(○), ㄷ(○), ㄹ(○), ㅁ(○)

문 8. 개인별로 주민등록번호를 부여하면서 주민등록번호 변경에 관한 규정을 두고 있지 않은 주민등록법(2007. 5.11. 법률 제8422호로 전부개정된 것) 제7조에 관한 설명으로 옳고 그름의 표시(○, ×)가 바르게 된 것은? (다툼이 있는 경우 판례에 의함)

ㄱ. 주민등록번호 부여제도에 대하여 입법을 하였으나 주민등록번호의 변경에 대하여는 아무런 규정을 두지 아니한 진정입법부작위의 위헌 여부가 문제된다.
ㄴ. 모든 주민에게 고유한 주민등록번호를 부여하면서 이를 변경할 수 없도록 한 것은 주민 생활의 편익을 증진시키고 행정사무를 신속하고 효율적으로 처리하기 위한 것으로 입법목적의 정당성과 수단의 적합성을 인정할 수 있다.
ㄷ. 국가가 '개인정보 보호법' 등의 입법을 통하여 주민등록번호 처리 등을 제한하고, 유출이나 오·남용을 예방하는 조치를 취하였다면, 이러한 조치는 국민의 개인정보자기결정권에 대한 충분한 보호가 될 수 있다.
ㄹ. 주민등록번호 변경을 인정하는 경우 주민등록번호의 개인식별기능이 약화되어 주민등록번호제도의 입법목적 달성이 어렵게 되고, 범죄은폐, 탈세, 채무면탈 또는 신분세탁 등의 불순한 용도로 이를 악용하는 경우까지 발생할 우려가 있으므로 개인별로 주민등록번호를 부여하면서 주민등록번호 변경에 관한 규정을 두고 있지 않은 주민등록법은 과잉금지원칙에 위배되어 개인정보자기결정권을 침해한다.
ㅁ. 심판대상의 위헌성은 주민등록번호 변경에 관하여 규정하지 아니한 부작위에 있으므로, 주민등록법에 대하여 단순위헌결정하여야 한다.

① ㄱ(○), ㄴ(×), ㄷ(×), ㄹ(×), ㅁ(×)
② ㄱ(×), ㄴ(○), ㄷ(○), ㄹ(○), ㅁ(×)
③ ㄱ(×), ㄴ(○), ㄷ(×), ㄹ(○), ㅁ(×)
④ ㄱ(×), ㄴ(×), ㄷ(○), ㄹ(×), ㅁ(○)

문 9. 표현의 자유에 관한 설명으로 가장 적절하지 않은 것은? (다툼이 있는 경우 판례에 의함)

① 헌법 제50조의 의사공개원칙은 단순한 행정적 회의를 제외하고 국회의 헌법적 기능과 관련된 모든 회의는 원칙적으로 국민에게 공개되어야 함을 천명한 것으로, 국회 본회의뿐만 아니라 위원회의 회의에도 적용된다.
② 본회의든 위원회의 회의든 국회의 회의는 원칙적으로 공개하여야 하며, 원하는 모든 국민은 원칙적으로 그 회의를 방청할 수 있다.
③ 정보위원회 회의는 공개하지 아니한다고 정하고 있는 국회법 제54조의2 제1항 본문은 정보위원회 회의의 비공개로 인해 정보의 취득이 제한됨으로써 발생하는 알 권리에 대한 제약에 비하여 국가의 기밀을 보호하고 국가안전보장에 기여하고자 하는 공익은 매우 중대하다. 따라서 심판대상조항은 과잉금지원칙에 위배되지 아니한다.
④ 운송사업자로 구성된 협회로 하여금 연합회에 강제로 가입하게 하고 임의로 탈퇴할 수 없도록 하는 '화물자동차 운수사업법' 제50조 제1항은 과잉금지원칙에 위배되어 결사의 자유를 침해한다고 볼 수 없다.

문 10. 표현의 자유 제한에 관한 설명으로 가장 적절한 것은? (다툼이 있는 경우 판례에 의함)

① 이동통신사업자가 제공하는 전기통신역무를 타인의 통신용으로 제공하는 것을 원칙적으로 금지하고, 위반시 형사처벌하는 전기통신사업법 제30조는 이동통신서비스 이용자로 하여금 해당 서비스를 다른 사람의 통신용으로 제공하는 행위를 금지할 뿐 아니라 이동통신서비스 이용자의 의사소통이나 의사표현을 제한한다.
② 거짓사실을 포함하고 있는, 수형자의 교화, 건전한 사회복귀를 해칠 우려가 있는 수용자가 작성한 집필문의 외부반출을 금지한 것은 언론의 자유를 제한한다고 할 수 없다.
③ 5인고용을 인터넷 신문사 등록요건으로 한 것은 언론의 표현방법이나 내용에 대한 규제, 즉 신문의 기능과 본질적으로 관련된 부분에 대한 규제라기보다는 인터넷신문의 형태로 언론활동을 하기 위한 외적 조건을 규제하는 것에 불과하고, 외적 조건을 갖추지 못한 자들은 인터넷신문이 아닌 다른 형태의 언론 활동을 할 수 있다는 점 등을 고려할 때, 고용조항에 의해 언론의 자유가 직접 제한받는다고 볼 수 없다.
④ 부모의 교육정보에 대한 알 권리에는 자신의 자녀를 가르치는 교원이 어떠한 자격과 경력을 가진 사람인지는 물론 어떠한 정치성향과 가치관을 가지고 있는 사람인지에 대한 정보가 포함된다고 할 수 없으므로, 개별 교원이 어떤 교원단체나 노동조합에 가입해 있는지에 대한 정보공개를 제한하는 것은 학부모인 청구인들의 알 권리를 제한하는 것은 아니다.

문 11. 표현의 자유에 관한 설명으로 가장 적절하지 않은 것은? (다툼이 있는 경우 판례에 의함)

① 실명확인조항을 비롯하여, 행정안전부장관 및 신용정보업자는 실명인증자료를 관리하고 중앙선거관리위원회가 요구하는 경우 지체 없이 그 자료를 제출해야 하며, 실명확인을 위한 기술적 조치를 하지 아니하거나 실명인증의 표시가 없는 정보를 삭제하지 않는 경우 과태료를 부과하도록 정한 공직선거법 조항은 게시판 등 이용자의 익명표현의 자유 및 개인정보자기결정권과 인터넷언론사의 언론의 자유를 침해한다.

② 정치자금법에 따라 회계보고된 자료의 열람기간을 3월간으로 제한한 정치자금법 제42조 제2항 본문 중 '3월간' 부분은 과잉금지원칙에 위배되어 알 권리를 침해한다.

③ 남북합의서 위반행위로서 전단 등 살포를 하여 국민의 생명·신체에 위해를 끼치거나 심각한 위험을 발생시키는 것을 금지하는 '남북관계 발전에 관한 법률' 제24조 제1항 제3호 및 이에 위반한 경우 처벌하는 같은 법 제25조 중 제24조 제1항 제3호는 헌법 제21조 제2항이 금지하고 있는 '검열'에 해당한다.

④ 사회복무요원의 '그 밖의 정치단체에 가입하는 등 정치적 목적을 지닌 행위'를 금지한 병역법은 명확성원칙에 위배된다.

문 12. 표현의 자유에 관한 설명으로 가장 적절하지 않은 것은? (다툼이 있는 경우 판례에 의함)

① 헌법 제21조 제4항 전문은 "언론·출판은 타인의 명예나 권리 또는 공중도덕이나 사회윤리를 침해하여서는 아니 된다."라고 규정한다. 이는 언론·출판의 자유에 따르는 책임과 의무를 강조하는 동시에 언론·출판의 자유에 대한 헌법상 표현의 자유의 보호영역에 대한 한계를 설정한 것이라고 볼 수 있다.

② 집회 또는 시위를 하기 위하여 인천애(愛)뜰 중 잔디마당과 그 경계 내 부지에 대한 사용허가를 신청한 경우 인천광역시장이 이를 허가할 수 없도록 제한하는 '인천애(愛)뜰의 사용 및 관리에 관한 조례'는 집회에 대한 허가제를 규정하였다고 보기 어렵다.

③ 남북합의서 위반행위로서 전단 등 살포를 하여 국민의 생명·신체에 위해를 끼치거나 심각한 위험을 발생시키는 것을 금지하는 '남북관계 발전에 관한 법률' 제24조 제1항 제3호로 한반도 군사분계선 이남 지역에 거주하고 있는 청구인들의 알 권리는 제한되지 않는다.

④ 변호사 광고금지는 언론·출판의 자유와 직업수행의 자유도 동시에 제한하게 되나, 재산권을 제한한다고 보기 어렵다.

문 13. 정정보도청구권과 반론보도청구권에 대한 설명으로 가장 적절한 것은? (다툼이 있는 경우 판례에 의함)

① 진실한 언론보도로 인하여 피해를 입은 자는 그 보도내용에 관한 반론보도를 언론사에 청구할 수 없다.
② 반론보도의 청구에는 언론사 등의 고의·과실이나 위법성을 필요로 하지 아니하며, 보도내용의 진실 여부와 상관이 있으나, 정정보도의 청구에는 언론사 등의 고의·과실이나 위법성을 필요로 하며, 보도내용의 진실 여부와 상관없이 그 청구를 할 수 있다.
③ 사실적 주장에 관한 언론보도 등이 진실하지 아니함으로 인하여 피해를 입은 자는 해당 언론보도 등이 있음을 안 날부터 3개월 이내에 언론사, 인터넷뉴스 서비스사업자 및 인터넷 멀티미디어 방송사업자에게 그 언론보도 등의 내용에 관한 정정보도를 청구할 수 있으나, 해당 언론보도 등이 있은 후 6개월이 지났을 때에는 그러하지 아니하다.
④ 정정보도청구소송과 반론보도청구소송은 민사집행법의 가처분절차에 따라 재판한다.

문 14. 통신의 자유와 비밀에 관한 설명으로 가장 적절한 것은? (다툼이 있는 경우 판례에 의함)

① 인터넷회선 감청은 인터넷회선을 통하여 흐르는 전기신호 형태의 패킷을 중간에 확보한 다음 재조합 기술을 거쳐 그 내용을 파악하는 패킷감청의 방식으로 이루어지는 것으로서 개인의 통신 및 사생활의 비밀과 자유를 제한한다.
② 이른바 패킷감청의 방식으로 이루어지는 인터넷회선 감청은 그 집행 단계나 집행 이후에 수사기관의 권한 남용을 통제하고 관련 기본권의 침해를 최소화하기 위한 제도적 조치가 마련되어 있는지 여부에 상관없이 침해의 최소성 요건을 충족한다.
③ 인터넷회선 감청은 서버에 저장된 정보가 아니라, 인터넷상에서 발신되어 수신되기까지의 과정 중 수집되는 정보, 즉 전송 중인 정보의 수집을 위한 수사이므로, 압수·수색에 해당한다.
④ 성질상 비밀이 보장되지 않는 엽서나 전보는 통신의 자유의 보호대상에서 제외된다.

문 15. 국가정보원장은 법원으로부터 인터넷회선에 대한 통신제한조치를 허가받아 집행하자 헌법소원이 청구되었다. 이에 관한 설명으로 옳지 않은 것을 모두 고른 것은? (다툼이 있는 경우 판례에 의함)

통신비밀보호법 제5조【범죄수사를 위한 통신제한조치의 허가요건】② 통신제한조치는 제1항의 요건에 해당하는 자가 발송·수취하거나 송·수신하는 특정한 우편물이나 전기통신 또는 그 해당자가 일정한 기간에 걸쳐 발송·수취하거나 송·수신하는 우편물이나 전기통신을 대상으로 허가될 수 있다.

[참고조항]
통신비밀보호법 제5조【범죄수사를 위한 통신제한조치의 허가요건】① 통신제한조치는 다음 각 호의 범죄를 계획 또는 실행하고 있거나 실행하였다고 의심할만한 충분한 이유가 있고 다른 방법으로는 그 범죄의 실행을 저지하거나 범인의 체포 또는 증거의 수집이 어려운 경우에 한하여 허가할 수 있다.

ㄱ. 수사기관의 인터넷회선 감청은 통신의 비밀을 침해하므로 허용될 수 없다.
ㄴ. 인터넷회선 감청은 인터넷상에서 발신되어 수신되기까지의 과정 중에 수집되는 정보, 즉 전송 중인 정보의 수집을 위한 수사이므로 압수·수색에 해당한다.
ㄷ. 헌법 제12조 제3항이 정한 영장주의가 수사기관이 강제처분을 함에 있어 중립적 기관인 법원의 허가를 얻어야 함을 의미하는 것 외에 법원에 의한 사후통제까지 마련되어야 함을 의미하므로 이 사건 법률조항이 영장주의 위반 여부에 대해서 판단할 필요가 있다.
ㄹ. 인터넷회선 감청은 일차적으로 헌법 제18조가 보장하는 통신의 비밀과 자유를 제한한다.
ㅁ. 심판대상은 헌법 제18조가 보장하는 통신의 비밀과 자유와 헌법 제17조의 사생활의 비밀과 자유도 제한하게 된다.

① ㄱ, ㄴ, ㄷ
② ㄱ, ㄷ, ㅁ
③ ㄴ, ㄷ, ㄹ
④ ㄴ, ㄹ, ㅁ

문 16. 거주·이전의 자유와 통신의 자유에 관한 설명으로 가장 적절하지 않은 것은? (다툼이 있는 경우 판례에 의함)

① 지방병무청장으로 하여금 병역준비역에 대하여 27세를 초과하지 않는 범위에서 단기 국외여행을 허가하도록 한 구 '병역의무자 국외여행 업무처리 규정' 제5조는 27세가 넘은 병역준비역인 청구인의 거주·이전의 자유를 침해하지 않는다.
② 거주·이전의 자유는 집회 또는 시위를 하기 위하여 인천애(愛)뜰 중 잔디마당과 그 경계 내 부지에 대한 사용허가 신청을 한 경우 인천광역시장이 이를 허가할 수 없도록 제한하는 '인천애(愛)뜰의 사용 및 관리에 관한 조례'에 의한 기본권 제한으로 볼 수 있다.
③ 방송통신심의위원회가 2019.2.11. 주식회사 ○○ 외 9개 정보통신서비스제공자 등에 대하여 895개 웹사이트에 대한 접속차단의 시정을 요구한 행위는 청구인들의 통신의 비밀과 자유 및 알 권리를 침해하지 아니한다.
④ 피청구인 교도소장이 수용자에게 온 서신을 개봉한 행위는 청구인의 통신의 자유를 침해하지 아니한다.

문 17. 양심의 자유에서 양심의 개념에 관한 설명으로 가장 적절하지 않은 것은? (다툼이 있는 경우 판례에 의함)

① 민·형사재판에서 단순한 사실에 관한 증인의 증언거부와 같은 단순한 사실에 관한 지식이나 기술지식까지도 양심의 자유에 포함되지 아니한다.
② 세무사가 행하는 성실신고확인은 확인대상사업자의 소득금액에 대하여 심판대상조항 및 관련 법령에 따라 확인하는 것으로 단순한 사실관계의 확인에 불과한 것이어서 헌법 제19조에 의하여 보장되는 양심의 영역에 포함되지 않는다.
③ 음주측정요구와 그 거부는 양심의 자유의 보호영역에 포괄되지 아니하나 운전 중 운전자가 좌석안전띠를 착용 여부는 양심의 자유에서 보호된다.
④ 채무자에게 재산을 명시하여 제출하도록 하는 것은 개인의 인격형성에 관계되는 윤리적 판단이 개입될 수 없는 영역이므로 헌법 제19조의 양심의 자유에서 보호되지 않는다.

문 18. 종교의 자유에 관한 설명으로 가장 적절하지 않은 것은? (다툼이 있는 경우 판례에 의함)

① 우리 헌법 제20조는 제1항에서 모든 국민은 종교의 자유를 가진다고 규정하고 있는데 종교의 자유는 무종교의 자유도 포함하는 것으로, 신앙을 가지지 않고 종교적 행위 및 종교적 집회에 참석하지 아니할 소극적 자유도 함께 보호한다.
② 청구인들은 병역종류조항의 병역의무가 제한적으로 규정되어 양심적 병역거부자에게 집총 등 군사훈련이 수반되지 않는 대체복무의 선택 기회가 제공되지 아니하기 때문에 기본권이 침해된다고 주장하고 있다. 청구인들의 위 주장은 입법자가 아무런 입법을 하지 않은 진정입법부작위를 다투는 것이 아니라, 입법자가 병역의 종류에 관하여 입법은 하였으나 그 내용이 양심적 병역거부자를 위한 비군사적 내용의 대체복무제를 포함하지 아니하여 불완전·불충분하다는 부진정입법부작위를 다투는 것이라고 봄이 상당하다.
③ 육군훈련소장이 훈련병들이 육군훈련소 내 종교행사에 참석하도록 한 행위는 목적은 정당하고 수단은 적합하나 훈련병들의 정신전력을 강화할 수 있는 방법으로 종교적 수단 이외에 일반적인 윤리교육 등 다른 대안도 택할 수 있으며, 종교는 개인의 인격을 형성하는 가장 핵심적인 신념일 수 있는 만큼 종교에 대한 국가의 강제는 심각한 기본권 침해에 해당하는 점을 고려할 때, 과잉금지원칙을 위반하여 청구인들의 종교의 자유를 침해한다.
④ 종교단체에서 구호활동의 일환으로 운영하는 양로시설에 대해서도 양로시설의 설치에 신고의무를 부과하고 그 위반행위를 처벌하는 법률조항은, 일정 규모 이상의 양로시설에서는 안전사고나 인권침해 피해 정도가 커질 수 있어 예외 없이 신고의무를 부과할 필요가 있다는 점에서 종교의 자유를 침해하지 않는다.

문 19. 종교의 자유에 관한 설명으로 가장 적절한 것은? (다툼이 있는 경우 판례에 의함)

① 종교적 집회·결사의 자유는 그 자체가 내심의 자유의 핵심이기 때문에 헌법 제37조 제2항의 과잉금지의 원칙이 적용되지 않는다.
② 종교단체의 복지시설 운영에 대한 제한은 종교단체 내 복지시설을 운영하는 법인의 인격권 및 법인운영의 자유를 제한하는 것이므로 종교의 자유 침해가 아닌 법인운영의 자유를 침해하는지 여부에 대한 문제로 귀결된다.
③ 전통사찰의 등록 후에 발생한 사법상 금전채권을 가진 일반채권자가 전통사찰 소유의 전법(傳法)용 경내지의 건조물 등에 대하여 압류하는 것을 금지하는 법률조항은 종교의 자유의 내용 중 어떠한 것도 제한하지 않는다.
④ 육군훈련소장이 훈련병에게 개신교, 불교, 천주교, 원불교 종교행사 중 하나에 참석하도록 하더라도 국가의 종교에 대한 중립성을 위반하여 특정 종교를 우대하는 것은 아니다.

문 20. 양심적 병역거부에 관한 설명으로 가장 적절하지 않은 것은? (다툼이 있는 경우 판례에 의함)

① 양심적 병역거부는 '양심에 따른' 병역거부를 가리키는 것일 뿐 병역거부가 '도덕적이고 정당하다'는 의미는 아니다.
② 헌법에 의해 보호받는 양심은 법질서와 도덕에 부합하는 사고를 가진 다수가 아니라 이른바 '소수자'의 양심이 되기 마련이다.
③ 양심적 병역거부를 주장하는 사람은 자신의 '양심'을 외부로 표명하여 증명할 최소한의 의무를 진다.
④ 대체복무를 규정하지 않은 병역종류조항에 대하여 헌법불합치결정을 하는 이상, 처벌조항 중 양심적 병역거부자를 처벌하는 부분에 대하여도 위헌결정을 해야 한다.

7회 쟁점별 모의고사
(집회 및 결사의 자유 ~ 직업선택의 자유)

소요시간: _____ / 15분   맞힌 답의 개수: _____ / 20

문 1. 집회 또는 시위를 하기 위하여 인천애(愛)뜰 중 잔디마당과 그 경계 내 부지에 대한 사용허가 신청을 한 경우 인천광역시장이 이를 허가할 수 없도록 제한하는 '인천애(愛)뜰의 사용 및 관리에 관한 조례'에 대해 헌법소원심판이 청구되었다. 이에 관한 설명으로 옳고 그름의 표시(○, ×)가 바르게 된 것은? (다툼이 있는 경우 판례에 의함)

> ㄱ. 집회 또는 시위를 하기 위하여 인천애(愛)뜰 중 잔디마당과 그 경계 내 부지에 대한 사용허가 신청을 한 경우 인천광역시장이 이를 허가할 수 없도록 제한하는 '인천애(愛)뜰의 사용 및 관리에 관한 조례'는 청구인들이 잔디마당을 집회 장소로 선택할 권리를 제한한다. 집회 장소를 자유롭게 선택할 권리는 집회의 자유에 의하여 보호된다.
> ㄴ. 심판대상조항은 잔디마당에서 집회 또는 시위를 하려고 하는 경우 시장이 그 사용허가를 할 수 없도록 전면적·일률적으로 불허하고 있으므로 헌법 제21조 제2항의 허가제금지에 위반된다.
> ㄷ. 거주·이전의 자유는 잔디마당과 그 경계 내 부지에 대한 사용허가 신청을 한 경우 인천광역시장이 이를 허가할 수 없도록 제한하는 '인천애(愛)뜰의 사용 및 관리에 관한 조례'에 의한 제한되는 기본권이다.
> ㄹ. 집회 또는 시위를 하기 위하여 인천애(愛)뜰 중 잔디마당과 그 경계 내 부지에 대한 사용허가 신청을 한 경우 인천광역시장이 이를 허가할 수 없도록 제한하는 '인천애(愛)뜰의 사용 및 관리에 관한 조례' 제7조 제1항 제5호 가목은 법률유보원칙에 위배되어 청구인들의 집회의 자유를 침해한다고 할 수 없다.
> ㅁ. 집회 또는 시위를 하기 위하여 인천애(愛)뜰 중 잔디마당과 그 경계 내 부지에 대한 사용허가 신청을 한 경우 인천광역시장이 이를 허가할 수 없도록 제한하는 '인천애(愛)뜰의 사용 및 관리에 관한 조례'는 과잉금지원칙에 위배되어 청구인들의 집회의 자유를 침해한다.

① ㄱ(○), ㄴ(×), ㄷ(×), ㄹ(○), ㅁ(○)
② ㄱ(○), ㄴ(×), ㄷ(×), ㄹ(×), ㅁ(○)
③ ㄱ(○), ㄴ(×), ㄷ(×), ㄹ(×), ㅁ(×)
④ ㄱ(×), ㄴ(○), ㄷ(○), ㄹ(×), ㅁ(○)

문 2. 집회의 자유에 관한 설명으로 옳은 것을 모두 고른 것은? (다툼이 있는 경우 판례에 의함)

> ㄱ. 집회 및 시위에 관한 법률 제10조 본문이 해가 뜨기 전이나 해가 진 후에는 옥외집회를 못하도록 규정한 것은 시간적 제한을 둔 것으로서 그 예외를 허용하는 단서 조항의 존재 여부와 관계없이 헌법 제21조 제2항의 사전허가금지에 위반된다고 하여 헌법재판소는 위헌결정을 하였다.
> ㄴ. 경찰서장으로부터 금지통고된 집회·시위를 주최한 경우는 행정형벌을 과하도록 한 집회 및 시위에 관한 법률 제19조 제2항은 사실상 허가제에 해당하여 헌법 제21조 제1항·제2항에 위반된다.
> ㄷ. 집회의 자유는 법률에 의해서 제한될 수 있으므로 법률에 정해지지 않은 방법으로 이를 제한할 경우에는 그것이 과잉금지원칙에 위배되었는지 여부를 판단할 필요 없이 헌법에 위반된다.
> ㄹ. 집회의 자유는 개인의 사회생활과 여론형성 및 민주정치의 토대를 이루고 소수자의 집단적 의사표현을 가능하게 하는 중요한 기본권이므로 위법행위의 개연성이 있다는 예상만으로 집회의 자유를 제한할 수 없다.

① ㄱ, ㄴ   ② ㄱ, ㄷ
③ ㄴ, ㄹ   ④ ㄷ, ㄹ

문 3. 집회의 자유에 관한 설명으로 옳지 않은 것을 모두 고른 것은? (다툼이 있는 경우 판례에 의함)

> ㄱ. 집회의 자유는 언론의 자유에 비해 국가안전보장, 질서유지, 공공복리 등 기본권 제한입법의 목적원리에 의한 제한의 필요성이 그만큼 더 요구되는 기본권이다.
> ㄴ. 집회는 일정한 장소를 전제로 하여 특정 목적을 가진 다수인이 일시적으로 회합하는 것을 말하는 것으로, 여기서의 다수인이 가지는 공동의 목적은 '내적인 유대관계'로 족하지 않고 공통의 의사형성과 의사표현이라는 공동의 목적이 포함되어야 한다.
> ㄷ. 집회의 자유에는 집회를 통하여 형성된 의사를 집단적으로 표현하는 데 그치고, 이를 통하여 불특정 다수인의 의사에 영향을 줄 자유까지를 포함하지는 않는다.
> ㄹ. '집회 및 시위에 관한 법률'상 사방이 폐쇄되어 있지 않고 천장이 없는 장소에서 여는 집회는 옥외집회에 해당한다.
> ㅁ. 공중이 자유로이 통행 가능한 장소가 아닌 대학교 구내에서의 집회도 옥외집회로서 '집회 및 시위에 관한 법률'의 규제대상이 된다.

① ㄱ, ㄴ ② ㄱ, ㅁ
③ ㄴ, ㄷ ④ ㄹ, ㅁ

문 4. 집회의 자유 허가제에 관한 설명으로 옳지 않은 것을 모두 고른 것은? (다툼이 있는 경우 판례에 의함)

> ㄱ. 집회에 대한 허가를 금지한 헌법 제21조 제2항은 기본권 제한에 관한 일반적 법률유보조항인 헌법 제37조 제2항에 우선하는 1차적 심사 기준이 되어야 한다.
> ㄴ. 집회에 대한 허가제는 집회에 대한 검열제와 마찬가지이므로 절대적으로 금지된다.
> ㄷ. 입법자가 법률로써 일반적으로 집회를 제한하는 것은 원칙적으로 헌법 제21조 제2항에서 금지하는 '사전허가'에 해당한다.
> ㄹ. 집회의 자유에 대한 신고제는 집회의 자유에 대한 일반적 금지가 원칙이고 예외적으로 행정권의 허가가 있을 때에만 이를 허용한다는 점에서 헌법이 금지하는 허가제와는 집회의 자유에 대한 이해와 접근방법의 출발점을 달리하고 있다.
> ㅁ. 헌법 제21조 제2항은 집회의 자유에 있어서는 '집회의 일반적 금지, 입법권이 주체가 되는 예외적 허가'의 방식에 의한 제한을 허용하지 아니하겠다는 헌법적 결단을 분명히 밝힌 것이다.

① ㄱ, ㄴ ② ㄷ, ㄹ
③ ㄴ, ㄹ, ㅁ ④ ㄷ, ㄹ, ㅁ

문 5. '집회 및 시위에 관한 법률'에 관한 설명으로 옳고 그름의 표시(○, ×)가 바르게 된 것은?

> ㄱ. 집회신고를 받은 관할경찰관서장은 신고서의 기재사항에 미비한 점을 발견하면 집회신고를 반려한다.
> ㄴ. 집회 시위 주최자는 경찰서의 장으로부터 금지통고를 받은 날로부터 10일 이내에 해당 경찰관서의 바로 위의 상급경찰관서의 장에게 이의를 신청할 수 있다.
> ㄷ. 집회금지통고에 대한 이의신청을 받은 때부터 재결기관이 24시간 이내 재결서를 송달하지 않으면 금지통고는 그때부터 효력을 상실한다.
> ㄹ. 옥내집회에는 신고제가 적용되지 않는다.
> ㅁ. 옥외집회를 주최하려는 자는 옥외집회 신고서를 관할 경찰서장에게 제출하여야 하며, 신고한 옥외집회를 하지 아니하게 된 경우에는 신고서에 적힌 집회 일시 48시간 전에 그 철회사유 등을 적은 철회신고서를 관할 경찰서장에게 제출하여야 한다.

① ㄱ(○), ㄴ(○), ㄷ(×), ㄹ(○), ㅁ(○)
② ㄱ(○), ㄴ(×), ㄷ(○), ㄹ(×), ㅁ(×)
③ ㄱ(×), ㄴ(○), ㄷ(○), ㄹ(×), ㅁ(○)
④ ㄱ(×), ㄴ(○), ㄷ(×), ㄹ(○), ㅁ(×)

문 6. 결사의 자유에서 보호되는 단체에 관한 설명으로 가장 적절하지 않은 것은? (다툼이 있는 경우 판례에 의함)

① 상공회의소와 약사법인도 결사의 자유에서 보호된다.
② 농협의 활동은 결사의 자유에서 보호되고 농협이사 후보자의 선거운동은 결사의 자유의 보호범위에 포함된다.
③ 노동조합에 가입하지 아니할 자유는 헌법 제33조의 단결권에서 보호되지 않으므로 헌법상 기본권은 아니다.
④ 농지개량조합은 공법인에 해당하므로 헌법상 결사의 자유가 뜻하는 헌법상 보호법익의 대상이 되는 단체로 볼 수 없다.

문 7. 결사의 자유에 관한 설명으로 옳고 그름의 표시(○, ×)가 바르게 된 것은? (다툼이 있는 경우 판례에 의함)

> ㄱ. 근로자의 단결권이 근로자 단체로서 사용자와의 관계에서 특별한 보호를 받아야 할 경우에는 헌법 제33조가 우선적으로 적용되므로 노동조합에도 헌법 제21조 제2항의 결사에 대한 허가제금지원칙이 적용된다고 할 수 없다.
> ㄴ. 노동조합을 설립할 때 행정관청에 설립신고서를 제출하게 하고 그 요건을 충족하지 못하는 경우 설립신고서를 반려하도록 하고 있는 '노동조합 및 노동관계조정법'은 결사의 자유에 대한 허가제에 해당한다고 할 수 없다.
> ㄷ. 대규모로 확산될 우려가 없는 소규모 옥외집회·시위의 경우, '국회의장 공관의 경계 지점으로부터 100미터 이내에 있는 장소'에서 옥외집회금지 조항에 의하여 보호되는 법익에 직접적인 위협을 가할 가능성은 상대적으로 낮다.
> ㄹ. 대통령 관저 100미터 이내 옥외집회를 금지한 '집회 및 시위에 관한 법률'은 입법목적 달성을 위한 적합한 수단으로 볼 수 없다.
> ㅁ. 폭력·불법적이거나 돌발적인 상황이 발생할 위험이 있다는 가정만을 근거로 하여 대통령 관저 인근이라는 특정한 장소에서 열리는 모든 집회를 금지하는 것은 헌법적으로 정당화되기 어렵다.

① ㄱ(○), ㄴ(○), ㄷ(×), ㄹ(○), ㅁ(○)
② ㄱ(○), ㄴ(×), ㄷ(×), ㄹ(×), ㅁ(×)
③ ㄱ(×), ㄴ(○), ㄷ(○), ㄹ(×), ㅁ(○)
④ ㄱ(×), ㄴ(×), ㄷ(○), ㄹ(○), ㅁ(×)

문 8. 재산권에 관한 설명으로 옳고 그름의 표시(O, X)가 바르게 된 것은? (다툼이 있는 경우 판례에 의함)

> ㄱ. 1990년 개정 민법의 시행일인 1991.1.1.부터 그 이전에 성립된 계모자 사이의 법정혈족관계를 소멸시키도록 한 구 민법 부칙 제4조는 헌법 제13조 제2항의 진정소급입법에 해당한다.
> ㄴ. 공익사업을 위한 수용의 경우 세입자에 대한 이주대책은 헌법 제23조 제3항에 규정된 정당한 보상에 포함되는 것이 아니라 이주자들에게 종전의 생활상태를 회복시키기 위한 생활보상의 일환으로서 국가의 정책적인 배려에 의하여 마련된 제도이다.
> ㄷ. 댐사용권을 취소·변경할 수 있도록 규정한 '댐건설 및 주변지역지원 등에 관한 법률' 조항은 이미 형성된 구체적인 재산권을 공익을 위하여 개별적이고 구체적으로 박탈·제한하는 것으로서 보상을 요하는 헌법 제23조 제3항의 수용·사용·제한을 규정한 것이라고 볼 수 없고, 적정한 수자원의 공급 및 수재방지 등 공익적 목적에서 건설되는 다목적댐에 관한 독점적 사용권인 댐사용권의 내용과 한계를 정하는 규정인 동시에 공익적 요청에 따른 재산권의 사회적 제약을 구체화하는 규정이라고 보아야 한다.
> ㄹ. 종전 규정에 의한 폐기물재생처리신고업자의 사업이 개정 규정에 의한 폐기물중간처리업에 해당하는 경우, 영업을 계속하기 위하여는 법 시행일부터 1년 이내에 개정 규정에 의한 폐기물중간처리업의 허가를 받도록 하고 있는 구 폐기물관리법 부칙 규정으로 인해 사실상 폐업이 불가피하게 된 기존의 폐기물재생처리신고업자는 재산권 침해를 이유로 헌법 제23조 제3항에 따른 보상을 받을 수 있다.

① ㄱ(O), ㄴ(X), ㄷ(O), ㄹ(X)
② ㄱ(O), ㄴ(X), ㄷ(X), ㄹ(X)
③ ㄱ(X), ㄴ(O), ㄷ(O), ㄹ(O)
④ ㄱ(X), ㄴ(O), ㄷ(O), ㄹ(X)

문 9. 재산권에 관한 설명으로 옳은 것을 모두 고른 것은? (다툼이 있는 경우 판례에 의함)

> ㄱ. 토지구획정리사업에 있어 학교교지를 환지처분의 공고가 있은 다음 날에 국가 등에 귀속하게 하되, 유상으로 귀속되도록 한 구 토지구획정리사업법 제63조는 헌법 제23조 제3항의 수용에 해당하므로 그 위헌 여부에 관하여 정당한 보상의 원칙에 위배되는지가 문제된다.
> ㄴ. 토지구획정리사업에 있어 학교교지를 환지처분의 공고가 있은 다음 날에 국가 등에 귀속하게 한 귀속조항은 과잉금지원칙에 위배되어 사업시행자의 재산권을 침해한다고 할 수 없다.
> ㄷ. LPG를 연료로 사용할 수 있는 자동차 또는 그 사용자의 범위를 제한하고 있는 '액화석유가스의 안전관리 및 사업법 시행규칙'은 LPG승용자동차를 소유하고 있거나 운행하려는 청구인들의 일반적 행동자유권 및 재산권을 침해한다고 볼 수 없다.
> ㄹ. 학원법에 따라 체육시설을 운영하는 자로서 어린이통학버스에 보호자를 동승하도록 강제하는 도로교통법으로 새로이 동승보호자를 고용함으로 인하여 추가적인 비용 지출이 발생하므로 이 사건 보호자동승조항 시행으로 청구인들의 재산권이 제한된다.

① ㄱ, ㄴ ② ㄱ, ㄷ
③ ㄴ, ㄷ ④ ㄷ, ㄹ

문 10. 재산권에 관한 설명으로 가장 적절한 것은? (다툼이 있는 경우 판례에 의함)

① 어업면허의 우선순위에 관한 기대는 헌법상 보장되는 재산권에 포함되므로 신규어장을 개발하거나 어업면허의 유효기간 또는 연장허가기간이 끝난 어장에 관하여 새로이 어업면허를 부여할 때 우선순위의 적용을 배제하는 수산업법은 재산권을 제한한다.
② 업종별로 수입금액이 일정 규모 이상인 사업자에게 성실신고확인서를 제출하도록 하고 있는 소득세법으로 인해 세무사가 입는 재산상 손해는 재산권의 내용에 포함된다.
③ 의료인은 어떠한 명목으로도 둘 이상의 의료기관을 운영할 수 없다고 규정한 의료법으로 재산권이 제한받지 않는다.
④ 배출시설 허가 또는 신고를 마치지 못한 가축 사육시설에 대하여 적법화 이행기간의 특례를 규정하면서, '개 사육시설'을 적용대상에서 제외하고 있는 '가축분뇨의 관리 및 이용에 관한 법률' 부칙 부분은 직업수행의 자유나 재산권 등 기본권을 제한한다.

문 11. 재산권에 관한 설명으로 가장 적절하지 않은 것은? (다툼이 있는 경우 판례에 의함)

① PC방이 금연구역조항의 시행에 따라 흡연고객이 이탈함으로서 발생할 수 있는 영업이익 감소는 헌법에서 보호되는 재산권 침해라고 할 수 없다.
② 문화재청장이 지정한 문화재, 도난물품 또는 유실물인 사실이 공고된 문화재의 선의취득의 인정으로 인한 그 문화재의 소유권을 취득할 기회는 사적 유용성 및 그에 대한 원칙적 처분권을 내포하는 재산가치 있는 구체적 권리로서 헌법 제23조 제1항에 의하여 보호되는 재산권에 해당한다.
③ 고엽제후유증환자 및 그 유족의 보상수급권은 '고엽제 후유증 환자 지원 등에 관한 법률'에 의하여야 비로소 인정되는 권리이므로 법정되어 있는 요건을 갖추기 전에는 헌법이 보장하는 재산권이라고 할 수 없다.
④ 헌법 제23조 제3항은 재산권 수용의 주체를 한정하지 않고 있는바, 수용 등의 주체를 국가 등의 공적 기관에 한정하여 해석할 이유가 없으므로 사인이나 민간단체도 수용의 주체가 될 수 있다.

문 12. 재산권 보호영역에 관한 설명으로 가장 적절하지 않은 것은? (다툼이 있는 경우 판례에 의함)

① 육아휴직 급여수급권은 경제적 가치가 있는 권리로서 헌법 제23조에 의하여 보장되는 재산권의 성격도 가지고 있다.
② 일반택시운송사업에서 운전업무에 종사하는 근로자의 최저임금에 산입되는 임금의 범위는 생산고에 따른 임금을 제외한 대통령령으로 정하는 임금으로 하도록 한 최저임금법은 택시운송사업자의 재산권을 제한한다.
③ 행정중심복합도시 예정지역 공급주택의 이전기관 종사자 특별공급 비율 폐지고시가 청구인들의 재산권을 침해할 가능성은 인정되지 않는다.
④ 헌법 제23조 집합제한조치로 발생한 손실을 보상하는 규정을 두지 않은 구 '감염병의 예방 및 관리에 관한 법률'로 청구인들이 소유하는 영업 시설·장비 등에 대한 구체적인 사용·수익 및 처분권한을 제한받는 것은 아니므로, 보상규정의 부재가 청구인들의 재산권을 제한한다고 볼 수 없다.

문 13. 헌법 제23조 제3항에 관한 설명으로 가장 적절하지 않은 것은? (다툼이 있는 경우 판례에 의함)

① 통일부장관이 2010.5.24. 발표한 북한에 대한 신규 투자 불허 및 진행 중인 사업의 투자확대금지 등을 내용으로 하는 대북조치는 헌법 제23조 제3항 소정의 재산권의 공용제한에 해당하지 않는다.
② 토지구획정리사업에 있어 학교교지를 환지처분의 공고가 있은 다음 날에 국가 등에 귀속하게 하되, 유상으로 귀속되도록 한 구 토지구획정리사업법 제63조는 헌법 제23조 제3항의 수용에 해당하지 않는다.
③ 개성공단 전면중단조치는 헌법 제23조 제3항을 위반하여 개성공단 투자기업인 청구인들의 재산권을 침해한 것으로 볼 수 없다.
④ 통일부장관이 2010.5.24. 발표한 북한에 대한 신규 투자 불허 및 진행 중인 사업의 투자확대금지 등을 내용으로 하는 대북조치로 인해 재산상 손실에 대하여 보상규정을 두어야 할 입법의무가 도출된다.

문 14. 재산권에 관한 설명으로 옳은 것은 모두 몇 개인가? (다툼이 있는 경우 판례에 의함)

> ㄱ. 요양기관이 의료법 제33조 제2항을 위반하였다는 사실을 수사기관의 수사 결과로 확인한 경우 공단으로 하여금 해당 요양기관이 청구한 요양급여비용의 지급을 보류할 수 있도록 규정한 구 국민건강보험법 제47조의2 제1항은 의료기관 개설자의 재산권을 침해한다.
> ㄴ. 선출직 공무원으로서 받게 되는 보수가 기존의 연금에 미치지 못하는 경우에도 연금 전액의 지급을 정지하도록 정한 구 공무원연금법 제47조 제1항 제2호 중 '지방의회의원'에 관한 부분은 과잉금지원칙에 위배되어 재산권을 침해한다.
> ㄷ. 특별관리지역 지정 이전부터 '공공주택 특별법' 또는 '개발제한구역의 지정 및 관리에 관한 특별조치법'에 따른 적법한 허가 등을 거치지 아니하고 설치하거나 용도변경한 건축물 등에 대한 시정명령을 이행하지 아니한 경우 이행강제금을 부과함에 있어 그 부과기준에 대하여 '개발제한구역의 지정 및 관리에 관한 특별조치법' 제30조의2 제1항 및 제4항을 준용하는 '공공주택 특별법' 제6조의5 제2항은 재산권을 침해한다고 할 수 없다.
> ㄹ. 경유를 연료로 사용하는 자동차의 소유자로부터 환경개선부담금을 부과·징수하도록 정한 '환경개선비용 부담법' 제9조 제1항은 과잉금지원칙을 위반하여 경유차 소유자의 재산권을 침해한다.
> ㅁ. 재혼을 유족연금수급권 상실사유로 규정한 구 공무원연금법 제59조 제1항 제2호 중 '유족연금'에 관한 부분은 재혼한 배우자의 인간다운 생활을 할 권리와 재산권을 침해하였다고 볼 수 있다.

① 1개 ② 2개
③ 3개 ④ 4개

문 15. 재산권에 관한 설명으로 옳고 그름의 표시(○, ×)가 바르게 된 것은? (다툼이 있는 경우 판례에 의함)

> ㄱ. 세종시 공무원이 주택특별공급을 신청할 수 있는 지위는 재산권에서 보호되므로 행정중심복합도시 예정지역 이전기관 종사자 주택특별공급제도를 폐지하는 '주택공급에 관한 규칙 일부개정령'은 재산권을 침해할 가능성이 있다.
> ㄴ. 택시운송사업자의 영리 획득의 기회나 사업 영위를 위한 사실적·법적 여건은 헌법상 보장되는 재산권에 속하지 아니하므로 일반택시운송사업에서 운전업무에 종사하는 근로자의 최저임금에 산입되는 임금의 범위는 생산고에 따른 임금을 제외한 대통령령으로 정하는 임금으로 하도록 한 최저임금법은 택시운송사업자의 재산권을 제한한다고 볼 수 없다
> ㄷ. 고용보험법상 육아휴직 급여수급권은 경제적 가치가 있는 권리로서 헌법 제23조에 의하여 보장되는 재산권에서 보호되지 않는다.
> ㄹ. 육아휴직 급여를 육아휴직이 끝난 날 이후 12개월 이내에 신청하도록 한 고용보험법 제70조 제2항은 육아휴직 급여수급권자의 인간다운 생활을 할 권리나 재산권을 침해한다고 할 수 없다.
> ㅁ. 선출직 공무원으로서 받게 되는 보수가 기존의 연금에 미치지 못하는 경우에도 연금 전액의 지급을 정지하도록 정한 구 공무원연금법 제47조 제1항은 수단의 적합성이 없다.

① ㄱ(○), ㄴ(○), ㄷ(×), ㄹ(○), ㅁ(○)
② ㄱ(○), ㄴ(×), ㄷ(×), ㄹ(×), ㅁ(×)
③ ㄱ(×), ㄴ(○), ㄷ(×), ㄹ(○), ㅁ(×)
④ ㄱ(×), ㄴ(×), ㄷ(○), ㄹ(×), ㅁ(○)

문 16. 재산권에 관한 설명으로 옳은 것을 모두 고른 것은?
(다툼이 있는 경우 판례에 의함)

> ㄱ. '감염병의 예방 및 관리에 관한 법률'상 집합제한 조치로 발생한 손실을 보상하는 규정을 두지 않은 '감염병의 예방 및 관리에 관한 법률' 제70조 제1항은 재산권을 제한한다고 할 수 없다.
> ㄴ. 법령에 의하여 구체적 내용이 형성되기 전의 권리, 즉 공무원이 국가 또는 지방자치단체에 대하여 어느 수준의 보수를 청구할 수 있는 권리는 단순한 기대이익에 불과하여 재산권의 내용에 포함된다고 볼 수 없다.
> ㄷ. 요양기관이 의료법 제33조 제2항을 위반하였다는 사실을 수사기관의 수사 결과로 확인한 경우 공단으로 하여금 해당 요양기관이 청구한 요양급여비용의 지급을 보류할 수 있도록 규정한 구 국민건강보험법 제47조의2 제1항은 의료기관 개설자의 재산권을 침해한다.
> ㄹ. 요양기관이 의료법 제33조 제2항을 위반하였다는 사실을 수사기관의 수사 결과로 확인한 경우 공단으로 하여금 해당 요양기관이 청구한 요양급여비용의 지급을 보류할 수 있도록 규정한 구 국민건강보험법 제47조의2 제1항은 무죄추정의 원칙에 위반된다.
> ㅁ. 공무원 또는 공무원이었던 자가 재직 중의 사유로 금고 이상의 형을 받은 때에는 대통령령이 정하는 바에 의하여 퇴직급여 및 퇴직수당의 일부를 감액하여 지급하도록 한 공무원연금법 제64조 제1항 제1호는 공무원범죄를 예방하고 공무원이 재직중 성실히 근무하도록 유도하는 입법목적을 달성하는 데 적합한 수단이라고 볼 수 있다.

① ㄱ, ㄴ, ㄷ   ② ㄱ, ㄴ, ㅁ
③ ㄴ, ㄷ, ㄹ   ④ ㄷ, ㄹ, ㅁ

문 17. 재산권에 관한 설명으로 가장 적절하지 않은 것은?
(다툼이 있는 경우 판례에 의함)

① 헌법 제23조가 보장하고 있는 재산권에는 사법상의 권리도 포함되므로 상가임차인이 권리금에 대해 가지는 권리는 채권적 권리로서 재산권에서 보호된다.
② 임대차 목적물인 상가건물이 유통산업발전법 제2조에 따른 대규모점포의 일부인 경우 임차인의 권리금 회수기회 보호 등에 관한 '상가건물 임대차보호법' 제10조의4를 적용하지 않도록 하는 구 '상가건물 임대차보호법' 제10조의5 제1호 중 대규모점포에 관한 부분은 입법형성권의 한계를 일탈하여 청구인들의 재산권을 침해한다고 보기 어렵다.
③ 연로회원지원금은 권리주체의 노동이나 투자, 특별한 희생에 의하여 획득되어 자신이 행한 급부의 등가물에 해당한다고 볼 수 없으므로 헌법상 재산권에 해당하지 아니한다.
④ 공무원연금법의 적용대상에서 명시적으로 제외되어 있는 지방자치단체의 장의 경우 공무원연금법 조항으로 인하여 재산권이 제한된다.

문 18. 경제적 권리에 관한 설명으로 가장 적절하지 않은 것은?
(다툼이 있는 경우 판례에 의함)

① 협의취득 후 인정되는 환매권도 헌법상 재산권으로 보아야 한다.
② 환매권의 발생기간을 토지의 협의취득일 또는 수용의 개시일부터 10년 이내로 제한하고 있는 '공익사업을 위한 토지 등의 취득 및 보상에 관한 법률' 제91조 제1항은 재산권을 침해한다.
③ 영업상 주요자산에 해당하는 정보를 유출하는 행위를 업무상 배임으로 처벌하는 형법 조항은 주관적 사유에 의한 직업선택의 자유를 제한한다.
④ 세무사 자격 보유 변호사로 하여금 세무사로서 세무사의 업무를 할 수 없도록 규정한 세무사법 조항은 직업선택의 자유를 제한한다.

문 19. 공용수용에 관한 설명으로 가장 적절하지 않은 것은? (다툼이 있는 경우 판례에 의함)

① 공공의 이익에 도움이 되는 사업이라도 공익사업으로 실정법에 열거되어 있지 않은 사업은 공용수용이 허용될 수 없다.
② 헌법 제23조 제3항은 재산의 수용과 관련하여 당해 수용이 공공필요에 부합하는지, 정당한 보상이 지급되고 있는지 여부 등에 관하여 정하고 있을 뿐, 그 수용의 주체를 한정하고 있으므로 수용에 공공필요성이 인정되고 정당한 보상이 지급된다고 하더라도 주택재개발조합이 수용권한을 가지는 것은 헌법 제23조 제3항에 위배된다.
③ 공익성의 정도를 판단함에 있어서 공익사업이 대중을 상대로 하는 영업인 경우에는 그 사업 시설에 대한 대중의 이용·접근가능성도 아울러 고려하여야 한다.
④ 법이 공용수용할 수 있는 공익사업을 열거하고 있더라도 이는 공공성 유무를 판단하는 일응의 기준을 제시한 것에 불과하므로, 사업인정의 단계에서 개별적·구체적으로 공공성에 관한 심사를 하여야 한다.

문 20. 재산권과 직업의 자유에 관한 설명으로 가장 적절한 것은? (다툼이 있는 경우 판례에 의함)

① 축산계열화사업자는 심판대상조항에 따라 계약사육농가와의 정산을 통해 경제적 손실을 만회할 수 있고, 수급권 양도와 같은 방식으로 정산불능 위험에 대응할 수 있다. 따라서 살처분된 가축의 소유자가 축산계열화사업자인 경우에는 계약사육농가의 수급권 보호를 위하여 보상금을 계약사육농가에 지급한다고 규정한 '가축전염병 예방법'은 축산계열화사업자의 재산권을 침해하지 않으며, 헌법에 위반되지 않는다.
② 유류분 상실사유를 별도로 규정하지 아니한 민법 제1112조 제1호부터 제3호는 기본권 제한입법의 한계를 벗어나 헌법에 위반된다.
③ 형제자매의 유류분을 규정한 민법 제1112조 제4호는 재산권을 침해하여 헌법에 위반된다고 할 수 없다.
④ 국민권익위원회 심사보호국 소속 5급 이하 7급 이상의 일반직 공무원으로 하여금 퇴직일부터 3년간 취업심사대상기관에 취업할 수 없도록 한 공직자윤리법은 과잉금지원칙에 위배되어 청구인의 직업선택의 자유를 침해한다.

8회 쟁점별 모의고사
(직업선택의 자유 ~ 현행헌법의 선거제도)

소요시간: _____ / 15분   맞힌 답의 개수: _____ / 20

문 1. 직업의 자유에 관한 설명으로 옳고 그름의 표시(○, ×)가 바르게 된 것은? (다툼이 있는 경우 판례에 의함)

> ㄱ. 허가받은 지역 밖에서의 이송업의 영업을 금지하고 처벌하는 '응급의료에 관한 법률'은 과잉금지원칙을 위반하여 직업수행의 자유를 침해한다고 볼 수 없다.
> ㄴ. 변호사의 자격이 있는 자에게 더 이상 세무사 자격을 부여하지 않는 구 세무사법은 신뢰보호원칙에 반하여 직업선택의 자유를 침해한다.
> ㄷ. 세무사 자격 보유 변호사로 하여금 세무사로서 세무사의 업무를 할 수 없도록 규정한 세무사법 제20조 제1항 본문 중 변호사에 관한 부분은 세무사 자격 보유 변호사의 직업선택의 자유를 침해한다.
> ㄹ. 유사군복의 판매목적 소지를 금지하는 '군복 및 군용장구의 단속에 관한 법률'은 과잉금지원칙을 위반하여 직업의 자유 내지 일반적 행동의 자유를 침해한다.
> ㅁ. 의료인은 어떠한 명목으로도 둘 이상의 의료기관을 운영할 수 없다고 규정한 의료법은 과잉금지원칙에 반한다.

① ㄱ(○), ㄴ(○), ㄷ(×), ㄹ(○), ㅁ(○)
② ㄱ(○), ㄴ(×), ㄷ(○), ㄹ(×), ㅁ(×)
③ ㄱ(×), ㄴ(○), ㄷ(○), ㄹ(○), ㅁ(×)
④ ㄱ(×), ㄴ(×), ㄷ(○), ㄹ(×), ㅁ(○)

문 2. 직업의 자유에 관한 설명으로 가장 적절하지 <u>않은</u> 것은? (다툼이 있는 경우 판례에 의함)

① 법무법인에 대하여 변호사법 제38조 제2항(변호사 겸직허가)을 준용하지 않고 있어 변호사업무 외의 업무를 수행할 수 없도록 한 변호사법은 법무법인의 영업의 자유를 침해한다.
② 교육부장관의 '2019학년도 대학 보건·의료계열 학생정원 조정계획' 중 2019학년도 여자대학 약학대학의 정원을 동결한 부분은 약학대 편입을 준비하고 있는 남성의 직업선택의 자유를 침해한다고 할 수 없다.
③ 외국인에게 입국의 자유가 인정되지 아니하는 이상 직업선택의 자유 침해 주장에 대하여는 별도로 판단하지 아니한다.
④ 변호사시험 합격자에 대하여 그 성적을 공개하지 않도록 규정하고 있는 변호사시험법 조항은 직업선택의 자유를 제한하고 있다고 볼 수 없다.

문 3. 직업의 자유에 관한 설명으로 가장 적절하지 않은 것은? (다툼이 있는 경우 판례에 의함)

① 헌법 제15조가 보장하는 직장선택의 자유는 개인이 선택한 직업분야에서 구체적인 취업기회를 가질 권리뿐 아니라 원하는 직장을 제공하여 줄 것을 청구할 권리를 보장한다.
② 폐기물처리업자로 하여금 환경부령으로 정하는 바에 따라 폐기물을 허가받은 사업장 내 보관시설이나 승인받은 임시보관시설 등 적정한 장소에 보관하도록 하고, 이를 위반할 경우 형사처벌하도록 한 폐기물관리법은 과잉금지원칙에 위반되어 폐기물처리업자의 직업의 자유를 침해한다고 할 수 없다.
③ 위생안전기준 적합 여부에 대하여 수도법상 인증을 받은, 물에 접촉하는 수도용 제품이 수도법상 정기검사 기준에 적합하지 아니한 경우 환경부장관이 그 인증을 필요적으로 취소하도록 하는 수도법은 과잉금지원칙에 위반되어 수도용 제품 제조업자의 직업수행의 자유를 침해한다고 할 수 없다.
④ 어린이집 원장 또는 보육교사가 아동학대관련범죄로 처벌을 받은 경우 행정청이 재량으로 그 자격을 취소할 수 있도록 정한 영유아보육법 제48조 제1항 제3호 중 '아동복지법 제17조 제5호를 위반하여 아동복지법 제71조 제1항 제2호에 따라 처벌받은 경우'에 관한 부분은 직업선택의 자유를 침해한다고 할 수 없다.

문 4. 직업의 자유에 관한 설명으로 옳은 것을 모두 고른 것은? (다툼이 있는 경우 판례에 의함)

ㄱ. 경비업자가 시설경비업무 또는 신변보호업무 중 집단민원현장에 일반경비원을 배치하는 경우 경비원을 배치하기 48시간 전까지 배치허가를 신청하고 허가를 받도록 정한 경비업법 제18조 제2항은 과잉금지원칙을 위반하여 경비업자의 직업수행의 자유를 침해하지 않는다.
ㄴ. 경비업자에게 비경비업무의 수행이 금지되거나 그 업무의 허가가 취소됨에 따라 영업의 기회가 박탈되었다고 하더라도, 이는 재산권 보장의 대상이 아니다.
ㄷ. 시설경비업을 허가받은 경비업자로 하여금 허가받은 경비업무 외의 업무에 경비원을 종사하게 하는 것을 금지하고, 이를 위반한 경비업자에 대한 허가를 취소하도록 정하고 있는 경비업법 제7조 제5항은 과잉금지원칙에 반하여 시설경비업을 수행하는 경비업자의 직업의 자유를 침해하지 아니한다.
ㄹ. 집단급식소에 근무하는 영양사의 직무를 규정한 조항을 위반한 자를 처벌하는 식품위생법 제96조는 직무를 수행하지 아니한 행위 일체를 처벌대상으로 하는 것이 아니라 집단급식소의 위생과 안전을 침해할 위험이 있는 행위로 한정하여 처벌대상으로 하고 있으므로 처벌조항은 과잉금지원칙에 위반되지 않는다.
ㅁ. 방송문화진흥회가 최다출자자인 방송사업자의 경우 한국방송광고공사의 후신인 한국방송광고진흥공사가 위탁하는 방송광고에 한하여 방송광고를 할 수 있도록 한 '방송광고판매대행 등에 관한 법률'은 과잉금지원칙에 위반되지 않는다.

① ㄱ, ㄴ, ㅁ
② ㄱ, ㄷ, ㅁ
③ ㄴ, ㄷ, ㄹ
④ ㄷ, ㄹ, ㅁ

문 5. '학원의 설립·운영 및 과외교습에 관한 법률'(이하 '학원법'이라 한다)에 따라 체육시설을 운영하는 자로서 어린이통학버스에 보호자를 동승하도록 강제하는 도로교통법은 2015.1.29 시행되었고 부칙에서는 2년간 유예기간을 두고 있어 기존 운행자 A는 2017.1.29부터 법의 적용을 받게 되었다. A의 헌법소원청구에 관한 설명으로 옳지 않은 것을 모두 고른 것은? (다툼이 있는 경우 판례에 의함)

> ㄱ. 학원법에 따라 체육시설을 운영하는 자로서 어린이통학버스에 보호자를 동승하도록 강제하는 도로교통법으로 새로이 동승보호자를 고용함으로 인하여 추가적인 비용 지출이 발생하므로 이 사건 보호자동승조항 시행으로 청구인의 재산권이 제한된다.
> ㄴ. 직업수행의 자유에 대한 제한의 경우 인격발현에 대한 침해의 효과가 일반적으로 직업선택 그 자체에 대한 제한에 비하여 작기 때문에, 그에 대한 제한은 보다 폭넓게 허용되므로 직업수행의 자유 제한에는 헌법 제37조 제2항의 과잉금지원칙이 적용되지 않는다.
> ㄷ. 이 사건 보호자동승조항은 A의 직업수행의 자유를 제한한다.
> ㄹ. 이 사건 보호자동승조항이 과잉금지원칙에 반하여 청구인의 직업수행의 자유를 침해한다고 볼 수 없다.

① ㄱ
② ㄱ, ㄴ
③ ㄷ, ㄹ
④ ㄱ, ㄴ, ㄷ

문 6. 직업의 자유에 관한 설명으로 옳고 그름의 표시(○, ×)가 바르게 된 것은? (다툼이 있는 경우 판례에 의함)

> ㄱ. 허가받은 지역 밖에서의 이송업의 영업을 금지하고 처벌하는 '응급의료에 관한 법률'은 과잉금지원칙을 위반하여 직업수행의 자유를 침해한다고 볼 수 없다.
> ㄴ. 변호사의 자격이 있는 자에게 더 이상 세무사 자격을 부여하지 않는 구 세무사법은 신뢰보호원칙에 반하여 직업선택의 자유를 침해한다.
> ㄷ. 세무사 자격 보유 변호사로 하여금 세무사로서 세무사의 업무를 할 수 없도록 규정한 세무사법 제20조 제1항 본문 중 변호사에 관한 부분은 세무사 자격 보유 변호사의 직업선택의 자유를 침해한다.
> ㄹ. 유사군복의 판매목적 소지를 금지하는 '군복 및 군용장구의 단속에 관한 법률'은 과잉금지원칙을 위반하여 직업의 자유 내지 일반적 행동의 자유를 침해한다.
> ㅁ. 의료인은 어떠한 명목으로도 둘 이상의 의료기관을 운영할 수 없다고 규정한 의료법은 과잉금지원칙에 반한다.

① ㄱ(○), ㄴ(○), ㄷ(×), ㄹ(○), ㅁ(○)
② ㄱ(○), ㄴ(×), ㄷ(○), ㄹ(×), ㅁ(×)
③ ㄱ(×), ㄴ(○), ㄷ(○), ㄹ(○), ㅁ(×)
④ ㄱ(×), ㄴ(×), ㄷ(○), ㄹ(×), ㅁ(○)

문 7. 직업의 자유에 관한 설명으로 가장 적절한 것은? (다툼이 있는 경우 판례에 의함)

① 금고 이상의 실형을 선고받고 그 집행이 종료된 날부터 3년이 경과되지 않은 경우 중개사무소 개설등록을 취소하도록 하는 공인중개사법은 과잉금지원칙에 반하여 직업선택의 자유를 침해한다.
② '독점규제 및 공정거래에 관한 법률' 위반행위에 대한 시정조치 및 과징금 부과처분의 시한을 '공정거래위원회가 조사를 개시한 때는 조사개시일부터 5년, 조사를 개시하지 않은 때에는 법 위반행위 종료일부터 7년'으로 정한 '독점규제 및 공정거래에 관한 법률'은 입법자의 입법재량의 한계를 일탈하여 재산권 및 직업의 자유를 침해한다.
③ 유사군복의 판매목적 소지를 금지하는 '군복 및 군용장구의 단속에 관한 법률'은 과잉금지원칙을 위반하여 직업의 자유 내지 일반적 행동의 자유를 침해한다.
④ 연락운송 운임수입의 배분에 관한 협의가 성립하지 아니한 때에는 당사자의 신청을 받아 국토교통부장관이 결정하도록 한 도시철도법 제34조는 직업수행의 자유를 침해한다고 볼 수 없다.

문 8. 직업의 자유에 관한 설명으로 가장 적절하지 않은 것은? (다툼이 있는 경우 판례에 의함)

① 업무상 재해로 휴업하여 당해 연도에 출근의무가 없는 근로자에게도 유급휴가를 주도록 되어 있는 구 근로기준법은 사용자의 재산권을 제한한다고 할 수 없다.
② 공중보건의사에 편입되어 공중보건의사로 복무하는 것은 직업선택의 자유의 보호대상이 되는 '직업' 개념에 포함된다고 할 수 없다.
③ '약사 또는 한약사가 아닌 자연인'의 약국 개설을 금지하고 위반시 형사처벌하는 약사법 제20조 제1항은 과잉금지원칙에 반하여 직업의 자유를 침해한다고 할 수 없다.
④ 성인대상 성범죄로 형을 선고받아 확정된 자로 하여금 그 형의 집행을 종료한 날부터 10년 동안 의료기관을 개설하거나 의료기관에 취업할 수 없도록 한 '아동·청소년의 성보호에 관한 법률' 제44조 제1항은 이른바 '객관적 요건에 의한 좁은 의미의 직업선택의 자유'에 대한 제한에 해당한다.

문 9. 직업의 자유에 관한 설명으로 가장 적절하지 않은 것은? (다툼이 있는 경우 판례에 의함)

① 소송사건의 대리인인 변호사가 수형자를 접견하고자 하는 경우 소송계속사실을 소명할 수 있는 자료를 제출하도록 규정하고 있는 '형의 집행 및 수용자의 처우에 관한 법률 시행규칙'은 직업수행의 자유를 제한하나 접견의 상대방인 수형자의 재판청구권이 제한되는 효과도 함께 고려되어야 하므로, 그 심사의 강도는 일반적인 경우보다 엄격하게 해야 할 것이다.
② 변호사의 자격이 있는 자에게 더 이상 세무사 자격을 부여하지 않는 구 세무사법은 직업선택의 자유를 침해한다고 볼 수 없다.
③ 법무부장관이 2020.11.23.에 한 '코로나19 관련 제10회 변호사시험 응시자 유의사항 등 알림' 중 코로나바이러스감염증-19확진자의 시험 응시를 금지한 부분은 청구인들의 직업선택의 자유를 침해한다.
④ 민사재판, 행정재판, 헌법재판 등에서 소송사건의 대리인이 되려고 하는 변호사는 아직 소송대리인으로 선임되기 전이라는 이유로 접촉차단시설이 설치된 장소에서 일반접견의 형태로 수용자를 접견하도록 한 '형의 집행 및 수용자의 처우에 관한 법률 시행령'은 변호사인 청구인의 직업수행의 자유를 침해한다.

문 10. 직업의 자유에 관한 설명으로 가장 적절한 것은? (다툼이 있는 경우 판례에 의함)

① 보호자의 CCTV 영상정보 열람 요청에 어린이집 원장이 원칙적으로 응하도록 함으로써 직업수행의 자유가 제한을 받는다.
② 공동주택 동별 대표자의 중임제한규정으로 직업선택의 자유가 제한을 받는다.
③ 신용협동조합 비상임 이사장의 직은 직업의 자유의 보호대상이 되는 직업에 해당하지 않으므로 신용협동조합 임원의 면직사유에 관한 조항은 청구인의 직업선택의 자유를 제한한다고 할 수 없다.
④ 악취와 관련된 민원이 1년 이상 지속되고, 악취가 배출허용기준을 초과하는 지역을 악취관리지역 지정 요건으로 정한 구 악취방지법은 과잉금지원칙에 위반되어 악취관리지역 내 악취배출시설 운영자의 직업수행의 자유를 침해한다.

문 11. 직업의 자유에 관한 설명으로 가장 적절하지 않은 것은? (다툼이 있는 경우 판례에 의함)

① 시설경비업을 허가받은 경비업자로 하여금 허가받은 경비업무 외의 업무에 경비원을 종사하게 하는 것을 금지하고, 이를 위반한 경비업자에 대한 허가를 취소하도록 정하고 있는 경비업법은 직업의 자유를 침해하지 않는다.
② 교육환경보호구역 중 절대보호구역으로 설정·고시할 지역에 관하여 규정한 '교육환경 보호에 관한 법률' 제8조 제1항 제1호 중 '학교출입문으로부터 직선거리로 50미터까지인 지역' 부분과 '이 사건 금지조항'은 과잉금지원칙을 위반하여 교육환경보호구역 내에서 휴양콘도미니엄을 신축하여 영업하려는 자의 직업수행의 자유 및 재산권을 침해하지 아니한다.
③ 집단급식소에 근무하는 영양사의 직무를 규정한 조항인 식품위생법 제52조 제2항을 위반한 자를 처벌하는 식품위생법 제96조는 헌법에 위반된다.
④ 폐기물처리업자로 하여금 환경부령으로 정하는 바에 따라 폐기물을 허가받은 사업장 내 보관시설이나 승인받은 임시보관시설 등 적정한 장소에 보관하도록 하고, 이를 위반할 경우 형사처벌하도록 한 폐기물관리법은 과잉금지원칙에 위반되어 폐기물처리업자의 직업의 자유를 침해한다고 할 수 없다.

문 12. 국민투표권에 관한 설명으로 옳지 않은 것을 모두 고른 것은?

ㄱ. 대통령이 어떤 사항을 국민투표에 회부하기 위해서는 국무회의의 심의를 거쳐야 한다.
ㄴ. 국민투표에 관한 사무는 선거와 마찬가지로 선거관리위원회가 관할한다.
ㄷ. 대통령은 필요하다고 인정할 때에는 외교·국방·통일 기타 국가안위에 관한 중요정책을 국민투표에 부쳐야 한다.
ㄹ. 대통령은 필요하다고 인정할 때에는 외교·국방·통일 기타 국가안위에 관한 중요정책·신임을 국민투표에 부칠 수 있다.
ㅁ. 대통령은 헌법 제72조상의 국민투표부의권을 행사하여 헌법을 개정할 수 있다.

① ㄱ, ㄴ
② ㄴ, ㄷ, ㄹ
③ ㄷ, ㄹ, ㅁ
④ ㄱ, ㄴ, ㄷ, ㅁ

문 13. 선거제도 및 선거권에 관한 설명으로 옳고 그름의 표시(○, ×)가 바르게 된 것은? (다툼이 있는 경우 판례에 의함)

> ㄱ. 신체의 장애로 인하여 자신이 기표할 수 없는 선거인에 대해 투표보조인이 가족이 아닌 경우 반드시 투표보조인 2인을 동반하여서만 투표를 보조하게 할 수 있도록 정한 공직선거법 조항은 비밀선거의 원칙에 대한 예외를 정하고 있지만, 형사처벌을 통해 투표보조인이 선거인의 투표의 비밀을 침해하는 것을 방지하여 투표의 비밀이 유지되도록 하고 있으므로 선거권을 침해하지 않는다.
> ㄴ. 선거운동기간 전에 개별적으로 대면하여 말로 하는 선거운동을 형사처벌하도록 한 구 공직선거법 조항은 정치적 표현의 자유를 침해한다.
> ㄷ. 평등선거원칙은 국회의원 선거에서 사표를 줄이기 위해 소선거구 다수대표제를 배제하고 다른 선거제도를 채택할 것까지 요구한다.
> ㄹ. 지역구국회의원 선거에서 구·시·군선거방송토론위원회가 개최하는 대담·토론회의 초청자격을 제한하고 있는 공직선거법 제82조의2 제4항 제3호 중 '지역구국회의원 선거'에 관한 부분은 공무담임권을 제한한다.

① ㄱ(○), ㄴ(○), ㄷ(×), ㄹ(○)
② ㄱ(○), ㄴ(○), ㄷ(×), ㄹ(×)
③ ㄱ(○), ㄴ(×), ㄷ(○), ㄹ(×)
④ ㄱ(×), ㄴ(○), ㄷ(○), ㄹ(×)

문 14. 선거제도 및 선거권에 관한 설명으로 옳고 그름의 표시(○, ×)가 바르게 된 것은? (다툼이 있는 경우 판례에 의함)

> ㄱ. 헌법은 국회의원 선거와 대통령 선거에서 비밀선거 원칙을 명시적으로 규정하고 있다.
> ㄴ. 선거운동기간을 제한하는 것 자체가 정치적 표현의 자유를 과도하게 제한한다고 보기 어렵다.
> ㄷ. 지역구국회의원 선거에 있어서 당해 국회의원지역구에서 유효투표의 다수를 얻은 자를 당선인으로 결정하는 소선거구 다수대표제를 규정한 공직선거법 조항은 다른 선거제도를 배제하는 것으로서 평등권과 선거권을 침해한다.
> ㄹ. 지방자치단체장 선거에서 각급 선거방송토론위원회가 필수적으로 개최하는 대담·토론회에 대한 참석 기회는 모든 후보자에게 공평하게 주어져야 하므로 그 초청 자격을 제한하고 있는 공직선거법 조항은 후보자들의 선거운동의 기회균등원칙과 관련한 평등권을 침해한다.

① ㄱ(○), ㄴ(○), ㄷ(×), ㄹ(○)
② ㄱ(○), ㄴ(○), ㄷ(×), ㄹ(×)
③ ㄱ(○), ㄴ(×), ㄷ(○), ㄹ(×)
④ ㄱ(×), ㄴ(○), ㄷ(○), ㄹ(×)

문 15. 선거제도 관련 우리나라 헌법조문과 일치하는 것은?

① 국회는 국민의 보통, 평등, 직접, 비밀, 자유선거에 의하여 구성된 국회의원으로 구성된다.
② 대통령 임기가 만료될 때에는 임기만료 70일 내지 40일 전에 후임자를 선거한다.
③ 대통령이 궐위된 때 또는 대통령 당선자가 사망하거나 판결 기타의 사유로 그 자격을 상실한 때에는 70일 내에 후임자를 선거한다.
④ 대통령 선거에서 최고득표자가 2인 이상인 때는 국회 재적의원 과반수가 출석한 공개회의에서 출석 과반수의 표를 얻은 자를 당선자로 한다.

문 16. 선거권에 관한 설명으로 가장 적절한 것은? (다툼이 있는 경우 판례에 의함)

① 수형자에 대한 선거권 제한은 목적은 정당하고, 방법도 적정하나, 침해최소성원칙에 위반된다 하여 헌법재판소는 위헌결정을 하였다.
② 선거권 박탈은 범죄자에 대해 가해지는 형사적 제재의 연장으로서 범죄에 대한 응보적 기능도 갖는다.
③ 헌법 제24조는 "모든 국민은 법률이 정하는 바에 의하여 선거권을 가진다."라고 규정함으로써 법률유보의 형식을 취하고 있는데, 이는 국민의 선거권이 '법률이 정하는 바에 따라서만' 인정될 수 있다는 포괄적인 입법권의 유보하에 있음을 의미하는 것이다.
④ 금치산선고를 받은 자와 한정치산선고를 받은 자는 선거권이 없다.

문 17. 선거권과 선거제도에 관한 설명으로 가장 적절하지 않은 것은? (다툼이 있는 경우 판례에 의함)

① 재외투표기간 개시일 이후 귀국한 재외선거인에 대해 국내에서 선거일에 투표할 수 있도록 하는 절차를 마련하지 아니한 공직선거법 제218조의16은 청구인의 선거권을 침해한다.
② 선거운동기간 전에 개별적으로 대면하여 말로 하는 선거운동을 금지한 구 공직선거법 제59조 부분은 과잉금지원칙에 반하여 선거운동 등 정치적 표현의 자유를 침해하지 않는다.
③ 일정 기간 동안 선거에 영향을 미치게 하기 위한 벽보 게시, 인쇄물 배부·게시를 금지하는 공직선거법 제93조 제1항 본문 중 '인쇄물 살포'에 관한 부분은 정치적 표현의 자유를 침해한다.
④ 한국철도공사의 상근직원에 대하여 선거운동을 금지하고 이를 위반한 경우 처벌하도록 규정한 공직선거법 제60조 제1항 제5호는 선거운동의 자유를 침해한다.

문 18. 선거권과 선거제도에 관한 설명으로 가장 적절하지 않은 것은? (다툼이 있는 경우 판례에 의함)

① 지방공사 상근직원의 선거운동을 금지하고, 이를 위반한 자를 처벌하는 구 공직선거법은 선거운동의 자유를 침해한다.
② 일정 기간 선거에 영향을 미치게 하기 위한 광고, 문서·도화의 첩부·게시를 금지하는 공직선거법 제93조 제1항 본문 중 '광고, 문서·도화 첩부·게시'에 관한 부분 및 이에 위반한 경우 처벌하는 공직선거법 제255조 제2항 제5호 중 '제93조 제1항 본문의 광고, 문서·도화 첩부·게시'에 관한 부분은 정치적 표현의 자유를 침해한다.
③ 서울교통공사의 상근직원이 당원이 아닌 자에게도 투표권을 부여하는 당내경선에서 경선운동을 할 수 없도록 하고 위반행위를 처벌하는 공직선거법은 정치적 표현의 자유를 침해한다.
④ 정당이 당원과 당원이 아닌 자에게 투표권을 부여하여 실시하는 당내경선에서 허용되는 경선운동방법을 한정하고, 이를 위반하여 경선운동을 한 자를 처벌하는 공직선거법 제57조의3 제1항은 과잉금지원칙을 위반하여 경선후보자 등 당내경선운동을 하려는 사람의 정치적 표현의 자유를 침해한다.

문 19. 정당해산시 의원직 상실에 관한 설명으로 옳은 것은 모두 몇 개인가? (다툼이 있는 경우 판례에 의함)

ㄱ. 헌법재판소의 정당해산결정으로 해산되는 정당 소속 국회의원은 그 국회의원이 지역구에서 당선되었는지 비례대표로 당선되었는지 상관없이 의원직을 상실한다.
ㄴ. 헌법재판소의 위헌정당해산결정에 따라 정당이 해산된 경우에 해산정당 소속 의원의 의원직 상실 여부에 대하여 견해가 나뉘는데, 정당해산에 초점을 맞추고 국민대표의 자유위임칙에 따른다면 의원직을 상실하는 것이 마땅하다.
ㄷ. 헌법재판소의 결정으로 정당이 해산될 경우에 정당의 기속성이 강한 비례대표국회의원은 의원직을 상실하나, 국민이 직접 선출한 지역구국회의원은 의원직을 상실하지 않는다.
ㄹ. 위헌정당해산이 결정되면 위헌정당에 소속하고 있는 의원 중 비례대표국회의원은 당연히 그 직을 상실하지만, 지역구국회의원은 별도의 심사를 거쳐서 그 의원직을 상실한다.
ㅁ. 위헌정당의 해산을 명하는 비상상황에서는 국회의원의 국민 대표성은 부득이 희생될 수밖에 없으므로 해산결정된 정당 소속 국회의원의 의원직 상실은 위헌정당해산심판제도의 본질로부터 인정되는 효력이다.
ㅂ. 대의제 민주주의하에서 국회의원은 국민 전체를 대표하므로 위헌정당해산을 결정함에 있어서 헌법을 수호한다는 방어적 민주주의 관점에서 국회의원의 국민대표성을 희생시켜서는 안 된다.
ㅅ. 헌법재판소의 위헌정당해산결정이 있는 경우 국회의원은 국민의 대표이므로 그 정당 소속 국회의원은 정치활동을 보호받아야 한다.
ㅇ. 대한민국 헌정사에서 정당해산시 국회의원직 상실을 규정한 헌법규정은 있었다.
ㅈ. 헌법재판소의 결정으로 정당이 해산되는 경우에 정당해산결정의 실효성을 위해서 해산된 정당 소속의 국회의원과 지방의회의원은 당연히 그 자격을 상실한다.
ㅊ. 헌법재판소의 결정에 따라 해산된 정당의 목적을 달성하기 위한 집회 또는 시위는 금지된다.

① 1개　　② 2개
③ 3개　　④ 4개

문 20. 위헌정당해산에 관한 설명으로 옳지 않은 것을 모두 고른 것은? (다툼이 있는 경우 판례에 의함)

ㄱ. '의심스러울 때에는 자유를 우선시하는(in dubio pro libertate)' 근대입헌주의의 원칙은 정당해산심판제도에서는 적용되지 않는다.
ㄴ. 헌법 제8조 제4항의 민주적 기본질서 개념은 그 외연이 확장될수록 정당해산결정의 가능성은 확대되고 이와 동시에 정당활동의 자유는 축소되므로, 민주사회에서 정당의 자유가 지니는 중대한 함의나 정당해산심판제도의 남용가능성 등을 감안한다면 민주적 기본질서는 최대한 엄격하고 협소한 의미로 이해해야 한다.
ㄷ. 헌법 제8조 제4항에서 말하는 민주적 기본질서의 위배란, 정당의 목적이나 활동이 우리 사회의 민주적 기본질서에 대하여 실질적인 해악을 끼칠 수 있는 구체적 위험성을 초래하는 경우뿐만 아니라 민주적 기본질서에 대한 단순한 위반이나 저촉까지도 포함하는 넓은 개념이다.
ㄹ. 헌법 제8조 제4항의 민주적 기본질서 개념은 정당해산결정의 가능성과 긴밀히 결부되어 있다. 이 민주적 기본질서의 외연이 확장될수록 정당해산결정의 가능성은 축소되고, 이와 동시에 정당활동의 자유는 확대될 것이다. 따라서 민주적 기본질서를 현행헌법이 채택한 민주주의의 구체적 모습과 동일하게 보아서는 안 된다.
ㅁ. 헌법 제8조 제4항의 민주적 기본질서는 현행헌법이 채택한 민주주의의 구체적 모습과 동일하게 보아야 하는 것으로, 정당은 민주적 의사결정을 위해서 필요한 불가결한 요소들과 이를 운영하고 보호하는 데 필요한 모든 요소들을 갖추어야 한다.

① ㄱ, ㄴ
② ㄱ, ㄴ, ㄷ
③ ㄷ, ㄹ, ㅁ
④ ㄱ, ㄷ, ㄹ, ㅁ

9회 쟁점별 모의고사
(공무담임권 ~ 국가배상청구권)

소요시간: _____ / 15분   맞힌 답의 개수: _____ / 20

문 1. 공무담임권에 관한 설명으로 가장 적절하지 <u>않은</u> 것은? (다툼이 있는 경우 판례에 의함)

① 국회의원 당선무효조항에 의한 공무담임권 제한에 대하여는 그에 상응하는 비례의 원칙심사가 엄격하게 이루어져야 한다.
② 사립대학 교원이 국회의원으로 당선된 경우 임기개시일 전까지 그 직을 사직하도록 하는 것은 사립대학 교원의 직업선택의 자유를 제한하는 것이지 공무담임권을 제한하는 것은 아니다.
③ 교육의원후보자가 되려는 사람은 5년 이상의 교육경력 또는 교육행정경력을 갖추도록 규정하고 있는 제주특별자치도 설치 및 국제자유도시 조성을 위한 특별법은 공무담임권을 침해하는 것이라 볼 수 없다.
④ 검찰총장 퇴임 후 2년 이내에는 모든 공직에의 임명을 금지하는 것은 공무담임권을 침해하는 것이다.

문 2. 공무담임권에 관한 설명으로 가장 적절하지 <u>않은</u> 것은? (다툼이 있는 경우 판례에 의함)

① 교육공무원법 제10조의4 중 미성년자에 대하여 성범죄를 범하여 형을 선고받아 확정된 자와 성인에 대한 성폭력범죄를 범하여 벌금 100만 원 이상의 형을 선고받아 확정된 자는 초·중등교육법상의 교원에 임용될 수 없도록 한 부분은 과잉금지원칙에 반하여 청구인의 공무담임권을 침해한다고 할 수 없다.
② 방위사업청장이 행정5급 일반임기제공무원을 채용하는 경력경쟁채용시험공고를 하면서, 그 응시자격 요건으로 '변호사 자격 등록'을 요구한 부분은 변호사 자격을 가졌으나 변호사 자격 등록을 하지 아니한 청구인들의 공무담임권을 침해한다.
③ 총장후보자에 지원하려는 사람에게 접수시 1,000만 원의 기탁금을 납부하도록 하고, 지원서 접수시 기탁금 납입 영수증을 제출하도록 한 '전북대학교 총장임용후보자 선정에 관한 규정'은 청구인의 공무담임권을 침해한다.
④ 공무담임권은 공직취임의 기회 균등뿐만 아니라 취임한 뒤 승진할 때에도 균등한 기회 제공을 요구하므로 공무원으로 임용되기 전에 병역의무를 이행한 기간을 공무원 경력평정에 60퍼센트 반영하는 지방공무원임용령은 승진경쟁인원 증가에 따라 승진가능성이 낮아지는 사실상의 불이익 문제나 단순한 내부승진인사 문제와 달리 공무담임권의 제한에 해당한다.

문 3. 공무담임권 보호영역에 관한 설명으로 옳지 않은 것은 모두 몇 개인가? (다툼이 있는 경우 판례에 의함)

ㄱ. 국회의원 선거의 기탁금제도는 공무담임권의 제한 문제와 관련된다.
ㄴ. 지역구국회의원 선거구 구역표의 획정으로 인하여 공무담임권이 제한된다고 할 수 없다.
ㄷ. 공무원의 '금품수수'로 인한 징계의 시효를 다른 일반적 징계사유의 경우보다 길게 정하고 있다고 하더라도 공무담임권이 제한된다고 보기는 어렵다.
ㄹ. 연로회원지원금은 공무담임권에서 보호되므로 국회의원 재직기간이 1년 미만인 자를 연로회원지원금 지급대상에서 제외하고 있는 '대한민국헌정회 육성법' 조항은 공무담임권을 제한한다.
ㅁ. 승진임용과 평가의 기준이 변경된 경우에 승진임용의 대상자들인 교사들이 제도변경 전후의 평가기준을 승진임용심사에서 동등하게 취급하라고 요구할 권리를 가지므로 1997.12.31. 이전에 도서·벽지학교에 근무한 교원의 근무경력에 더 많은 가산점을 부여하는 것은 공무담임권을 제한한다.
ㅂ. 공무원으로 근무하다가 군복무한 자의 군복무기간은 승진최저연수에 포함시키면서 군복무 후 공무원이 된 자의 군복무기간은 승진최저연수에 포함하지 아니한 경우 승진가능성이 낮아지는 사실상 불이익의 문제가 아니므로 공무담임권의 제한에 해당한다.
ㅅ. 공무담임권이란 국가, 공공단체의 구성원으로서 그 직무를 담당할 수 있는 권리이므로 지역구국회의원 선거에서 시·군·구 선거방송토론위원회가 개최하는 대담·토론회의 초청자격을 제한함으로써, 비초청대상후보의 경우 국가기관의 공직에 취임할 수 있는 권리가 직접 제한된다.

① 1개 ② 2개
③ 3개 ④ 4개

문 4. 공무담임권에 관한 설명으로 가장 적절한 것은? (다툼이 있는 경우 판례에 의함)

① 공무원으로 임용되기 전에 병역의무를 이행한 기간을 공무원 경력평정에 60퍼센트 반영하는 지방공무원 임용령은 공무담임권을 침해한다.
② 공무원으로 임용되기 전에 병역의무를 이행한 기간을 승진소요 최저연수에 포함하는 규정을 두지 않은 지방공무원 임용령은 공무담임권을 침해한다.
③ 정당의 공직후보자 추천을 위한 당내경선 실시 여부를 정당이 재량으로 결정할 수 있도록 한 공직선거법 조항은 공무담임권을 침해할 가능성이 없다.
④ 공직선거법 위반죄로 100만 원 이상의 벌금형의 선고를 받은 때 국회의원 당선무효되도록 규정한 공직선거법 조항은 당선무효 여부를 법관의 자유재량으로 정해지는 벌금형의 선고금액에 의존하도록 규정하여 민주주의와 국민주권을 선언한 헌법 제1조와 사법권을 법원에 부여한 헌법 제101조 제1항에 비추어 볼 때 헌법원리에 반하는 방법에 의한 기본권 제한이라고 하지 않을 수 없을 뿐만 아니라, 객관적이거나 합리적인 근거가 전혀 없는 기준을 들어 기본권을 제한하는 것이므로, 위 조항은 방법의 적정성에 반하여 청구인의 참정권을 침해한다.

문 5. 공무담임권에 관한 설명으로 가장 적절하지 않은 것은? (다툼이 있는 경우 판례에 의함)

① 서울교통공사의 직원이라는 직위가 헌법 제25조가 보장하는 공무담임권의 보호영역인 '공무'의 범위에는 해당한다.
② 관세직 국가공무원의 선발예정인원을 정한 인사혁신처 공고조항은 청구인의 기본권을 침해할 가능성이 없다.
③ 경북대학교 총장임용후보자 선거의 후보자로 등록하려면 3,000만 원의 기탁금을 납부하고 후보자등록 신청시 기탁금납부영수증을 제출하도록 정한 '경북대학교 총장임용후보자 선정 규정' 제20조 제1항 및 제26조 제2항 제7호는 청구인의 공무담임권을 침해하지 않는다.
④ 교육부 및 그 소속 기관에서 근무하는 교육연구사 선발에 수석교사가 응시할 수 없도록 응시 자격을 제한한 교육부장관의 '2017년도 교육전문직 선발 계획 공고'는 과잉금지원칙에 위배되어 청구인들의 공무담임권을 침해한다고 할 수 없다.

문 6. 공무담임권에 관한 설명으로 가장 적절하지 <u>않은</u> 것은? (다툼이 있는 경우 판례에 의함)

① 공직자선발에 관하여 직무수행능력과 무관한 요소, 예컨대 성별·종교·사회적 신분·출신지역 등을 기준으로 삼는 것은 국민의 공직취임권을 침해하는 것이 된다. 다만, 헌법의 기본원리나 특정 조항에 비추어 능력주의원칙에 대한 예외를 인정할 수 있는 경우가 있다.

② 공무담임권의 제한의 경우는 그 직무가 가지는 공익실현이라는 특수성으로 인하여 그 직무의 본질에 반하지 아니하고 결과적으로 다른 기본권의 침해를 야기하지 아니하는 한 상대적으로 강한 합헌성이 추정될 것이므로, 주로 평등의 원칙이나 목적과 수단의 합리적인 연관성 여부가 심사대상이 될 것이며 법익형량에 있어서도 상대적으로 다소 완화된 심사를 하게 될 것이다.

③ 전년도에 비해 모집인원을 대폭 축소한 관세직 국가공무원의 선발예정인원을 정한 인사혁신처 공고조항은 청구인의 기본권을 침해할 가능성이 없다.

④ 아동·청소년이용음란물소지죄를 저지른 사람이 공무를 수행할 경우 공직 전반에 대한 국민의 신뢰를 유지하기 어렵다는 점을 고려하면, '아동·청소년의 성보호에 관한 법률' 제11조 제5항 가운데 '아동·청소년이용음란물임을 알면서 이를 소지한 죄로 형을 선고받아 그 형이 확정된 사람은 일반직 공무원이 될 수 없도록 한 국가공무원법 제33조 제6호의4 나목 및 지방공무원법 제31조 제6호의4는 청구인들의 공무담임권을 침해하지 않는다.

문 7. 공무원의 권리 및 의무에 관한 설명으로 가장 적절한 것은? (다툼이 있는 경우 판례에 의함)

① 지방소방공무원이 소속 지방자치단체를 상대로 초과근무수당의 지급을 구하는 소송을 제기하는 경우, 행정소송법상 당사자소송의 절차에 따라야 한다.

② 국가공무원법 조항 중 교육공무원인 초·중등 교원은 '그 밖의 정치단체'의 결성에 관여하거나 이에 가입할 수 없다고 한 부분은 '정치단체'의 범위가 지나치게 광범위하다거나 법관의 해석에 의하여 무한히 확대될 위험이 있다고 보기 어렵고 더욱이 국가공무원법 조항의 수범자는 일반국민이 아니라 교원이므로, 건전한 상식과 통상적인 법 감정을 가진 교원이라면 국가공무원 법조항 중 '정치단체'의 의미내용을 충분히 이해할 수 있다. 그러므로 위 조항은 명확성원칙에 위배되어 나머지 청구인들의 정치적 표현의 자유 및 결사의 자유를 침해한다고 볼 수 없다.

③ 군인과 달리 국가공무원의 지위에 있지 않은 군무원은 정치적 표현의 자유에 대해 엄격한 제한을 받아서는 안 되며, 군무원의 정치적 의견을 공표하는 행위도 엄격히 제한할 필요가 없다.

④ 국가공무원법에서 금지하고 있는 '공무 외의 일을 위한 집단행위'는 비단 '공익에 반하는 목적을 위한 행위로서 직무전념의무를 해태하는 등의 영향을 가져오는 집단적 행위'만을 말하는 것은 아니고, 국민 전체에 대한 봉사자인 공무원의 사명에 입각하여 볼 때 공무가 아닌 어떤 일을 위하여 공무원들이 하는 모든 집단행위를 의미한다.

문 8. 직업공무원제도에 관한 설명으로 가장 적절한 것은? (다툼이 있는 경우 판례에 의함)

① 국가공무원법상 공무원의 범위와 국가배상법상 공무원의 범위는 동일하다.
② 헌법 제7조 제2항으로부터 지방자치단체의 장을 위한 퇴직급여제도를 마련하여야 입법의무가 도출된다.
③ 직업공무원제도가 적용되는 공무원은 국가 또는 공공단체와 근로관계를 맺고 특별행정법관계 아래 공무를 담당하는 것을 직업으로 하는 협의의 공무원을 말하며 정치적 공무원이나 임시적 공무원은 포함되지 않는다.
④ 국가배상법 제2조 제1항 단서 중의 경찰공무원은 경찰공무원법상의 공무원을 의미하므로 전투경찰순경은 이에 해당하지 않는다는 것이 헌법재판소의 입장이다.

문 9. 공무원 신분보장에 관한 설명으로 옳은 것은 모두 몇 개인가? (다툼이 있는 경우 판례에 의함)

ㄱ. 국가공무원법 제66조 제1항이 '공무 외의 일을 위한 집단행위'라고 포괄적이고 광범위하게 규정하고 있다 하더라도, 이는 공무가 아닌 어떤 일을 위하여 공무원들이 하는 모든 집단행위를 의미하는 것이 아니라, '공익에 반하는 목적을 위한 행위로서 직무전념의무를 해태하는 등의 영향을 가져오는 집단적 행위'라고 해석된다.
ㄴ. 공무원 임용 당시에는 연령정년에 관한 규정만 있었는데 사후에 계급정년제도를 신설하여 정년이 단축되도록 하는 것은 정년규정을 변경하는 입법이 구법질서에 대하여 기대했던 당사자의 신뢰보호 내지 신분관계의 안정이라는 이익을 지나치게 침해하지 않는 한 공무원의 신분보장에 반하지 않는다.
ㄷ. 대법원 판례에 의하면 공무원의 사퇴는 사퇴의 의사표시를 한 때 발생하는 것이 아니라, 임명권자가 면직의 의사표시를 한 때 발생한다.
ㄹ. 검찰총장 퇴직 후 2년 이내 정당활동금지는 직업의 자유, 결사의 자유와 참정권을 침해한다고 할 수 없다.
ㅁ. 경찰청장 퇴직 후 2년 내 정당활동금지는 공무담임권을 침해한다고 할 수 없다.

① 1개 ② 2개
③ 3개 ④ 4개

문 10. 청원권에 관한 설명으로 가장 적절한 것은? (다툼이 있는 경우 판례에 의함)

① 지방의회에 청원을 하려는 자는 반드시 지방의회의원의 소개를 받아 청원서를 제출하여야 한다.
② 피해구제를 위해 청원하려는 자는 피해를 안 날로부터 90일 이내에 주관 관서에 청원하여야 한다.
③ 청원은 법률상 이익을 가지는 자가 제기할 수 있으므로 자신의 권리가 아닌 제3자의 피해구제를 위해서 청원하는 것은 허용되지 않는다.
④ 헌법 제26조 제1항의 규정에 의한 청원권은 국민이 국가기관에 대하여 어떤 사항에 관한 의견이나 희망을 진술할 권리로서 단순히 그 사항에 대한 국가기관의 선처를 촉구하는 데 불과한 것이므로 국가는 청원결과를 통지할 의무를 지는 것은 아니다.

문 11. 청구권에 관한 설명으로 가장 적절하지 않은 것은? (다툼이 있는 경우 판례에 의함)

① 국회에 청원하는 방법으로 국회의원의 소개를 받도록 정한 구 국회법 제123조 제1항 중 '의원의 소개를 얻어' 부분과 국회법 제123조 제1항 중 '의원의 소개를 받거나' 부분은 청원권을 침해한다고 할 수 없다.
② 법관에 의한 재판을 받을 권리를 보장한다고 함은 결국 법관이 사실을 확정하고 법률을 해석·적용하는 재판을 받을 권리를 보장한다는 뜻이고, 그와 같은 법관에 의한 사실 확정과 법률의 해석적용의 기회에 접근하기 어렵도록 제약이나 장벽을 쌓는 것은 허용되지 않는다.
③ 대법원은 특허청의 사실확정을 토대로 재판을 할 수밖에 없어, 특허심판위원회의 결정에 대해 대법원에 상고하도록 한 특허법 제186조는 법관에 의하여 사실확정을 받을 권리를 보장하는 재판청구권을 침해한다.
④ 대한변호사협회징계위원회에서 징계를 받은 변호사가 법무부 변호사징계위원회에서의 이의절차를 밟은 후 대법원에 즉시항고하도록 하였다면, 이를 가지고 재판을 받을 권리를 침해한 것이라 할 수 없다.

문 12. 재판을 받을 권리에 관한 설명으로 가장 적절한 것은? (다툼이 있는 경우 판례에 의함)

① "제주특별자치도통합영향평가심의위원회 심의위원 중 위촉위원이 포함되는 것으로 해석하는 한 헌법에 위반된다."라는 한정위헌결정에도 불구하고 재심청구를 기각한 대법원 결정은 재판청구권을 침해한다.
② '피고인 등'에 대하여 차폐시설을 설치하고 증인을 신문할 수 있도록 한 부분은 청구인의 공정한 재판을 받을 권리 및 변호인의 조력을 받을 권리를 침해한다.
③ 공공단체인 한국과학기술원의 총장이 교원소청심사위원회의 결정에 대하여 행정소송법으로 정하는 바에 따라 소송을 제기할 수 없도록 하는 구 '교원의 지위 향상 및 교육활동 보호를 위한 특별법' 제10조 제3항 중 '교원, 사립학교법 제2조에 따른 학교법인 또는 사립학교 경영자 등 당사자'에 관한 부분은 교원소청심사결정에 대하여 행정소송을 제기함으로써 법관에 의한 재판을 받을 권리를 합리적 이유 없이 부인하고 있으므로 공공단체인 한국과학기술원의 총장의 재판청구권을 침해한다.
④ 교원징계재심위원회의 재심결정에 대하여 교원에게만 행정소송을 제기할 수 있도록 하고 학교법인에게는 이를 금지한 '교원지위향상을 위한 특별법'은 학교법인의 재판청구권을 침해한다고 할 수 없다.

문 13. 군인 등에 대한 보상 외 배상금지를 규정한 국가배상법 제2조 제1항 단서에 관한 설명으로 옳지 않은 것은 모두 몇 개인가? (다툼이 있는 경우 판례에 의함)

ㄱ. 전투·훈련 또는 이에 준하는 직무집행가 아닌 '일반직무집행'에 관하여도 국가나 지방자치단체의 배상책임을 제한하는 것이 아니므로 경찰공무원이 낙석사고 현장으로 이동하던 중 낙석이 순찰차를 덮쳐 사망한 경우, 도로를 관리하는 지방자치단체는 국가배상법 제2조 제1항 단서에 따라 면책되지 아니한다.
ㄴ. 대법원은 전투경찰순경은 헌법 제29조 제2항 및 국가배상법 제2조 제1항 단서 등의 경찰공무원에 해당한다고 보아야 하지만, 현역병으로 입영하여 소정의 군사교육을 마치고 경비교도로 임용된 자는 군인의 신분을 상실하고 군인과는 다른 경비교도로서의 신분을 취득하게 되어 국가배상청구권을 행사할 수 있다고 판시하였다.
ㄷ. 헌법재판소에 따르면 군인·군무원·경찰공무원 또는 향토예비군대원이 전투·훈련 등 직무집행과 관련하여 전·순직하거나 공상을 입은 경우에 본인이나 그 유족이 다른 법령에 따라 재해보상금·유족연금·상이연금 등의 보상을 지급받을 수 있을 때에는 이 법 및 민법에 따른 손해배상을 청구할 수 없도록 한 국가배상법 제2조 제1항 단서는 헌법 제29조 제2항에 직접 근거하고, 실질적으로 그 내용을 같이하는 것이므로 헌법에 위반되지 아니한다.
ㄹ. 헌법은 이중배상청구가 금지될 수 있는 자를 법률로 정할 수 있도록 하였고, 국가배상법은 향토예비군대원을 규정하고 있는데, 향토예비군대원은 전역 당시의 계급과 복무기간에 따른 보상금만을 지급하고 있어, 사고 발생 당시의 보수액을 기준으로 산정하는 군인·군무원·경찰공무원에 비해 형평에 반하므로 위헌이다.
ㅁ. 군인이 직무집행과 관련하여 공상을 입었더라도 군인연금법 또는 '국가유공자 등 예우 및 지원에 관한 법률'에 의하여 재해보상금, 상이연금 등 별도의 보상을 받을 수 없는 경우에도 국가배상법 제2조 제1항 단서의 적용대상에서 제외되어 배상을 청구할 수 있다.
ㅂ. 숙직실 연탄가스 중독으로 사망한 경우 공무원연금법상 순직연금을 받는 경우라도 국가배상을 청구할 수 있다.
ㅅ. 훈련 후 경찰서 복귀과정에서 사고 전투경찰대원이 국민학교 교정에서 다중범죄 진압훈련을 일단 마치고 점심을 먹기 위하여 근무하던 파출소를 향하여 걸어가다가 경찰서 소속 대형버스에 충격되어 사망하였고 보상을 받았더라도 배상을 청구할 수 있다.

① 1개   ② 2개
③ 3개   ④ 4개

문 14. '국민의 형사재판 참여에 관한 법률'에 관한 설명으로 가장 적절한 것은?

① 배심원은 만 20세 이상의 대한민국 국민 중에서 이 법으로 정하는 바에 따라 선정된다.
② 심리에 관여한 배심원은 재판장의 설명을 들은 후 유·무죄에 관하여 평의하고, 다수결에 따라 평결한다.
③ 배심원은 유·무죄에 관하여 전원의 의견이 일치하지 아니하는 때에는 평결을 하기 전에 심리에 관여한 판사의 의견을 들을 수 있다.
④ 심리에 관여한 판사는 평의에 참석하여 의견을 진술한 경우에 평결에는 참여할 수 있다.

문 15. 법관에 의한 재판에 관한 설명으로 옳은 것을 모두 고른 것은? (다툼이 있는 경우 판례에 의함)

ㄱ. 법관에 의한 재판을 받을 권리를 보장한다고 함은 결국 법관이 사실을 확정하고 법률을 해석·적용하는 재판을 받을 권리를 보장한다는 뜻이고, 그와 같은 법관에 의한 사실 확정과 법률의 해석적용의 기회에 접근하기 어렵도록 제약이나 장벽을 쌓는 것은 허용되지 않는다.
ㄴ. 대법원은 특허청의 사실확정을 토대로 재판을 할 수밖에 없어, 특허심판위원회의 결정에 대해 대법원에 상고하도록 한 특허법 제186조는 법관에 의하여 사실확정을 받을 권리를 보장하는 재판청구권을 침해한다.
ㄷ. 대한변호사협회징계위원회에서 징계를 받은 변호사가 법무부 변호사징계위원회에서의 이의절차를 밟은 후 대법원에 즉시항고하도록 하였다면, 이를 가지고 재판을 받을 권리를 침해한 것이라 할 수 없다.
ㄹ. 형사보상의 청구에 대하여 한 보상의 결정에 대하여는 불복을 신청할 수 없도록 하여 형사보상의 결정을 단심재판으로 규정한 '형사보상 및 명예회복에 관한 법률' 제19조 제1항은 형사보상청구권과 재판청구권을 침해한다.
ㅁ. 법관에 대한 징계처분 취소청구소송을 대법원의 단심재판에 의하도록 한 구 법관징계법 제27조는 사실확정이 법관징계위원회에서 결정되므로 법관에 의한 사실확정을 받을 권리인 재판청구권을 침해한다.

① ㄱ, ㄴ
② ㄷ, ㄹ
③ ㄱ, ㄴ, ㄹ
④ ㄴ, ㄷ, ㅁ

문 16. 형사보상청구권에 관한 설명으로 가장 적절하지 않은 것은? (다툼이 있는 경우 판례에 의함)

① 구금에 대해 형사피의자 또는 형사피고인이 국가에 보상을 청구할 권리는 헌법 제28조에서 보장되는 기본권이나 형사소송법상 소송비용에 대한 보상을 청구할 권리는 헌법적 차원의 권리라고 볼 수는 없고, 법률에 적용요건, 적용대상, 범위 등 구체적인 사항이 규정될 때 비로소 형성되는 법률상의 권리에 불과하다.
② 헌법 제28조의 형사보상청구권이 구금되었던 자를 전제로 하는 것과 달리, 형사소송법상 비용보상청구는 무죄판결이 확정된 자에게 구금 여부를 묻지 않고 재판에 소요된 비용을 보상해 주는 제도이다.
③ 헌법 제28조의 형사보상은 국가의 위법·부당한 행위를 전제로 하는 국가배상과는 그 취지 자체가 상이하므로 형사보상절차로서 인과관계 있는 모든 손해를 보상하지 않는다고 하여 반드시 부당하다고 할 수 없다.
④ 헌법 제28조에서 규정하는 '정당한 보상'은 헌법 제23조 제3항에서 재산권의 침해에 대하여 규정하는 '정당한 보상'과 마찬가지로 구금에 의한 재산적 손해에 대한 완전한 보상을 의미한다.

문 17. 형사보상청구권에 관한 설명으로 가장 적절한 것은? (다툼이 있는 경우 판례에 의함)

① 형사피고인으로서 무죄판결을 받은 자는 재판서 등본과 확정증명서를 송부받게 되므로 형사보상청구권의 존재사실을 알고 있는 경우가 대부분이어서 '1년'이라는 기간은 형사보상청구권의 권리행사를 현저하게 곤란하게 하는 것이라고 보기 어려우므로 형사보상의 청구는 무죄재판이 확정된 때로부터 1년 이내에 하도록 규정하고 있는 구 형사보상법 제7조는 형사보상청구권을 침해한다고 할 수 없다.
② 형사보상의 청구는 무죄재판이 확정된 때로부터 3년 이내에 하여야 한다.
③ 면소나 공소기각의 재판을 받은 경우에도 형사보상을 청구할 수 없다.
④ 형사보상제도에 따라 형사보상금을 수령한 피고인은 다시 국가배상법에 의한 손해배상을 청구할 수 있다.

문 18. 보상금 등의 지급결정은 신청인이 동의한 때에는 민주화운동과 관련하여 입은 피해에 대하여 민사소송법의 규정에 의한 재판상 화해가 성립된 것으로 보는 '민주화운동 관련자 명예회복 및 보상 등에 관한 법률'(이하 '민주화보상법'이라 한다)에 대해 헌법소원심판이 청구되었다. 이에 관한 설명으로 옳지 않은 것은 모두 몇 개인가? (다툼이 있는 경우 판례에 의함)

> ㄱ. 심판대상조항은 재판상 화해의 성립 간주를 규정하고 있을 뿐 국가배상청구권을 직접 제한하는 것은 아니며, 재판청구권은 다른 기본권을 보장하기 위한 기본권으로서의 성격을 가지고 있음을 고려할 때, 심판대상조항으로 인한 재판청구권 침해 여부를 판단하면 충분하고, 국가배상청구권 제한 여부를 따로 판단할 실익은 없다.
> ㄴ. 헌법재판소는 재판청구권 침해 여부는 입법형성권을 일탈했는지 여부를, 국가배상청구 침해 여부는 과잉금지 위반 여부를 각각 심사기준으로 한 바 있다.
> ㄷ. 민주화보상법에 따라 지급되는 보상금 등에는 손실 전보를 의미하는 '보상'의 성격뿐만 아니라 손해 전보를 의미하는 '배상'의 성격도 포함되어 있다고 봄이 상당하다.
> ㄹ. 민주화보상법상 보상금 등에는 적극적·소극적 손해에 대한 배상과 정신적 손해에 대한 배상이 포함되어 있다.
> ㅁ. 보상금 등의 지급결정은 신청인이 동의한 때에는 민주화운동과 관련하여 입은 피해에 대하여 민사소송법의 규정에 의한 재판상 화해가 성립된 것으로 보는 민주화보상법은 적극적·소극적 손해(재산적 손해)에 대한 국가배상청구권을 침해한다고 볼 수 없다.
> ㅂ. 민주화보상법이 보상금 등 산정에 있어 정신적 손해에 대한 배상을 전혀 반영하지 않고 있으므로, 이와 무관한 보상금 등을 지급한 다음 정신적 손해에 대한 배상청구마저 금지하는 것은 법익의 균형성에 위반된다.
> ㅅ. 심판대상에서 '민주화운동과 관련하여 입은 피해'는 명확성원칙에 위배되지 않는다.

① 1개   ② 2개
③ 3개   ④ 4개

문 19. 보상금 등의 지급결정은 신청인이 동의한 때에는 민주화운동과 관련하여 입은 피해에 대하여 민사소송법의 규정에 의한 재판상 화해가 성립된 것으로 보는 법률에 관한 헌법재판소 판례와 일치하지 않는 것은?

① 특수임무수행자 등이 보상금 등의 지급결정에 동의한 때에는 특수임무수행 또는 이와 관련한 교육훈련으로 입은 피해에 대하여 재판상 화해가 성립된 것으로 보는 '특수임무수행자 보상에 관한 법률' 제17조의2 가운데 특수임무수행 또는 이와 관련한 교육훈련으로 입은 피해 중 '정신적 손해'에 관한 부분은 국가배상청구권 또는 재판청구권을 침해한다.
② '민주화운동 관련자 명예회복 및 보상 등에 관한 법률'이 보상금 등 산정에 있어 정신적 손해에 대한 배상을 전혀 반영하지 않고 있으므로, 이와 무관한 보상금 등을 지급한 다음 정신적 손해에 대한 배상청구마저 금지하는 것은 법익의 균형성에 위반된다.
③ 배상심의회의 배상결정절차는 제3자성, 독립성이 희박하여 배상심의회의 배상결정은 신청인이 동의한 때에는 민사소송법 규정에 의한 재판상 화해가 성립된 것으로 본다는 국가배상법은 재판청구권을 침해한다.
④ 5·18 민주화운동과 관련하여 보상금지급결정에 동의하면 정신적 손해'에 관한 부분도 재판상 화해가 성립된 것으로 보는 구 '광주민주화운동 관련자 보상 등에 관한 법률'은 국가배상청구권을 침해한다.

문 20. 국가배상청구권의 소멸시효에 관한 설명으로 옳은 것을 모두 고른 것은? (다툼이 있는 경우 판례에 의함)

> 민법 제766조【손해배상청구권의 소멸시효】① 불법행위로 인한 손해배상의 청구권은 피해자나 그 법정대리인이 그 손해 및 가해자를 안 날로부터 3년간 이를 행사하지 아니하면 시효로 인하여 소멸한다.
> ② 불법행위를 한 날로부터 10년을 경과한 때에도 전항과 같다.

ㄱ. 헌법 제28조와 제29조 제1항에서 규정하고 있는 형사보상청구권 및 국가배상청구권은 국민의 재산권을 일반적으로 규정하고 있는 헌법 제23조 제1항의 특칙이기도 하므로 재산권을 보장하는 권리이기도 하다.

ㄴ. 헌법 제28조, 제29조 제1항은 형사보상청구권 및 국가배상청구권의 내용을 법률에 의해 구체화하도록 규정하고 있으므로, 그 구체적인 내용은 입법자가 형성할 수 있으며 권리구제의 실효성이 상당한 정도로 보장되도록 하여야 한다.

ㄷ. '진실·화해를 위한 과거사정리 기본법' 제2조 제1항 제3호·제4호의 민간인 집단희생사건, 중대한 인권침해·조작의혹사건에 민법 제766조 제1항의 '주관적 기산점'이 적용되도록 하는 것은 합리적 이유가 인정되지 않는다.

ㄹ. 민법 제166조 제1항, 제766조 제2항의 객관적 기산점을 '진실·화해를 위한 과거사정리 기본법' 제2조 제1항 제3호·제4호의 민간인 집단희생사건, 중대한 인권침해·조작의혹사건에 적용하도록 규정하는 것은, 소멸시효제도를 통한 법적 안정성과 가해자 보호만을 지나치게 중시한 나머지 합리적 이유 없이 위 사건 유형에 관한 국가배상청구권 보장 필요성을 외면한 것으로서 입법형성의 한계를 일탈하여 청구인들의 국가배상청구권을 침해한다.

① ㄱ, ㄴ
② ㄷ, ㄹ
③ ㄱ, ㄴ, ㄹ
④ ㄴ, ㄷ, ㄹ

10회 쟁점별 모의고사
(범죄피해자구조청구권 ~ 국민의 기본적 의무)

소요시간: _____ / 15분   맞힌 답의 개수: _____ / 20

문 1. 범죄피해자구조청구권에 관한 설명으로 옳지 않은 것을 모두 고른 것은? (다툼이 있는 경우 판례에 의함)

> ㄱ. 자기 또는 타인의 형사사건의 수사 또는 재판에서 고소·고발 등 수사단서를 제공하거나 진술, 증언 또는 자료를 제출하다가 구조피해자가 된 경우에 범죄피해구조금을 지급한다.
> ㄴ. 범죄피해자구조청구권은 대한민국의 영역 안에서 행하여진 사람의 생명 또는 신체를 해치는 죄에 해당하는 행위로 인하여 사망하거나 장해 또는 중상해를 입은 경우 또는 재산상의 피해를 입은 경우를 대상으로 한다.
> ㄷ. 헌법재판소는 범죄피해자구조청구권의 대상이 되는 범죄피해에 해외에서 발생한 범죄피해의 경우를 포함하고 있지 아니한 것이 현저하게 불합리한 자의적인 차별이라고 볼 수 없어 평등원칙에 위배되지 아니한다고 결정하였다.
> ㄹ. 범죄피해자구조청구권은 형사보상청구권과 더불어 현행헌법에서 처음으로 도입된 것으로 그 법적 성격은 생존권적 기본권으로서의 성격을 가지는 청구권적 기본권이다.

① ㄱ, ㄷ   ② ㄴ, ㄹ
③ ㄱ, ㄴ, ㄷ   ④ ㄴ, ㄷ, ㄹ

문 2. '범죄피해자 보호법'에 관한 설명으로 가장 적절하지 않은 것은?

① 구조금 지급에 관한 사항을 심의·결정하기 위하여 각 지방검찰청에 범죄피해구조심의회를 두고 법무부에 범죄피해구조본부심의회를 둔다.
② 구조금의 신청은 해당 구조대상 범죄피해의 발생을 안 날부터 3년이 지나거나 해당 구조대상 범죄피해가 발생한 날부터 10년이 지나면 할 수 없다.
③ 구조금을 받을 권리는 그 구조결정이 해당 신청인에게 송달된 날부터 1년간 행사하지 아니하면 시효로 인하여 소멸된다.
④ 구조금을 받을 권리는 양도하거나 담보로 제공하거나 압류할 수 없다.

문 3. 사회적 기본권에 관한 설명으로 가장 적절한 것은? (다툼이 있는 경우 판례에 의함)

① 인간다운 생활을 할 권리 중 최소한의 물질적 생활의 유지 이상의 급부를 요구할 수 있는 구체적인 권리는 법률을 통하여 구체화할 때에 비로소 인정되는 법률적 차원의 권리이다.
② 산재보험수급권은 이른바 '사회보장수급권'의 하나로서 국가에 대하여 적극적으로 급부를 요구하는 것으로서 헌법규정만으로는 이를 실현할 수 있다.
③ 사회보장수급권은 법률상의 권리로서 헌법의 기본권으로 인정될 수는 없고, 입법자의 재량에 의해서 사회·경제적 여건 등을 종합하여 합리적인 수준에서 결정된다.
④ 인간다운 생활을 할 권리 중 최소한의 물질적 생활 유지 이상의 급부를 요구할 권리는 헌법 제34조로부터 직접 도출될 수 있다.

문 4. 인간다운 생활을 할 권리에 관한 설명으로 가장 적절하지 않은 것은? (다툼이 있는 경우 판례에 의함)

① 국가는 사회적 기본권에 의하여 제시된 국가의 의무와 과제를 언제나 국가의 현실적인 재정·경제능력의 범위 내에서 다른 국가과제와의 조화와 우선순위 결정을 통하여 이행할 수밖에 없다.
② '장애인의 복지를 위하여 노력해야 할 국가의 과제를 행정청이 언제 어떠한 방법으로 이행할 것인가' 하는 이행의 구체적 방법과 이행시기에 관하여는, 행정청이 다른 여러 과제들과의 우선순위, 재정적 여건 등 다양한 요인들을 감안하여 결정할 사안으로서, 그에 관하여 광범위한 재량권을 가진다고 할 것이다.
③ 헌법이 제34조에서 여자, 노인·청소년, 신체장애자 등 특정 사회적 약자의 보호를 명시적으로 규정한 것은 국가가 특히 이들에 대하여 자유를 실질적으로 행사할 수 있는 조건을 형성하고 유지해야 한다는 점을 강조하고자 하는 것이다.
④ 사회적 기본권은 입법과정이나 정책결정과정에서 사회적 기본권에 규정된 국가목표의 최우선적 배려를 요청하는 것이다.

문 5. 인간다운 생활을 할 권리에 관한 설명으로 가장 적절한 것은? (다툼이 있는 경우 판례에 의함)

① 직장가입자가 소득월액보험료를 일정 기간 이상 체납한 경우 그 체납한 보험료를 완납할 때까지 국민건강보험공단이 그 가입자 및 피부양자에 대하여 보험급여를 실시하지 아니할 수 있도록 한 구 국민건강보험법 제53조 제3항 제1호는 해당 직장가입자의 인간다운 생활을 할 권리 및 재산권을 침해한다고 할 수 없다.
② 한 사람의 수급권자에게 여러 종류의 수급권이 발생한 경우에는 여러 종류의 수급권이 발생하므로, 반드시 중복하여 지급해야 한다.
③ 우리 헌법은 제34조 제5항에서 신체장애자의 복지향상을 위하여 노력해야 할 국가의 의무를 규정하고 있는바, 이로부터 신체장애자 등을 위하여 국가의 구체적 내용의 의무가 부과되고 직접 신체장애 등을 가진 국민에게 구체적 기본권이 발생한다.
④ 내국인 등과 달리 외국인에게는 보험료를 체납한 경우에는 다음 달부터 곧바로 보험급여를 제한하는 국민건강보험법 제109조 제10항은 청구인들의 평등권을 침해한다고 할 수 없다.

문 6. 인간다운 생활을 할 권리에 관한 설명으로 가장 적절한 것은? (다툼이 있는 경우 판례에 의함)

① 헌법상 명문규정이나 헌법의 해석으로부터 보건복지부장관이 서울고등법원, 청주지방검찰청 충주지청, 서울광역수사대 마약수사계, 서울서초경찰서, 서울구치소, 인천구치소에 장애인전용 주차구역, 장애인용 승강기 및 화장실을 설치하도록 할 작위의무가 도출된다고 볼 수 있다.
② 공무원연금법상의 퇴직급여 등 각종 급여를 받을 권리, 즉 연금수급권은 재산권의 성격과 사회보장수급권의 성격이 불가분적으로 혼재되어 있는데, 입법자로서는 연금수급권의 구체적 내용을 정함에 있어 어느 한쪽의 요소에 보다 중점을 둘 것인지에 대해 재량을 가진다.
③ 사립학교 교원에 대한 명예퇴직수당은 장기근속자의 사회복귀나 노후 복지보장과 같은 사회보장과 직접적인 관련성을 가진다.
④ 인간다운 생활을 할 권리의 법적 성질에 비추어 볼 때 그 법규범력이 미치는 범위는 '최소한의 물질적 생존'의 보장에 필요한 급부의 요구권뿐 아니라 그 이상의 급부를 내용으로 하는 구체적 권리가 직접 도출된다.

문 7. 교육을 받을 권리에 관한 설명으로 가장 적절하지 않은 것은? (다툼이 있는 경우 판례에 의함)

① 교육을 받을 권리란 모든 국민에게 저마다의 능력에 따른 교육이 가능하도록 그에 필요한 설비와 제도를 마련해야 할 국가의 과제와 아울러, 사회적·경제적 약자도 능력에 따른 실질적 평등교육을 받을 수 있도록 적극적인 정책을 실현해야 할 국가의 의무를 뜻한다.
② 헌법 제31조 제1항에 의하여 보장되는 교육을 받을 권리는 개인적 성향·능력 및 정신적·신체적 발달상황 등을 고려하지 아니한 채 동일한 교육을 받을 수 있는 권리를 의미하는 것은 아니다.
③ 헌법 제31조 제1항에 의하여 보장되는 교육을 받을 권리에 국민이 국가에 대하여 직접 특정한 교육제도나 교육과정을 요구할 수 있는 권리나, 특정한 교육제도나 교육과정의 배제를 요구할 권리가 포함되는 것은 아니다.
④ 지능이나 수학능력 등 일정한 능력이 있음에도 법률에 따라 아동의 입학연령을 제한하여 초등학교 입학을 허용하지 않는 것은 능력에 따라 균등한 교육을 받을 권리를 침해한다.

문 8. 교육을 받을 권리에 관한 설명으로 가장 적절한 것은? (다툼이 있는 경우 판례에 의함)

① 헌법 제31조의 '능력에 따라 균등한 교육을 받을 권리'는 교육의 모든 영역, 특히 학교교육 밖에서의 사적인 교육영역에까지 균등한 교육이 이루어지도록 개인이 별도로 교육을 시키거나 받는 행위를 국가가 금지하거나 제한할 수 있는 근거를 부여하는 수권규범이다.
② 서울대학교가 2021.4.29. 발표한 '서울대학교 2023학년도 대학 신입학생 입학전형 시행계획' 중 수능위주전형 정시모집 '나'군의 전형방법의 2단계 평가에서 교과평가를 20점 반영하도록 한 '서울대학교 2023학년도 대학 신입학생 입학전형 시행계획'은 서울대학교에 진학하고자 하는 청구인들의 균등하게 교육을 받을 권리를 침해한다.
③ 고시 공고일을 기준으로 고등학교에서 퇴학된 날로부터 6월이 지나지 아니한 자를 고등학교 졸업학력 검정고시를 받을 수 있는 자의 범위에서 제외하는 것은 사회적 기본권을 제한하는 것이므로 과잉금지원칙이 적용된다고 할 수 없다.
④ 교육을 받을 권리에 교육의 기회 보장을 요구할 수 있는 권리를 넘어서 국민이 국가에 대하여 직접 특정한 교육제도나 교육과정을 요구할 수 있는 권리나, 특정한 교육제도나 교육과정의 배제를 요구할 권리가 포함되는 것은 아니다.

문 9. 의무교육에 관한 설명으로 옳지 않은 것을 모두 고른 것은? (다툼이 있는 경우 판례에 의함)

> ㄱ. 의무교육 무상의 원칙이 의무교육을 위탁받은 사립학교를 설치·운영하는 학교법인 등과의 관계에서 이미 학교법인이 부담하도록 규정되어 있는 경비까지 국가나 지방자치단체의 부담으로 한다는 취지로 볼 수는 없다.
> ㄴ. 중학교 의무교육의 실시여부 연한 그리고 실시의 시기, 범위는 반드시 법률로 정하여야 한다.
> ㄷ. '의무교육은 무상으로 한다'는 헌법 제31조 제3항은 초등교육에 관하여는 직접적인 효력규정으로서, 이로부터 개인은 국가에 대하여 초등학교의 입학금·수업료 등을 면제받을 수 있는 헌법상의 권리를 가진다.
> ㄹ. 헌법 제31조 제2항·제3항으로부터 직접 의무교육 경비를 중앙정부로서의 국가가 부담하여야 한다는 결론이 도출되어 의무교육의 성질상 중앙정부로서의 국가가 모든 비용을 부담하여야 하므로 의무교육 경비에 대한 지방자치단체의 부담가능성을 예정하고 있는 지방교육자치에 관한 법률 제39조 제1항은 헌법에 위반된다.
> ㅁ. 의무교육에 있어서 무상의 범위에는 수업료나 입학금의 면제, 학교와 교사 등 인적·물적 시설 및 그 시설을 유지하기 위한 인건비와 시설유지비, 신규시설투자비 등의 재원 부담으로부터의 면제가 포함된다 할 것이며, 그 외에도 의무교육을 받는 과정에 수반하는 비용으로서 의무교육의 실질적인 균등보장을 위해 필수불가결한 비용과 필수불가결한 비용 이외의 비용 또한 무상의 범위에 포함된다.

① ㄱ, ㄷ
② ㄱ, ㄷ, ㅁ
③ ㄴ, ㄷ, ㄹ
④ ㄴ, ㄹ, ㅁ

문 10. 검정고시로 고등학교 졸업학력을 취득한 사람들의 수시모집 지원을 제한하는 내용의 피청구인 국립교육대학교 등의 '2017학년도 신입생 수시모집 입시요강'에 관한 헌법재판소 판례와 일치하지 않는 것은?

① 수시모집에서 검정고시 출신자의 지원을 제한하는 사유로 제시된 공교육을 정상화하기 위한 조치라는 이유는 합리적 이유에 해당하지 않는다.
② 검정고시로 고등학교 졸업학력을 취득한 사람들의 수시모집 지원을 제한하는 내용의 피청구인 국립교육대학교 등의 '2017학년도 신입생 수시모집 입시요강'은 균등하게 교육을 받을 권리를 침해한다.
③ 능력에 따라 균등하게 교육을 받을 권리는 개인의 정신적·육체적·경제적 능력에 따른 차별만을 허용할 뿐 성별·종교·사회적 신분에 의한 차별은 허용하지 않는다.
④ 헌법 제31조 제4항에서 보장하고 있는 대학의 자율성에 따라 대학이 학생의 선발 및 전형 등 대학입시제도를 자율적으로 마련할 수 있다 하더라도, 이러한 대학의 자율적 학생 선발권을 내세워 국민의 '균등하게 교육을 받을 권리'를 침해할 수 없다.

문 11. 학교용지부담금과 무상교육에 관한 설명으로 옳은 것을 모두 고른 것은? (다툼이 있는 경우 판례에 의함)

> ㄱ. 의무교육의 무상성에 관한 헌법상 규정은 교육을 받을 권리를 보다 실효성 있게 보장하기 위해 의무교육 비용을 학령아동 보호자의 부담으로부터 의무교육의 모든 비용을 조세로 해결해야 함을 의미한다.
> ㄴ. 신규 주택의 수분양자들이 학교시설 확보를 위한 공익사업에 대하여 일반국민들에 비하여 밀접한 관련성을 갖는다고 보기 어려움에도 불구하고 신규 주택의 수분양자들에게만 학교용지확보를 위한 부담금을 부과하는 것은 합리적인 이유가 없는 차별에 해당한다.
> ㄷ. 학교용지부담금을 개발사업자에게 부과하는 법률 규정은 개발사업자가 학교용지부담금을 수분양자에게 전가할 것이 분명하다는 점에서 목적 달성을 위한 수단의 적절성을 인정할 수 없고, 국가의 일반적 과제에 대해 개발사업자에게 종국적이고 과도한 책임을 지우는 것으로 피해의 최소성이나 법익균형성도 충족하지 못하므로 재산권을 침해한다.
> ㄹ. '학교용지 확보 등에 관한 특례법' 제5조 제1항 단서 제5호 중 '도시 및 주거환경정비법' 제2조 제2호 '다목'의 규정에 따른 '주택재건축사업'에 관한 부분이 매도나 현금청산의 대상이 되어 제3자에게 분양됨으로써 기존에 비하여 가구 수가 증가하지 아니하는 개발사업분을 학교용지 부담금 부과대상에서 제외하는 규정을 두지 아니한 것은 평등원칙에 위반된다.
> ㅁ. 기본적으로 필요한 학교시설의 확보에 있어서 소요되는 재정을 충당하기 위한 것이므로 학교용지부담금은 재정조달목적의 부담금이라고 볼 수 있다.

① ㄱ, ㄴ, ㄷ
② ㄱ, ㄷ, ㅁ
③ ㄴ, ㄷ, ㅁ
④ ㄴ, ㄹ, ㅁ

문 12. 외국인의 근로의 권리에 관한 설명으로 옳은 것을 모두 고른 것은? (다툼이 있는 경우 판례에 의함)

> ㄱ. 근로의 권리의 내용 중 일할 자리에 관한 권리는 사회권적 기본권의 성격도 갖고 있으나, 외국인 근로자라고 하여 일할 자리에 관한 권리에 대한 기본권 주체성을 부인할 수는 없다.
> ㄴ. 기본권 주체성의 인정 문제와 기본권 제한의 정도는 별개의 문제이므로 외국인에게 근로의 권리에 대한 기본권 주체성을 인정한다는 것이 곧바로 우리 국민과 동일한 수준의 보장을 한다는 것을 의미한다.
> ㄷ. 외국인 산업연수생이 연수라는 명목하에 사업주의 지시·감독을 받으면서 사실상 노무를 제공하고 수당 명목의 금품을 수령하는 등 실질적인 근로관계에 있는 경우에도 근로기준법이 보장한 근로기준 중 주요사항을 그들에게 적용되지 않도록 하는 '외국인산업기술연수생의 보호 및 관리에 관한 지침'은 합리적인 근거가 없으므로 자의적인 차별이다.
> ㄹ. 출국만기보험금은 퇴직금의 성질을 가지고 있으나 근로조건의 문제이므로 외국인에게 출국만기보험금을 수령할 권리는 근로의 권리에서 인정된다.
> ㅁ. '노동조합 및 노동관계조정법'상의 근로자성이 인정되는 한, 출입국관리법령에 따라 취업활동을 할 수 있는 체류자격을 받지 아니한 외국인 근로자도 노동조합을 설립하거나 노동조합에 가입할 수 있다.

① ㄷ, ㄹ
② ㄱ, ㄴ, ㅁ
③ ㄴ, ㄷ, ㄹ
④ ㄷ, ㄹ, ㅁ

문 13. 근로의 권리와 근로3권에 관한 설명으로 가장 적절하지 않은 것은? (다툼이 있는 경우 판례에 의함)

① 헌법 제33조 제1항이 '근로자는 근로조건의 향상을 위하여 자주적인 단결권, 단체교섭권, 단체행동권을 가진다'고 규정하여 '단체협약체결권'을 명시하여 규정하고 있지 않다고 하더라도 '단체교섭권'에는 단체협약체결권이 포함되어 있다고 보아야 한다.
② 사용자로 하여금 2년을 초과하여 기간제근로자를 사용할 수 없도록 한 기간제 및 단시간근로자 보호 등에 관한 법률 조항은 근로의 권리 침해 문제를 발생시키지 않는다.
③ '교원의 노동조합 설립 및 운영 등에 관한 법률'의 적용을 받는 교원의 범위를 초·중등학교에 재직 중인 교원으로 한정하고 있는 '교원의 노동조합 설립 및 운영 등에 관한 법률' 제2조 중 재직 중인 교원 부분은 전국교직원노동조합 및 해직 교원들의 단결권을 침해한다.
④ 고등교육법에서 규율하는 대학 교원들에게 단결권을 인정하지 않는 것은, 교원노조를 설립하거나 가입하여 활동할 수 있는 자격을 초·중등 교원으로 한정함으로써 교육공무원 아닌 대학 교원에 대해서 근로기본권의 핵심인 단결권조차 부정한 것으로 목적의 정당성을 인정할 수 없고, 수단의 적합성도 인정할 수 없다.

문 14. 근로의 권리에 관한 설명으로 옳은 것을 모두 고른 것은? (다툼이 있는 경우 판례에 의함)

ㄱ. 연차유급휴가는 근로자의 건강하고 문화적인 생활의 실현에 이바지할 수 있도록 여가를 부여하는 데 그 목적이 있는 것으로, 인간의 존엄성을 보장하기 위한 합리적인 근로조건에 해당하므로 연차유급휴가에 관한 권리는 근로의 권리의 내용에 포함된다.
ㄴ. 근로의 권리란 '일할 자리에 관한 권리'와 '일할 환경에 관한 권리'를 말하며, 후자는 건강한 작업환경, 일에 대한 정당한 보수, 합리적인 근로조건의 보장 등을 요구할 수 있는 권리 등을 의미하는 바, 직장변경의 횟수를 제한하고 있는 구 '외국인근로자의 고용 등에 관한 법률' 제25조 제4항은 근로의 권리를 제한하는 것은 아니라 할 것이다.
ㄷ. 근로기준법에 마련된 해고예고제도는 근로조건의 핵심적 부분인 해고와 관련된 사항일 뿐만 아니라, 근로자가 갑자기 직장을 잃어 생활이 곤란해지는 것을 막는 데 목적이 있으므로, 근로자의 인간 존엄성을 보장하기 위한 최소한의 근로조건으로서 근로의 권리의 내용에 포함된다.
ㄹ. 출국만기보험금은 사회보장수급권에 해당하여 국민의 권리이므로 외국인인 청구인들에게도 기본권 주체성이 인정된다고 할 수 없다.
ㅁ. 헌법 제32조 제3항에서 "근로조건의 기준은 인간의 존엄성을 보장하도록 법률로 정한다."라고 규정하고 있는 취지에 비추어 입법내용이 인간의 존엄을 유지하기 위한 입법을 할 의무를 지므로 출국만기보험금 지급시기에 대해서는 엄격한 비례원칙을 심사기준으로 하여야 한다.

① ㄴ, ㄹ
② ㄷ, ㄹ
③ ㄱ, ㄴ, ㄷ
④ ㄱ, ㄹ, ㅁ

문 15. 대학교 교원은 '교원의 노동조합 설립 및 운영 등에 관한 법률'(이하 '교원노조법'이라 한다) 적용을 배제하는 교원노조법에 대해 법원이 위헌제청하였다. 이에 관한 설명으로 옳은 것을 모두 고른 것은? (다툼이 있는 경우 판례에 의함)

① 심판대상조항이 교원노조를 설립하거나 가입하여 활동할 수 있는 자격을 초·중등 교원으로 한정함으로써 결과적으로 교육공무원 아닌 대학 교원에 대해서 근로기본권의 핵심인 단결권조차 전면적으로 부정한 측면에 대해서는 입법목적의 정당성을 인정할 수 없고, 수단의 적합성도 인정할 수 없다.
② 초·중등 교원과 달리 대학 교원은 정당가입 및 선거운동 등이 가능하므로, 정치활동 및 각종 위원회, 정부기관 연구활동 등을 통하여 사회정책 및 제도 형성에 폭넓게 참여할 수 있고, 노조형태의 단결체가 아니더라도 전문가단체 혹은 교수회 등을 통하여 사회적·경제적 지위 향상을 도모할 수 있다는 점에서 초·중등 교원과 구별된다. 따라서 대학교 교원은 교원노조법 적용을 배제하는 교원노조법은 합리적인 이유가 있으므로 평등원칙에 위배되지 아니한다.
③ 공무원 아닌 대학 교원에 대해서는 입법형성의 범위를 일탈하였는지 여부를 기준으로, 교육공무원인 대학 교원에 대해서는 과잉금지원칙 준수 여부를 기준으로 나누어 심사하기로 한다.
④ 헌법 제33조 제2항은 '법률이 정하는 자' 이외의 공무원에 대해서도 노동3권이 인정됨을 전제로 하여 헌법 제37조 제2항의 과잉금지원칙을 적용할 수 있다.

문 16. 헌법 제32조 근로의 권리조항에 대한 설명으로 가장 적절한 것은 모두 몇 개인가? (다툼이 있는 경우 판례에 의함)

ㄱ. 적정임금 보장이 최저임금 보장보다 먼저 헌법에 규정되었다.
ㄴ. 여자의 근로는 특별한 보호를 받으며, 여자는 우선적으로 근로의 기회를 부여받는다.
ㄷ. 근로조건의 기준은 민주주의원칙에 따라 법률로 정한다.
ㄹ. 헌법은 명시적으로 국가는 근로의 의무의 내용과 조건을 인간의 존엄성을 보장하도록 법률로 정한다고 규정하고 있다.
ㅁ. 헌법은 여자 및 연소자 근로의 특별한 보호와 최저임금제의 시행에 관하여 규정하고 있다.
ㅂ. 장애인의 근로에 대한 보호조항은 헌법 제32조의 근로의 권리조항에 있고 이에 따라 장애인에 대한 고용증진의무와 관련된 법조항은 헌법에 부합되게 된다.
ㅅ. 헌법은 '여자'와 '연소자', '노인'의 근로는 특별한 보호를 받는다고 규정하고 있다.

① 1개 ② 2개
③ 3개 ④ 4개

문 17. 근로의 권리와 근로3권에 관한 설명으로 가장 적절하지 <u>않은</u> 것은? (다툼이 있는 경우 판례에 의함)

① 특수경비원의 파업·태업 그 밖에 경비업무의 정상적인 운영을 저해하는 일체의 쟁의행위를 금지하는 경비업법 제15조 제3항은 나머지 청구인들의 단체행동권을 침해하지 않는다.
② 노조전임자의 급여를 지원하는 행위를 금지하는 '노동조합 및 노동관계조정법' 제81조 제4호는 과잉금지원칙에 위배되지 아니한다.
③ 피청구인 대통령이 구 '고용보험 및 산업재해보상보험의 보험료징수 등에 관한 법률' 제49조의3 제2항 단서에 따라 대통령령 입법부작위에 정당한 이유가 있다고 볼 수 없다.
④ 동물의 사육 사업 근로자에 대하여 근로기준법 제4장에서 정한 근로시간 및 휴일 규정의 적용을 제외하도록 한 구 근로기준법 제63조 제2호 중 '동물의 사육' 가운데 '제4장에서 정한 근로시간, 휴일에 관한 규정'에 관한 부분은 청구인의 근로의 권리를 침해하지 않는다.

문 18. 근로3권에 관한 설명으로 옳고 그름의 표시(○, ×)가 바르게 된 것은? (다툼이 있는 경우 판례에 의함)

> ㄱ. 노조전임자의 급여를 지원하는 행위를 금지하는 '노동조합 및 노동관계조정법' 제81조는 과잉금지원칙에 위배된다고 할 수 없다.
> ㄴ. 근로조건의 향상을 위한 쟁의행위 가운데 집단적 노무제공 거부행위인 단순파업을 업무방해죄로 처벌하는 것은 과잉금지원칙에 위배되어 근로자의 단체행동권을 침해한다.
> ㄷ. 헌법 제33조 제1항에서 보장된 근로자의 단결권은 단결할 자유를 가리킬 뿐만 아니라, 단결하지 아니할 자유 이른바 소극적 단결권도 이에 포함한다.
> ㄹ. 국회는 헌법 제33조 제2항에 따라 공무원인 근로자에게 단결권·단체교섭권·단체행동권을 인정할 것인가의 여부, 어떤 형태의 행위를 어느 범위에서 인정할 것인가 등에 대하여 필요한 한도에서만 공무원의 근로3권을 제한할 수 있을 뿐 광범위한 입법형성의 자유를 갖는 것은 아니다.
> ㅁ. 노동조합이 근로자의 근로조건과 경제조건의 개선이라는 목적을 위하여 활동하는 범위 내에서는 헌법 제33조의 단결권의 보호를 받고, 그 밖의 영역에서 개인이나 다른 사회단체와 마찬가지로 정치적 의사를 표명하거나 정치적으로 활동하는 경우에는 모든 개인과 단체를 똑같이 보호하는 일반적 기본권인 의사표현의 자유 등의 보호를 받는다.

① ㄱ(○), ㄴ(○), ㄷ(×), ㄹ(×), ㅁ(×)
② ㄱ(○), ㄴ(×), ㄷ(×), ㄹ(×), ㅁ(○)
③ ㄱ(×), ㄴ(×), ㄷ(○), ㄹ(○), ㅁ(×)
④ ㄱ(×), ㄴ(×), ㄷ(○), ㄹ(×), ㅁ(○)

문 19. 환경권에 관한 설명으로 가장 적절한 것은? (다툼이 있는 경우 판례에 의함)

① 환경권을 행사함에 있어 국민은 국가로부터 건강하고 쾌적한 환경을 향유할 수 있는 자유를 침해당하지 않을 권리를 행사할 수 있고, 일정한 경우 국가에 대하여 건강하고 쾌적한 환경에서 생활할 수 있도록 요구할 수 있는 권리가 인정되기도 하는바, 환경권은 그 자체 종합적 기본권으로서의 성격을 지닌다.
② 환경권의 내용과 행사는 법률에 의해 구체적으로 정해지므로 환경권에 대한 입법을 전혀 하지 아니하거나, 어떠한 내용이든 법률로써 정할 수 있다.
③ 전국동시지방선거의 선거운동에서 확성장치 사용을 금지하지 않은 것은 과소보호금지원칙에 위배되어 건강하고 쾌적한 환경에서 생활할 권리를 침해한다.
④ 환경권의 내용과 행사는 법률에 의해 구체적으로 정해지므로 환경권 보호를 위한 입법이 없거나 현저히 불충분하여 국민의 환경권을 침해하고 있더라도 헌법재판소에 그 구제를 구할 수 없다고 해야 할 것이다.

문 20. 보건권에 관한 설명으로 가장 적절한 것은? (다툼이 있는 경우 판례에 의함)

① 국가의 국민보건에 관한 보호의무를 명시한 헌법 제36조 제3항에 의한 권리를 헌법소원을 통하여 주장할 수 있는 자는 의료 수혜자적 지위에 있는 국민뿐 아니라 의료시술자적 지위에 있는 안과의사도 포함하므로 안과의사가 자기 고유의 업무범위를 주장하여 다투는 경우에는 위 헌법규정을 원용할 수 있다.
② 치료감호청구권자를 검사로 한정한 구 치료감호법 제4조 제1항이 피고인의 치료감호청구권을 인정하지 않고 있다면 국민의 보건에 관한 권리를 침해하는 것이다.
③ 국민의 보건에 관한 권리는 국민이 자신의 건강을 유지하는 데 필요한 국가적 급부와 배려까지 요구할 수 있는 권리를 포함하는 것은 아니다.
④ 검사는 치료감호대상자가 치료감호를 받을 필요가 있는 경우 관할 법원에 치료감호를 청구할 수 있도록 한 '치료감호 등에 관한 법률'은 국민의 보건에 관한 국가의 보호의무에 반하지 않는다.

해커스경찰
police.Hackers.com

2025 해커스경찰 황남기 경찰헌법 Season 1 쟁점별 모의고사

쟁점별 모의고사
정답 및 해설

1회 쟁점별 모의고사
(헌법의 의의와 기능
~ 법치주의원리)

2회 쟁점별 모의고사
(법치주의원리
~ 현행헌법상의 지방자치제도)

3회 쟁점별 모의고사
(기본권 총론
~ 인간의 존엄성)

4회 쟁점별 모의고사
(생명권 ~ 평등권)

5회 쟁점별 모의고사
(신체의 자유)

6회 쟁점별 모의고사
(사생활의 자유
~ 언론·출판의 자유)

7회 쟁점별 모의고사
(집회 및 결사의 자유
~ 직업선택의 자유)

8회 쟁점별 모의고사
(직업선택의 자유
~ 현행헌법의 선거제도)

9회 쟁점별 모의고사
(공무담임권
~ 국가배상청구권)

10회 쟁점별 모의고사
(범죄피해자구조청구권
~ 국민의 기본적 의무)

1회 쟁점별 모의고사 정답 및 해설
(헌법의 의의와 기능 ~ 법치주의원리)

정답

01	④	02	①	03	①	04	③	05	④
06	④	07	③	08	②	09	②	10	④
11	①	12	④	13	④	14	③	15	①
16	④	17	④	18	②	19	④	20	④

01 정답 ④

ㄱ. [O] 우리나라는 성문헌법을 가진 나라로서 기본적으로 우리 헌법전(憲法典)이 헌법의 법원(法源)이 된다. 그러나 성문헌법이라고 하여도 그 속에 모든 헌법사항을 빠짐없이 완전히 규율하는 것은 불가능하고 또한 헌법은 국가의 기본법으로서 간결성과 함축성을 추구하기 때문에 형식적 헌법전에는 기재되지 아니한 사항이라도 이를 불문헌법 내지 관습헌법으로 인정할 소지가 있다(헌재 2004.10.21. 2004헌마55 등).

ㄴ. [O] 헌법제정 당시 자명하거나 전제된 사항 및 보편적 헌법원리와 같은 것은 반드시 명문의 규정을 두지 아니하는 경우도 있다. 그럼에도 불구하고 헌법사항에 관하여 형성되는 관행 내지 관례가 전부 관습헌법이 되는 것은 아니고 강제력이 있는 헌법규범으로서 인정되려면 엄격한 요건들이 충족되어야만 하며, 이러한 요건이 충족된 관습만이 관습헌법으로서 성문의 헌법과 동일한 법적 효력을 가진다(헌재 2004.10.21. 2004헌마55 등).

ㄷ. [O] 헌법 제1조 제2항은 "대한민국의 주권은 국민에게 있고, 모든 권력은 국민으로부터 나온다."라고 규정한다. 이와 같이 국민이 대한민국의 주권자이며, 국민은 최고의 헌법제정권력이기 때문에 성문헌법의 제·개정에 참여할 뿐만 아니라 헌법전에 포함되지 아니한 헌법사항을 필요에 따라 관습의 형태로 직접 형성할 수 있다(헌재 2004.10.21. 2004헌마55 등).

ㄹ. [O] 관습헌법이 성립하기 위하여서는 관습법의 성립에서 요구되는 일반적 성립요건이 충족되어야 한다. 첫째, 기본적 헌법사항에 관하여 어떠한 관행 내지 관례가 존재하고, 둘째, 그 관행은 국민이 그 존재를 인식하고 사라지지 않을 관행이라고 인정할 만큼 충분한 기간 동안 반복 내지 계속되어야 하며(반복·계속성), 셋째, 관행은 지속성을 가져야 하는 것으로서 그 중간에 반대되는 관행이 이루어져서는 아니 되고(항상성), 넷째, 관행은 여러 가지 해석이 가능할 정도로 모호한 것이 아닌 명확한 내용을 가진 것이어야 한다(명료성). 또한 다섯째, 이러한 관행이 헌법관습으로서 국민들의 승인 내지 확신 또는 폭넓은 컨센서스를 얻어 국민이 강제력을 가진다고 믿고 있어야 한다(국민적 합의).

ㅁ. [X] 어느 법규범이 관습헌법으로 인정된다면 그 개정가능성을 가지게 된다. 관습헌법도 헌법의 일부로서 성문헌법의 경우와 동일한 효력을 가지기 때문에 그 법규범은 최소한 헌법 제130조에 의거한 헌법개정의 방법에 의하여만 개정될 수 있다. … 한편 이러한 형식적인 헌법개정 외에도, 관습헌법은 그것을 지탱하고 있는 국민적 합의성을 상실함에 의하여 법적 효력을 상실할 수 있다. 관습헌법은 주권자인 국민에 의하여 유효한 헌법규범으로 인정되는 동안에만 존속하는 것이며, 관습법의 존속요건의 하나인 국민적 합의성이 소멸되면 관습헌법으로서의 법적 효력도 상실하게 된다. 관습헌법의 요건들은 그 성립의 요건일 뿐만 아니라 효력 유지의 요건이다(헌재 2004.10.21. 2004헌마55 등).

02 정답 ①

❶ [X] 헌법의 기본원리는 헌법의 이념적 기초인 동시에 헌법을 지배하는 지도원리로서 입법이나 정책결정의 방향을 제시하며 공무원을 비롯한 모든 국민과 국가기관이 헌법을 존중하고 수호하도록 하는 지침이 되며, 구체적 기본권을 도출하는 근거로 될 수는 없으나 기본권의 해석 및 기본권 제한입법의 합헌성 심사에 있어 해석기준의 하나로서 작용한다(헌재 1996.4.25. 92헌바47).

② [O] 헌법 제12조 제4항 본문에 규정된 '구속'을 형사절차상 구속뿐 아니라 행정절차상 구속까지 의미하는 것으로 보아도 문언해석의 한계를 넘지 않는다(헌재 2018.5.31. 2014헌마346).

③ [O] 헌법 제16조의 영장주의에 대해서도 예외를 인정하되, 그 장소에 범죄혐의 등을 입증할 자료나 피의자가 존재할 개연성이 소명되고, 사전에 영장을 발부받기 어려운 긴급한 사정이 있는 경우에만 제한적으로 허용될 수 있다고 보는 것이 타당하다(헌재 2018.4.26. 2015헌바370).

④ [O] 집회의 허가금지조항은 집회의 허용 여부를 행정권의 일방적·사전적 판단에 맡기는 집회에 대한 허가제를 절대적으로 금지하겠다는 헌법개정권력인 국민들의 헌법적 결단이다(헌재 2009.9.24. 2008헌가25).

03 정답 ①

❶ [×] 합헌적 법률해석은 헌법해석을 수반하지만 헌법의 해석지침이 아니라 법률을 헌법에 부합되도록 해석하는 법률해석기법을 말한다.
② [○] 법률조항의 문구가 간직하고 있는 말의 뜻을 넘어서 말의 뜻이 완전히 다른 의미로 변질되지 아니하는 범위 내이어야 한다는 문의적 한계와 입법권자가 그 법률의 제정으로써 추구하고자 하는 입법자의 명백한 의지와 입법의 목적을 헛되게 하는 내용으로 해석할 수 없다는 법 목적에 따른 한계가 바로 그것이다(헌재 1989.7.14. 88헌가5).
③ [○] 우리 헌법은 사법권은 대법원을 최고법원으로 한 법원에 속한다고 명백하게 선언하고 있고, 헌법재판소는 사법권을 행사하는 법원의 일부가 아님이 분명한 이상, 법률의 합헌적 해석기준을 들어 재판에 관여하는 것은 헌법 및 그에 기초한 법률체계와 맞지 않는 것이고 그런 의견이 제시되었더라도 이는 법원을 구속할 수 없다(대판 2013.3.28. 2012재두299).
④ [○] 정신적 자유권은 우월한 기본권이고 엄격한 요건하에서 제한입법은 허용된다. 정신적 자유 제한법률은 합헌으로 추정되지 아니하고, 위헌심사에 있어서는 엄격한 심사를 받는다. 따라서 정신적 자유 규제입법은 경제적 기본권 규제입법보다 합헌적 법률해석의 여지가 좁다. 합헌적 법률해석은 경제적 기본권, 사회적 기본권에서 주로 적용된다.

04 정답 ③

① [○] 법률이 합헌인 것과 위헌인 것으로 다양한 해석이 가능할 때 법률을 합헌적으로 해석하는 합헌적 법률해석은 헌법재판소뿐 아니라 법원도 재판과정에서 할 수 있다.
② [○] 헌법정신에 맞도록 법률의 내용을 해석·보충하거나 정정하는 '헌법합치적 법률해석' 역시 '유효한' 법률조항의 의미나 문구를 대상으로 하는 것이지, 이를 넘어 이미 실효된 법률조항을 대상으로 하여 헌법합치적인 법률해석을 할 수는 없는 것이어서, 유효하지 않은 법률조항을 유효한 것으로 해석하는 결과에 이르는 것은 '헌법합치적 법률해석'을 이유로도 정당화될 수 없다 할 것이다(헌재 2012.5.31. 2009헌바123).
❸ [×] 이 사건 법률조항은 법인이 고용한 종업원 등의 범죄행위에 관하여 비난할 근거가 되는 법인의 의사결정 및 행위구조, 즉 종업원 등이 저지른 행위의 결과에 대한 법인의 독자적인 책임에 관하여 전혀 규정하지 않은 채, 단순히 법인이 고용한 종업원 등이 업무에 관하여 범죄행위를 하였다는 이유만으로 법인에 대하여 형사처벌을 과하고 있는바, 이는 다른 사람의 범죄에 대하여 그 책임 유무를 묻지 않고 형벌을 부과함으로써 법치국가의 원리 및 죄형법정주의로부터 도출되는 책임주의원칙에 반한다(헌재 2010.11.25. 2010헌가88).
반대의견(재판관 조대현): 법인의 종업원 등이 법인의 업무에 관하여 위법행위를 한 경우에는 법인이 종업원 등의 행위를 이용하여 위법행위를 하였거나 종업원 등에 대한 지휘·감독 의무를 다하지 못하여 업무상 위법행위를 막지 못하였다고 할 수 있을 것이므로 종업원 등의 업무상 위법행위에 대하여 법인을 함께 처벌하더라도 책임주의의 원칙에 위반된다고 보기 어렵다.
④ [○] 문의적 한계를 벗어난 합헌적 법률해석은 허용되지 않는다. 합헌적 법률해석은 해당 법조문의 의미가 완전히 다르게 변질되지 않는 범위 내에서 가능하다.

05 정답 ④

① [○]
> 법령 등 공포에 관한 법률 제3조【헌법개정안】헌법개정안 공고문의 전문에는 대통령 또는 국회 재적의원 과반수가 발의한 사실을 적고, 대통령이 서명한 후 대통령인을 찍고 그 공고일을 명기하여 국무총리와 각 국무위원이 부서한다.

② [○]
> 국민투표법 제92조【국민투표무효의 소송】국민투표의 효력에 관하여 이의가 있는 투표인은 투표인 10만인 이상의 찬성을 얻어 중앙선거관리위원회 위원장을 피고로 하여 투표일로부터 20일 이내에 대법원에 제소할 수 있다.

③ [○] 긴급조치 제1호, 제2호는 국민의 유신헌법 반대운동을 통제하고 정치적 표현의 자유를 과도하게 침해하는 내용이어서 국가긴급권이 갖는 내재적 한계를 일탈한 것으로서, 이 점에서도 목적의 정당성이나 방법의 적절성을 갖추지 못하였다(헌재 2013.3.21. 2010헌바132).
❹ [×] 성문헌법의 개정은 헌법의 조문이나 문구의 명시적이고 직접적인 변경을 내용으로 하는 헌법개정안의 제출에 의하여야 하고, 하위규범인 법률의 형식으로, 일반적인 입법절차에 의할 수 없다. 한미무역협정의 경우, 국회의 동의를 필요로 하는 조약의 하나로서 법률적 효력이 인정되므로, 그에 의하여 성문헌법이 개정될 수는 없으며, 따라서 한미무역협정으로 인하여 청구인의 헌법 제130조 제2항에 따른 헌법개정절차에서의 국민투표권이 침해될 가능성은 인정되지 아니한다.

06 정답 ④

① [○] 제7차 개정헌법(유신헌법)은 긴급조치권을, 제8차 개정헌법은 비상조치권을 각각 규정하였다.
② [○] 헌법장애상태는 어떤 헌법기관이 주어진 헌법상의 기능을 수행할 수 없는 상태이다. 예를 들면 국무총리가 병원에 입원하여 발생하는 사고와 같은 경우이다. 헌법이 정하는 정상적인 방법에 의해서 해소될 수 있는 상태이므로 국가비상사태와는 구별된다. 따라서 헌법장애상태를 전제로 한 국가긴급권 발동은 긴급권의 남용으로 불법적인 행사이다.
③ [○] / 평상시적 헌법수호제도

사전예방적 헌법수호	사후교정적 헌법수호
• 합리적인 정당정치 구현 • 선거민에 의한 국정 통제 • 국민의 호헌의식 고양 • 헌법의 최고규범성 선언 • 헌법준수의무 선언 • 국가권력분립 • 헌법개정의 곤란성 • 공무원의 정치적 중립성 • 방어적 민주주의 채택	• 위헌법률심사제 • 탄핵제도 • 위헌정당의 강제해산제 • 의회해산제 • 공무원책임제 • 국회의 긴급명령 등에 대한 승인권 • 각료 해임건의 및 의결제

④ [×] '북한의 남침가능성의 증대'라는 추상적이고 주관적인 상황인식만으로는 긴급조치를 발령할 만한 국가적 위기상황이 존재한다고 보기 부족하고, 주권자이자 헌법개정권력자인 국민이 유신헌법의 문제점을 지적하고 그 개정을 주장하거나 청원하는 활동을 금지하고 처벌하는 긴급조치 제9호는 국민주권주의에 비추어 목적의 정당성을 인정할 수 없다. 다원화된 민주주의 사회에서는 표현의 자유를 보장하고 자유로운 토론을 통해 사회적 합의를 도출하는 것이야말로 국민총화를 공고히 하고 국론을 통일하는 진정한 수단이라는 점에서 긴급조치 제9호는 국민총화와 국론통일이라는 목적에 적합한 수단이라고 보기도 어렵다(헌재 2013.3.21. 2010헌바132).

07 정답 ③

① [×] • 동일성 민주주의: 이념 전제(×), 국민의사 강조(○)
 • 방어적 민주주의: 이념 전제(○)
② [×] 방어적 민주주의를 적극적으로 적용하면 표현의 자유와 정당의 자유를 침해할 가능성이 크므로 방어적 민주주의는 소극적·방어적으로 행사되어야 하지 적극적 또는 확대하여 적용해서는 안 된다. 방어적 민주주의를 위한 국가의 개입과 제한도 과잉금지의 원칙에 따라 필요 최소한으로 한정되어야 한다.
❸ [○] 방어적 민주주의란 민주주의 이름으로 민주주의를 파괴하거나 자유의 이름으로 자유를 파괴하는 민주주의의 적으로부터 민주주의를 방어해야 한다는 것을 말하는바, 이는 민주적 헌법질서의 전복을 기도하는 민주주의의 적은 관용할 수 없다는 철학에 기초하고 있다.
④ [×] 민주적 기본질서에 위배되는 정당에 대해 해산한다는 것이므로 위헌정당해산제도와 민주적 기본질서는 특정한 이념을 전제로 하는 방어적 민주주의 실현과 관련이 있다.

08 정답 ②

① [×] 우리 대한국민은 1948년 7월 12일 제정되고 8차에 걸쳐 개정된 헌법을 이제 국회의 의결을 거쳐 국민투표에 의하여 개정한다.
❷ [○] 헌법은 국가유공자 인정에 관하여 명문 규정을 두고 있지 않다. 그러나 헌법은 전문(前文)에서 '3·1운동으로 건립된 대한민국임시정부의 법통을 계승'한다고 선언하고 있다. 이는 독립유공자와 그 유족에 대하여는 응분의 예우를 하여야 할 헌법적 의무를 지닌다고 보아야 할 것이다. 다만 그러한 의무는 국가가 독립유공자의 인정절차를 합리적으로 마련하고 독립유공자에 대한 기본적 예우를 해주어야 한다는 것을 뜻할 뿐이며, 당사자가 주장하는 특정인을 반드시 독립유공자로 인정하여야 하는 것을 뜻할 수는 없다. 따라서 국가보훈처장이 서훈추천 신청자에 대한 서훈추천을 하여 주어야 할 헌법적 작위의무가 있다고 할 수는 없으므로, 서훈추천을 거부한 것에 대하여 행정권력의 부작위에 대한 헌법소원으로서 다툴 수 없다(헌재 2005.6.30. 2004헌마859).
③ [×] 제5차·제7차·제8차·제9차 개정헌법에서 헌법전문을 개정한 바 있다.
④ [×] 통일정신, 국민주권원리 등은 우리나라 헌법의 연혁적·이념적 기초로서 헌법이나 법률해석에서의 해석기준으로 작용한다고 할 수 있지만 그에 기초하여 곧바로 국민의 개별적 기본권성을 도출해내기는 어려우며, 헌법전문에 기재된 대한민국임시정부의 법통을 계승하는 부분에 위배된다는 점이 청구인들의 법적 지위에 현실적이고 구체적인 영향을 미친다고 볼 수도 없다. 건국 60년 기념사업 추진행위에 의해 청구인들이 내심의 동요와 혼란을 겪었을지라도 이로써 헌법상 보호되는 명예권이나 행복추구권의 침해가능성 및 법적 관련성이 인정되지 아니한다(헌재 2008.11.27. 2008헌마517).

09 정답 ②

① [○] 헌법전문은 헌법의 이념 내지 가치를 제시하고 있는 헌법규범의 일부로서 헌법으로서의 규범적 효력을 나타내기 때문에 구체적으로는 헌법소송에서의 재판규범인 동시에 헌법이나 법률해석에서의 해석기준이 되고, 입법형성권 행사의 한계와 정책결정의 방향을 제시하며, 나아가 모든 국가기관과 국민이 존중하고 지켜가야 하는 최고의 가치규범이다. 우리 헌법전문은 "유구한 역사와 전통에 빛나는 우리 대한민국은 3·1운동으로 건립된 대한민국 임시정부의 법통 … 을 계승하고 …."라고 하여, 대한민국헌법이 성립된 유래와 대한민국이 대한민국임시정부의 법통을 계승하고 있음을 밝히고 있다(헌재 2006.3.30. 2003헌마806).
❷ [×] 비록 태평양전쟁 관련 강제동원자들에 대한 국가의 지원이 충분하지 못한 점이 있다하더라도, 국내 강제동원자들을 위하여 국가가 아무런 보호조치를 취하지 아니하였다든지 아니면 국가가 취한 조치가 전적으로 부적합하거나 매우 불충분한 것임이 명백한 경우라고 단정하기는 어렵다. 따라서 이 사건 법률조항이 국민에 대한 국가의 기본권 보호의무에 위배된다는 청구인의 주장은 이유 없다(헌재 2011.2.24. 2009헌바94).
③ [○] ④ [○] 헌법전문, 제2조 제2항, 제10조와 이 사건 협정 제3조의 문언에 비추어 볼 때, 피청구인(외교부장관)이 이 사건 협정 제3조에 따라 분쟁해결의 절차로 나아갈 의무는 일본국에 의해 자행된 조직적이고 지속적인 불법행위에 의하여 인간의 존엄과 가치를 심각하게 훼손당한 자국민들이 배상청구권을 실현하도록 협력하고 보호하여야 할 헌법적 요청에 의한 것으로서, 그 의무의 이행이 없으면 청구인들의 기본권이 중대하게 침해될 가능성이 있으므로, 피청구인의 작위의무는 헌법에서 유래하는 작위의무로서 그것이 법령에 구체적으로 규정되어 있는 경우라고 할 것이다(헌재 2011.8.30. 2006헌마788).

10 정답 ④

ㄱ. [○]
> 1948년 제헌헌법 제53조 대통령과 부통령은 국회에서 무기명투표로써 각각 선거한다.
> 제55조 대통령과 부통령의 임기는 4년으로 한다. 단, 재선에 의하여 1차 중임할 수 있다.
> 제70조 대통령은 국무회의 의장이 된다. 국무총리는 대통령을 보좌하며 국무회의의 부의장이 된다.
> 제71조 국무회의의 의결은 과반수로써 행한다.

ㄴ. [×]
> 1952년 제1차 개정헌법 제31조 입법권은 국회가 행한다. 국회는 민의원과 참의원으로써 구성한다.
> 제53조 대통령과 부통령은 국민의 보통, 평등, 직접, 비밀 투표에 의하여 각각 선거한다.
> 제69조 국무총리는 대통령이 임명하고 국회의 승인을 얻어야 한다.

ㄷ. [○]
> 1962년 제5차 개정헌법 제64조 ① 대통령은 국민의 보통·평등·직접·비밀선거에 의하여 선출한다. 다만, 대통령이 궐위된 경우에 잔임 기간이 2년 미만인 때에는 국회에서 선거한다.
> 제69조 ① 대통령의 임기는 4년으로 한다.
> 제84조 ① 국무총리는 대통령이 임명하고, 국무위원은 국무총리의 제청으로 대통령이 임명한다.

ㄹ. [×]
> 1972년 제7차 개정헌법 제39조 ① 대통령은 통일주체국민회의에서 토론 없이 무기명투표로 선거한다.
> 제47조 대통령의 임기는 6년으로 한다.
> 제59조 ① 대통령은 국회를 해산할 수 있다.
> 제124조 ② 대통령이 제안한 헌법개정안은 국민투표로 확정되며, 국회의원이 제안한 헌법개정안은 국회의 의결을 거쳐 통일주체국민회의의 의결로 확정된다.

ㅁ. [×]
> 1980년 제8차 개정헌법 제99조 ① 국회는 국무총리 또는 국무위원에 대하여 개별적으로 그 해임을 의결할 수 있다. 다만, 국무총리에 대한 해임의결은 국회가 임명동의를 한 후 1년 이내에는 할 수 없다.

11 정답 ①

❶ [○] 제헌헌법은 국회 간선이었으나 야당이 다수당이 되어 국회간선으로 당선될 가능성이 희박하자 <u>대통령과 부통령 직선제를 도입</u>하였다. 또한 <u>양원제 국회를 규정</u>하였으나 양원이 구성되지는 않았다.

② [×] 불신임제도는 제1차 헌법개정에서 처음 도입되었으나 탄핵제도는 제헌헌법부터 규정되었다.

③ [×] 헌법개정의 국민투표는 제5차 개정헌법에서 처음 규정되었으므로 제1차 헌법 개정시 국민투표를 거치지 아니하였다는 점은 위헌으로 보기 힘들다.

④ [×] 1952년 개정헌법은 (대통령에 의한) 공고절차와 독회절차가 생략된 점에 문제가 있었고, 1954년 개정헌법은 부결사항을 번복하여, 정족수 미달이었는데 가결이라고 한 점에서 문제가 있었다(이른바 사사오입 개헌).

12 정답 ④

① [○]
> 1980년 제8차 개정헌법 제26조 ④ 형사피고인은 유죄의 판결이 확정될 때까지는 무죄로 추정된다.
> 제11조 ⑤ 누구든지 체포·구금을 당한 때에는 법률이 정하는 바에 의하여 적부의 심사를 법원에 청구할 권리를 가진다.

② [○]
> 1960년 제4차 개정헌법 부칙(일부) 이 헌법 시행 당시의 국회는 단기 4293년 3월 15일에 실시된 대통령, 부통령 선거에 관련하여 부정행위를 한 자와 그 부정행위에 항의하는 국민에 대하여 살상 기타의 부정행위를 한 자를 처벌 또는 단기 4293년 4월 26일 이전에 특정 지위에 있음을 이용하여 현저한 반민주행위를 한 자의 공민권을 제한하기 위한 특별법을 제정할 수 있으며 단기 4293년 4월 26일 이전에 지위 또는 권력을 이용하여 부정한 방법으로 재산을 축적한 자에 대한 행정상 또는 형사상의 처리를 하기 위하여 특별법을 제정할 수 있다.

③ [○]
> 1962년 제5차 개정헌법 제69조 ① 대통령의 임기는 4년으로 한다.
> ③ 대통령은 1차에 한하여 중임할 수 있다.
> 1969년 제6차 개정헌법 제69조 ① 대통령의 임기는 4년으로 한다.
> ② 대통령이 궐위된 경우의 후임자는 전임자의 잔임기간 중 재임한다.
> ③ 대통령의 계속 재임은 3기에 한한다.

❹ [×]
> 1972년 제7차 개정헌법 제36조 ① 통일주체국민회의는 국민의 직접선거에 의하여 선출된 대의원으로 구성한다.
> 제40조 ① 통일주체국민회의는 국회의원 정수의 3분의 1에 해당하는 수의 국회의원을 선거한다.

13 정답 ④

① [○] 개인의 국적선택에 대하여는 나라마다 그들의 국내법에서 많은 제약을 두고 있는 것이 현실이므로, 국적은 아직도 자유롭게 선택할 수 있는 권리에는 이르지 못하였다고 할 것이다. 그러므로 '이중국적자의 국적선택권'이라는 개념은 별론으로 하더라도, 일반적으로 외국인인 개인이 특정한 국가의 국적을 선택할 권리가 자연권으로서 또는 우리 헌법상 당연히 인정된다고는 할 수 없다고 할 것이다(헌재 2006.3.30. 2003헌마806).

② [○]
> 국적법 제11조의2 【복수국적자의 법적 지위 등】 ① 출생이나 그 밖에 이 법에 따라 대한민국 국적과 외국 국적을 함께 가지게 된 사람으로서 대통령령으로 정하는 사람(이하 '복수국적자'라 한다)은 대한민국의 법령 적용에서 대한민국 국민으로만 처우한다.

③ [O] 심판대상조항은 외국인에게 대한민국 국적을 부여하는 '귀화'의 요건을 정한 것인데, '품행', '단정' 등 용어의 사전적 의미가 명백하고, 심판대상조항의 입법취지와 용어의 사전적 의미 및 법원의 일반적인 해석 등을 종합해 보면, '품행이 단정할 것'은 '귀화신청자를 대한민국의 새로운 구성원으로서 받아들이는 데 지장이 없을 만한 품성과 행실을 갖춘 것'을 의미하고, 구체적으로 이는 귀화신청자의 성별, 연령, 직업, 가족, 경력, 전과관계 등 여러 사정을 종합적으로 고려하여 판단될 것임을 예측할 수 있다. 따라서 심판대상조항은 명확성원칙에 위배되지 아니한다(헌재 2016.7.28. 2014헌바421).

❹ [×] 심판대상조항은 국가공동체의 운영원리를 보호하고자 복수국적자의 기회주의적 국적이탈을 방지하기 위한 것으로, 더 완화된 대안을 찾아보기 어려운 점, 외국에 생활근거 없이 주로 국내에서 생활하며 대한민국과 유대관계를 형성한 자가 단지 법률상 외국 국적을 지니고 있다는 사정을 빌미로 국적을 이탈하려는 행위를 제한한다고 하여 과도한 불이익이 발생한다고 보기도 어려운 점 등을 고려할 때 심판대상조항은 과잉금지원칙에 위배되어 국적이탈의 자유를 침해하지 아니한다(헌재 2023.2.23. 2020헌바603).

14   정답 ③

① [×]

국적법 제13조【대한민국 국적의 선택 절차】 ① 복수국적자로서 제12조 제1항 본문에 규정된 기간 내에 대한민국 국적을 선택하려는 자는 외국 국적을 포기하거나 법무부장관이 정하는 바에 따라 대한민국에서 외국 국적을 행사하지 아니하겠다는 뜻을 서약하고 법무부장관에게 대한민국 국적을 선택한다는 뜻을 신고할 수 있다.
② 복수국적자로서 제12조 제1항 본문에 규정된 기간 후에 대한민국 국적을 선택하려는 자는 외국 국적을 포기한 경우에만 법무부장관에게 대한민국 국적을 선택한다는 뜻을 신고할 수 있다. 다만, 제12조 제3항 제1호의 경우에 해당하는 자는 그 경우에 해당하는 때부터 2년 이내에는 제1항에서 정한 방식으로 대한민국 국적을 선택한다는 뜻을 신고할 수 있다.
③ 제1항 및 제2항 단서에도 불구하고 출생 당시에 모가 자녀에게 외국 국적을 취득하게 할 목적으로 외국에서 체류 중이었던 사실이 인정되는 자는 외국 국적을 포기한 경우에만 대한민국 국적을 선택한다는 뜻을 신고할 수 있다.

② [×]

국적법 제15조【외국 국적 취득에 따른 국적 상실】 ② 대한민국의 국민으로서 다음 각 호의 어느 하나에 해당하는 자는 그 외국 국적을 취득한 때부터 6개월 내에 법무부장관에게 대한민국 국적을 보유할 의사가 있다는 뜻을 신고하지 아니하면 그 외국 국적을 취득한 때로 소급하여 대한민국 국적을 상실한 것으로 본다.
1. 외국인과의 혼인으로 그 배우자의 국적을 취득하게 된 자

❸ [O] 심판대상조항은 국적 취득에 있어 진실성을 담보하고 사회구성원 사이의 신뢰를 확보하며 나아가 국가질서를 유지하기 위한 것으로 입법목적의 정당성이 인정되며, 하자 있는 국적회복허가를 취소하도록 하는 것은 위와 같은 입법목적을 달성하기 위한 적합한 방법이다. 또한 국적 취득과정에서 발생한 위법상태를 해소하여 국가, 사회질서에 위해가 되는 요소들을 차단하는 것은 국가공동체의 유지와 운영에 있어 매우 중요한 문제이므로 국적회복허가에 애초 허가가 불가능한 불법적 요소가 개입되어 있었다면 상당기간이 경과한 후에 불법적 요소가 발견되었다고 할지라도 그 허가를 취소함으로써 국법질서를 회복할 필요성이 매우 크고, 법무부장관은 국적회복허가의 취소 여부를 결정하면서 개입된 위법성의 정도, 위법한 행위가 발생한 시점부터 국적회복허가에 대한 취소권을 행사하는 시점까지 경과된 시간, 국적회복 후 형성된 생활관계나 국적회복허가 취소시 당사자가 받게 될 불이익 등을 충분히 고려하여 국적회복허가 취소 여부를 결정할 수 있으므로 심판대상조항은 침해의 최소성에도 반하지 아니한다. 나아가 국적 취득에 있어서 적법성 확보가 사회구성원들 사이의 신뢰를 확보하고 국가질서를 유지하는 근간이 됨을 고려할 때 심판대상조항을 통하여 달성하고자 하는 공익이 제한되는 사익에 비해 훨씬 크다고 할 것이므로 심판대상조항은 법익의 균형성도 갖추었다. 따라서 심판대상조항은 과잉금지원칙에 위배하여 거주·이전의 자유 및 행복추구권을 침해하지 아니한다(헌재 2020.2.27. 2017헌바434).

④ [×]

국적법 제14조의2【대한민국 국적의 이탈에 관한 특례】
① 제12조 제2항 본문 및 제14조 제1항 단서에도 불구하고 다음 각 호의 요건을 모두 충족하는 복수국적자는 병역법 제8조에 따라 병역준비역에 편입된 때부터 3개월 이내에 대한민국 국적을 이탈한다는 뜻을 신고하지 못한 경우 법무부장관에게 대한민국 국적의 이탈 허가를 신청할 수 있다.
1. 다음 각 목의 어느 하나에 해당하는 사람일 것
  가. 외국에서 출생한 사람(직계존속이 외국에서 영주할 목적 없이 체류한 상태에서 출생한 사람은 제외한다)으로서 출생 이후 계속하여 외국에 주된 생활의 근거를 두고 있는 사람
  나. 6세 미만의 아동일 때 외국으로 이주한 이후 계속하여 외국에 주된 생활의 근거를 두고 있는 사람
2. 제12조 제2항 본문 및 제14조 제1항 단서에 따라 병역준비역에 편입된 때부터 3개월 이내에 국적이탈을 신고하지 못한 정당한 사유가 있을 것

15   정답 ①

❶ [O]

국적법 제10조【국적취득자의 외국 국적포기의무】 ① 대한민국 국적을 취득한 외국인으로서 외국 국적을 가지고 있는 자는 대한민국 국적을 취득한 날부터 1년 내에 그 외국 국적을 포기하여야 한다.
② 제1항에도 불구하고 다음 각 호의 어느 하나에 해당하는 자는 대한민국 국적을 취득한 날부터 1년 내에 외국 국적을 포기하거나 법무부장관이 정하는 바에 따라 대한민국에서 외국 국적을 행사하지 아니하겠다는 뜻을 법무부장관에게 서약하여야 한다.

3. 대한민국의 민법상 성년이 되기 전에 외국인에게 입양된 후 외국 국적을 취득하고 외국에서 계속 거주하다가 제9조에 따라 국적회복허가를 받은 자

② [×] 국적법 제10조 제2항에 해당하지 않은 사람은 외국 국적을 1년 이내에 포기하여야 한다.

국적법 제10조【국적취득자의 외국 국적포기의무】① 대한민국 국적을 취득한 외국인으로서 외국 국적을 가지고 있는 자는 대한민국 국적을 취득한 날부터 1년 내에 그 외국 국적을 포기하여야 한다.
② 제1항에도 불구하고 다음 각 호의 어느 하나에 해당하는 자는 대한민국 국적을 취득한 날부터 1년 내에 외국 국적을 포기하거나 법무부장관이 정하는 바에 따라 대한민국에서 외국 국적을 행사하지 아니하겠다는 뜻을 법무부장관에게 서약하여야 한다.
〈각 호 생략〉

③ [×]

국적법 제10조【국적취득자의 외국 국적포기의무】② 제1항에도 불구하고 다음 각 호의 어느 하나에 해당하는 자는 대한민국 국적을 취득한 날부터 1년 내에 외국 국적을 포기하거나 법무부장관이 정하는 바에 따라 대한민국에서 외국 국적을 행사하지 아니하겠다는 뜻을 법무부장관에게 서약하여야 한다.
③ 제1항 또는 제2항을 이행하지 아니한 자는 그 기간이 지난 때에 대한민국 국적을 상실한다.
제11조【국적의 재취득】① 제10조 제3항에 따라 대한민국 국적을 상실한 자가 그 후 1년 내에 그 외국 국적을 포기하면 법무부장관에게 신고함으로써 대한민국 국적을 재취득할 수 있다.

④ [×]

국적법 제14조의3【복수국적자에 대한 국적선택명령】① 법무부장관은 복수국적자로서 제12조 제1항 또는 제2항에서 정한 기간 내에 국적을 선택하지 아니한 자에게 1년 내에 하나의 국적을 선택할 것을 명하여야 한다.
② 법무부장관은 복수국적자로서 제10조 제2항, 제13조 제1항 또는 같은 조 제2항 단서에 따라 대한민국에서 외국 국적을 행사하지 아니하겠다는 뜻을 서약한 자가 그 뜻에 현저히 반하는 행위를 한 경우에는 6개월 내에 하나의 국적을 선택할 것을 명할 수 있다.

16　　　　　　　　　　　　　　　　　　　정답 ④

ㄱ. [×] 전기가 국민의 생존과 직결되어 있어 전기의 사용이 일상생활을 정상적으로 영위하는 데에 필수불가결한 요소라 하더라도, 전기요금은 전기판매사업자가 전기사용자와 체결한 전기공급계약에 따라 전기를 공급하고 그에 대한 대가로 전기사용자에게 부과되는 것으로서, 조세 내지 부담금과는 구분된다. 즉, 한국전력공사가 전기사용자에게 전기요금을 부과하는 것이 국민의 재산권에 제한을 가하는 행정작용에 해당한다고 볼 수 없다. 전기요금의 결정에는 전기를 공급하기 위하여 실제 소요된 비용과 투입된 자산에 대한 적정 보수, 전기사업의 기업성과 공익성을 조화시킬 수 있는 유인들, 산업구조나 경제상황 등이 종합적으로 고려되어야 하는바, 전기요금의 산정이나 부과에 필요한 세부적인 기준을 정하는 것은 전문적이고 정책적인 판단을 요할 뿐 아니라 기술의 발전이나 환경의 변화에 즉각적으로 대응할 필요가 있다. 전기요금의 결정에 관한 내용을 반드시 입법자가 스스로 규율해야 하는 부분이라고 보기 어려우므로, 심판대상조항은 의회유보원칙에 위반되지 아니한다(헌재 2021.4.29. 2017헌가25).

ㄴ. [×] 포괄위임금지는 법규적 효력을 가지는 행정입법의 제정을 그 주된 대상으로 하고, 이는 자의적인 제정으로 국민들의 자유와 권리를 침해할 수 있는 가능성을 방지하고자 엄격한 헌법적 기속을 받게 하는 것이다. 법률이 행정부에 속하지 않는 기관의 정관으로 특정 사항을 정할 수 있다고 위임하는 경우에는 자치입법에 해당되는 영역으로 보아 자치적으로 정하도록 하는 것이 바람직하다. 상장규정은 '자본시장과 금융투자업에 관한 법률'의 규정에 근거를 두어 실질적으로 규범적인 성격을 가지고 있음을 부인할 수 없다. 상장규정은 거래소가 증권시장에 상장할 증권의 심사 및 상장증권의 관리를 위하여 '자본시장과 금융투자업에 관한 법률'에 따라 반드시 정하여야 하는 점에서 정관과 차이가 있지만, 상장규정이 자치규정이라는 점에서는 정관과 차이가 없으므로, 법률이 자치적인 사항을 정관으로 정하도록 한 경우에 포괄위임금지원칙은 원칙적으로 적용되지 않는다고 본 판단은 상장규정에도 동일하게 적용된다고 봄이 타당하다. 즉, 심판대상조항이 상장규정에 증권의 상장폐지기준 및 상장폐지에 관한 사항을 포함하도록 한 것은 거래소가 자치법적 규정에 포함시켜야 하는 '내용을 제시'한 것으로서 이는 헌법상의 위임규정에서 말하는 '위임'이 될 수는 없으며, 헌법상의 위임규정으로부터 나오는 위헌심사기준인 포괄위임금지원칙이 심판대상조항의 위헌심사기준이 될 수 없다. 따라서 심판대상조항은 헌법 제75조, 제95조가 정하는 포괄위임금지원칙이 원칙적으로 적용되지 않는다(헌재 2021.5.27. 2019헌바332).

ㄷ. [×] 조례는 선거를 통해 지역적 민주적 정당성 있는 주민의 대표기관인 지방의회가 제정하는 것이고, 헌법이 지방자치단체에 포괄적인 자치권을 보장하는 취지를 고려할 때, 조례에 대한 지나친 제약은 바람직하지 않다. 특히, 지방자치단체마다 구체적인 도시환경 개선 필요성 등은 서로 다를 수 있으므로, 개별 정비구역에 대한 직권해제의 구체적 내용은 개별 지방자치단체의 실정을 고려하여 지방의회가 조례를 통해 개별적으로 정하도록 허용할 필요성이 크다. 이에 국회는 그러한 사정을 고려하여 '도시 및 주거환경정비법' 제21조 제1항 후문에 따른 '구체적인 기준 등에 필요한 사항'을 개별 조례에 위임하였고, 서울특별시의회는 그 위임에 근거하여 구체적인 기준을 보충하면서 '상업지역의 도시정비형 재개발사업'을 그 직권해제대상에서 제외하였다. 결국 심판대상조항은 '도시 및 주거환경정비법' 제21조 제1항 후문의 위임범위를 일탈하였다고 보기 어려우므로, 법률유보원칙에 반하여 청구인들의 재산권을 침해하지 아니한다(헌재 2023.3.23. 2019헌마758).

ㄹ. [×] 피청구인은 언제든 은행업감독규정 [별표 6]을 개정하여 이 사건 조치와 동일한 내용의 규제를 할 수 있는 권한이 있고, 은행업감독규정 [별표 6]에 근거한 주택담보대출의 규제에는 은행법 제34조와 은행법 시행령 제20조 제1항 등 법률적 근거가 있다. 또한 피청구인은 해당 권한을 행사하여 이 사건 조치를 통해 은행업감독규정 [별표 6]을 개정할 것임을 예고하고 개정

될 때까지 당분간 개정될 내용을 준수해 줄 것이 고, 이 사건 조치에 불응하더라도 불이익한 조치가 이루어지지 않을 것임이 명시적으로 고지되었으므로 이 사건 조치로 인한 기본권 제한의 정도는 은행업감독규정의 기본권 제한 정도에는 미치지 않는다. 결국 행정지도로 이루어진 이 사건 조치는 금융위원회에 적법하게 부여된 규제권한을 벗어나지 않았으므로, 법률유보원칙에 반하여 청구인의 재산권 및 계약의 자유를 침해하지 아니한다(헌재 2023.3.23. 2019헌마1399).

ㅁ. [X] 보고의무조항은 '비급여 진료비용의 항목, 기준, 금액, 진료내역'을 보고하도록 함으로써 보고의무에 관한 기본적이고 본질적인 사항을 법률에서 직접 정하고 있으므로, 법률유보원칙에 반하여 청구인들의 기본권을 침해하지 아니한다(헌재 2023.2.23. 2021헌마93).

17 정답 ④

① [O] 심판대상조항은 개정조항이 시행되기 전 환급세액을 수령한 부분까지 사후적으로 소급하여 개정된 징수조항을 적용하는 것으로서 헌법 제13조 제2항에 따라 원칙적으로 금지되는 이미 완성된 사실·법률관계를 규율하는 진정소급입법에 해당한다. 법인세를 부당환급받은 법인은 소급입법을 통하여 이자상당액을 포함한 조세채무를 부담할 것이라고 예상할 수 없었고, 환급세액과 이자상당액을 법인세로서 납부하지 않을 것이라는 신뢰는 보호할 필요가 있다. 나아가 개정 전 법인세법 아래에서도 환급세액을 부당이득 반환청구를 통하여 환수할 수 있었으므로, 신뢰보호의 요청에 우선하여 진정소급입법을 하여야할 매우 중대한 공익상 이유가 있다고 볼 수도 없다(헌재 2014.7.24. 2012헌바105).

② [O] 이 사건 부칙조항은 개정법 시행일부터 의료기관을 운영하거나 의료기관에 취업 등을 하는 행위를 금지할 뿐 개정법 시행 전에 이루어진 의료기관 운영행위에 대해 소급적으로 불이익을 가하고 있지 아니하므로, 헌법상 원칙적으로 금지되는 진정소급입법에 해당하지 아니한다(헌재 2023.5.25. 2020헌바45).

③ [O] '개발이익환수에 관한 법률' 시행 전에 사업에 착수한 경우에는 착수한 때부터 동법 시행일까지의 기간에 상응하여 안분되는 개발이익부분을 동법 제8조의 부과기준에서 제외함으로써 동법 시행 전에 사업을 시작한 자의 신뢰이익을 기본적으로 부과대상에서 제외하고 있으므로 동법 시행 전에 개발사업에 착수한 사업시행자에 대하여도 개발부담금을 부과함으로써 그러한 사업자가 지니고 있던 개발부담금의 미부과에 대한 신뢰가 손상된다 하더라도 그 손상의 정도 및 손해는 비교적 크지 않음에 반하여 이로써 달성하려고 하는 공익은 훨씬 크므로 이와 같은 신뢰의 손상은 신뢰보호의 원칙에 위배되는 것은 아니다(헌재 2001.2.22. 98헌바19).

❹ [X] 2005.8.4. 시행된 위 조항은 제17대 비례대표국회의원의 임기만료일인 2008.5.29.로부터 180일 이전에 궐원이 생긴 때에 비로소 적용되는 것이고, 위 조항이 마련될 당시에는 제17대 비례대표국회의원 후보자명부상의 후보자인 청구인들도 궐원된 비례대표국회의원의 의석승계에 대한 기대권을 가지고 있을 뿐, 궐원된 비례대표국회의원의 의석을 승계할 구체적인 법적 권리 내지 법적 지위를 취득하였다고 보기는 어려우므

로, 위 조항은 과거에 완성된 사실·법률관계를 규율의 대상으로 하는 진정소급효의 입법과는 구별되는 것으로서, 헌법 제13조 제2항이 금하고 있는 소급입법에는 해당하지 않는다(헌재 2009.6.25. 2008헌바413).

✓ 다만, 대의제 민주주의 등에 위배된다고 하여 헌법불합치결정되었음.

18 정답 ②

ㄱ. [X] 신뢰보호원칙은 법적 안정성의 객관적 측면이 아니라 주관적 측면에 대한 설명이다.

ㄴ. [O] 이 사건의 경우 국가가 장기간에 걸쳐 추진된 주정배정제도, 1도1사원칙에 의한 통폐합정책 및 자도소주구입명령제도를 통하여 신뢰의 근거를 제공하고 국가가 의도하는 일정한 방향으로 소주제조업자의 의사결정을 유도하려고 계획하였으므로, 자도소주구입명령제도에 대한 소주제조업자의 강한 신뢰보호이익이 인정된다. 그러나 이러한 신뢰보호도 법률개정을 통한 능력경쟁의 실현이라는 보다 우월한 공익에 직면하여 종래의 법적 상태의 존속을 요구할 수는 없다 할 것이고, 다만 개인의 신뢰는 적절한 경과규정을 통하여 고려되기를 요구할 수 있는 데 지나지 않는다 할 것이다. 따라서 지방소주제조업자는 신뢰보호를 근거로 하여 결코 자도소주구입명령제도의 합헌성을 주장하는 근거로 삼을 수는 없다 할 것이고, 주어진 경과기간이 장기간 경쟁을 억제하는 국가정책으로 인하여 약화된 지방소주제조업자의 경쟁력을 회복하기에 너무 짧다거나 아니면 지방소주업체에 대한 경쟁력회복을 위하여 위헌적인 것이 아닌 다른 적절한 조치를 주장할 수 있을 뿐이다(헌재 1996.12.26. 96헌가18).

ㄷ. [X] 1. '헌법에서 유래하는 국가의 보호의무'까지는 요청할 수는 없다. 즉, 미임용자들이 위헌적 법률에 기초한 신뢰이익이 보호되지 않는다는 이유를 들어 교육공무원의 공개전형을 통한 선발을 규정한 현행 교육공무원법을 위헌이라고 하거나, 위헌적 법률에 기초한 신뢰이익을 보장하기 위한 법률을 제정하지 않은 부작위를 위헌이라고 주장할 수는 없는 것이다(헌재 2006.3.30. 2005헌마598).

2. 국·공립 사범대학 졸업자들의 우선임용제도 자체가 헌법에 위반된다는 결정이 선고된 이상, 위헌결정 당시의 국립사범대학 졸업자 또는 재학생들이 우선적으로 임용될 것이라는 점에 대하여 가졌던 기대 또는 신뢰는 법적으로 보호될 수 없다(헌재 1995.12.28. 95헌마196).

ㄹ. [O] 신뢰이익은 위헌적 법률의 존속에 관한 것에 불과하여 위헌적인 상태를 제거해야 할 법치국가적 공익과 비교형량해 보면 공익이 신뢰이익에 대하여 원칙적인 우위를 차지하기 때문에 합헌적인 법률에 기초한 신뢰이익과 동일한 정도의 보호, 즉 '헌법에서 유래하는 국가의 보호의무'까지는 요청할 수는 없다(헌재 2006.3.30. 2005헌마598).

19
정답 ④

① [×] 교사 임용시험에 있어서 사범대 가산점과 복수·부전공 가산점은 적용대상에서 제외된 자에 대한 공무담임권 제한의 성격이 중대하고 서로 경쟁관계에 놓여 있는 응시자들 중 일부 특정 집단만 우대하는 결과를 가져오는 점에서, 그 가산점들에 관하여는 법률에서 적어도 그 적용대상이나 배점 등 기본적인 사항을 직접 명시적으로 규정하고 있어야 함에도 교육공무원법 제11조 제2항은 단지 "… 공개전형의 실시에 관하여 필요한 사항은 대통령령으로 정한다."라고만 할 뿐, 가산점 항목에 관하여는 아무런 명시적 언급도 하지 않고 있으므로 대전광역시 교육감이 대전광역시 공립중등학교 교사임용후보자 선정경쟁시험에서 내전, 충남 지역 소재 사범계대학 또는 한국교원대학교의 졸업자(졸업예정자) 중 교원경력이 없는 자로서 대전광역시 관내 고등학교를 졸업하고 교육감의 추천을 받아 입학한 자에게 제1차 시험 배점의 5%에 해당하는 가산점을 주도록 한 것과 부전공 교사자격증 소지자 또는 복수전공 교사자격증 소지자에게 제1차 시험 배점의 3 내지 5%에 해당하는 가산점을 주도록 한 것은 아무런 법률적 근거가 없는 것이어서 헌법 제37조 제2항에 반한다(헌재 2004.3.25. 2001헌마882).
보충의견(재판관 김영일, 김효종, 송인준): 교육공무원법 등 관련 법률에서 사범계대학 출신의 교사 자격과 비사범계대학 출신의 교사 자격의 차별을 예정하고 있지 않고, 비사범계대학 출신자들의 교사로서의 소명감이나 자질이 사범계대학 출신자의 그것에 훨씬 못 미치는 것으로 단정할 만한 실증적 근거가 없으며, 비사범계대학 출신자에 대해 교사 자격 취득을 제도적으로 허용하고 있는 이상, 국가는 비사범대학 출신자들의 임용에 관한 정당한 기대이익도 보호할 책무가 있으므로 사범계 대학 출신자에 대한 가산점 부여는 객관적 타당성을 인정할 수 없고, 복수·부전공 교사 자격 소지자가 실제로 복수의 교과목 모두를 충분히 전문성 있게 가르칠 능력을 갖추었는지에 관한 실증적 근거가 지나치게 빈약하고 미임용 교원의 적체 해소에 부정적이며 교사의 전문성이 저하될 수도 있다는 점에서 복수·부전공 가산점을 통해 추구되는 공익적 성과는 그로 인한 부정적 효과와 합리적 비례관계를 이루고 있다고 하기 어려우므로 위와 같은 사범대 가산점 및 복수·부전공 가산점 항목은 헌법 제37조 제2항의 법률유보원칙에 위배되는 외에 실체적으로도 위헌이다.

② [×] 헌법 제37조 제2항은 기본권 제한에 관한 일반적 법률유보조항이라고 할 수 있는데, 법률유보의 원칙은 '법률에 의한 규율'만을 요청하는 것이 아니라 '법률에 근거한 규율'을 요청하는 것이기 때문에 기본권의 제한에는 법률의 근거가 필요할 뿐이고 기본권 제한의 형식이 반드시 법률의 형식일 필요는 없다(헌재 2005.3.31. 2003헌마87).

③ [×] 주민등록법 제17조의8 제2항 본문은 주민등록증의 수록사항의 하나로 지문을 규정하고 있을 뿐 '오른손 엄지손가락 지문'이라고 특정한 바가 없으며, 이 사건 시행령조항에서는 주민등록법 제17조의8 제5항의 위임규정에 근거하여 주민등록증발급신청서의 서식을 정하면서 보다 정확한 신원확인이 가능하도록 하기 위하여 열 손가락의 지문을 날인하도록 하고 있는 것이므로, 이를 두고 법률에 근거가 없는 것으로서 법률유보의 원칙에 위배되는 것으로 볼 수는 없다. 공공기관의 개인정보보호에 관한 법률 제10조 제2항 제6호는 컴퓨터에 의하여 이미 처리된 개인정보뿐만 아니라 컴퓨터에 의하여 처리되기 이전의 원 정보자료 자체도 경찰청장이 범죄수사목적을 위하여 다른 기관에서 제공받는 것을 허용하는 것으로 해석되어야 하고, 경찰청장은 같은 법 제5조에 의하여 소관 업무를 수행하기 위하여 필요한 범위 안에서 이를 보유할 권한도 갖고 있으며, 여기에는 물론 지문정보를 보유하는 것도 포함된다. 따라서 경찰청장이 지문정보를 보관하는 행위는 공공기관의 개인정보보호에 관한 법률 제5조, 제10조 제2항 제6호에 근거한 것으로 볼 수 있고, 그 밖에 주민등록법 제17조의8 제2항 본문, 제17조의10 제1항, 경찰법 제3조 및 경찰관직무집행법 제2조에도 근거하고 있다. 경찰청장이 보관하고 있는 지문정보를 전산화하고 이를 범죄수사목적에 이용하는 행위가 법률의 근거가 있는 것인지 여부에 관하여 보건대, 경찰청장은 개인정보화일의 보유를 허용하고 있는 공공기관의 개인정보보호에 관한 법률 제5조에 의하여 자신이 업무수행상의 필요에 의하여 적법하게 보유하고 있는 지문정보를 전산화할 수 있고, 지문정보의 보관은 범죄수사 등의 경우에 신원확인을 위하여 이용하기 위한 것이므로, 경찰청장이 지문정보를 보관하는 행위의 법률적 근거로서 거론되는 법률조항들은 모두 경찰청장이 지문정보를 범죄수사목적에 이용하는 행위의 법률적 근거로서 원용될 수 있다(헌재 2005.5.26. 99헌마513 등).

❹ [○] 헌법 제117조 제1항은 "지방자치단체는 주민의 복리에 관한 사무를 처리하고 재산을 관리하며, 법령의 범위 안에서 자치에 관한 규정을 제정할 수 있다."라고 규정하여 법률의 위임이 있는 경우에는 조례에 의하여 소속 공무원에 대한 인사와 처우를 스스로 결정하는 권한이 있다고 할 것이므로, 지방공무원법 제58조 제2항이 노동운동을 하더라도 형사처벌에서 제외되는 공무원의 범위에 관하여 당해 지방자치단체에 조례제정권을 부여하고 있다고 하여 헌법에 위반된다고 할 수 없다(헌재 2005.10.27. 2003헌바50).

20
정답 ④

① [○] 전기간선시설의 설치비용을 누구에게, 어느 정도로 부담시킬 것인지의 문제는 개인의 본질적이고 핵심적 자유영역에 속하는 사항이라기보다는 사회적 연관관계에 놓여지는 경제적 활동을 규제하는 경제사회적인 입법사항에 해당하므로 비례의 원칙을 적용함에 있어서도 보다 완화된 심사기준이 적용된다고 할 것이다(헌재 2005.2.24. 2001헌바71).

② [○] 군사법원법 제239조가 규정하고 있는 군사법경찰관의 10일간의 구속기간은 그 허용 자체가 헌법상 무죄추정의 원칙에서 파생되는 불구속수사원칙에 대한 예외이다. 그런데 군사법원법 제242조 제1항 중 제239조 부분은 경찰단계에서는 구속기간의 연장을 허용하지 아니하는 형사소송법의 규정과는 달리 군사법경찰관의 구속기간의 연장을 허용하여 예외에 대하여 다시 특례를 설정함으로써 기본권 중에서도 가장 기본적인 것인 신체의 자유에 대한 제한을 가중하고 있으므로, 위 규정이 과잉금지의 원칙에 위배되는지 여부를 심사함에 있어서는 그 제한되는 기본권의 중요성이나 기본권 제한방식의 중첩적·가중적 성격에 비추어 엄격한 기준에 의할 것이 요구된다(헌재 2003.11.27. 2002헌마193).

③ [O] 동성동본금혼제도는 그 입법목적이 이제는 혼인에 관한 국민의 자유와 권리를 제한할 '사회질서'나 '공공복리'에 해당될 수 없다는 점에서 헌법 제37조 제2항에도 위반된다(헌재 1997.7.16. 95헌가6).

❹ [×] 피고인에 대하여는 보석결정에 대한 항고로서 이러한 보통항고만을 허용하면서 피고인의 상대방 당사자의 지위에 있는 검사에 대하여는 당연히 집행정지의 효력이 있는 즉시항고를 인정한 것은 당사자대등주의와 형평의 원칙에 반한다. 그리고 피고인에 대한 신병확보의 필요성은 출석을 보장할 만한 보증금의 납부와 주거제한 및 기타 조건의 부가에 의하여 그 목적을 달성할 수 있다. 검사로서는 증거인멸이나 도주의 우려가 상존한다고 생각되는 경우 형사소송법 제97조 제1항에 의하여 검사의 의견개진시 이를 주장하고 소명하여 부당한 보석을 방지하거나 법원으로 하여금 피고인의 신병확보에 보다 적정한 보증금액 기타의 조건을 정하게 할 수도 있을 것이다. 보석허가결정에 대한 시정이나 집행정지가 꼭 필요하다면 보통항고를 하고 같은 법 제409조 단서에 의한 집행정지를 청구함으로써 그 목적을 달성할 수도 있을 것이다. 그러므로 피고인의 신병확보 내지 부당한 보석허가결정의 시정을 도모한다는 명목으로 검사에게 즉시항고를 허용한 것은 방법의 적정성을 갖춘 것이라고도 할 수 없다. 그리고 검사의 보통항고로도 그 목적을 달성할 수 있는데도 검사에게 즉시항고권을 허용한 것은 방법의 적정성을 갖춘 것이라고도 할 수 없다(헌재 1993.12.23. 93헌가2).

2회 쟁점별 모의고사 정답 및 해설
(법치주의원리 ~ 현행헌법상의 지방자치제도)

정답
p.16

01	①	02	④	03	③	04	①	05	②
06	④	07	③	08	①	09	④	10	③
11	③	12	④	13	②	14	①	15	①
16	②	17	②	18	③	19	④	20	③

01
정답 ①

❶ [O] 국회의 동의를 받은 조약은 법률의 효력을 가지므로 기본권을 제한할 수 있다.
② [X] 금융산업의 구조개선에 관한 법률 제2조 제3호 가목, 제10조 제1항 제2호, 제2항에서 입법사항을 금융감독위원회의 고시에 위임한 것이 헌법에 위반되는지 여부(소극)
금융감독위원회의 고시와 같은 형식으로 입법위임을 할 때에는 적어도 행정규제기본법 제4조 제2항 단서에서 정한 바와 같이 법령이 전문적·기술적 사항이나 경미한 사항으로서 업무의 성질상 위임이 불가피한 사항에 한정된다 할 것이고, 그러한 사항이라 하더라도 포괄위임금지의 원칙상 법률의 위임은 반드시 구체적·개별적으로 한정된 사항에 대하여 행하여져야 한다. '금융산업구조개선에 관한 법률' 제2조 제3호 가목은 부실금융기관을 결정할 때 '부채와 자산의 평가 및 산정'의 기준에 관하여, 위 법률 제10조 제1항·제2항은 적기시정조치의 기준과 내용에 관하여 금융감독위원회의 고시에 위임하고 있는바, 위와 같이 입법위임된 사항은 전문적·기술적인 것으로 업무의 성질상 금융감독위원회의 고시로 위임함이 불가피한 사항일 뿐만 아니라, 위 각 법률규정 자체에서 금융감독위원회의 고시로 규제될 내용 및 범위의 기본사항이 구체적으로 규정되어 있어 누구라도 위 규정으로부터 금융감독위원회의 고시에 규정될 내용의 대강을 예측할 수 있다 할 것이어서, 포괄위임입법금지를 선언한 헌법 제75조에 위반되지 아니한다(헌재 2004.10.28. 99헌바9).
③ [X] 법률유보원칙이란 헌법상 보장된 국민의 자유나 권리를 제한할 때에는 그 제한의 본질적인 사항에 관한 한 입법자가 법률로써 스스로 규율하여야 한다는 것이지, 모든 사항을 입법자가 법률로써 규율하여야 한다는 것이 아니다.
④ [X] 헌법 제37조 제2항은 기본권 제한에 관한 일반적 법률유보조항이라고 할 수 있는데, 법률유보의 원칙은 '법률에 의한 규율'만을 요청하는 것이 아니라 '법률에 근거한 규율'을 요청하는 것이기 때문에 기본권의 제한에는 법률의 근거가 필요할 뿐이고 기본권 제한의 형식이 반드시 모두 법률의 형식일 필요는 없다(헌재 2005.3.31. 2003헌마87).

02
정답 ④

① [O] '변호사 광고에 관한 규정' 제5조 제2항 각 호에서 금지하는 광고에 참여하거나 협조하는 행위 또한 그 수권조항인 변호사법 제23조에서 위임하고 있는 '변호사의 공공성이나 공정한 수임질서를 해치거나 소비자에게 피해를 줄 우려가 있는' 경우로서 수권조항의 위임범위 내에 있는 것으로 볼 수 있다. 따라서 위 조항 부분은 법률유보원칙에 위배되지 아니한다(헌재 2022.5.26. 2021헌마619).
② [O] 이 사건 규정의 수권법률인 변호사법 제23조 제2항 제7호에서도 위 표지와 같은 '공정한 수임질서를 해치는 광고'라는 개념을 사용하고 있는데, 이 사건 규정 제4조 제12호의 '공정한 수임질서를 저해할 우려가 있는 무료 또는 부당한 염가' 부분 및 제8조 제1항의 '무료 또는 부당한 염가' 부분은 법률유보원칙에 위배되지 아니한다(헌재 2022.5.26. 2021헌마619).
③ [O] 만성신부전증환자에 대한 외래 혈액투석 의료급여수가의 기준을 정액수가로 규정한 '의료급여수가의 기준 및 일반기준'이 법률유보원칙에 위배되는지 여부(소극)
의료급여수가기준은 전문적이고 정책적인 영역이어서 구체적인 수가기준을 반드시 법률로 정하여야 한다거나 의료급여법 등 상위법령이 행위별수가나 포괄수가만을 예정하고 있다고 볼 수 없다. 정액수가조항은 의료급여법 등 상위법령의 위임에 따라 의료수가기준과 그 계산방법을 정한 것이어서 법률유보원칙에 위배되지 않는다(헌재 2020.4.23. 2017헌마103).
❹ [X] 이 사건 유권해석위반 광고금지규정의 '협회의 유권해석'을 전자의 일반적·추상적인 법령 해석이라고 보든, 후자의 개별적·구체적인 사안에 대한 질의 회신이라고 보든, 위 규정 위반이 징계사유가 될 수 있음을 고려하면 적어도 수범자인 변호사등은 이 사건 유권해석위반 광고금지규정에서 유권해석을 통해 금지될 수 있는 내용들의 대강을 알 수 있어야 한다. 그런데 수범자들은 유권해석이 내려지기 전까지는 금지되는 내용이 무엇인지 도저히 알 수 없다. 따라서 이 사건 유권해석위반 광고금지규정은 수권법률로부터 위임된 범위를 벗어나는 규율내용까지 포함할 가능성이 있으므로, 위임범위 내에서 명확하게 규율범위를 정하고 있다고 보기 어렵다. 그러므로 이 사건 유권해석위반 광고금지규정은 법률유보원칙을 위

반하여 청구인들의 표현의 자유, 직업의 자유를 침해한다(헌재 2022.5.26. 2021헌마619).

03 정답 ③

① [O] 수형자가 형법에 규정된 형 집행경과기간 요건을 갖춘 것만으로 가석방을 요구할 권리를 취득하는 것은 아니므로, 10년간 수용되어 있으면 가석방 적격심사 대상자로 선정될 수 있었던 구 형법 제72조 제1항에 대한 청구인의 신뢰를 헌법상 권리로 보호할 필요성이 있다고 할 수 없다. 가석방제도의 실제 운용에 있어서도 구 형법 제72조 제1항이 정한 10년보다 장기간의 형 집행 이후에 가석방을 해 왔고, 무기징역형을 선고받은 수형자에 대하여 가석방을 한 예가 많지 않으며, 2002년 이후에는 20년 미만의 집행기간을 경과한 무기징역형 수형자가 가석방된 사례가 없으므로, 청구인의 신뢰가 손상된 정도도 크지 아니하다. 그렇다면 죄질이 더 무거운 무기징역형을 선고받은 수형자를 가석방할 수 있는 형 집행 경과기간이 개정 형법 시행 후에 유기징역형을 선고받은 수형자의 경우와 같거나 오히려 더 짧게 되는 불합리한 결과를 방지하고, 사회를 방위하기 위한 이 사건 부칙조항이 신뢰보호원칙에 위배되어 청구인의 신체의 자유를 침해한다고 볼 수 없다(헌재 2013.8.29. 2011헌마408).

② [O] TV 수신료 관련 판례 내용 중에서 … "오늘날 법률유보원칙은 단순히 행정작용이 법률에 근거를 두기만 하면 충분한 것이 아니라, 국가공동체와 그 구성원에게 기본적이고도 중요한 의미를 갖는 영역, 특히 국민의 기본권 실현에 관련된 영역에 있어서는 행정에 맡길 것이 아니라 국민의 대표자인 입법자 스스로 그 본질적 사항에 대하여 결정하여야 한다는 요구까지 내포하는 것으로 이해하여야 한다."라고 그 의의를 밝혔으며 계속해서 "TV 수신료 금액은 이사회가 심의·결정하고, 공사가 공보처 장관의 승인을 얻어 이를 부과·징수한다."라고 규정한 한국방송공사법 제36조 제1항은 국민의 재산권 보장 측면에서 기본권 실현에 관련된 영역임에도 불구하고 그 수신료 금액결정에 국회의 관여와 결정을 배제한 채 공사로 하여금 수신료 금액을 결정하기로 하고 있으므로 "법률유보원칙에 반한다."라고 하여 헌법재판소는 헌법불합치결정을 내렸다(헌재 1999.5.29. 98헌바70).

❸ [X] 비사업용 토지로서 농지의 구체적인 범위는 당해 농지의 소재 지역, 소유자의 이용 상황, 관계 법령상 의무이행 여부 등 구체적 사정들을 고려하여 규율할 필요가 있으므로 이를 대통령령에 위임할 필요성이 인정되고, 법률규정 자체에서 상당히 구체적인 기준을 제시하고 범위를 한정하여 위임하고 있으므로 예측가능성이 인정된다. 그리고 비사업용 토지로 이용되는 구체적인 기간에 대해서는 경제 상황 변천 등 여러 가지 제반 사정을 고려하려 탄력적으로 규율할 필요가 있고 이를 구체화하는 작업이 기술적이므로 위임의 필요성이 인정되고, 그 입법목적에 비추어 볼 때 예측가능성도 인정된다. 따라서 이 사건 법률조항은 조세법률주의 및 포괄위임입법금지원칙에 위배되지 아니한다(헌재 2012.7.26. 2011헌바357).

④ [O] 체계정당성의 원리라는 것은 동일 규범 내에서 또는 상이한 규범 간에 (수평적 관계이건 수직적 관계이건) 그 규범의 구조나 내용 또는 규범의 근거가 되는 원칙 면에서 상호 배치되거나 모순되어서는 안 된다는 하나의 헌법적 요청이다. 즉, 이는 규범 상호 간의 구조와 내용 등이 모순됨이 없이 체계와 균형을 유지하도록 입법자를 기속하는 헌법적 원리라고 볼 수 있다. 이처럼 규범 상호 간의 체계정당성을 요구하는 이유는 입법자의 자의를 금지하여 규범의 명확성, 예측가능성 및 규범에 대한 신뢰와 법적 안정성을 확보하기 위한 것이고 이는 국가공권력에 대한 통제와 이를 통한 국민의 자유와 권리의 보장을 이념으로 하는 법치주의원리로부터 도출되는 것이라고 할 수 있다. 그러나 일반적으로 일정한 공권력작용이 체계정당성에 위반한다고 해서 곧 위헌이 되는 것은 아니다. 즉, 체계정당성 위반 자체가 바로 위헌이 되는 것은 아니고 이는 비례의 원칙이나 평등원칙 위반 내지 입법의 자의금지 위반 등의 위헌성을 시사하는 하나의 징후일 뿐이다. 그러므로 체계정당성 위반은 비례의 원칙이나 평등원칙 위반 내지 입법자의 자의금지 위반 등 일정한 위헌성을 시사하기는 하지만 아직 위헌은 아니고, 그것이 위헌이 되기 위해서는 결과적으로 비례의 원칙이나 평등의 원칙 등 일정한 헌법의 규정이나 원칙을 위반하여야 한다(헌재 2004.11.25. 2002헌바66).

04 정답 ①

❶ [X] 헌법 제75조, 제95조가 정하는 포괄적인 위임입법의 금지는, 그 문리해석상 정관에 위임한 경우까지 그 적용대상으로 하고 있지 않고, 권력분립의 원칙을 침해할 우려가 없다는 점 등을 볼 때, 법률이 정관에 자치법적 사항을 위임한 경우에는 원칙적으로 적용되지 않는다(헌재 2001.4.26. 2000헌마122).

② [O] 육군3사관학교 사관생도인 甲이 4회에 걸쳐 학교 밖에서 음주를 하여 '사관생도 행정예규'(이하 2015.5.19. 개정되기 전의 것을 '구 예규', 2016.3.3. 개정되기 전의 것을 '예규'라 한다) 제12조(이하 '금주조항'이라 한다)에서 정한 품위유지의무를 위반하였다는 이유로 육군3사관학교장이 교육운영위원회의 의결에 따라 甲에게 퇴학처분을 한 사안에서, 첫째 사관학교의 설치목적과 교육목표를 달성하기 위하여 사관학교는 사관생도에게 교내 음주행위, 교육·훈련 및 공무수행 중의 음주행위, 사적 활동이더라도 신분을 나타내는 생도 복장을 착용한 상태에서 음주하는 행위, 생도 복장을 착용하지 않은 상태에서 사적 활동을 하는 때에도 이로 인하여 사회적 물의를 일으킴으로써 품위를 손상한 경우 등에는 이러한 행위들을 금지하거나 제한할 필요가 있으나 여기에 그치지 않고 나아가 사관생도의 모든 사적 생활에서까지 예외 없이 금주의무를 이행할 것을 요구하는 것은 사관생도의 일반적 행동자유권은 물론 사생활의 비밀과 자유를 지나치게 제한하는 것이고, 둘째 구 예규 및 예규 제12조에서 사관생도의 모든 사적 생활에서까지 예외 없이 금주의무를 이행할 것을 요구하면서 제61조에서 사관생도의 음주가 교육 및 훈련 중에 이루어졌는지 여부나 음주량, 음주장소, 음주행위에 이르게 된 경위 등을 묻지 않고 일률적으로 2회 위반시 원칙으로 퇴학 조치하도록 정한 것은 사관학교가 금주제도를 시행하는 취지에 비추어 보더라도 사관생도의 기본권을 지나치게 침해하는 것이므로, 위 금주조항은 사관생도의 일반적 행동자유권, 사생활의 비밀과 자유 등 기본권을 과도하게 제한하는 것으로서 무효인데도 위 금주조항을 적용하여 내린 퇴학처분이 적법하

다고 본 원심판결에 법리를 오해한 잘못이 있다(대판 2018.8.30. 2016두60591).
③ [O] 법외노조 통보는 적법하게 설립된 노동조합의 법적 지위를 박탈하는 중대한 침익적 처분으로서 원칙적으로 국민의 대표자인 입법자가 스스로 형식적 법률로써 규정하여야 할 사항이고, 행정입법으로 이를 규정하기 위하여는 반드시 법률의 명시적이고 구체적인 위임이 있어야 한다(대판 전합체 2020.9.3. 2016두32992).
④ [O] 토지 등 소유자가 도시환경정비사업을 시행하는 경우 사업시행인가 신청시 필요한 토지 등 소유자의 동의는, 개발사업의 주체 및 정비구역 내 토지 등 소유자를 상대로 수용권을 행사하고 각종 행정처분을 발할 수 있는 행정주체로서의 지위를 가지는 사업시행자를 지정하는 문제로서 그 동의요건을 정하는 것은 국민의 권리와 의무의 형성에 관한 기본적이고 본질적인 사항이므로 국회가 스스로 행하여야 하는 사항에 속하는 것임에도 불구하고 사업시행인가 신청에 필요한 동의정족수를 토지 등 소유자가 자치적으로 정하여 운영하는 규약에 정하도록 한 것은 법률유보원칙에 위반된다(헌재 2012.4.24. 2010헌바1 ; 헌재 2011.8.30. 2009헌바128).

05 정답 ②

① [O] 국민이 어떤 법률이나 제도가 장래에도 그대로 존속될 것이라는 합리적인 신뢰를 바탕으로 하여 일정한 법적 지위를 형성한 경우, 국가는 그와 같은 법적 지위와 관련된 법규나 제도의 개폐에 있어서 법치국가의 원칙에 따라 국민의 신뢰를 최대한 보호하여 법적 안정성을 도모하여야 한다. 법률의 제정이나 개정시 구법질서에 대한 당사자의 신뢰가 합리적이고 정당하며, 법률의 제정이나 개정으로 야기되는 당사자의 손해가 극심하여 새로운 입법으로 달성하고자 하는 공익적 목적이 그러한 당사자의 신뢰의 파괴를 정당화할 수 없다면, 그러한 새로운 입법은 신뢰보호의 원칙을 위배한다(헌재 2004.12.16. 2003헌마226 등).
❷ [X] 과거의 사실관계 또는 법률관계를 규율하기 위한 소급입법의 태양에는 이미 과거에 완성된 사실 또는 법률관계를 규율의 대상으로 하는 이른바 진정소급효의 입법과 이미 과거에 시작하였으나 아직 완성되지 아니하고 진행과정에 있는 사실 또는 법률관계를 규율의 대상으로 하는 이른바 부진정소급효의 입법을 상정할 수 있다고 할 것이다. 전자의 경우에는 입법권자의 입법형성권보다도 당사자가 구법질서에 기대했던 신뢰보호의 견지에서 그리고 법적 안정성을 도모하기 위해 특단의 사정이 없는 한 구법에 의하여 이미 얻은 자격 또는 권리를 새 입법을 하는 마당에 그대로 존중할 의무가 있다고 할 것이니, 후자의 경우에는 구법질서에 대하여 기대했던 당사자의 신뢰보호보다는 광범위한 입법권자의 입법형성권을 경시해서는 안될 일이므로 특단의 사정이 없는 한 새 입법을 하면서 구법관계 내지 구법상의 기대이익을 존중하여야 할 의무가 발생하지는 않는다(헌재 1989.3.17. 88헌마1).
③ [O] 개인의 신뢰이익에 대한 보호가치는 법령에 따른 개인의 행위가 국가에 의하여 일정한 방향으로 유인된 신뢰의 행사인지, 아니면 단지 법률이 부여한 기회를 활용한 것으로서 원칙적으로 사적 위험부담의 범위에 속하는 것인지 여부에 따라 달라진다. 만일 법률에 따른 개인의 행위가 단지 법률이 반사적으로 부여하는 기회의 활용을 넘어서 국가에 의하여 일정 방향으로 유인된 것이라면 특별히 보호가치가 있는 신뢰이익이 인정될 수 있고, 원칙적으로 개인의 신뢰보호가 국가의 법률개정이익에 우선된다고 볼 여지가 있다(헌재 2002.11.28. 2002헌바45).
④ [O] 수형자가 형법에 규정된 형 집행경과기간 요건을 갖춘 것만으로 가석방을 요구할 권리를 취득하는 것은 아니므로, 10년간 수용되어 있으면 가석방 적격심사 대상자로 선정될 수 있었던 구 형법 제72조 제1항에 대한 청구인의 신뢰를 헌법상 권리로 보호할 필요성이 있다고 할 수 없다. 가석방제도의 실제 운용에 있어서도 구 형법 제72조 제1항이 정한 10년보다 장기간의 형 집행 이후에 가석방을 해 왔고, 무기징역형을 선고받은 수형자에 대하여 기석방을 한 예가 많지 않으며, 2002년 이후에는 20년 미만의 집행기간을 경과한 무기징역형 수형자가 가석방된 사례가 없으므로, 청구인의 신뢰가 손상된 정도도 크지 아니하다. 그렇다면 죄질이 더 무거운 무기징역형을 선고받은 수형자를 가석방할 수 있는 형 집행 경과기간이 개정 형법 시행 후에 유기징역형을 선고받은 수형자의 경우와 같거나 오히려 더 짧게 되는 불합리한 결과를 방지하고, 사회를 방위하기 위한 이 사건 부칙조항이 신뢰보호원칙에 위배되어 청구인의 신체의 자유를 침해한다고 볼 수 없다(헌재 2013.8.29. 2011헌마408).

06 정답 ④

① [O] 이 사건 법률조항은 선장의 범죄행위에 관하여 비난할 근거가 되는 선박소유자의 의사결정 및 행위구조, 즉 선장이 저지른 행위의 결과에 대한 선박소유자의 독자적인 책임에 관하여 전혀 규정하지 않은 채, 단순히 선박소유자가 고용한 선장이 업무에 관하여 범죄행위를 하였다는 이유만으로 선박소유자에 대하여 형사처벌을 과하고 있는바, 이는 다른 사람의 범죄에 대하여 그 책임 유무를 묻지 않고 형벌을 부과하는 것으로서, 법치국가의 원리 및 죄형법정주의로부터 도출되는 책임주의원칙에 반한다(헌재 2013.9.26. 2013헌가15).
② [O] 형벌은 범죄에 대한 제재로서 그 본질은 법질서에 의해 부정적으로 평가된 행위에 대한 비난이다. 만약 법질서가 부정적으로 평가한 결과가 발생하였다고 하더라도 그러한 결과의 발생이 어느 누구의 잘못에 의한 것도 아니라면, 부정적인 결과가 발생하였다는 이유만으로 누군가에게 형벌을 가할 수는 없다. 이와 같이 '책임 없는 자에게 형벌을 부과할 수 없다'는 형벌에 관한 책임주의는 형사법의 기본원리로서, 헌법상 법치국가의 원리에 내재하는 원리인 동시에 헌법 제10조의 취지로부터 도출되는 원리이고, 법인의 경우도 자연인과 마찬가지로 책임주의원칙이 적용된다고 할 것이다(헌재 2010.11.25. 2010헌가88).
③ [O] 국민건강보험법 제52조 제1항은, 요양기관이 사위 기타 부당한 방법으로 보험급여비용을 받은 경우에만 징수책임을 지며, 또 요양기관과 아무런 관련 없이 피용자 개인의 잘못으로 보험급여비용을 받아 그 전액을 환수하는 것이 가혹한 경우라면 금액의 전부 혹은 일부가 '사위 기타 부당한 방법'에 해당하지 않는다고 하여 징수를 면할 수 있는 여지를 남겨 놓고 있고, 요양기관이 그 피용자를 관리·감독할 주의의무를 다하

였다고 하더라도, 보험급여비용이 요양기관에게 일단 귀속되었고 그 요양기관이 사위 기타 부당한 방법으로 보험급여비용을 지급받은 이상 부당이득반환의무가 있다는 것이므로 책임주의원칙에 어긋난다고 볼 수 없다(헌재 2011.6.30. 2010헌바375).

❹ [×] 이 사건 심판대상조항은 법인이 고용한 종업원 등의 범죄행위에 관하여 비난할 근거가 되는 법인의 의사결정 및 행위구조, 즉 종업원 등이 저지른 행위의 결과에 대한 법인의 독자적인 책임에 관하여 전혀 규정하지 않은 채, 단순히 법인이 고용한 종업원 등이 업무에 관하여 범죄행위를 하였다는 이유만으로 법인에 대하여 형사처벌을 과하고 있는바, 이는 <u>다른 사람의 범죄에 대하여 그 책임 유무를 묻지 않고 형벌을 부과함으로써 법치국가의 원리 및 죄형법정주의로부터 도출되는 책임주의원칙에 반하여 헌법에 위반된다</u>(헌재 2010.9.30. 2010헌가19 등).

07 정답 ③

ㄱ. [O] 기존의 법에 의하여 형성되어 이미 굳어진 개인의 법적 지위를 사후입법을 통하여 박탈하는 것 등을 내용으로 하는 진정소급입법은 개인의 신뢰보호와 법적 안정성을 내용으로 하는 법치국가원리에 의하여 특단의 사정이 없는 한 헌법적으로 허용되지 아니하는 것이 원칙이다. 다만, 일반적으로 국민이 소급입법을 예상할 수 있었거나 법적 상태가 불확실하고 혼란스러워 보호할 만한 신뢰이익이 적은 경우와 소급입법에 의한 당사자의 손실이 없거나 아주 경미한 경우 그리고 신뢰보호의 요청에 우선하는 심히 중대한 공익상의 사유가 소급입법을 정당화하는 경우 등에는 예외적으로 진정소급입법이 허용된다(헌재 1999.7.22. 97헌바76).

ㄴ. [×] 헌법 제13조 제2항이 금하고 있는 소급입법은 진정소급효를 가지는 법률을 의미한다. 부진정소급효의 입법은 원칙적으로 허용된다.

ㄷ. [O] 진정소급입법은 원칙적으로 허용되지 아니하나, 진정소급입법이 예외적으로 허용되는 경우로는 일반적으로 ㉠ 국민이 소급입법을 예상할 수 있었거나 법적 상태가 불확실하고 혼란스러웠거나 하여 보호할만한 신뢰의 이익이 적은 경우와 ㉡ 소급입법에 의한 당사자의 손실이 없거나 아주 경미한 경우, ㉢ 그리고 신뢰보호의 요청에 우선하는 심히 중대한 공익상의 사유가 소급입법을 정당화하는 경우 등을 들 수 있다(헌재 1998.9.30. 97헌바38).

ㄹ. [O] 일반적으로 소급입법이 금지되는 주된 이유는 문제된 사안이 발생하기 전에 그 사안을 일반적으로 규율할 수 있는 입법을 통하여 행위시법으로 충분히 처리할 수 있었음에도 불구하고, 권력자에 의해 사후에 제정된 법을 통해 과거의 일들이 자의적으로 규율됨으로써 법적 신뢰가 깨뜨려지고 국민의 권리가 침해되는 것을 방지하기 위함이다. 따라서 소급입법이 예외적으로 허용되기 위해서는 '그럼에도 불구하고 소급입법을 허용할 수밖에 없는 공익상의 이유'가 인정되어야 한다. 이러한 필요성도 없이 단지 소급입법을 예상할 수 있었다는 사유만으로 소급입법을 허용하는 것은 헌법 제13조 제2항의 소급입법금지원칙을 형해화시킬 수 있으므로 예외사유에 해당하는지 여부는 매우 엄격하게 판단하여야 한다(헌재 2013.8.29. 2010헌바354).

ㅁ. [×] 형벌불소급의 원칙은 행위의 가벌성에 관한 것이지, 형사소추가 얼마 동안 가능한가의 문제에 관한 것이 아니다(헌재 1996.2.16. 96헌가2).

08 정답 ①

❶ [×] 해당 조항으로 인하여 소멸된 저작인접권이 회복됨에 따라 청구인은 저작인접권자와의 협의를 거치거나 저작인접권자에게 보상금을 지급하여야만 음반을 제작·판매할 수 있기 때문에 음원의 무상 활용가능성이 없어지지만, 음원을 무상 사용함으로 인한 이익은 저작인접권자의 권리가 소멸함으로 인하여 얻을 수 있는 반사적 이익에 불과할 뿐이므로, 위 조항은 헌법 제13조 제2항이 금지하는 소급입법에 의한 재산권 박탈에 해당하지 아니한다(헌재 2013.11.28. 2012헌마770).

② [O] 심판대상조항은 개정조항이 시행되기 전 환급세액을 수령한 부분까지 사후적으로 소급하여 개정된 징수조항을 적용하는 것으로서 헌법 제13조 제2항에 따라 원칙적으로 금지되는 이미 완성된 사실·법률관계를 규율하는 진정소급입법에 해당한다. 법인세를 부당 환급받은 법인은 소급입법을 통하여 이자상당액을 포함한 조세채무를 부담할 것이라고 예상할 수 없었고, 환급세액과 이자상당액을 법인세로서 납부하지 않을 것이라는 신뢰는 보호할 필요가 있다. 나아가 개정 전 법인세법 아래에서도 환급세액을 부당이득반환청구를 통하여 환수할 수 있었으므로, <u>신뢰보호의 요청에 우선하여 진정소급입법을 하여야 할 매우 중대한 공익상 이유가 있다고 볼 수도 없다</u>(헌재 2014.7.24. 2012헌바105).

③ [O] 2009.12.31. 개정된 이 사건 감액조항을 2010.1.1.부터 적용하도록 규정한 구 공무원연금법 부칙(2009.12.31. 법률 제9905호) 제1조(2015.6.22. 법률 제13387호로 개정되기 전의 것) 본문(이하 '이 사건 부칙조항'이라 한다)이 소급입법금지원칙에 위배되는지 여부(소극)
청구인들은 구법조항이 2009.1.1.부터 효력을 상실하여 법적 공백 상태가 발생하였는데 2009.12.31.에야 비로소 개정된 이 사건 감액조항을 청구인들에게 적용하는 것은 소급입법에 의한 재산권의 침해에 해당하여 헌법에 위반된다고 주장한다. 헌법 제13조 제2항은 "모든 국민은 소급입법에 의하여 참정권의 제한을 받거나 재산권을 박탈당하지 않는다."라고 규정하고 있다. '소급입법'은 신법이 이미 종료된 사실관계나 법률관계에 적용되는지, 아니면 현재 진행 중인 사실관계나 법률관계에 적용되는지에 따라 '진정소급입법'과 '부진정소급입법'으로 구분되는데, 전자는 헌법상 원칙적으로 허용되지 않고 특단의 사정이 있는 경우에만 예외적으로 허용되는 반면, 후자는 원칙적으로 허용되지만 소급효를 요구하는 공익상의 사유와 신뢰보호 요청 사이의 교량과정에서 신뢰보호의 관점이 입법자의 입법형성권에 일정한 제한을 가하게 된다는 데 차이가 있다(헌재 2009.7.30. 2007헌바113 참조). 이미 퇴직연금수급권의 기초가 되는 요건사실이 충족되어 성립된 퇴직연금수급권의 내용은 급부의무자의 일회성 이행행위에 의하여 만족되는 것이 아니고 일정 기간 계속적으로 이행기가 도래하는 계속적 급부를 목적으로 하는 것인데(헌재 2005.6.30. 2004헌바42 참조), 기존 퇴직연금 수급권자도 재직 중의 사

유로 금고 이상의 형을 받은 경우(직무와 관련이 없는 과실로 인한 경우 및 소속 상관의 정당한 직무상의 명령에 따르다가 과실로 인한 경우는 제외한다) 이 사건 감액조항에 따라 퇴직연금의 일부가 감액하여 지급되지만, 이는 이 사건 부칙조항의 시행일인 2010.1.1. 이후에 지급받는 퇴직연금부터 적용된다. 즉 이 사건 부칙조항은 이미 발생하여 이행기에 도달한 퇴직연금수급권의 내용을 변경함이 없이 이 사건 부칙조항의 시행 이후의 법률관계, 다시 말해 장래에 이행기가 도래하는 퇴직연금수급권의 내용을 변경함에 불과하므로, 이미 종료된 과거의 사실관계 또는 법률관계에 새로이 법률이 소급적으로 적용되어 과거를 법적으로 새로이 평가하는 진정소급입법에는 해당하지 아니한다. 따라서 소급입법에 의한 재산권 침해는 문제될 여지가 없고, 다만 청구인들이 지니고 있는 기존의 법적인 상태에 대한 신뢰를 법치국가적인 관점에서 헌법적으로 보호해 주어야 할 것인지 여부가 문제될 뿐이다(헌재 2016. 6.30. 2014헌바365).

④ [O] 심판대상조항은 진정소급입법에 해당하지만 진정소급입법이라 할지라도 예외적으로 법적 상태가 불확실하고 혼란스러웠거나 하여 보호할 만한 신뢰의 이익이 적은 경우나 신뢰보호의 요청에 우선하는 심히 중대한 공익상의 사유가 소급입법을 정당화하는 경우에는 허용될 수 있다. 1945.8.9.은 일본의 패망이 기정사실화된 시점으로, 그 이후 남한 내에 미군정이 수립되고 일본인의 사유재산에 대한 동결 및 귀속조치가 이루어지기까지 법적 상태는 매우 불확실하고 혼란스러웠으므로 1945.8.9. 이후 조선에 남아 있던 일본인들이 일본의 패망과 미군정의 수립에도 불구하고 그들이 한반도 내에서 소유하거나 관리하던 재산을 자유롭게 거래하거나 처분할 수 있다고 신뢰하였다 하더라도 그러한 신뢰가 헌법적으로 보호할 만한 가치가 있는 신뢰라고 보기 어렵다. 일본인들이 불법적인 한일병합조약을 통하여 조선 내에서 축적한 재산을 1945.8.9. 상태 그대로 일괄 동결시키고 그 산일과 훼손을 방지하여 향후 수립될 대한민국에 이양한다는 공익은, 한반도 내의 사유재산을 자유롭게 처분하고 일본 본토로 철수하고자 하였던 일본인이나, 일본의 패망 직후 일본인으로부터 재산을 매수한 한국인들에 대한 신뢰보호의 요청보다 훨씬 더 중대하다. 심판대상조항은 소급입법금지원칙에 대한 예외로서 헌법 제13조 제2항에 위반되지 아니한다(헌재 2021. 1.28. 2018헌바88).

09 정답 ④

① [X]
> 헌법 제119조 ② 국가는 균형 있는 국민경제의 성장 및 안정과 적정한 소득의 분배를 유지하고, 시장의 지배와 경제력의 남용을 방지하며, 경제주체 간의 조화를 통한 경제의 민주화를 위하여 경제에 관한 규제와 조정을 할 수 있다.

② [X] 문제의 선지는 제헌헌법조항이다.

> 제헌헌법 제86조 농지는 농민에게 분배하며 그 분배의 방법, 소유의 한도, 소유권의 내용과 한계는 법률로써 정한다.
>
> 헌법 제121조 ① 국가는 농지에 관하여 경자유전의 원칙이 달성될 수 있도록 노력하여야 하며, 농지의 소작제도는 금지된다.
> ② 농업생산성의 제고와 농지의 합리적인 이용을 위하거나 불가피한 사정으로 발생하는 농지의 임대차와 위탁경영은 법률이 정하는 바에 의하여 인정된다.

③ [X]
> 헌법 제120조 ② 국토와 자원은 국가의 보호를 받으며, 국가는 그 균형 있는 개발과 이용을 위하여 필요한 계획을 수립한다.

❹ [O]
> 헌법 제120조 ① 광물 기타 중요한 지하자원·수산자원·수력과 경제상 이용할 수 있는 자연력은 법률이 정하는 바에 의하여 일정한 기간 그 채취·개발 또는 이용을 특허할 수 있다.

10 정답 ③

① [O] 헌법 제119조는 개인의 경제적 자유를 보장하면서 사회정의를 실현하는 경제질서를 경제헌법의 지도원칙으로 표명함으로써 국가가 개인의 경제적 자유를 존중해야 할 의무와 더불어 국민경제의 전반적인 현상에 대하여 포괄적인 책임을 지고 있다는 것을 규정하고 있다(헌재 2003.11.27. 2001헌바35).

② [O] 헌법 제126조는 국방상 또는 국민경제상 긴절한 필요로 인하여 법률이 정하는 경우를 제외하고는 사영기업을 국유 또는 공유로 이전하거나 그 경영을 통제 또는 관리할 수 없다고 규정하고 있다. 여기서 '사영기업의 국유 또는 공유로의 이전'은 일반적으로 공법적 수단에 의하여 사기업에 대한 소유권을 국가나 기타 공법인에 귀속시키고 사회정책적·국민경제적 목표를 실현할 수 있도록 그 재산권의 내용을 변형하는 것을 말하며, 또 사기업의 '경영에 대한 통제 또는 관리'라 함은 비록 기업에 대한 소유권의 보유주체에 대한 변경은 이루어지지 않지만 사기업 경영에 대한 국가의 광범위하고 강력한 감독과 통제 또는 관리의 체계를 의미한다(헌재 2021.3.25. 2017헌바378).

❸ [X]
> 헌법 제121조 ① 국가는 농지에 관하여 경자유전의 원칙이 달성될 수 있도록 노력하여야 하며, 농지의 소작제도는 금지된다.

④ [O] 과실책임원칙은 헌법 제119조 제1항의 자유시장경제질서에서 파생된 것으로 민사책임의 기본원리인바, 주식회사 이사의 회사에 대한 손해배상책임을 과실책임으로 규정하고, 고의 또는 과실의 입증책임을 이사의 책임을 주장하는 자에게 부담시키는 형식으로 규정된 상법이 입법형성권의 한계를 일탈하여 이사의 재산권을 침해하였다고 할 수 없다(헌재 2015.3.26. 2014헌바202).

11   정답 ③

① [X] 국가에게 헌법 제34조에 의하여 장애인의 복지를 위하여 노력을 해야 할 의무가 있다는 것은, 장애인도 인간다운 생활을 누릴 수 있는 정의로운 사회질서를 형성해야 할 국가의 일반적인 의무를 뜻하는 것이지, 장애인을 위하여 저상버스를 도입해야 한다는 구체적 내용의 의무가 헌법으로부터 나오는 것은 아니다(헌재 2002.12.18. 2002헌마52).

② [X] 사회적 약자를 위한 우대조치는 실질적 평등정신에 부합되므로 사회적 약자를 위한 입법조치에 대해서는 엄격한 심사보다는 자의금지원칙에 따라 평등의 원칙 위반 여부를 심사하는 것이 타당하다.

❸ [O] 사회국가원리는 소득의 재분배의 관점에서 경제적 약자에 대한 보험료의 지원을 허용할 뿐만 아니라, 한걸음 더 나아가 정의로운 사회질서의 실현을 위하여 이를 요청하는 것이다. 따라서 국가가 저소득층 지역가입자를 대상으로 소득수준에 따라 보험료를 차등지원하는 것은 사회국가원리에 의하여 정당화되는 것이다(헌재 2000.6.29. 99헌마289).

④ [X] 헌법 제15조의 직업의 자유 또는 헌법 제32조의 근로의 권리, 사회국가원리 등에 근거하여 실업방지 및 부당한 해고로부터 근로자를 보호하여야 할 국가의 의무를 도출할 수는 있을 것이나, 국가에 대한 직접적인 직장존속보장청구권을 근로자에게 인정할 헌법상의 근거는 없다. 이와 같이 우리 헌법상 국가에 대한 직접적인 직장존속보장청구권을 인정할 근거는 없으므로 근로관계의 당연승계를 보장하는 입법을 반드시 하여야 할 헌법상의 의무를 인정할 수 없다. 따라서 한국보건산업진흥원법 부칙 제3조가 기존 연구기관의 재산상의 권리·의무만을 새로이 설립되는 한국보건산업진흥원에 승계시키고, 직원들의 근로관계가 당연히 승계되는 것으로 규정하지 않았다 하여 위헌이라 할 수 없다(헌재 2002.11.28. 2001헌바50).

12   정답 ④

① [O] 오늘날 종교적인 의식 또는 행사가 하나의 사회공동체의 문화적인 현상으로 자리 잡고 있으므로, 어떤 의식, 행사, 유형물 등이 비록 종교적인 의식, 행사 또는 상징에서 유래되었다고 하더라도 그것이 이미 우리 사회공동체 구성원들 사이에서 관습화된 문화요소로 인식되고 받아들여질 정도에 이르렀다면, 이는 정교분리원칙이 적용되는 종교의 영역이 아니라 헌법적 보호가치를 지닌 문화의 의미를 갖게 된다. 그러므로 이와 같이 이미 문화적 가치로 성숙한 종교적인 의식, 행사, 유형물에 대한 국가 등의 지원은 일정 범위 내에서 전통문화의 계승·발전이라는 문화국가원리에 부합하며 정교분리원칙에 위배되지 않는다(대판 2009.5.28. 2008두16933).

② [O] 우리 헌법재판소는 문화예술기금 확보를 위한 부담금을 위헌으로 보았으나, 영화발전기금 확보를 위한 부담금에 대해서는 합헌결정을 하였다. 영화발전기금의 안정적 재원 마련을 위한 영화상영관 입장권에 대한 부과금제도는 과잉금지원칙에 반하여 영화관 관람객의 재산권과 영화관 경영자의 직업수행의 자유를 침해하였다고 볼 수 없다(헌재 2008.11.27. 2007헌마860).

> **비교판례**
>
> 특별부담금으로서의 문예진흥기금의 납입금은 그 헌법적 허용한계를 일탈하여 헌법에 위반된다. … 공연관람자 등이 예술감상에 의한 정신적 풍요를 느낀다면 그것은 헌법상의 문화국가원리에 따라 국가가 적극 장려할 일이지, 이것을 일정한 집단에 의한 수익으로 인정하여 그들에게 경제적 부담을 지우는 것은 헌법의 문화국가이념(제9조)에 역행하는 것이다(헌재 2003.12.18. 2002헌가2).

③ [O] 헌법은 "국가는 전통문화의 계승·발전과 민족문화의 창달에 노력하여야 한다."라고 규정한 우리 헌법 제9조에 근거하여 제정된 것으로서, 국가의 문화재에 관한 사무를 관장하던 관할 행정관청이 어떤 사찰을 전통사찰로 지정하는 행위는 해당 사찰을 국가의 '보존공물'로 지정하는 처분에 해당한다고 보아야 한다. 또한 헌법 제9조의 규정취지와 민족문화유산의 본질에 비추어 볼 때, 국가가 민족문화유산을 보호하고자 하는 경우 이에 관한 헌법적 보호법익은 '민족문화유산의 존속' 그 자체를 보장하는 것이고, 원칙적으로 민족문화유산의 훼손 등에 관한 가치보상이 있는지 여부는 이러한 헌법적 보호법익과 직접적인 관련이 없다(헌재 2003.1.30. 2001헌바64).

❹ [X] 피청구인들의 이 사건 지원배제지시는 청구인들의 표현의 자유를 중대하게 제한하는 것으로서 이를 위해서는 법률상 근거를 필요로 하고 그 요건과 절차 또한 준수할 것이 요구된다. … 위와 같은 법률상 보장된 제도 및 절차를 고려할 때, 청와대 및 문화체육관광부가 한국문화예술위원회 등의 개별적 문화예술계 지원사업 심의과정에 사전적으로 개입하여 신청자들의 정치적 견해를 기준으로 지원을 배제하도록 지시할 법적 근거는 존재하지 않는다. 게다가 이 사건 지원배제지시는 법률상 마련된 요건이나 절차를 적극적으로 배제하고자 하는 의도로 이루어졌다. 따라서 이 사건 지원배제지시는 아무런 법률적 근거 없이 법률에서 정한 요건이나 절차를 전혀 갖추지 않은 채 이루어진 행위로서 법률유보원칙에 위반된다(헌재 2020.12.23. 2017헌마416).

13   정답 ②

① [O] 문예진흥기금이 공연관람자 등의 집단적 이익을 위해서 사용되는 것도 아니다. 현실적으로 문예진흥기금은 문예진흥을 위한 다양한 용도로 사용되고 있지만, 그것이 곧바로 공연관람자들의 집단적 이익을 위한 사용이라고 말할 수는 없는 것이다. 공연 등을 보는 국민이 예술적 감상의 기회를 가진다고 하여 이것을 집단적 효용성으로 평가하는 것도 무리이다. 공연관람자 등이 예술감상에 의한 정신적 풍요를 느낀다면 그것은 헌법상의 문화국가원리에 따라 국가가 적극 장려할 일이지, 이것을 일정한 집단에 의한 수익으로 인정하여 그들에게 경제적 부담을 지우는 것은 헌법의 문화국가이념(제9조)에 역행하는 것이다(헌재 2003.12.18. 2002헌가2).

❷ [X] 우리나라는 건국헌법 이래 문화국가의 원리를 헌법의 기본원리로 채택하고 있다. …… 문화국가원리는 국가의 문화국가 실현에 관한 과제 또는 책임을 통하여 실현되는바, 국가의 문화정책과 밀접 불가분의 관계를 맺고 있다. 과거 국가절대주

의사상의 국가관이 지배하던 시대에는 국가의 적극적인 문화간섭정책이 당연한 것으로 여겨졌다. 그러나 오늘날에 와서는 국가가 어떤 문화현상에 대하여도 이를 선호하거나, 우대하는 경향을 보이지 않는 불편부당의 원칙이 가장 바람직한 정책으로 평가받고 있다. 오늘날 문화국가에서의 문화정책은 그 초점이 문화 그 자체에 있는 것이 아니라 문화가 생겨날 수 있는 문화풍토를 조성하는 데 두어야 한다(헌재 2004.5.27. 2003헌가).

③ [○] 국가의 표현영역에 대한 개입 어떤 표현이 가치 없거나 유해하다는 주장만으로 국가에 의한 표현규제가 정당화되지 않는다. 그 표현의 해악을 시정하는 1차적 기능은 <u>시민사회 내부에 존재하는 사상의 경쟁메커니즘</u>에 맡겨져 있기 때문이다. 그러니 대립되는 다양한 의견과 사상의 경쟁메커니즘에 의하더라도 그 표현의 해악이 처음부터 해소될 수 없는 성질의 것이거나 또는 다른 사상이나 표현을 기다려 해소되기에는 너무나 심대한 해악을 지닌 표현은 언론·출판의 자유에 의한 보장을 받을 수 없고 국가에 의한 내용규제가 광범위하게 허용된다(헌재 1998.4.30. 95헌가).

④ [○] 국가 및 지방자치단체에게 초·중등교육 과정에 지역어 보전 및 지역의 실정에 적합한 기준과 내용의 교과를 편성하지 아니한 부분에 대한 심판청구가 적법하려면 헌법 규범에서 국가 및 지방자치단체에게 '초·중등교육 과정에 지역어 보전 및 지역의 실정에 적합한 기준과 내용의 교과를 편성할 구체적인 의무'가 나온다고 인정되어야 할 것이다. 헌법이 국가 및 지방자치단체에게 청구인들이 주장하는 바와 같은 작위의무가 있다고 명시한 바 없고, 헌법 제10조(행복추구권), 제31조(교육을 받을 권리), 제9조(전통문화의 계승·발전과 민족문화의 창달에 노력할 국가의무)로부터도 위와 같은 작위의무가 도출된다고 할 수 없다(헌재 2009.5.28. 2006헌마618).

14 정답 ①

❶ [○] 통일원칙은 전문과 대통령 선서문에 제7차 개정헌법에서 최초로 규정되었다. 제4조는 제9차 개정헌법에서 처음으로 도입되었다.

② [×] 흡수통일의 개념이 모호하기는 하나 무력에 의한 흡수통일은 허용되지 않는다. 독일과 같이 동독의 붕괴로 인한 흡수통일은 허용될 수 있듯이 무력에 의한 방법이 아닌 통일은 평화통일원칙에 위반되지 않는다.

③ [×] 영토조항이 제7차 개정헌법에서 평화통일원칙의 도입으로 사문화되었다는 견해도 있으나, 영토조항은 여전히 그 효력을 유지하고 있으므로 사문화되고 있다는 견해가 일치하고 있지는 않다.

④ [×] 헌법상의 여러 통일 관련 조항들은 국가의 통일의무를 선언한 것이기는 하지만, 그로부터 국민 개개인의 통일에 대한 기본권, 특히 국가기관에 대하여 통일과 관련된 구체적인 행동을 요구하거나 일정한 행동을 할 수 있는 권리가 도출된다고 볼 수 없다(헌재 2000.7.20. 98헌바63).

15 정답 ①

❶ [×] 우리 헌법이 '대한민국의 영토는 한반도와 그 부속도서로 한다'는 영토조항(제3조)을 두고 있는 이상 대한민국의 헌법은 북한지역을 포함한 한반도 전체에 그 효력이 미치고 따라서 북한지역은 당연히 대한민국의 영토가 되므로, 북한을 법 소정의 '외국'으로, 북한의 주민 또는 법인 등을 '비거주자'로 바로 인정하기는 어렵지만, <u>개별법률의 적용 내지 준용</u>에 있어서는 남북한의 특수관계적 성격을 고려하여 <u>북한지역을 외국에 준하는 지역으로, 북한주민 등을 외국인에 준하는 지위에 있는 자로 규정할 수 있다</u>고 할 것이다(헌재 2005.6.30. 2003헌바114).

② [○] 영토조항에 따르면 북한지역도 대한민국 영토이므로 북한은 국가가 아니라 대한민국만이 유일한 국가이다. 대법원 판례에 따르면 영토조항에 근거하여 북한지역에도 대한민국의 주권이 미칠 뿐이므로 대한민국 주권과 부딪히는 어떠한 국가단체의 주권을 법리상 인정할 수 없다고 하여 북한의 국가성을 부정하고 북한을 반국가단체로 보고 있다.

③ [○] ④ [○] 북한은 조국의 평화적 통일을 위한 대화와 협력의 동반자임과 동시에 대남적화노선을 고수하면서 우리 자유민주체제의 전복을 획책하고 있는 반국가단체라는 성격도 함께 갖고 있음이 엄연한 현실인 점에 비추어, 헌법 제4조가 천명하는 자유민주적 기본질서에 입각한 평화적 통일정책을 수립하고 이를 추진하는 한편 국가의 안전을 위태롭게 하는 반국가활동을 규제하기 위한 법적 장치로서, <u>전자를 위하여는 '남북교류협력에 관한 법률' 등의 시행으로써 이에 대처하고 후자를 위하여는 국가보안법의 시행으로써 이에 대처하고 있는 것이다</u>(헌재 1993.7.29. 92헌바48).

16 정답 ②

① [○] ❷ [×] 1987.10.29. 공포한 현행헌법 부칙 제5조는 현행헌법 시행 당시의 법령은 현행헌법에 위배되지 아니하는 한 그 효력을 지속한다고 하여 법령의 지속효에 관한 규정을 두고 있다. 그렇다면 국가보위입법회의에서 제정된 법률은 '그 내용'이 현행헌법에 저촉된다고 하여 이를 다투는 것은 <u>별론으로 하고 '그 제정절차'에 하자가 있음을 이유로 하여 이를 다툴 수는 없다</u>고 보아야 할 것이다(헌재 1997.1.16. 92헌바6).

③ [○] 북한이 남·북한의 유엔동시가입, 소위 남북합의서의 채택·발효 및 '남북교류협력에 관한 법률' 등의 시행 후에도 대남적화노선을 고수하면서 우리 자유민주주의체제의 전복을 획책하고 지금도 각종 도발을 계속하고 있음이 엄연한 현실인 점에 비추어, 국가의 존립·안전과 국민의 생존 및 자유를 수호하기 위하여 국가보안법의 해석·적용상 북한을 반국가단체로 보고 이에 동조하는 반국가활동을 규제하는 것 자체가 헌법이 규정하는 국제평화주의나 평화통일의 원칙에 위반된다고 할 수 없다(헌재 1997.1.16. 89헌마240).

④ [○] 북한이 반국가단체인 것은 헌법 제3조의 해석에 근거한 것이고, 국가보안법이 북한을 반국가단체로 규정하고 있지는 않다.

17　정답 ②

① [O] '대한민국과 일본국 간의 어업에 관한 협정'은 우리나라 정부가 일본 정부와의 사이에서 어업에 관해 체결·공포한 조약으로서 헌법 제6조 제1항에 의하여 국내법과 같은 효력을 가지므로, 그 체결행위는 고권적 행위로서 '공권력의 행사'에 해당한다(헌재 2001.3.21. 99헌마139).
　/ 이에 반해 '한일어업협정 합의의사록'은 조약에 해당하지 않는다고 보았음.
❷ [×] 국회의 동의권이 침해되었다고 하여 동시에 국회의원의 심의·표결권이 침해된다고 할 수 없고, 국회의원의 심의·표결권은 국회의 대내적인 관계에서 행사되고 침해될 수 있을 뿐 다른 국가기관과의 대외적인 관계에서는 침해될 수 없는 것이므로, 피청구인 대통령이 국회의 동의 없이 조약을 체결·비준하였다 하더라도 국회의 체결·비준 동의권이 침해될 수는 있어도 국회의원인 청구인들의 심의·표결권이 침해될 가능성은 없다고 할 것이므로, 청구인들의 이 부분 심판청구 역시 부적법하다(헌재 2007.7.26. 2005헌라8).
③ [O]

구분	위헌법률 심판	제68조 ② 헌소	제68조 ① 헌소	법원의 명령규칙 · 심사(헌법 제107조 ②)
국회의 동의를 요하는 조약	○	○	○	×
국회의 동의를 요하지 않는 조약	×	×	○	○

④ [O] 국제통화기금은 법률의 효력을 가지는 조약으로서 위헌법률심판의 대상이 된다(헌재 2001.9.27. 2000헌바20).

18　정답 ③

① [×] 지방자치단체에 대하여 중앙행정기관은 합목적성 감독보다는 합법성 감독을 지향하여야 하고 중앙행정기관의 무분별한 감사권의 행사는 헌법상 보장된 지방자치단체의 자율권을 저해할 가능성이 크므로, 이 사건 관련 규정상의 감사에 착수하기 위해서는 자치사무에 관하여 특정한 법령위반행위가 확인되었거나 위법행위가 있었으리라는 합리적 의심이 가능한 경우이어야 하고, 또한 그 감사대상을 특정해야 한다고 봄이 상당하다. 따라서 전반기 또는 후반기 감사와 같은 포괄적·사전적 일반감사나 위법사항을 특정하지 않고 개시하는 감사 또는 법령위반사항을 적발하기 위한 감사는 모두 허용될 수 없다. 왜냐하면 법령위반 여부를 알아보기 위하여 감사하였다가 위법사항을 발견하지 못하였다면 법령위반사항이 아닌데도 감사한 것이 되어 이 사건 관련 규정 단서에 반하게 되며, 이것은 결국 지방자치단체의 자치사무에 대한 합목적성 감사는 안 된다고 하면서 실제로는 합목적성 감사를 하는 셈이 되기 때문이다(헌재 2009.5.28. 2006헌라6).
② [×] 중앙행정기관이 구 지방자치법 제158조 단서 규정상의 감사에 착수하기 위해서는 자치사무에 관하여 특정한 법령위반행위가 확인되었거나 위법행위가 있었으리라는 합리적 의심이 가능한 경우이어야 하고, 그 감사대상을 특정해야 한다. 따라서 전반기 또는 후반기 감사와 같은 포괄적·사전적 일반감사나 위법사항을 특정하지 않고 개시하는 감사 또는 법령위반사항을 적발하기 위한 감사는 모두 허용될 수 없다(헌재 2009.5.28. 2006헌라6).
❸ [O] 감사원법은 현행헌법 개정 전후에 걸쳐 지방자치단체에 대한 감사범위에 관하여 별다른 개정 없이 제24조 제1항 제2호에 '지방자치단체의 사무와 그에 소속한 지방공무원의 직무'에 대한 감찰권을 그대로 두었는데, 감사원법에는 감사범위를 제한하는 이 사건 관련 규정 단서와 같은 규정이 없고 헌법기관이라는 감사원의 성격상 감사원의 지방자치단체에 대한 감사는 합법성 감사에 한정되지 않고 자치사무에 대하여도 합목적성 감사가 가능하여 국가감독권 행사로서 지방자치단체의 자치사무에 대한 감사원의 사전적·포괄적 감사가 인정되는 터에 여기에다 중앙행정기관에도 사전적·포괄적 감사를 인정하게 되면 지방자치단체는 그 자치사무에 대해서도 국가의 불필요한 중복감사를 면할 수 없게 된다(헌재 2009.5.28. 2006헌라6).
④ [×]

> 지방자치법 제171조 ① 행정자치부장관이나 시·도지사는 지방자치단체의 자치사무에 관하여 보고를 받거나 서류·장부 또는 회계를 감사할 수 있다. 이 경우 감사는 법령위반사항에 대하여만 실시한다.

19　정답 ④

① [×]

> 헌법 제118조 ② 지방의회의 조직·권한·의원선거와 지방자치단체의 장의 선임방법 기타 지방자치단체의 조직과 운영에 관한 사항은 법률로 정한다.

② [×]

> 헌법 제117조 ② 지방자치단체의 종류는 법률로 정한다.
> 제118조 ② 지방의회의 조직·권한·의원선거와 지방자치단체의 장의 선임방법 기타 지방자치단체의 조직과 운영에 관한 사항은 법률로 정한다.

③ [×]

> 헌법 제118조 ② 지방의회의 조직·권한·의원선거와 지방자치단체의 장의 선임방법 기타 지방자치단체의 조직과 운영에 관한 사항은 법률로 정한다.

❹ [O] 지방자치단체의 장 선거권을 지방의회의원 선거권, 나아가 국회의원 선거권 및 대통령 선거권과 구별하여 하나는 법률상의 권리로, 나머지는 헌법상의 권리로 이원화하는 것은 허용될 수 없다. 그러므로 지방자치단체의 장 선거권 역시 다른 선거권과 마찬가지로 헌법 제24조에 의해 보호되는 기본권으로 인정하여야 한다(헌재 2016.10.27. 2014헌마797).

20 정답 ③

- ㄱ. [O] 주민소환제는 주민의 참여를 적극 보장하고, 이로써 주민자치를 실현하여 지방자치에도 부합하므로, 이 점에서는 위헌의 문제가 발생할 소지가 없고, 제도적인 형성에 있어서도 입법자에게 광범위한 입법재량이 인정된다 할 것이다(헌재 2009. 3.26. 2007헌마843).
- ㄴ. [X] ㄷ. [O] 주민소환제 자체는 지방자치의 본질적인 내용이라고 할 수 없으므로 이를 보장하지 않는 것이 위헌이라거나 어떤 특정한 내용의 주민소환제를 반드시 보장해야 한다는 헌법적인 요구가 있다고 볼 수는 없다(2009.3.26. 2007헌마843).
- ㄹ. [O] 주민소환제 자체는 지방자치의 본질적인 내용이라고 할 수 없으므로 이를 보장하지 않는 것이 위헌이리거나 어떤 특정한 내용의 주민소환제를 반드시 보장해야 한다는 헌법적인 요구가 있다고 볼 수는 없다(헌재 2009.3.26. 2007헌마843).
- ㅁ. [O] ㅂ. [X] 주민소환제를 규범적인 차원에서 정치적인 절차로 설계할 것인지, 아니면 사법적인 절차로 할 것인지는 현실적인 차원에서 입법자가 여러 가지 사정을 고려하여 정책적으로 결정할 사항이라 할 것이다. 그런데 '주민소환에 관한 법률'에 주민소환의 청구사유를 두지 않은 것은 입법자가 주민소환을 기본적으로 정치적인 절차로 설정한 것으로 볼 수 있고, 외국의 입법례도 청구사유에 제한을 두지 않는 경우가 많다는 점을 고려할 때 우리의 주민소환제는 기본적으로 정치적인 절차로서의 성격이 강한 것으로 평가될 수 있다 할 것이다.
- ㅅ. [X] '주민소환에 관한 법률'은 주민소환의 청구사유에 대한 규정을 하고 있지 않다.
- ㅇ. [O] ㅋ. [O] '주민소환에 관한 법률' 제21조 제1항의 입법목적은 행정의 정상적인 운영과 공정한 선거관리라는 정당한 공익을 달성하려는 데 있고, 주민소환투표가 공고된 날로부터 그 결과가 공표될 때까지 주민소환투표 대상자의 권한행사를 정지하는 것은 위 입법목적을 달성하기 위한 상당한 수단이 되는 점, 위 기간 동안 권한행사를 일시 정지한다 하더라도 이로써 공무담임권의 본질적인 내용이 침해된다고 보기 어려운 점, 권한행사의 정지기간은 통상 20일 내지 30일의 비교적 단기간에 지나지 아니하므로, 이 조항이 달성하려는 공익과 이로 인하여 제한되는 주민소환투표 대상자의 공무담임권이 현저한 불균형 관계에 있지 않은 점 등을 고려하면, 위 조항이 과잉금지의 원칙에 반하여 과도하게 공무담임권을 제한하는 것으로 볼 수 없다(헌재 2009.3.26. 2007헌마843).
- ㅈ. [O] 대의민주주의 아래에서 대표자에 대한 선출과 신임은 선거의 형태로 이루어지는 것이 바람직하고, 주민소환은 대표자에 대한 신임을 묻는 것으로서 그 속성은 재선거와 다를 바 없으므로 선거와 마찬가지로 그 사유를 묻지 않는 것이 제도의 취지에 부합한다. 달리 그와 같이 청구사유를 제한하지 아니한 입법자의 판단이 현저하게 잘못되었다고 볼 사정 또한 찾아볼 수 없다. 따라서 이 사건 법률조항은 과잉금지의 원칙에 위배하여 청구인의 공무담임권을 침해한다고 볼 수 없다(헌재 2011. 3.31. 2008헌마355).
- ㅊ. [O] 이 사건 법률조항은 대의제의 본질적인 부분을 침해하지 않도록 극히 예외적이고 엄격한 요건을 갖춘 경우에 한하여 주민소환을 인정하려는 제도적 고려에서, 서명요청이라는 표현의 방법을 '소환청구인 서명부를 제시'하거나 '구두로 주민소환투표의 취지나 이유를 설명'하는 방법, 두 가지로만 엄격히 제한함으로써, ㉠ 주민소환투표청구가 정치적으로 악용·남용되는 것을 방지함과 동시에, ㉡ 서명요청 활동 단계에서 흑색선전이나 금품 살포와 같은 부정한 행위가 이루어지는 것을 방지하여 주민소환투표청구권자의 진정한 의사가 왜곡되는 것을 방지하려고 하였는바, 위 입법목적은 정당하고 수단은 적절하다. 이 사건 법률조항으로 인하여 제한되는 개인의 표현의 자유 등 사익에 비하여 주민소환투표제도의 부작용 억제를 통한 대의제 원리의 보장과 소환대상자의 공무담임권 보장, 지방행정의 안정성 보장이라는 공익이 훨씬 크므로, 법익균형성 요건도 충족한다. 따라서, 이 사건 법률조항은 표현의 자유를 제한함에 있어 과잉금지원칙을 위반하지 않는다(헌재 2011.12.29. 2010헌바368).

3회 쟁점별 모의고사 정답 및 해설
(기본권 총론 ~ 인간의 존엄성)

정답

01	②	02	①	03	①	04	②	05	②
06	③	07	②	08	④	09	④	10	④
11	②	12	④	13	①	14	③	15	①
16	④	17	③	18	③	19	①	20	③

01
정답 ②

① [O] 대통령도 국민의 한사람으로서 제한적으로나마 기본권의 주체가 될 수 있는바, 대통령은 소속 정당을 위하여 정당활동을 할 수 있는 사인으로서의 지위와 국민 모두에 대한 봉사자로서 공익실현의 의무가 있는 헌법기관으로서의 지위를 동시에 갖는데 최소한 전자의 지위와 관련하여는 기본권 주체성을 갖는다고 할 수 있다(헌재 2008.1.17. 2007헌마700).
❷ [×] 지방자치단체는 기본권의 주체가 되지 않는다.
③ [O] 공정한 재판을 위해선 국가가 소송의 당사자라면 국가도 사법절차의 원리(공격 방어의 기회 보장, 무기대등원칙) 등을 원용할 수 있어야 한다.
④ [O] 공직자가 국가기관의 지위에서 순수한 직무상의 권한행사와 관련하여 기본권 침해를 주장하는 경우에는 기본권의 주체성을 인정하기 어려우나, 그 외의 사적인 영역에 있어서는 기본권의 주체가 될 수 있다. 청구인은 선출직 공무원인 하남시장으로서 주민소환투표가 발의된 경우 주민소환투표 대상자의 권한을 정지시키는 이 사건 법률조항으로 인하여 공무담임권 등이 침해된다고 주장하여, 순수하게 직무상의 권한행사와 관련된 것이라기보다는 공직의 상실이라는 개인적인 불이익과 연관된 공무담임권을 다투고 있으므로, 기본권의 주체성이 인정된다(헌재 2009.3.26. 2007헌마843).

02
정답 ①

❶ [×] 청구인의 경우 공법상 재단법인인 방송문화진흥회가 최다출자자인 방송사업자로서 방송법 등 관련 규정에 의하여 공법상의 의무를 부담하고 있지만, 상법에 의하여 설립된 주식회사로 설립목적은 언론의 자유의 핵심 영역인 방송사업이므로 이러한 업무수행과 관련하여 당연히 기본권 주체가 될 수 있고, 그 운영을 광고수익에 전적으로 의존하고 있는 만큼 이를 위해 사경제주체로서 활동하는 경우에도 기본권 주체가 될 수 있는바, 이 사건 심판청구는 청구인이 그 운영을 위한 영업활동의 일환으로 방송광고를 판매하는 지위에서 그 제한과 관련하여 이루어진 것이므로 그 기본권 주체성을 인정할 수 있다(헌재 2013.9.26. 2012헌마271).
② [O] 배아는 정자 및 난자의 제공과 그 결합에 의해 생성되므로, 정자 및 난자 제공자는 배아생성자라 일컬을 수 있다. 배아생성자는 배아에 대해 자신의 유전자정보가 담긴 신체의 일부를 제공하고, 배아가 모체에 성공적으로 착상하여 인간으로 출생할 경우 생물학적 부모로서의 지위를 갖게 되므로, 배아의 관리 또는 처분에 대한 결정권을 가진다고 할 것이다. 이러한 배아생성자의 배아에 대한 결정권은 헌법상 명문으로 규정되어 있지는 아니하지만, 헌법 제10조로부터 도출되는 일반적 인격권의 한 유형으로서의 헌법상 권리라 할 것이다(헌재 2010.5.27. 2005헌마346).
③ [O] 기본권 보장규정인 헌법 제2장의 제목이 '국민의 권리와 의무'이고, 그 제10조 내지 제39조에서 "모든 국민은 … 권리를 가진다."라고 규정하고 있으므로 국민만이 기본권의 주체라 할 것이고, 공권력의 행사인 국가, 지방자치단체나 그 기관 또는 국가조직의 일부나 공법인은 기본권의 주체가 아니라 단지 국민의 기본권을 보호 내지 실현해야 할 책임과 의무를 지는 지위에 있을 뿐이다. 그러므로 지방자치단체의 장인 이 사건 청구인은 기본권의 주체가 될 수 없으므로 청구인의 재판청구권 침해 주장은 더 나아가 살필 필요 없이 이유 없다(헌재 2014.6.26. 2013헌바122).
④ [O] 기본권의 보장에 관한 각 헌법규정의 해석상 국민(또는 국민과 유사한 지위에 있는 외국인과 사법인)만이 기본권의 주체라 할 것이고, 국가나 국가기관 또는 국가조직의 일부나 공법인은 기본권의 '수범자'이지 기본권의 주체로서 그 '소지자'가 아니고 오히려 국민의 기본권을 보호 내지 실현해야 할 책임과 의무를 지니고 있는 지위에 있을 뿐이므로, 공법인인 지방자치단체의 의결기관인 청구인 의회는 기본권의 주체가 될 수 없고 따라서 헌법소원을 제기할 수 있는 적격이 없다(헌재 1998.3.26. 96헌마345).

03 정답 ①

ㄱ. [O] 권리능력 없는 사단에 대해 헌법재판소는 기본권 주체성과 헌법소원청구능력을 인정하였다(헌재 1991.3.11. 91헌마21).
ㄴ. [O] 주택재개발정비사업조합의 공공성과 '도시 및 주거환경정비법'에서 위 조합에 행정처분을 할 수 있는 권한을 부여한 취지 등을 종합하여 볼 때, 재개발조합이 공법인의 지위에서 행정처분의 주체가 되는 경우에 있어서는, 위 조합은 재개발사업에 관한 국가의 기능을 대신하여 수행하는 공권력 행사자 내지 기본권 수범자의 지위에 있다. 따라서 재개발조합이 기본권의 수범자로 기능하면서 행정심판의 피청구인이 된 경우에 적용되는 심판대상조항의 위헌성을 다투는 이 사건에 있어, 재개발조합인 청구인은 기본권의 주체가 된다고 볼 수 없다(헌재 2022.7.21. 2019헌바543).
ㄷ. [X] 대통령도 국민의 한사람으로서 제한적으로나마 기본권의 주체가 될 수 있는바, 대통령은 소속 정당을 위하여 정당활동을 할 수 있는 사인으로서의 지위와 국민 모두에 대한 봉사자로서 공익실현의 의무가 있는 헌법기관으로서의 지위를 동시에 갖는데 최소한 전자의 지위와 관련하여는 기본권 주체성을 갖는다고 할 수 있다(헌재 2008.1.17. 2007헌마700).
ㄹ. [O] 조사대상자가 사자(死者)의 경우에도 인격적 가치에 대한 중대한 왜곡으로부터 보호되어야 하고, 사자(死者)에 대한 사회적 명예와 평가의 훼손은 사자(死者)와의 관계를 통하여 스스로의 인격상을 형성하고 명예를 지켜온 그들의 후손의 인격권, 즉 유족의 명예 또는 유족의 사자(死者)에 대한 경애추모의 정을 침해한다고 할 것이다. 따라서 이 사건 법률조항은 조사대상자의 사회적 평가와 아울러 그 유족의 헌법상 보장된 인격권을 제한하는 것이라고 할 것이다(헌재 2010.10.28. 2007헌가23, 친일반민족행위자결정).
ㅁ. [O] 근로관계가 형성되기 전 단계인 특정한 직업을 선택할 수 있는 권리는 국가정책에 따라 법률로써 외국인에게 제한적으로 허용되는 것이지 헌법상 기본권에서 유래되는 것은 아니다. 따라서 외국인인 청구인에게는 그 기본권 주체성이 인정되지 아니한다(헌재 2014.8.28. 2013헌마359).

04 정답 ②

ㄱ. [O] 헌법 제10조의 규정에 의하면, 국가는 개인이 가지는 불가침의 기본적 인권을 확인하고 이를 보장할 의무를 지고 기본권은 공동체의 객관적 가치질서로서의 성격을 가지므로, 적어도 생명·신체의 보호와 같은 중요한 기본권적 법익 침해에 대해서는 그것이 국가가 아닌 제3자로서의 사인에 의해서 유발된 것이라고 하더라도 국가가 적극적인 보호의 의무를 진다(헌재 2020.3.26. 2017헌마1281)
ㄴ. [X] 국가가 국민의 건강하고 쾌적한 환경에서 생활할 권리를 보호할 의무를 진다고 하더라도, 국가의 기본권 보호의무를 입법자가 어떻게 실현하여야 할 것인가 하는 문제는 원칙적으로 권력분립과 민주주의의 원칙에 따라 국민에 의하여 직접 민주적 정당성을 부여받고 자신의 결정에 대하여 정치적 책임을 지는 입법자의 책임범위에 속한다(헌재 2020.3.26. 2017헌마1281).
ㄷ. [O] 동물보호법, '장사 등에 관한 법률', '동물장묘업의 시설설치 및 검사기준' 등 관계 규정에서 동물장묘시설의 설치제한 지역을 상세하게 규정하고, 매연, 소음, 분진, 악취 등 오염원 배출을 규제하기 위한 상세한 시설 및 검사기준을 두고 있는 등의 사정을 고려할 때, 심판대상조항에서 동물장묘업 등록에 관하여 '장사 등에 관한 법률' 제17조 외에 다른 지역적 제한 사유를 규정하지 않았다는 사정만으로 청구인들의 환경권을 보호하기 위한 입법자의 의무를 과소하게 이행하였다고 평가할 수는 없다. 따라서 심판대상조항은 청구인들의 환경권을 침해하지 않는다(헌재 2020.3.26. 2017헌마1281).
ㄹ. [X] 헌법 제10조 후문이 규정하는 국가의 기본권 보호의무란 기본권적 법익을 기본권 주체인 사인에 의한 위법한 침해 또는 침해의 위험으로부터 보호하여야 하는 국가의 의무를 말하며, 주로 사인인 제3자에 의한 개인의 생명이나 신체의 훼손에서 문제되는 지뢰피해지 및 그 유족에 대한 위로금 산정시 사망 또는 상이를 입을 당시의 월평균임금을 기준으로 하고, 그 기준으로 산정한 위로금이 2천만 원에 이르지 아니할 경우 2천만 원을 초과하지 아니하는 범위에서 조정·지급할 수 있도록 한 '지뢰피해자 지원에 관한 특별법'은 제3자에 의한 개인의 생명이나 신체의 훼손이 문제되는 사안이 아니므로 이에 관하여 별도로 판단하지 아니한다(헌재 2019.12.27. 2018헌바236).

05 정답 ②

① [X] 헌법상의 기본권은 모든 국가권력을 기속하므로 행정권력 역시 이러한 기본권 보호의무에 따라 기본권이 실효적으로 보장될 수 있도록 행사되어야 하고, 외교행위라는 영역도 사법심사의 대상에서 완전히 배제되는 것으로는 볼 수 없다. 특정 국민의 기본권이 관련되는 외교행위에 있어서, 앞서 본 바와 같이 법령에 규정된 구체적 작위의무의 불이행이 헌법상 기본권 보호의무에 대한 명백한 위반이라고 판단되는 경우에는 기본권 침해행위로서 위헌이라고 선언되어야 한다. 결국 피청구인의 재량은 침해되는 기본권의 중대성, 기본권 침해 위험의 절박성, 기본권의 구제가능성, 진정한 국익에 반하는지 여부 등을 종합적으로 고려하여 국가기관의 기본권 기속성에 합당한 범위 내로 제한될 수밖에 없다(헌재 2011.8.30. 2006헌마788).
❷ [O] 국가가 국민의 건강하고 쾌적한 환경에서 생활할 권리를 보호할 의무를 진다고 하더라도, 국가의 기본권 보호의무를 입법자 또는 그로부터 위임받은 집행자가 어떻게 실현하여야 할 것인가 하는 문제는 원칙적으로 권력분립과 민주주의의 원칙에 따라 국민에 의하여 직접 민주적 정당성을 부여받고 자신의 결정에 대하여 정치적 책임을 지는 입법자의 책임범위에 속한다. 헌법재판소는 단지 제한적으로만 입법자 또는 그로부터 위임받은 집행자에 의한 보호의무의 이행을 심사할 수 있다(헌재 2019.12.27. 2018헌마730).
③ [X] 이러한 보호의 차별화 내지 차등화가 정당화될 수 있는지 여부는 '기본권 보호의무의 이행'이라는 관점에서 논의될 성질의 것이지 과잉금지원칙의 관점에서 논의될 성질의 것은 아니다. 왜냐하면 과잉금지원칙은 국가가 국민의 소극적 방어권으로서의 기본권을 제한하는 경우에 적용되는 법리이지, 이 사건의 경우와 같이 국가와의 관계에서 개인의 기본권이 문제되는 것이 아니라 사인 상호 간에 기본권적 법익 침해가 문

제되어 국가가 생명발전의 각 단계에서 그 각 단계별로 생명보호를 위해 어떤 수단을 투입하는 것이 바람직할 것인가를 판단하는 경우에 적용되는 법리가 아니기 때문이다(헌재 2008. 7.31. 2004헌바81).

④ [✕] 국가의 신체와 생명에 대한 보호의무는 교통과실범의 경우 발생한 침해에 대한 사후처벌뿐 아니라, 무엇보다도 우선적으로 운전면허취득에 관한 법규 등 전반적인 교통 관련 법규의 정비, 운전자와 일반국민에 대한 지속적인 계몽과 교육, 교통안전에 관한 시설의 유지 및 확충, 교통사고 피해자에 대한 보상제도 등 여러 가지 사전적·사후적 조치를 함께 취함으로써 이행된다 할 것이므로, 형벌은 국가가 취할 수 있는 유효적절한 수많은 수단 중의 하나일 뿐이지, 결코 형벌까지 동원해야만 보호법익을 유효적절하게 보호할 수 있다는 의미의 최종적인 유일한 수단이 될 수는 없다 할 것이다. 따라서 이 사건 법률조항은 국가의 기본권 보호의무의 위반 여부에 관한 심사기준인 과소보호금지의 원칙에 위반한 것이라고 볼 수 없다(헌재 2009.2.26. 2005헌마764 등). 다만, 이 판결에서는 업무상 과실 또는 중대한 과실로 인하여 '중상해'를 입은 경우까지 면책되도록 한 것은 중상해를 입은 피해자의 재판절차진술권과 평등권을 침해한 것이라고 하였다.

06 정답 ③

① [O] 헌법 제10조의 규정에 의하면, 국가는 개인이 가지는 불가침의 기본적 인권을 확인하고 이를 보장할 의무를 지고 기본권은 공동체의 객관적 가치질서로서의 성격을 가지므로, 적어도 생명·신체의 보호와 같은 중요한 기본권적 법익 침해에 대해서는 그것이 국가가 아닌 제3자로서의 사인에 의해서 유발된 것이라고 하더라도 국가가 적극적인 보호의 의무를 진다(헌재 2020.3.26. 2017헌마1281).

② [O] 환경피해는 생명·신체의 보호와 같은 중요한 기본권적 법익 침해로 이어질 수 있는 점 등을 고려할 때, 일정한 경우 국가는 사인인 제3자에 의한 국민의 환경권 침해에 대해서도 적극적으로 기본권 보호조치를 취할 의무를 부담한다(헌재 2020. 3.26. 2017헌마1281).

❸ [✕] 국가가 국민의 건강하고 쾌적한 환경에서 생활할 권리를 보호할 의무를 진다고 하더라도, 국가의 기본권 보호의무를 입법자가 어떻게 실현하여야 할 것인가 하는 문제는 원칙적으로 권력분립과 민주주의의 원칙에 따라 국민에 의하여 직접 민주적 정당성을 부여받고 자신의 결정에 대하여 정치적 책임을 지는 입법자의 책임범위에 속한다(헌재 2020.3.26. 2017헌마1281).

④ [O] 동물보호법, '장사 등에 관한 법률', '동물장묘업의 시설설치 및 검사기준' 등 관계규정에서 동물장묘시설의 설치제한 지역을 상세하게 규정하고, 매연, 소음, 분진, 악취 등 오염원 배출을 규제하기 위한 상세한 시설 및 검사기준을 두고 있는 등의 사정을 고려할 때, 심판대상조항에서 동물장묘업 등록에 관하여 '장사 등에 관한 법률' 제17조 외에 다른 지역적 제한 사유를 규정하지 않았다는 사정만으로 청구인들의 환경권을 보호하기 위한 입법자의 의무를 과소하게 이행하였다고 평가할 수는 없다. 따라서 심판대상조항은 청구인들의 환경권을 침해하지 않는다(헌재 2020.3.26. 2017헌마1281).

07 정답 ②

① [✕] 국가가 국민의 생명·신체의 안전에 대한 보호의무를 다하지 않았는지 여부를 헌법재판소가 심사할 때에는 국가가 이를 보호하기 위하여 적어도 적절하고 효율적인 최소한의 보호조치를 취하였는가 하는 이른바 '과소보호금지원칙'의 위반 여부를 기준으로 삼아, 국민의 생명·신체의 안전을 보호하기 위한 조치가 필요한 상황인데도 국가가 아무런 보호조치를 취하지 않았든지 아니면 취한 조치가 법익을 보호하기에 전적으로 부적합하거나 매우 불충분한 것임이 명백한 경우에 한하여 국가의 보호의무의 위반을 확인하여야 하는 것이다 (헌재 2009.2.26. 2005헌마764).

❷ [O] 기본권 보호의무란 기본권에 의하여 보호되는 기본권적 법익을 사인인 제3자의 위법적 제약으로부터 보호하여야 할 국가의 의무를 말한다.

③ [✕] 일정한 경우 국가는 사인인 제3자에 의한 국민의 환경권 침해에 대해서도 적극적으로 기본권 보호조치를 취할 의무를 지나, 헌법재판소가 이를 심사할 때에는 국가가 국민의 기본권적 법익 보호를 위하여 적어도 적절하고 효율적인 최소한의 보호조치를 취했는가 하는 이른바 '과소보호금지원칙'의 위반 여부를 기준으로 삼아야 한다(헌재 2008.7.31. 2006헌마711).

④ [✕] 피청구인은 행정부의 수반으로서 국가가 국민의 생명과 신체의 안전 보호의무를 충실하게 이행할 수 있도록 권한을 행사하고 직책을 수행하여야 하는 의무를 부담한다. 하지만 국민의 생명이 위협받는 재난상황이 발생하였다고 하여 피청구인이 직접 구조 활동에 참여하여야 하는 등 구체적이고 특정한 행위의무까지 바로 발생한다고 보기는 어렵다. 세월호 참사에 대한 피청구인의 대응조치에 미흡하고 부적절한 면이 있었다고 하여 곧바로 피청구인이 생명권 보호의무를 위반하였다고 인정하기는 어렵다(헌재 2017.3.10. 2016헌나1).

08 정답 ④

① [✕] 기본권규정은 그 성질상 사법관계에 직접 적용될 수 있는 예외적인 것을 제외하고는 사법상의 일반원칙을 규정한 민법 제2조, 제103조, 제750조, 제751조 등의 내용을 형성하고 그 해석 기준이 되어 간접적으로 사법관계에 효력을 미치게 된다(대판 2011.1.27. 2009다19864).

② [✕] 기본권규정은 그 성질상 사법관계에 직접 적용될 수 있는 예외적인 것을 제외하고는 사법상의 일반원칙을 규정한 민법 제2조, 제103조, 제750조, 제751조 등의 내용을 형성하고 그 해석기준이 되어 간접적으로 사법관계에 효력을 미치게 된다(대판 전합체 2010.4.22. 2008다38288).

③ [✕] 헌법 제11조는 "모든 국민은 법 앞에 평등하다. 누구든지 성별·종교 또는 사회적 신분에 의하여 정치적·경제적·사회적·문화적 생활의 모든 영역에 있어서 차별을 받지 아니한다."라고 규정하여 평등의 원칙을 선언함과 동시에 모든 국민에게 평등권을 보장하고 있다. 따라서 사적 단체를 포함하여 사회공동체 내에서 개인이 성별에 따른 불합리한 차별을 받지 아니하고 자신의 희망과 소양에 따라 다양한 사회적·경제적 활동을 영위하는 것은 그 인격권 실현의 본질적 부분에

해당하므로 평등권이라는 기본권의 침해도 민법 제750조의 일반규정을 통하여 사법상 보호되는 인격적 법익 침해의 형태로 구체화되어 논하여질 수 있고, **그 위법성 인정을 위하여 반드시 사인 간의 평등권 보호에 관한 별개의 입법이 있어야만 하는 것은 아니다**(대판 2011.1.27. 2009다19864).

❹ [O] 남성 회원에게는 별다른 심사 없이 총회의결권 등을 가지는 총회원 자격을 부여하면서도 여성 회원의 경우에는 지속적인 요구에도 불구하고 원천적으로 총회원 자격심사에서 배제하여 온 것은, 우리 사회의 건전한 상식과 법감정에 비추어 용인될 수 있는 한계를 벗어나 사회질서에 위반되는 것으로서 여성 회원들의 인격적 법익을 침해하여 불법행위를 구성한다(대판 2011.1.27. 2009다19864).

09   정답 ④

ㄱ. [×] 일반적 기본권과 특별기본권이 경합하는 경우 특별기본권의 침해 여부를 심사하면 된다.

> **관련판례**
> 공직의 경우 공무담임권은 직업선택의 자유에 대하여 특별기본권이어서 후자의 적용을 배제하므로, 교육공무원 정년규정의 경우 직업선택의 자유는 문제되지 않는다(헌재 2000.12.14. 99헌마112 등).

ㄴ. [×] 사생활 비밀과 통신비밀이 경합하는 경우 특별한 기본권이 통신비밀의 침해 여부를 심사하면 족하므로 사생활 비밀 침해 여부를 판단할 필요는 없다(헌재 2010.12.28. 2009헌가30).

ㄷ. [O] 행복추구권은 보충적 권리이므로 개인정보자기결정권이 적용되면 별도로 행복추구권 침해 여부는 판단할 필요는 없다.

ㄹ. [O] 청구인은 심판대상조항이 노인들의 거주·이전의 자유 및 인간다운 생활을 할 권리를 침해한다고 주장한다. 그러나 심판대상조항은 종교단체에서 운영하는 양로시설도 일정 규모 이상의 경우 신고하도록 한 규정일 뿐, 거주·이전의 자유나 인간다운 생활을 할 권리의 제한을 불러온다고 볼 수 없으므로 이에 대해서는 별도로 판단하지 아니한다. 청구인은 심판대상조항이 법인의 인격권 및 법인운영의 자유를 침해한다고 주장하나, 위에서 본 바와 같이 **종교단체의 복지시설 운영은 종교의 자유의 영역이므로 종교의 자유를 침해하는지 여부에 대한 문제로 귀결된다**(헌재 2016.6.30. 2015헌바46).

ㅁ. [O] 하나의 규제로 인하여 수 개의 기본권이 동시에 제약을 받는 기본권 경합의 경우에는 기본권 침해를 주장하는 청구인의 의도 및 기본권을 제한하는 입법자의 객관적 동기 등을 참작하여 사안과 가장 밀접한 관계가 있고 또 침해의 정도가 큰 주된 기본권을 중심으로 해서 그 제한의 한계를 따져 보아야 한다. 이 사건에 있어 집회는 정치적 의사표현을 위한 하나의 방법이며, 이 사건 규정들이 공무원의 집단적 행위를 제한한다 하더라도 그것이 반드시 집회를 통한 행위를 상정하는 것도 아니므로, 이 사건에서는 집회의 자유보다는 본 사안과 보다 밀접한 관련이 있고 침해의 정도가 큰 **공무원의 정치적 표현의 자유에 대한 제한 문제를 중심으로 판단하면 족하다 할 것이다**(헌재 2012.5.31. 2009헌마705).

10   정답 ④

① [O] 심판대상조항이 공연히 타인을 모욕한 경우에 이를 처벌하는 것은 위와 같이 헌법 제10조에 의하여 보장되는 외부적 명예를 보호하기 위함이다. 그와 반면에 심판대상조항은 표현의 자유를 제한하고 있으므로 결국 심판대상조항에 의하여 명예권과 표현의 자유라는 두 기본권이 충돌하게 된다. 이와 같이 두 기본권이 충돌하는 경우 헌법의 통일성을 유지하기 위하여 상충하는 기본권 모두 **최대한으로 그 기능과 효력을 발휘할 수 있도록 조화로운 방법이 모색되어야 할 것이고**, 결국은 과잉금지원칙에 따라서 심판대상조항의 목적이 정당한 것인가, 그러한 목적을 달성하기 위하여 마련된 수단이 표현의 자유를 제한하는 정도와 명예를 보호하는 정도 사이에 적전한 비례를 유지하고 있는가의 관점에서 심사하기로 한다(헌재 2013.6.27. 2012헌바37).

② [O] 개인적 단결권과 집단적 단결권이 충돌하는 경우 기본권의 서열이론이나 법익형량의 원리에 입각하여 **어느 기본권이 더 상위기본권이라고 단정할 수는 없다**. 왜냐하면 개인적 단결권은 헌법상 단결권의 기초이자 집단적 단결권의 전제가 되는 반면에, 집단적 단결권은 개인적 단결권을 바탕으로 조직·강화된 단결체를 통하여 사용자와 사이에 실질적으로 대등한 관계를 유지하기 위하여 필수불가결한 것이기 때문이다(헌재 2005.11.24. 2002헌바95 등).

③ [O] 이 사건 법률조항은 노동조합의 조직유지·강화를 위하여 당해 사업장에 종사하는 근로자의 3분의 2 이상을 대표하는 노동조합의 경우 단체협약을 매개로 한 조직강제[이른바 유니언 숍(Union Shop) 협정의 체결]를 용인하고 있다. 이 경우 근로자의 단결하지 아니할 자유와 노동조합의 적극적 단결권(조직강제권)이 충돌하게 되나, 근로자에게 보장되는 적극적 단결권이 단결하지 아니할 자유보다 특별한 의미를 갖고 있고, 노동조합의 조직강제권도 이른바 자유권을 수정하는 의미의 생존권(사회권)적 성격을 함께 가지는 만큼 근로자 개인의 자유권에 비하여 보다 특별한 가치로 보장되는 점 등을 고려하면, 노동조합의 적극적 단결권은 근로자 개인의 단결하지 않을 자유보다 중시된다고 할 것이고, 노동조합에게 위와 같은 조직강제권을 부여한다고 하여 이를 근로자의 단결하지 아니할 자유의 본질적인 내용을 침해하는 것으로 단정할 수는 없다.

❹ [×] 헌법재판소는, ㉠ 노동조합의 적극적 단결권과 근로자의 단결하지 아니할 자유 충돌은 법익형량을 통하여, ㉡ 노동조합의 집단적 단결권과 근로자의 단결선택권 충돌은 규범조화적 해석을 통해 해결하고 있다.

> **관련판례**
> 노동조합이 가입을 강제함으로써 근로자의 단결하지 아니할 자유가 제한되므로 근로자의 단결하지 아니할 자유와 노동조합의 적극적 단결권 충돌이 발생한다. 근로자의 단결하지 아니할 자유는 헌법 제10조의 일반적 행동의 자유와 헌법 제21조의 결사의 자유에서 근거를 찾을 수 있고, 노동조합의 적극적 단결권은 헌법 제33조에서 보호된다. 근로3권은 특별법적 권리로써 우선적으로 보장되어야 하므로 근로자 개인의 자유권에 비하여 노동조합의 적극적 단결권을 우선시하더라도 근로자의 단

결하지 아니할 자유 침해라고 할 수 없다. … 특정한 노동조합의 조합원이 될 것을 고용조건으로 할 경우 근로자의 단결하지 아니할 자유뿐 아니라 단결선택권도 제한된다. 근로자의 단결선택권과 노동조합의 집단적 단결권이 충돌하는 경우 어느 기본권이 더 상위기본권이라고 단정할 수 없다. 이 사건 법률조항이 근로자의 단결선택권을 제한하고 있으나 근로자의 3분의 2 이상을 대표하는 노동조합에 한해 근로자의 노동조합 가입을 강제함으로써 근로자의 단결선택권과 노동조합의 집단적 단결권 사이에 균형을 도모하고 있으므로 비례원칙에 위반되지 아니한다(헌재 2005.11.24. 2002헌바95).

11 정답 ②

ㄱ. [O] 의료인은 의료공급자로서의 기능을 담당하고 있고, 의료소비자인 전국민의 생명권과 건강권의 실질적 보장이 의료기관의 의료행위에 의존하고 있으므로, '의료행위'의 사회적 기능이나 사회적 연관성의 비중은 매우 크다고 할 수 있다. 이러한 관점에서 볼 때, '국가가 계약지정제를 택하더라도 입법목적을 똑같이 효율적으로 달성할수 있기 때문에 강제지정제를 택한 것은 최소침해의 원칙에 반하는가'에 대한 판단은 '입법자의 판단이 현저하게 잘못되었는가' 하는 명백성의 통제에 그치는 것이 타당하다고 본다(헌재 2002.10.31. 99헌바76 등).

ㄴ. [X] 헌법은 헌법 제119조 이하의 경제에 관한 장에서 '균형있는 국민경제의 성장과 안정, 적정한 소득의 분배, 시장의 지배와 경제력남용의 방지, 경제주체 간의 조화를 통한 경제의 민주화, 균형 있는 지역경제의 육성, 중소기업의 보호육성, 소비자 보호 등'의 경제영역에서의 국가목표를 명시적으로 규정함으로써 국가가 경제정책을 통하여 달성하여야 할 '공익'을 구체화하고, 동시에 헌법 제37조 제2항의 기본권 제한을 위한 일반법률유보에서의 '공공복리'를 구체화하고 있다. 그러나 경제적 기본권의 제한을 정당화하는 공익이 헌법에 명시적으로 규정된 목표에만 제한되는 것은 아니고, 헌법은 단지 국가가 실현하려고 의도하는 전형적인 경제목표를 예시적으로 구체화하고 있을 뿐이므로 기본권의 침해를 정당화할 수 있는 모든 공익을 아울러 고려하여 법률의 합헌성 여부를 심사하여야 한다(헌재 1996.12.26. 96헌가18).

ㄷ. [O] 경제적 기본권의 제한을 정당화하는 공익이 헌법에 명시적으로 규정된 목표에만 제한되는 것은 아니고, 헌법은 단지 국가가 실현하려고 의도하는 전형적인 경제목표를 예시적으로 구체화하고 있을 뿐이므로 기본권의 침해를 정당화할 수 있는 모든 공익을 아울러 고려하여 법률의 합헌성 여부를 심사하여야 한다(헌재 1996.12.26. 96헌가18).

ㄹ. [X] 헌법 제23조 제3항에서 규정하고 있는 '공공필요'는 '국민의 재산권을 그 의사에 반하여 강제적으로라도 취득해야 할 공익적 필요성'으로서, '공공필요'의 개념은 '공익성'과 '필요성'이라는 요소로 구성되어 있는바, '공익성'의 정도를 판단함에 있어서는 오늘날 공익사업의 범위가 확대되는 경향에 대응하여 재산권의 존속보장과의 조화를 위해서는, '공공필요'의 요건에 관하여, 공익성은 추상적인 공익 일반 또는 국가의 이익 이상의 중대한 공익을 요구하므로 기본권 일반의 제한사유인 '공공복리'보다 좁게 보는 것이 타당하다(헌재 2014.10.30. 2011헌바172 등).

ㅁ. [X] 헌법 제37조 제2항은 기본권 제한에 관한 일반적 법률유보조항이라고 할 수 있는데, 법률유보의 원칙은 '법률에 의한 규율'만을 요청하는 것이 아니라 '법률에 근거한 규율'을 요청하는 것이기 때문에 기본권의 제한에는 법률의 근거가 필요할 뿐이고 기본권 제한의 형식이 반드시 법률의 형식일 필요는 없다(헌재 2005.3.31. 2003헌마87).

12 정답 ④

ㄱ. [O] 청구인은 심판대상조항이 노인들의 거주·이전의 자유 및 인간다운 생활을 할 권리를 침해한다고 주장한다. 그러나 심판대상조항은 종교단체에서 운영하는 양로시설도 일정 규모 이상의 경우 신고하도록 한 규정일 뿐, 거주·이전의 자유나 인간다운 생활을 할 권리의 제한을 불러온다고 볼 수 없으므로 이에 대해서는 별도로 판단하지 아니한다. 청구인은 심판대상조항이 법인의 인격권 및 법인운영의 자유를 침해한다고 주장하나, 위에서 본 바와 같이 종교단체의 복지시설 운영은 종교의 자유의 영역이므로 종교의 자유를 침해하는지 여부에 대한 문제로 귀결된다. 심판대상조항으로 인하여 종교단체는 양로시설을 설치·운영할 때 신고의무를 부담하게 되나, 신고만 하면 양로시설을 설치하여 운영하는 것이 가능하다는 점에서 이로 인한 기본권 제한은 그리 크다고 볼 수 없다. 반면에 심판대상조항을 통해 달성하려는 공익은 양로시설에 입소한 노인들의 쾌적하고 안전한 주거환경을 보장하는 것으로 이는 매우 중대하다. 따라서 법익균형성을 상실하였다고 보기도 어렵다(헌재 2016.6.30. 2015헌바46).

ㄴ. [O] 일반적 기본권과 특별기본권이 경합하는 경우 특별기본권의 침해 여부를 심사하면 된다.

관련판례

> 공직의 경우 공무담임권은 직업 선택의 자유에 대하여 특별기본권이어서 후자의 적용을 배제하므로, 교육공무원 정년규정의 경우 직업선택의 자유는 문제되지 않는다 (헌재 2000.12.14. 99헌마112).

ㄷ. [O] 인간의 존엄과 가치 및 행복추구권, 사생활의 비밀과 자유가 침해된다고 주장하나, 위 기본권들은 모두 개인정보자기결정권의 헌법적 근거로 거론되는 것으로서 청구인의 개인정보에 대한 공개와 이용이 문제되는 이 사건에서 개인정보자기결정권 침해 여부를 판단하는 이상 별도로 판단하지 않는다(헌재 2016.6.30. 2015헌마924).

ㄹ. [X] 양심적 병역거부는 양심의 자유와 종교의 자유 간 경합이 발생하나 양심의 자유 침해 여부를 중심으로 판단한다(헌재 2018. 6.28. 2011헌바379).

ㅁ. [X] 사생활 비밀과 통신비밀이 경합하는 경우 특별한 기본권이 통신비밀의 침해 여부를 심사하면 족하므로 사생활 비밀 침해 여부를 판단할 필요는 없다(헌재 2010.12.28. 2009헌가30).

13
정답 ①

❶ [O] 청구인은 제출정보가 변경된 경우 그 사유와 변경내용을 제출하도록 하는 '성폭력범죄의 처벌 등에 관한 법률' 제43조 제3항 때문에 거주·이전의 자유가 침해된다고 주장하나, 청구인은 거주지를 자유롭게 이전할 수 있고 다만 주소 및 실제거주지가 변경된 경우 변경정보를 제출해야 할 뿐이므로 위 조항이 거주·이전의 자유와 직접적인 관계가 있다고 보기 어렵다. 따라서 '성폭력범죄의 처벌 등에 관한 법률' 제43조 제3항으로 인하여 거주·이전의 자유가 제한된다고 볼 수 없다(헌재 2011. 6.30. 2009헌마59).

② [X] 청구인은 심판대상조항에 의해 표현의 자유 또는 예술창작의 자유가 제한된다고 수상하나, 심판대상소항은 집필문을 창작하거나 표현하는 것을 금지하거나 이에 대한 허가를 요구하는 조항이 아니라 이미 표현된 집필문을 외부의 특정한 상대방에게 발송할 수 있는지 여부에 대해 규율하는 것이므로, 제한되는 기본권은 헌법 제18조에서 정하고 있는 통신의 자유로 봄이 상당하다. 따라서 심판대상조항이 사전검열에 해당한다는 청구인의 주장에 대해서는 판단하지 아니하고, 통신의 자유 침해 여부에 대해서만 판단하기로 한다(헌재 2016.5.26. 2013헌바98).

③ [X] 언론의 자유에 의하여 보호되는 것은 정보의 획득에서부터 뉴스와 의견의 전파에 이르기까지 언론의 기능과 본질적으로 관련되는 모든 활동이다. 이런 측면에서 인터넷신문을 발행하려는 사업자가 취재 인력 3인 이상을 포함하여 취재 및 편집 인력 5인 이상을 상시고용하지 않는 경우 인터넷신문으로 등록할 수 없도록 하는 고용조항은 인터넷신문의 발행을 제한하는 효과를 가지고 있으므로 언론의 자유를 제한하는 규정에 해당한다. 그런데 고용조항의 입법목적이 인터넷신문의 신뢰성 제고이고, 신문법 규정들은 언론사로서의 인터넷신문의 규율 및 보호를 위한 규정들이므로 고용조항으로 인하여 청구인들의 직업수행의 자유보다는 언론의 자유가 보다 직접적으로 제한된다고 보인다(헌재 2016.10.27. 20158헌마1026).

④ [X] 좌석안전띠를 매지 않을 자유는 헌법 제10조의 행복추구권에서 나오는 일반적 행동자유권의 보호영역에 속한다고 보아 일반적 행동자유권의 침해 여부에 대해 판단하고 있다. 한편, 자동차를 도로에서 운전하는 중에 좌석안전띠를 착용할 것인가 여부의 생활관계가 개인의 전체적 인격과 생존에 관계되는 '사생활의 기본조건'이라거나 자기결정의 핵심적 영역 또는 인격적 핵심과 관련된다고 보기 어려워 더 이상 사생활영역의 문제가 아니므로, 운전할 때 운전자가 좌석안전띠를 착용할 의무는 청구인의 사생활의 비밀과 자유를 침해하는 것이라 할 수 없다고 한다(헌재 2003.10.30. 2002헌마518).

14
정답 ③

① [O] 질병, 장애, 노령, 그 밖의 사유로 인한 정신적 제약으로 사무를 처리할 능력이 지속적으로 결여된 사람에 대하여 성년후견개시심판이 이루어진 경우 성년후견인 관련 조항에 따라 선임된 성년후견인이 피성년후견인의 법률행위를 대리하고 신상에 관하여 결정할 수 있으며, 재산을 관리하게 된다. 이는 피성년후견인의 자기결정권 및 일반적 행동자유권을 제한하는 것이므로, 성년후견인 관련 조항이 피성년후견인의 자기결정권 및 일반적 행동자유권을 침해하는지 여부에 관하여 살펴본다(헌재 2019.12.27. 2018헌바161).

② [O] 심판대상조항으로 인하여 공공수역의 수질오염을 방지할 있으므로 달성되는 공익은 중대한 반면, 감량분쇄기의 판매·사용은 허용되며, 음식물 찌꺼기 등이 부패하기 전에 종량제봉투 방식 등으로 음식물류 폐기물 거점수용기에 수시로 배출할 수 있다는 점 등을 고려하면 청구인들에게 발생한 불이익이 감수할 수 없을 정도로 크다고 보기 어렵다. 따라서 심판대상조항은 법익의 균형성원칙도 충족한다(헌재 2018.6.28. 2016헌마151).

❸ [X] 심판대상조항에 의할 때 어린이 상해의 경우 죄질이 가벼운 위반행위에 대하여 벌금형을 선택한 경우는 정상참작감경을 통하여, 징역형을 선택한 경우는 정상참작감경을 하지 않고도 집행유예를 선고할 수 있음은 물론, 선고유예를 하는 것도 가능하다. 어린이 사망의 경우 법관이 정상참작감경을 하지 않더라도 징역형의 집행유예를 선고하는 것은 가능하다. 운전자의 주의의무 위반의 내용 및 정도와 어린이가 입은 피해의 정도가 다양하여 불법성 및 비난가능성에 차이가 있다고 하더라도, 이는 법관의 양형으로 충분히 극복될 수 있는 범위 내에 있다. 운전자가 어린이 보호구역에서 높은 주의를 기울여야 하고 운행의 방식을 제한받는 데 따른 불이익보다, 주의의무를 위반한 운전자를 가중처벌하여 어린이가 교통사고의 위험으로부터 벗어나 안전하고 건강한 생활을 영위하도록 함으로써 얻게 되는 공익이 더 크다. 따라서 심판대상조항은 과잉금지원칙에 위반되어 청구인들의 일반적 행동자유권을 침해한다고 볼 수 없다(헌재 2023.2.23. 2020헌마460).

④ [O] 타인이나 단체에 대한 기부행위는 공동체의 결속을 도모하고 사회생활에서 개인의 타인과의 연대를 확대하는 기능을 하므로 자본주의와 시장경제의 흠결을 보완하는 의미에서 국가·사회적으로 장려되어야 할 행위이다. 또한 기부행위자 본인은 자신의 재산을 사회적 약자나 소외 계층을 위하여 출연함으로써 자기가 속한 사회에 공헌하였다는 행복감과 만족감을 실현할 수 있으므로, 이는 헌법상 인격의 자유로운 발현을 위하여 필요한 행동을 할 수 있어야 한다는 의미의 행복추구권과 그로부터 파생되는 일반적 행동자유권의 행사로서 당연히 보호되어야 한다(헌재 2014.2.27. 2013헌바106).

15
정답 ①

❶ [X] 심판대상조항은 금융거래정보 유출을 막기 위해 금융기관에 정보 요구를 금지하고 위반시 형사처벌을 가한다. 금융거래의 비밀 보장을 위해 금융기관 및 종사자에 대한 형사적 제재만으로도 충분히다. 그러니 정보제공요구행위의 사유나 경위 등을 고려하지 않고 일률적으로 금지하고 형사처벌하는 것은 과도하다. 따라서 이 조항은 과잉금지원칙에 반하여 일반적 행동자유권을 침해한다(헌재 2022.2.24. 2020헌가5).

② [O] '죽음에 임박한 환자'에 대한 연명치료는 의학적인 의미에서 치료의 목적을 상실한 신체침해행위가 계속적으로 이루어지는 것이라 할 수 있고, 죽음의 과정이 시작되는 것을 막는 것이 아니라 자연적으로는 이미 시작된 죽음의 과정에서의 종기를 인위적으로 연장시키는 것으로 볼 수 있어, 비록 연명치

료 중단에 관한 결정 및 그 실행이 환자의 생명단축을 초래한다 하더라도 이를 생명에 대한 임의적 처분으로서 자살이라고 평가할 수 없고, 오히려 인위적인 신체침해행위에서 벗어나서 자신의 생명을 자연적인 상태에 맡기고자 하는 것으로서 인간의 존엄과 가치에 부합한다 할 것이다. 그렇다면 환자가 장차 죽음에 임박한 상태에 이를 경우에 대비하여 미리 의료인 등에게 연명치료 거부 또는 중단에 관한 의사를 밝히는 등의 방법으로 죽음에 임박한 상태에서 인간으로서의 존엄과 가치를 지키기 위하여 연명치료의 거부 또는 중단을 결정할 수 있다 할 것이고, 위 결정은 헌법상 기본권인 자기결정권의 한 내용으로서 보장된다(헌재 2009.11.26. 2008헌마385).

③ [O] 이 사건 공문서 조항에서 규정하고 있는 공문서는 '공공기관 등이 주체가 되어 작성하는' 공문서를 말하므로, 일반국민은 위 조항과 관계없이 자신들이 원하는 방식으로 문서를 작성하여 공공기관에 제출할 수 있으며, 특별히 위 조항으로 인하여 의사표현의 방식에 제한을 받는다고 볼 수 없다. 결국 이 사건 공문서 조항은 '공공기관 등이 작성하는 공문서'에 대하여만 적용되고, 일반국민이 공공기관 등에 접수·제출하기 위하여 작성하는 문서나 일상생활에서 사적 의사소통을 위해 작성되는 문서에는 적용되지 않는다. 그러므로 이 사건 공문서 조항은 청구인들의 행복추구권을 침해하지 아니한다(헌재 2016.11.24. 2012헌마854).

④ [O] 성전환자에 해당함이 명백한 사람에 대해서는 호적의 성별란 기재의 성을 전환된 성에 부합하도록 수정할 수 있도록 허용함이 상당하므로, 성전환자임이 명백한 사람에 대하여 호적정정을 허용하지 않는 것은 인간의 존엄과 가치를 향유할 권리를 온전히 구현할 수 없게 만드는 것이다(대결 전합체 2006.6.22. 2004스42).

16 정답 ④

① [O] 법률조항은 독립유공자의 유족인 손자녀에 대한 보상금지급과 관련하여 기본권을 형성하는 성질을 가지는 것인데, 그 내용상 인간의 존엄과 가치를 보장하기 위하여 필요한 최소한의 기본적 보상이나 사회보장을 하지 아니하여 인간으로서의 존엄이나 가치를 훼손할 정도에 이른다고는 볼 수 없으므로 헌법 제10조의 인간의 존엄과 가치를 침해한다고 할 수 없다(헌재 2011.4.28. 2009헌마610).

② [O] 사람은 누구나 자신의 얼굴 기타 사회통념상 특정인임을 식별할 수 있는 신체적 특징에 관하여 함부로 촬영 또는 그림 묘사되거나 공표되지 아니하며 영리적으로 이용당하지 않을 권리를 가지는데, 이러한 초상권은 우리 헌법 제10조 제1문에 의하여 헌법적으로도 보장되고 있는 권리이다(대판 2013.2.14. 2010다103185).

③ [O] 헌법 제10조로부터 도출되는 일반적 인격권에는 개인의 명예에 관한 권리도 포함될 수 있으나, 여기서 말하는 '명예'는 사람이나 그 인격에 대한 '사회적 평가', 즉 객관적·외부적 가치평가를 말하는 것이지 단순히 주관적·내면적인 명예감정은 포함하지 않는다고 보아야 한다(헌재 2005.10.27. 2002헌마425).

❹ [×] 친일반민족행위의 진상을 규명하여 정의로운 사회가 실현될 수 있도록 공동체의 윤리를 정립하고자 하는 공익의 중대성은 막대한 반면, 법률조항으로 인해 제한되는 조사대상자 등의 인격권은 친일반민족행위에 관한 조사보고서와 사료가 공개됨으로 인한 것에 불과하므로, 법익균형성의 원칙에도 반하지 않는다(헌재 2010.10.28. 2007헌가23).

17 정답 ③

① [O] 가사사용인의 경우 법령에서 정하고 있는 퇴직급여의 요건 자체가 결여되어 있다는 점에서 심판대상조항으로 인한 재산권 제한 문제는 발생하지 않으므로, 이에 대하여는 판단하지 아니한다. 심판대상조항은 근로자의 퇴직급여제도의 적용범위에 관한 조항이므로 설령 청구인이 심판대상조항으로 퇴직급여를 받지 못하였더라도 그 자체만으로 청구인의 행복추구권이 제한되었다고 보기는 어려우므로 행복추구권에 대하여도 판단하지 아니한다(헌재 2022.10.27. 2019헌바454).

② [O] 형사사법정보시스템과 육군 장교 관련 데이터베이스를 연동하여 신분을 확인하는 방법 또는 범죄경력자료를 조회하는 방법 등은 군사보안 및 기술상의 한계가 존재하고 파악할 수 있는 약식명령의 범위도 한정되므로, 자진신고의무를 부과하는 방법과 같은 정도로 입법목적을 달성하기 어렵다. 청구인들이 자진신고의무를 부담하는 것은 수사 및 재판단계에서 의도적으로 신분을 밝히지 않은 행위에서 비롯된 것으로서 이미 예상가능한 불이익인 반면, '군사법원에서 약식명령을 받아 확정된 경우'와 그 신분을 밝히지 않아 '민간법원에서 약식명령을 받아 확정된 경우' 사이에 발생하는 인사상 불균형을 방지함으로써 군 조직의 내부 기강 및 질서를 유지하고자 하는 공익은 매우 중대하다. 20년도 육군지시 자진신고조항 및 21년도 육군지시 자진신고조항은 과잉금지원칙에 반하여 일반적 행동의 자유를 침해하지 않는다(헌재 2021.8.31. 2020헌마12 등).

❸ [×] 이동통신서비스 이용자는 심판대상조항으로 인해 이동통신서비스 이용계약 체결에 필요한 증서 등을 타인에게 제공하거나 자기 명의로 이동통신서비스 이용계약을 체결한 후 실제 이용자에게 휴대전화를 양도할 수 없는 불이익을 입을 뿐이므로, 이동통신서비스 이용자가 제한받는 사익의 정도가 공익에 비하여 과다하다고 보기도 어렵다. 따라서 심판대상조항은 이동통신서비스 이용자의 일반적 행동자유권을 침해하지 아니한다(헌재 2022.6.30. 2019헌가14).

④ [O] 선거범죄를 신속하고 효율적으로 단속하고 자료를 확보함으로써 공정하고 자유로운 선거의 실현을 달성하고자 하는 공익은 허위자료가 아닌 자료를 제출해야 함으로써 제한되는 피조사자의 일반적 행동자유권에 비해 결코 작다고 볼 수 없다. 그러므로 심판대상조항은 과잉금지원칙에 위배되어 피조사자의 일반적 행동자유권을 침해한다고 볼 수 없다(헌재 2019.9.26. 2016헌바381).

18 정답 ③

① [×] 질병, 장애, 노령, 그 밖의 사유로 인한 정신적 제약으로 사무를 처리할 능력이 지속적으로 결여된 사람에 대하여 성년후견개시심판이 이루어진 경우 성년후견인 관련 조항에 따라

선임된 성년후견인이 피성년후견인의 법률행위를 대리하고 신상에 관하여 결정할 수 있으며, 재산을 관리하게 된다. 이는 피성년후견인의 자기결정권 및 일반적 행동자유권을 제한하는 것이므로, 성년후견인 관련 조항이 피성년후견인의 자기결정권 및 일반적 행동자유권을 침해하는지 여부에 관하여 살펴본다(헌재 2019.12.27. 2018헌바161).

② [×] 군인 아닌 자가 유사군복을 입고 군인임을 사칭하여 군인에 대한 국민의 신뢰를 실추시키는 행동을 하는 등 군에 대한 신뢰 저하 문제로 이어져 향후 발생할 국가안전보장상의 부작용을 상정해볼 때, 단지 유사군복의 착용을 금지하는 것으로는 입법목적을 달성하기에 부족하고, 유사군복을 판매목적으로 소지하는 것까지 금지하여 유사군복이 유통되지 않도록 하는 사전적 규제조치가 불가피하다. 유사군복의 범위는 진정한 군복과 외관상 식별이 곤란할 정도에 해당하는 물품으로 엄격하게 좁혀서 규정하고 있기 때문에, 심판대상조항에 의하여 판매목적 소지가 금지되는 유사군복의 범위가 지나치게 넓다거나 이에 관한 규제가 과도하다고 할 수 없다. 유사군복이 모방하고 있는 대상인 전투복은 군인의 전투용도로 세심하게 고안되어 제작된 특수한 물품이다. 이를 판매목적으로 소지하지 못하여 입는 개인의 직업의 자유나 일반적 행동의 자유의 제한 정도는, 국가안전을 보장하고자 하는 공익에 비하여 결코 중하다고 볼 수 없다. 따라서 심판대상조항은 과잉금지원칙을 위반하여 직업의 자유 내지 일반적 행동의 자유를 침해한다고 볼 수 없다(헌재 2019.4.11. 2018헌가14).

❸ [○] (1) 자기낙태죄 조항은 모자보건법이 정한 예외를 제외하고는 임신기간 전체를 통틀어 모든 낙태를 전면적·일률적으로 금지하고, 이를 위반할 경우 형벌을 부과함으로써 임신의 유지·출산을 강제하고 있으므로, 임신한 여성의 자기결정권을 제한한다.
(2) 자기낙태죄 조항은 태아의 생명을 보호하기 위한 것으로서, 정당한 입법목적을 달성하기 위한 적합한 수단이다. … 따라서, 자기낙태죄 조항은 입법목적을 달성하기 위하여 필요한 최소한의 정도를 넘어 임신한 여성의 자기결정권을 제한하고 있어 침해의 최소성을 갖추지 못하였고, 태아의 생명 보호라는 공익에 대하여만 일방적이고 절대적인 우위를 부여함으로써 법익균형성의 원칙도 위반하였으므로, 과잉금지원칙을 위반하여 임신한 여성의 자기결정권을 침해한다(헌재 2019.4.11. 2017헌바127).

④ [×] 심판대상조항은 청구인의 신체의 자유를 제한하는 것은 아니다. 심판대상조항은 위험성을 가진 재화의 제조·판매조건을 제약함으로써 최고속도 제한이 없는 전동킥보드를 구입하여 사용하고자 하는 소비자의 자기결정권 및 일반적 행동자유권을 제한할 뿐이다(헌재 2020.2.27. 2017헌마1339).

19 정답 ①

ㄱ. [○] 자기낙태죄 조항은 모자보건법에서 정한 사유에 해당하지 않는다면 결정가능기간 중에 다양하고 광범위한 사회적·경제적 사유를 이유로 낙태갈등상황을 겪고 있는 경우까지도 예외 없이 전면적·일률적으로 임신의 유지 및 출산을 강제하고, 이를 위반한 경우 형사처벌하고 있다. 따라서 자기낙태죄 조항은 입법목적을 달성하기 위하여 필요한 최소한의 정도를 넘어 임신한 여성의 자기결정권을 제한하고 있어 침해의 최소성을 갖추지 못하였고, 태아의 생명 보호라는 공익에 대하여만 일방적이고 절대적인 우위를 부여함으로써 법익균형성의 원칙도 위반하였으므로, 과잉금지원칙을 위반하여 임신한 여성의 자기결정권을 침해한다(헌재 2019.4.11. 2017헌바127).

ㄴ. [○] 개인의 인격권, 행복추구권에는 개인의 자기운명결정권이 전제되는 것이고, 이 자기운명결정권에는 성행위 여부 및 그 상대방을 결정할 수 있는 성적 자기결정권이 또한 포함되어 있으며, 간통죄의 규정이 개인의 성적 자기결정권을 제한하는 것임은 틀림없다(헌재 1990.9.10. 89헌마82).

ㄷ. [×] 미군기지의 이전은 공공정책의 결정 내지 시행에 해당하는 것으로서 인근 지역에 거주하는 사람들의 삶을 결정함에 있어서 사회적 영향을 미치게 되나, 개인의 인격이나 운명에 관한 사항은 아니며 각자의 개성에 따른 개인적 선택에 직접적인 제한을 가하는 것이 아니다. 따라서 그와 같은 사항은 헌법상 자기결정권의 보호범위에 포함된다고 볼 수 없다(헌재 2006.2.23. 2005헌마268).

ㄹ. [○] '죽음에 임박한 환자'에 대한 연명치료는 의학적인 의미에서 치료의 목적을 상실한 신체침해 행위가 계속적으로 이루어지는 것이라 할 수 있고, 죽음의 과정이 시작되는 것을 막는 것이 아니라 자연적으로는 이미 시작된 죽음의 과정에서의 종기를 인위적으로 연장시키는 것으로 볼 수 있어, 비록 연명치료 중단에 관한 결정 및 그 실행이 환자의 생명단축을 초래한다 하더라도 이를 생명에 대한 임의적 처분으로서 자살이라고 평가할 수 없고, 오히려 인위적인 신체침해행위에서 벗어나서 자신의 생명을 자연적인 상태에 맡기고자 하는 것으로서 인간의 존엄과 가치에 부합한다 할 것이다. 그렇다면 환자가 장차 죽음에 임박한 상태에 이를 경우에 대비하여 미리 의료인 등에게 연명치료 거부 또는 중단에 관한 의사를 밝히는 등의 방법으로 죽음에 임박한 상태에서 인간으로서의 존엄과 가치를 지키기 위하여 연명치료의 거부 또는 중단을 결정할 수 있다 할 것이고, 위 결정은 헌법상 기본권인 자기결정권의 한 내용으로서 보장된다 할 것이다(헌재 2009.11.26. 2008헌마385).

ㅁ. [○] 이 사건 법률조항이 추구하는 공익이 해부용 시체의 공급을 원활하게 함으로써 국민 보건을 향상시키고 의학의 교육 및 연구에 기여하기 위한 것이라 하더라도, 사후 자신의 시체가 본인의 의사와는 무관하게 해부용으로 제공됨으로써 자기결정권이 침해되는 사익이 그보다 결코 작다고 할 수는 없으므로, 법익균형성원칙에도 위반된다(헌재 2015.11.26. 2012헌마940).

20 정답 ③

① [○] 입법자들은 국가인권위원회법을 제정하면서 제30조 제1항 제1호에서 피청구인에게 진정할 수 있는 인권 침해를 국가기관, 지방자치단체 또는 구금·보호시설의 업무수행(국회의 입법 및 법원·헌법재판소의 재판을 제외한다)과 관련하여 헌법 제10조 내지 제22조에 정한 자유권적 기본권을 침해당한 경우로 한정하여 규정하였다. 그리고 헌법 제10조에 보장된 인권과 제11조 이하에 보장된 인권은 일반과 특별의 관계라고 할 수 있는바, 국가인권위원회법 제30조 제1항 제1호가 헌법 제

10조에 보장된 인권의 침해를 조사대상으로 하고 있다고 하더라도 헌법 제11조부터 헌법 제22조까지에 보장된 인권의 침해는 조사대상으로 규정하고 있는 반면 헌법 제23조 이하에 보장된 인권의 침해를 조사대상에서 배제하고 있는 이상 후자의 경우가 피청구인의 조사대상에 포함된다고 보기 어렵다(헌재 2011.3.31. 2010헌마13).

② [O] 법원의 재판도 국민의 기본권을 침해할 가능성이 없지 아니하나, 기본권 침해에 대한 보호의무를 담당하는 법원에 의한 기본권 침해의 가능성은 입법기관인 국회나 집행기관인 행정부에 의한 경우보다 상대적으로 적고, 상급심법원이 하급심법원이 한 재판이 기본권을 침해하는지 여부에 관하여 다시 심사할 기회가 있다는 점에서 다른 기관에 의한 기본권 침해의 경우와는 본질적인 차이가 있어 차별을 정당화하므로, 평등의 원칙에 위반된 것이라고 할 수 없다(헌재 2004.8.26. 2002헌마302).

❸ [×] 국가인권위원회법 제28조【법원 및 헌법재판소에 대한 의견 제출】① 위원회는 인권의 보호와 향상에 중대한 영향을 미치는 재판이 계속 중인 경우 법원 또는 헌법재판소의 요청이 있거나 필요하다고 인정할 때에는 법원의 담당 재판부 또는 헌법재판소에 법률상의 사항에 관하여 의견을 제출할 수 있다.

④ [O] 국가인권위원회법 제30조【위원회의 조사대상】③ 위원회는 제1항의 진정이 없는 경우에도 인권침해나 차별행위가 있다고 믿을 만한 상당한 근거가 있고 그 내용이 중대하다고 인정할 때에는 직권으로 조사할 수 있다.

쟁점별 모의고사 정답 및 해설
(생명권 ~ 평등권)

정답

01	④	02	④	03	④	04	②	05	②
06	②	07	③	08	①	09	④	10	②
11	③	12	④	13	④	14	④	15	①
16	①	17	④	18	①	19	①	20	④

01
정답 ④

ㄱ. [×] 선지는 반대의견인 합헌의견이다. 법정의견은 독자적으로 생존할 수 있는 시점인 임신 22주를 기준으로 낙태 허용을 판단할 수 있다고 한다.
법정의견: 태아가 모체를 떠난 상태에서 독자적으로 생존할 수 있는 시점인 임신 22주 내외에 도달하기 전이면서 동시에 임신 유지와 출산 여부에 관한 자기결정권을 행사하기에 충분한 시간이 보장되는 시기(이하 착상시부터 이 시기까지를 '결정가능기간'이라 한다)까지의 낙태에 대해서는 국가가 생명 보호의 수단 및 정도를 달리 정할 수 있다고 봄이 타당하다(헌재 2019.4.11. 2017헌바127).
합헌의견: 태아와 출생한 사람은 생명의 연속적인 발달과정 아래 놓여 있다고 볼 수 있으므로, 인간의 존엄성의 정도나 생명 보호의 필요성과 관련하여 태아와 출생한 사람 사이에 근본적인 차이가 있다고 보기 어렵다. 따라서 태아 역시 헌법상 생명권의 주체가 된다. 태아의 생명권 보호라는 입법목적은 매우 중대하고, 낙태를 원칙적으로 금지하고 이를 위반할 경우 형사처벌하는 것 외에 임신한 여성의 자기결정권을 보다 덜 제한하면서 태아의 생명 보호라는 공익을 동등하게 효과적으로 보호할 수 있는 다른 수단이 있다고 보기 어렵다.

ㄴ. [×] 국가가 생명을 보호하는 입법적 조치를 취함에 있어 인간생명의 발달단계에 따라 그 보호 정도나 보호수단을 달리하는 것은 불가능하지 않다. 태아가 모체를 떠난 상태에서 독자적으로 생존할 수 있는 시점인 임신 22주 내외에 도달하기 전이면서 동시에 임신 유지와 출산 여부에 관한 자기결정권을 행사하기에 충분한 시간이 보장되는 시기(이하 착상시부터 이 시기까지를 '결정가능기간'이라 한다)까지의 낙태에 대해서는 국가가 생명 보호의 수단 및 정도를 달리 정할 수 있다고 봄이 타당하다(헌재 2019.4.11. 2017헌바127).

ㄷ. [×] 모자보건법에서 정한 자기낙태의 위법성을 조각하는 정당화 사유는 ㉠ 본인이나 배우자의 우생학적·유전학적 정신장애나 신체질환, ㉡ 본인이나 배우자의 전염성 질환, ㉢ 강간 또는 준강간에 의한 임신, ㉣ 혼인할 수 없는 혈족 또는 인척 간의 임신, ㉤ 모체의 건강에 대한 위해나 위해 우려이다. 위 사유들은 대부분 형법 제22조의 긴급피난이나 제20조의 정당행위로서 위법성 조각이 가능하거나, 임신의 유지와 출산에 대한 기대가능성이 없음을 이유로 책임조각이 가능하다고 보는 시각까지 있을 정도로 매우 제한적이고 한정적인 사유들이다. 위 사유들에는 '임신 유지 및 출산을 힘들게 하는 다양하고 광범위한 사회적·경제적 사유에 의한 낙태갈등상황'이 전혀 포섭되지 않는다. 즉, 위 사유들은 임신한 여성의 자기결정권을 보장하기에는 불충분하다(헌재 2019.4.11. 2017헌바127).

ㄹ. [○] **헌법불합치결정의 필요성과 잠정적용의 필요성:** 자기낙태죄 조항과 의사낙태죄 조항의 위헌성은 모자보건법에서 정한 사유에 해당하지 않는다면 결정가능기간 중에 다양하고 광범위한 사회적·경제적 사유로 인하여 낙태갈등상황을 겪고 있는 경우까지도 예외 없이 전면적·일률적으로 임신의 유지 및 출산을 강제하고, 이를 위반하여 낙태한 경우 형사처벌함으로써 임신한 여성의 자기결정권을 과도하게 침해한다는 점에 있는 것이고, 태아의 생명을 보호하기 위하여 낙태를 금지하고 형사처벌하는 것 자체가 모든 경우에 헌법에 위반된다고 볼 수는 없다(헌재 2019.4.11. 2017헌바127).

ㅁ. [×] 선지는 단순위헌의견이다. 헌법재판소는 헌법불합치결정하였고 헌법재판소 법정의견은 사회적·경제적 사유가 낙태 정당화사유에 포함되어 있지 않다고 하면서 법 개정으로 사회적·경제적 사유를 추가할 것을 요구하는 헌법불합치결정하였다. 그러나 단순위헌의견은 임신 제1삼분기에는 어떠한 사유를 요구함이 없이 낙태를 허용하자고 하였다(헌재 2019.4.11. 2017헌바127).

ㅂ. [○] 자기낙태죄조항은 태아의 생명을 보호하기 위한 것으로서, 정당한 입법목적을 달성하기 위한 적합한 수단이다. 자기낙태죄 조항은 **입법목적을** 달성하기 위하여 필요한 **최소한의** 정도를 넘어 임신한 여성의 자기결정권을 제한하고 있어 침해의 최소성을 갖추지 못하였고, 태아의 생명 보호라는 공익에 대하여만 일방적이고 절대적인 우위를 부여함으로써 법익균형성의 원칙도 위반하였으므로, 과잉금지원칙을 위반하여 임신한 여성의 자기결정권을 침해한다(헌재 2019.4.11. 2017헌바127).

02 정답 ④

① [X] 이 사건 품위손상조항은 청원경찰이 품위손상행위를 한 경우, 청원경찰 전체에 대한 국민의 신뢰가 손상되고 그 결과 직무수행이 어려워지며 공공의 이익을 해하는 결과를 초래할 수 있다는 점에서 제재가 불가피하다는 점, 청원경찰이 수행하는 업무의 특수성으로 인해 일반근로자보다 두텁게 신분이 보장되므로 이에 부합하는 특별한 책임이 요구된다는 점, 직무와 관련된 사유에 한해 징계사유로 삼는 것만으로 국민의 신뢰를 제고하려는 입법목적을 달성하기 어려운 점 등을 고려하면 과잉금지원칙에 위배되어 일반적 행동의 자유를 침해한다고 보기도 어렵다(헌재 2022.5.26. 2019헌바530).

② [X] 증여세 납세의무를 부담하는 명의신탁의 당사자에게 신고의무를 부담시키고 증여세를 부과하는 것은 명의신탁이 증여의 은폐수단으로 이용되거나 각종 조세 회피수단으로 이용되는 것을 방지하는 데 결정적으로 기여하고, 이러한 공익은 심판대상조항이 부과하는 증여세 신고의무로 인해 청구인들이 받게 되는 불편함보다 훨씬 중대하다. 따라서 심판대상조항이 일반적 행동의 자유를 침해한다고 볼 수 없다(헌재 2022.2.24. 2019헌바225).

③ [X] 심판대상조항이 전동킥보드에 대하여 최고속도는 시속 25km 이내로 제한하여야 한다는 안전기준을 둠으로써 이를 통과한 전동킥보드만 제조·수입이 가능하게 되었다. 심판대상조항은 소비자가 자신의 의사에 따라 자유롭게 제품을 선택하는 것을 제약함으로써 헌법 제10조의 행복추구권에서 파생되는 소비자의 자기결정권을 제한하고, 나아가 헌법 제10조의 행복추구권에서 파생되는 일반적 행동자유권도 함께 제한한다(헌재 2020.2.27. 2017헌마1339).

❹ [O] 의료사고로 사망의 결과가 발생한 경우, 의료분쟁조정절차를 자동으로 개시하도록 한 심판대상조항이 청구인의 일반적 행동의 자유를 침해한다고 할 수 없다(헌재 2021.5.27. 2019헌마321).

03 정답 ④

① [O] 헌법 제10조의 행복추구권에서 파생하는 일반적 행동자유권은 모든 행위를 하거나 하지 않을 자유를 내용으로 하나, 그 보호대상으로서의 행동이란 국가가 간섭하지 않으면 자유롭게 할 수 있는 행위 내지 활동을 의미하고, 이를 국가권력이 가로막거나 강제하는 경우 자유권의 침해로서 논의될 수 있다 할 것인데, 병역의무의 이행으로서의 현역병 복무는 국가가 간섭하지 않으면 자유롭게 할 수 있는 행위에 속하지 않으므로, 현역병으로 복무할 권리가 일반적 행동자유권에 포함된다고 할 수 없다(헌재 2010.12.28. 2008헌마527).

② [O] 심판대상조항의 입법목적은 도로 외의 곳에서 일어나는 음주운전으로 인한 사고의 위험을 방지하여 국민의 생명과 안전, 재산을 보호하고자 하는 것이다. 이러한 입법목적의 정당성은 충분히 인정되고, 심판대상조항이 장소를 불문하고 음주운전을 금지하고 위반할 경우 처벌함으로써 입법목적을 달성하는 데 기여하므로 수단의 적합성도 인정된다. 음주운전의 경우 운전조작능력과 상황대처능력이 저하되어 일반교통에 제공되지 않는 장소에 진입하거나 그 장소에서 주행할 가능성이 음주운전이 아닌 경우에 비하여 상대적으로 높다. 따라서 구체적 장소를 열거하거나 일부 장소만으로 한정하여서는 음주운전으로 인한 교통사고를 강력히 억제하려는 입법목적을 달성하기 어렵다. 음주운전은 사고의 위험성이 높고 그로 인한 피해도 심각하며 반복의 위험성도 높다는 점에서 음주운전으로 인한 교통사고의 위험을 방지할 필요성은 절실한 반면, 그로 인하여 제한되는 사익은 도로 외의 곳에서 음주운전을 할 수 있는 자유로서 인격과 관련성이 있다거나 사회적 가치가 높은 이익이라 할 수 없으므로 법익의 균형성 또한 인정된다. 따라서 심판대상조항은 일반적 행동의 자유를 침해하지 아니한다(헌재 2016.2.25. 2015헌가11).

③ [O] 헌법 제10조의 행복추구권은 국민이 행복을 추구하기 위하여 필요한 급부를 국가에게 적극적으로 요구할 수 있는 것을 내용으로 하는 것이 아니라, 국민이 행복을 추구하기 위한 활동을 국가 권력의 간섭 없이 자유롭게 할 수 있다는 포괄적인 의미의 자유권으로서의 성격을 가진다. 그런데 이 사건 규정은 보상금수급권에 대한 일정 요건하의 지급정지를 규정하고 있는 것으로 자유권이나 자유권의 제한영역에 관한 규정이 아니므로, 이 사건 규정이 행복추구권을 침해한다고 할 수는 없다(헌재 2000.6.1. 98헌마216).

❹ [X] 국가의 간섭을 받지 아니하고 자유로이 기부행위를 할 수 있는 기회의 보장은 헌법상 보장된 재산권의 보호범위에 포함되지 않는다. 결사의 자유는 간접적인 제한에 그치고 제3조에 의하여 제한되는 기본권은 행복추구권이다(헌재 1998.5.28. 96헌가5).

04 정답 ②

① [X] 헌법 제10조 전문의 행복추구권은 다른 개별적 기본권이 적용되지 않는 경우에 한하여 보충적으로 적용되는 기본권이므로, 선거권 및 평등권의 침해 여부를 판단하는 이 사건에 있어서는 행복추구권 침해 여부를 별도로 판단하지 않기로 한다(헌재 2009.10.29. 2007헌마1462).

❷ [O] 학원교습시간 제한으로 학원원장의 직업수행의 자유, 학생들의 인격권, 부모의 자녀에 대한 교육권이 제한된다(헌재 2009.10.29. 2008헌마454).

③ [X] 보호영역으로서 '직업'이 문제되는 경우 직업의 자유와 행복추구권은 서로 특별관계에 있어 기본권의 내용상 특별성을 갖는 직업의 자유의 침해 여부가 우선하므로, 행복추구권 관련 위헌 여부의 심사는 배제된다고 보아야 한다(헌재 2003.9.25. 2002헌마519).

④ [X] 헌법 제10조에서 규정하고 있는 행복추구권은 원칙적으로 다른 구체적인 기본권에 대한 보충적 성격이 강하므로, 교도소장이 교도소 독거실 내 화장실 창문과 철격자 사이에 안전철망을 설치한 행위를 다투는 이 사건에서는 우선적으로 적용되는 환경권을 주 기본권으로 삼아 판단하기로 한다(헌재 2014.6.26. 2011헌마150).

05 정답 ②

① [X] 청구인들은 시민이 공물을 이용할 수 있는 요건을 갖추는 한 공물을 사용·이용하게 해달라고 국가에 대하여 청구할 수 있는 권리, 즉 공물이용권이 행복추구권에 포함되는 청구권적 기본권이라고 주장한다. 그러나 헌법 제10조의 행복추구권은 국민이 행복을 추구하기 위한 활동을 국가권력의 간섭 없이 자유롭게 할 수 있다는 포괄적인 의미의 자유권으로서의 성격을 갖는 것인바, 청구인들이 주장하는 공물을 사용·이용하게 해달라고 청구할 수 있는 권리는 청구인들의 주장 자체에 의하더라도 청구권의 영역에 속하는 것이므로 이러한 권리가 포괄적인 자유권인 행복추구권에 포함된다고 할 수 없다. 그러나 일반공중의 사용에 제공된 공공용물을 그 제공목적대로 이용하는 것은 일반사용 내지 보통사용에 해당하는 것으로 따로 행정주체의 허가를 받을 필요가 없는 행위이고, 구 '서울특별시 서울광장의 사용 및 관리에 관한 조례'도 사용허가를 받아야 하는 광장의 사용은 불특정 다수 시민의 자유로운 광장 이용을 제한하는 경우로 정하여(위 조례 제2조 제1호) 개별적으로 서울광장을 통행하거나 서울광장에서 여가활동이나 문화활동을 하는 것은 아무런 제한 없이 허용하고 있다. 이처럼 일반공중에게 개방된 장소인 서울광장을 개별적으로 통행하거나 서울광장에서 여가활동이나 문화활동을 하는 것은 일반적 행동자유권의 내용으로 보장됨에도 불구하고, 피청구인이 이 사건 통행제지행위에 의하여 청구인들의 이와 같은 행위를 할 수 없게 하였으므로 청구인들의 일반적 행동자유권의 침해 여부가 문제된다(헌재 2011.6.30. 2009헌마406).

❷ [O] 초·중등교육법 제31조 제2항 중 공립학교에 관한 부분(이 사건 조항)은 학교운영위원 선거에 있어서 직원대표 입후보 규정을 두지 않고 있어 직원대표위원 활동을 통하여 사회형성에 적극적으로 참여하는 행위를 제한하고 있으므로 행복추구권에서 파생되는 일반적 행동자유권과 관련된다고 볼 수 있으나, 한편 학교의 운영에 관하여 학교장 중심의 폐쇄적인 의사결정을 지양하고 학부모, 교원, 지역인사 등을 참여시켜 다양한 의견을 종합하고 보다 투명한 의사결정을 추구한다는 학교운영위원회의 목적과 심의기관이라는 성질에 비추어 입후보자를 학부모대표, 교원대표, 지역인사로 구성하고 실무담당자인 일반직원대표를 두지 않은 것이 현저하게 불합리하고 불공정하게 보이지는 않는다 할 것이므로 입법재량을 벗어나 청구인들의 일반적 행동자유권을 침해하고 있다고 보기 어렵다(헌재 2007.3.29. 2005헌마1144).

③ [X] 헌법 제10조의 행복추구권은 국민이 행복을 추구하기 위하여 필요한 급부를 국가에 적극적으로 요구할 수 있는 것을 내용으로 하는 것이 아니라, 국민이 행복을 추구하기 위한 활동을 국가권력의 간섭 없이 자유롭게 할 수 있다는 포괄적인 의미의 자유권으로서의 성격을 가지므로, 사회보험의 일종인 국민건강보험법에 의하여 요양급여를 요구하는 것이 자유권의 영역에 속한다고 볼 수 없는 이상, 이를 요구할 권리가 포괄적 자유권인 행복추구권의 내용에 포함된다고 할 수 없어서 A형 혈우병 환자에 대한 유전자재조합제제의 요양급여 여부를 결정하고 있는 이 사건 고시조항이 행복추구권을 침해한다고 보기는 어렵다(헌재 2012.6.27. 2010헌마716).

④ [X] 헌법 제10조의 행복추구권은 국민이 행복을 추구하기 위하여 필요한 급부를 국가에 적극적으로 요구할 수 있는 것을 내용으로 하는 것이 아니라, 국민이 행복을 추구하기 위한 활동을 국가권력의 간섭 없이 자유롭게 할 수 있다는 포괄적인 의미의 자유권으로서의 성격을 가진다고 할 것이므로 자유권이나 자유권의 제한영역에 관한 규정이 아닌 이 사건 심판대상조항은 청구인들의 행복추구권을 침해하는 규정이라고 할 수는 없다(헌재 2008.10.30. 2006헌바35).

06 정답 ②

ㄱ. [O] 미결수용자가 가족과 접견하는 것이 헌법 제10조가 보장하고 있는 인간으로서의 존엄과 가치 및 행복추구권 가운데 포함되는 헌법상의 기본권인 것과 마찬가지로 미결수용자의 가족이 미결수용자와 접견하는 것 역시 헌법 제10조가 보장하고 있는 인간으로서의 존엄과 가치 및 행복추구권 가운데 포함되는 헌법상의 기본권이라고 보아야 할 것이다(헌재 2021.11.25. 2018헌마598).

ㄴ. [X] 미결수용자는 적법하게 구속되어 외부와의 접촉이 차단된 상태이므로 미결수용자의 가족이 접견교통권을 행사하려면 국가가 별도로 접견교통의 수단과 절차를 마련해 주어야 한다. 그런데 입법자는 '형의 집행 및 수용자의 처우에 관한 법률'에 대면(제41조), 편지수수(제43조), 전화통화(제44조)만을 접견교통의 수단으로 규정하였을 뿐이고, 미결수용자의 가족이 인터넷화상접견이나 스마트접견과 같이 영상통화를 이용하여 접견할 권리가 접견교통권의 핵심적 내용에 해당되어 헌법에 의해 직접 보장된다고 보기도 어렵다. 이와 같이 영상통화를 이용한 접견이 접견교통권의 보호영역에 포함되지 않는 이상, 인터넷화상접견대상자 지침조항 및 스마트접견대상자 지침조항에 의한 접견교통권 제한이나 행복추구권 또는 일반적 행동자유권의 제한 역시 인정하기 어렵다(헌재 2021.11.25. 2018헌마598).

ㄷ. [O] 입법자는 '형의 집행 및 수용자의 처우에 관한 법률'에 대면(제41조), 편지수수(제43조), 전화통화(제44조)만을 접견교통의 수단으로 규정하였을 뿐이고, 미결수용자의 가족이 인터넷화상접견이나 스마트접견과 같이 영상통화를 이용하여 접견할 권리가 접견교통권의 핵심적 내용에 해당되어 헌법에 의해 직접 보장된다고 보기도 어렵다. 이와 같이 영상통화를 이용한 접견이 접견교통권의 보호영역에 포함되지 않는 이상, 인터넷화상접견대상자 지침조항 및 스마트접견대상자 지침조항에 의한 접견교통권 제한이나 행복추구권 또는 일반적 행동자유권의 제한 역시 인정하기 어렵다(헌재 2021.11.25. 2018헌마598).

ㄹ. [O] 영상통화방식의 접견은 헌법이 명문으로 특별히 평등을 요구하는 영역에 속하지 않고, 달리 인터넷화상접견대상자 지침조항 및 스마트접견대상자 지침조항에 의한 중대한 기본권의 제한 역시 인정할 수 없다. 따라서 위 각 지침조항에 의한 평등권 침해 여부는 차별에 합리적 이유가 있는지를 살펴보는 방식으로 심사하는 것이 적절하다(헌재 2021.11.25. 2018헌마598).

ㅁ. [X] 미결수용자는 유죄판결이 확정될 때까지 무죄로 추정되므로 형벌의 집행으로 인해 외부와 차단된 수형자에 비해 접견교통의 기회를 많이 부여할 필요성이 있다. 그러나 다른 한편, 미결수용자의 경우 수사나 재판절차가 진행 중이므로 증거인멸 시도 등 접견 제도를 남용할 위험이 수형자에 비해 상대적으로 크다. 법무부장관이 인터넷화상접견 대상자 지침조항이

나 스마트접견 대상자 지침조항을 통해 수형자의 배우자와 미결수용자의 배우자 사이에 차별을 둔 데에는 합리적인 이유가 있다. 따라서 인터넷화상접견 대상자 지침조항 및 스마트접견 대상자 지침조항은 청구인의 평등권을 침해하지 않는다(헌재 2021.11.25. 2018헌마598).

07   정답 ③

① [O] 부성주의 자체는 합헌이나 부가 사망하였거나 부모가 이혼하여 모가 단독으로 친권을 행사하고 양육할 것이 예상되는 경우 혼인의 자를 부가 인지하였으나 모가 단독으로 양육하고 있는 경우 등에 있어서 부성을 사용토록 강제하면서 모의 성의 사용을 허용하지 않은 것은 헌법 제36조 제1항에 위반된다. 이 사건 법조항에 대하여 위헌결정을 선고할 경우 부성주의 원칙 자체까지 위헌으로 선언되는 결과를 초래하게 되므로 헌법불합치결정을 선고하되 헌재 2007.12.31.까지 잠정적용을 명한다(헌재 2005.12.22. 2003헌가56).

② [O] 자(子)는 부(父)의 성을 따르도록 하고, 다만 부(父)가 외국인일 때에는 모(母)의 성을 따르도록 한 민법 부성주의 자체는 합헌이나 부(父)가 사망하였거나 부모가 이혼하여 모(母)가 단독으로 친권을 행사하고 양육할 것이 예상되는 경우 혼인의 자(子)를 부(父)가 인지하였으나 모(母)가 단독으로 양육하고 있는 경우 등에 있어서 부성을 사용토록 강제하면서 모(母)의 성의 사용을 허용하지 않은 것은 헌법 제36조 제1항에 위반된다(헌재 2005.12.22. 2003헌가56).

❸ [X] 선지는 반대의견에 대한 내용이다.

> 관련판례
>
> (1) 법정의견: 입양이나 재혼 등과 같이 가족관계의 변동과 새로운 가족관계의 형성에 있어서 구체적인 사정들에 따라서는 양부 또는 계부 성으로의 변경이 개인의 인격적 이익과 매우 밀접한 관계를 가짐에도 부성의 사용만을 강요하여 성의 변경을 허용하지 않는 것은 개인의 인격권을 침해한다.
> (2) 반대의견(권성 재판관): 재혼이나 입양사실이 노출됨으로써 개인이 받는 불이익이라는 것은 재혼이나 입양에 대한 사회적 편견 내지 사시(斜視)가 그 원인이지 부성주의가 그 원인은 아니다. 물론 계부나 양부의 성으로 성을 변경하지 못하면 재혼이나 입양사실이 노출될 가능성이 커질 수 있지만 성의 변경을 허용한다고 해서 그러한 사실이 노출될 가능성을 전부 막을 수도 없거니와 경우에 따라서는 성의 변경 사실 자체가 오히려 그 개인의 가족사를 그대로 노출할 수도 있다. 재혼 가정이나 입양 가정의 가족 구성원이 받는 불이익의 직접적인 원인이 이와 같이 따로 있음에도 불구하고 그와 같은 불이익의 발생에 간접적이고 우연적인 연계를 가질 뿐인 부성주의를 여기에 끌고 들어와 그 위헌성을 비난하는 것은 문제의 소재와 비난의 대상을 잘못 파악한 것이다(헌재 2005.12.22. 2003헌가5).

④ [O] 이 사건 법률조항은 '법률적인 친자관계를 진실에 부합시키고자 하는 부(夫)의 이익'과 '친자관계의 신속한 확정을 통하여 법적 안정을 찾고자 하는 자(子)의 이익'을 합리적으로 조정함으로써 친생부인의 소의 제척기간에 관한 입법재량의 한계를 벗어났다고 보기 어려워, 부(夫)가 가정생활과 신분관계에서 누려야 할 인격권, 행복추구권 및 개인의 존엄과 양성의 평등에 기초한 혼인과 가족생활에 관한 기본권을 침해하지 아니한다(헌재 2015.3.26. 2012헌바357).

08   정답 ①

ㄱ. [O] 헌법 제10조는 '모든 국민은 인간으로서의 존엄과 가치를 가지며, 행복을 추구할 권리를 가진다. 국가는 개인이 가지는 불가침의 기본적 인권을 확인하고 이를 보장할 의무를 진다'고 규정함으로써 모든 기본권의 종국적 목적(기본이념)이라 할 수 있고 인간의 본질이며 고유한 가치인 개인의 인격권과 행복추구권을 보장하고 있다. 그리고 이러한 개인의 인격권·행복추구권은 개인의 자기운명결정권을 그 전제로 하고 있으며, 이 자기운명결정권에는 성적 자기결정권 특히 혼인의 자유와 혼인에 있어서 상대방을 결정할 수 있는 자유가 포함되어 있다(헌재 1997.7.16. 95헌가6 등).

ㄴ. [O] 동성동본금혼제도는 그 입법목적이 이제는 혼인에 관한 국민의 자유와 권리를 제한할 '사회질서'나 '공공복리'에 해당될 수 없다는 점에서 헌법 제37조 제2항에도 위반된다(헌재 1997.7.16. 95헌가6). 8촌 이내의 혈족 사이에서는 혼인할 수 없도록 하는 민법 제809조 제1항은 근친혼으로 인하여 가까운 혈족 사이의 상호관계 및 역할, 지위와 관련하여 발생할 수 있는 혼란을 방지하고 가족제도의 기능을 유지하기 위한 것으로서 정당한 입법목적 달성을 위한 적합한 수단에 해당한다(헌재 2022.10.27. 2018헌바115).

ㄷ. [X] 이 사건 금혼조항은 근친혼으로 인하여 가까운 혈족 사이의 상호관계 및 역할, 지위와 관련하여 발생할 수 있는 혼란을 방지하고 가족제도의 기능을 유지하기 위한 것으로서 정당한 입법목적 달성을 위한 적합한 수단에 해당한다. 이 사건 금혼조항은, 촌수를 불문하고 부계혈족 간의 혼인을 금지한 구 민법상 동성동본금혼조항에 대한 헌법재판소의 헌법불합치결정의 취지를 존중하는 한편, 우리 사회에서 통용되는 친족의 범위 및 양성평등에 기초한 가족관계 형성에 관한 인식과 합의에 기초하여 혼인이 금지되는 근친의 범위를 한정한 것이므로 그 합리성이 인정되며, 입법목적 달성에 불필요하거나 과도한 제한을 가하는 것이라고는 볼 수 없으므로 침해의 최소성에 반한다고 할 수 없다. 나아가 이 사건 금혼조항으로 인하여 법률상의 배우자 선택이 제한되는 범위는 친족관계 내에서도 8촌 이내의 혈족으로, 넓다고 보기 어렵다. 그에 비하여 8촌 이내 혈족 사이의 혼인을 금지함으로써 가족질서를 보호하고 유지한다는 공익은 매우 중요하므로 이 사건 금혼조항은 법익균형성에 위반되지 아니한다. 그렇다면 이 사건 금혼조항은 과잉금지원칙에 위배하여 혼인의 자유를 침해하지 않는다(헌재 2022.10.27. 2018헌바115).

ㄹ. [O] 심판대상조항은 8촌 이내의 혈족 사이의 혼인을 금지하고, 이에 위반한 혼인은 무효로 하여 '혼인과 가족생활을 스스로 결정하고 형성할 수 있는 자유'(혼인의 자유)를 제한하고 있다.

이러한 제한이 헌법 제37조 제2항이 정한 기본권 제한의 한계 원리 내의 것인지 살펴본다(헌재 2022.10.27. 2018헌바115).
ㅁ. [O] 이 사건 무효조항의 입법목적은 근친혼이 가까운 혈족 사이의 신분관계 등에 현저한 혼란을 초래하고 가족제도의 기능을 심각하게 훼손하는 경우에 한정하여 무효로 하더라도 충분히 달성 가능하고, 위와 같은 경우에 해당하는지 여부가 명백하지 않다면 혼인의 취소를 통해 장래를 향하여 혼인을 해소할 수 있도록 규정함으로써 가족의 기능을 보호하는 것이 가능하므로, 이 사건 무효조항은 입법목적 달성에 필요한 범위를 넘는 과도한 제한으로서 침해의 최소성을 충족하지 못한다. 나아가 이 사건 무효조항을 통하여 달성되는 공익은 결코 적지 아니하나, 이 사건 무효조항으로 인하여 제한되는 사익 역시 중대함을 고려하면, 이 사건 무효조항은 법익균형성을 충족하지 못한다. 그렇다면, 이 사건 무효조항은 과잉금지원칙에 위배하여 혼인의 자유를 침해한다(헌재 2022.10.27. 2018헌바115).

09 정답 ④

ㄱ. [X] 단기법무장교는 중위 이상의 계급으로 특수한 군사 업무를 담당하며, 병과는 계급 및 복무 내용, 직무의 책임에서 차이가 있다. 심판대상조항이 법무사관후보생의 군사교육기간을 의무복무기간에 산입하지 않는 것은 단기법무장교와 현역병의 차이를 고려한 결정이다. 이는 계급, 선발과정, 복무내용, 군사교육의 목적과 내용, 신분 등을 종합적으로 고려한 것으로 불합리한 차별이 아니다(헌재 2024.3.28. 2020헌마1401).
ㄴ. [X] 헌법재판소는 2014.6.26. 2012헌마459 결정에서 지방자치단체장이 공무원연금법 적용 대상에서 제외되더라도 국민연금, 사회보장 등을 통해 인간다운 생활이 보장되므로 권리 침해가 없다고 판단했다. 지방자치단체장은 경력직공무원과 근본적으로 차이가 있어 공무원연금법 적용에서 제외되는 것은 합리적 이유가 있다고 보았다. 이후 공무원연금법이 개정되어 최소 재직기간이 단축되었으나, 이는 공무원 임용 연령 제한 폐지와 국민연금 형평을 고려한 것으로, 본질적 차이를 해소하지 못했다. 따라서 선례와 달리 판단할 사정변경이나 필요성이 없으며, 심판대상조항은 인간다운 생활을 할 권리나 평등원칙을 침해하지 않는다(헌재 2024.4.25. 2020헌바322).
ㄷ. [O] 군인의 공무상 질병이나 부상으로 인한 상이연금은 사망시까지 지급되는 반면, 장애보상금은 군복무 중 질병 또는 부상으로 전역시 일시금으로 지급된다. 장애보상금은 공무상 질병 여부와 상관없이 지급되므로, 상이연금보다 근로재해 보상 성격이 약하다. 장애보상금의 지급대상 결정은 입법자의 재량이 크며, 전역 당시 장애등급을 기준으로 하는 것은 불합리하지 않다. 질병과 장애 사이의 인과관계 입증은 혼선을 초래할 수 있고, 전역 후 장애에 대한 보상은 연금재정 운용에 부담이 된다. 따라서 전역 후 장애등급을 받은 경우를 장애보상금 지급대상에서 제외해도 평등원칙에 위반되지 않는다(헌재 2024.2.28. 2020헌바320).
ㄹ. [O] 공무상 질병 또는 부상으로 '퇴직 이후에 폐질상태가 확정된 군인'에 대해서 상이연금 지급에 관한 규정을 두지 아니한 군인연금법 제23조 제1항은 평등의 원칙에 위배되어 헌법에 위반된다(헌재 2010.6.24. 2008헌바128).
ㅁ. [X] 현역병에 대한 의료지원제도는 군복무기간 동안 현역병에게 발생한 질병·부상 등에 대한 의료보장은 국가책임으로 국가가 비용을 부담하여 무상의 의료서비스를 제공하는 것을 내용으로 하며, 건강보험제도와는 별개로 설계된 의료보장 제도인바, 현역병과 일반 건강보험가입자는 의료보장의 근거가 되는 기본 법률, 재원조달방식, 자기기여 여부 등에서 명확히 구분되므로, 이 사건 법률조항과 관련하여 현역병과 건강보험가입자는 차별이 문제되는 비교집단이라 보기 어렵다(헌재 2024.3.28. 2021헌바97).

10 정답 ②

① [O] 65세 미만의 경우 치매·뇌혈관성질환 등 대통령령으로 정하는 노인성 질병을 가진 자에 한해 장애인 활동지원급여 신청자격을 인정하고 있는 '장애인활동 지원에 관한 법률'은 평등권을 침해한다(헌재 2020.12.23. 2017헌가22).
❷ [X] 특별교통수단에 있어 표준휠체어만을 기준으로 휠체어 고정 설비의 안전기준을 정하고 있는 '교통약자의 이동편의 증진법 시행규칙' 제6조 제3항 별표 1의2는 합리적 이유 없이 표준휠체어를 이용할 수 있는 장애인과 표준휠체어를 이용할 수 없는 장애인을 달리 취급하여 청구인의 평등권을 침해한다(헌재 2023.5.25. 2019헌마1234).
③ [O] 근로자가 사망할 당시 그 근로자와 생계를 같이하고 있던 유족 중 '대한민국 국민인 유족' 및 '국내거주 외국인유족'은 퇴직공제금을 지급받을 유족의 범위에 포함하면서 청구인과 같은 '외국거주 외국인유족'을 그 범위에서 제외하는 구 '건설근로자의 고용개선 등에 관한 법률' 제14조 제2항은 평등원칙에 위반된다(헌재 2023.3.23. 2020헌바471).
④ [O] 국가를 상대로 하는 당사자소송의 경우에는 가집행선고를 할 수 없다고 규정한 행정소송법 제43조는 평등원칙에 반한다(헌재 2022.2.24. 2020헌가12).

11 정답 ③

① [O] 독립유공자의 유족 중 자녀의 범위에서 사후양자를 제외하는 '독립유공자예우에 관한 법률' 제5조 제3항 본문은 평등원칙에 위반되지 않는다(헌재 2021.5.27. 2018헌바277).
② [O] 주택재개발조합이 행정심판의 피청구인이 된 경우 그 인용재결에 기속되도록 규정한, 행정심판법 제49조 제1항 중 피청구인 가운데 '도시 및 주거환경정비법상 재개발사업의 사업시행자인 조합'에 관한 부분은 평등원칙에 반하지 않는다(헌재 2022.7.21. 2019헌바543)
❸ [X] 6·25전몰군경자녀에게 6·25전몰군경자녀수당을 지급하면서 그 수급권자를 6·25전몰군경자녀 중 1명에 한정하고, 나이가 많은 자를 우선하도록 정한 구 '국가유공자 등 예우 및 지원에 관한 법률' 제16조의3 제1항 본문 중 '자녀 중 1명'에 한정하여 6·25전몰군경자녀수당을 지급하도록 한 부분은 나이가 적은 6·25전몰군경자녀의 평등권을 침해한다(헌재 2021.3.25. 2018헌가6).

④ [○] 내국인 등과 달리 외국인의 경우 보험료를 체납한 경우에는 다음 달부터 곧바로 보험급여를 제한하는 국민건강보험법 제109조 제10항은 청구인들의 평등권을 침해한다(헌재 2023. 9.26. 2019헌마1165).

12 정답 ④

① [○] 1차 의료기관의 전문과목 표시와 관련하여 의사전문의, 한의사전문의와 치과전문의 사이에 본질적인 차이가 있다고 볼 수 없으므로, 의사전문의, 한의사전문의와 달리 치과전문의의 경우에만 전문과목의 표시를 이유로 진료범위를 제한하는 것은 합리적인 근거를 찾기 어렵고, 치과일반의는 전문과목을 불문하고 모든 치과 환자를 진료할 수 있음에 반하여, 치과전문의는 치과의원에서 전문과목을 표시하였다는 이유로 자신의 전문과목 이외의 다른 모든 전문과목의 환자를 진료할 수 없게 되는바, 이는 보다 상위의 자격을 갖춘 치과의사에게 오히려 훨씬 더 좁은 범위의 진료행위만을 허용하는 것으로서 합리적인 이유를 찾기 어렵다. 따라서 심판대상조항은 청구인들의 평등권을 침해한다(헌재 2015.5.28. 2013헌마799).

② [○] 지방의회의원은 주민의 대표자이자 지방의회의 구성원으로서 주민들의 다양한 의사와 이해관계를 통합하여 지방자치단체의 의사를 형성하는 역할을 하므로, 지방의회의원의 전문성을 확보하고 원활한 의정활동을 지원하기 위해서는 지방의회의원들에게도 후원회를 허용하여 정치자금을 합법적으로 확보할 수 있는 방안을 마련해 줄 필요가 있다. 정치자금법은 후원회의 투명한 운영을 위한 상세한 규정을 두고 있어 지방의회의원의 염결성을 확보할 수 있고, 국회의원과 소요되는 정치자금의 차이도 후원 한도를 제한하는 등의 방법으로 규제할 수 있으므로, 후원회 지정 자체를 금지하는 것은 오히려 지방의회의원의 정치자금 모금을 음성화시킬 우려가 있다. 현재 지방의회의원에게 지급되는 의정활동비 등은 의정활동에 전념하기에 충분하지 않고, 지방의회는 유능한 신인정치인의 유입 통로가 되므로, 지방의회의원에게 후원회를 지정할 수 없도록 하는 것은 경제력을 갖추지 못한 사람의 정치입문을 저해할 수도 있다. 따라서 심판대상조항이 국회의원과 달리 지방의회의원을 후원회지정권자에서 제외하고 있는 것은 불합리한 차별로서 청구인들의 평등권을 침해한다(헌재 2022. 11.24. 2019헌마528 등).

③ [○] 외국거주 외국인유족에게 퇴직공제금을 지급하더라도 국가 및 사업주의 재정에 영향을 미치거나 건설근로자공제회의 재원 확보 및 퇴직공제금 지급 업무에 특별한 어려움이 초래될 일도 없으므로 외국거주 외국인유족을 퇴직공제금을 지급받을 유족의 범위에서 제외할 이유가 없다는 점, '일시금' 지급 방식인 퇴직공제금의 지급에서는 산업재해보상보험법상의 유족보상연금의 지급에서와 같이 수급자격 유지 확인의 어려움과 보험급여 부당지급의 우려가 없으므로 '연금' 지급 방식인 산업재해보상보험법상의 유족보상연금 수급자격자 규정을 '일시금' 지급 방식인 퇴직공제금에 준용하는 것은 불합리하다는 점, 외국거주 외국인유족은 자신이 거주하는 국가에서 발행하는 공신력 있는 문서로서 퇴직공제금을 지급받을 유족의 자격을 충분히 입증할 수 있으므로 그가 '외국인'이라는 사정 또는 '외국에 거주'한다는 사정이 대한민국 국민인 유족 혹은 국내거주 외국인유족과 달리 취급받을 합리적인 이유가 될 수 없다는 점 등을 종합하면, 심판대상조항은 합리적 이유 없이 외국거주 외국인유족을 대한민국 국민인 유족 및 국내거주 외국인유족과 차별하는 것이므로 평등원칙에 위반된다(헌재 2023.3.23. 2020헌바471).

❹ [×] 예비역 복무의무자의 범위에서 일반적으로 여성을 제외하는 구 병역법 제3조 제1항 중 '예비역 복무'에 관한 부분 및 지원에 의하여 현역복무를 마친 여성을 일반적인 여성의 경우와 동일하게 예비역 복무의무자의 범위에서 제외하는 군인사법 예비역은 국가비상사태에 병력동원의 대상이 되므로, 일정한 신체적 능력과 군전력으로서의 소양이 필요한 점을 고려할 때, 현시점에서 일반적으로 여성을 예비역 복무의무자에서 제외한 입법자의 판단이 현저히 자의적이라고 단정하기 어렵다. 따라서 이 사건 예비역 조항은 청구인의 평등권을 침해하지 아니한다(헌재 2023.10.26. 2018헌마357).

13 정답 ④

① [○] 공무원연금법과 군인연금법은 구조적인 유사성에도 불구하고 구체적인 급여체계에 상당한 차이가 있다. 상이연금은 장해연금과 달리 장해보상금, 공무상요양비, 국가유공자법에 따른 보상금 등을 중복하여 지급받을 수 있고, 상이연금수급자는 공무원으로 임용된 후 퇴직할 때 공무원연금법에 의하여 지급받을 수 있는 퇴직연금과 지급 정지되었던 상이연금을 함께 받을 수 있다. 두 연금체계의 구조 및 다른 급여제도를 전체적으로 고려할 때 상이연금수급자가 장해연금수급자에 비해 불리하다고 단정하기 어렵고 평등원칙에 위배된다고 볼 수 없다(헌재 2019.12.27. 2017헌바169).

② [○] 심판대상조항이 신법 조항의 소급적용을 위한 경과규정을 두지 않음으로써 개정법 시행일 전에 통상의 출퇴근 사고를 당한 비혜택근로자를 보호하기 위한 최소한의 조치도 취하지 않은 것은, 산재보험의 재정상황 등 실무적 여건이나 경제상황 등을 고려한 것이라고 하더라도, 그 차별을 정당화할 만한 합리적인 이유가 있는 것으로 보기 어렵고, 이 사건 헌법불합치결정의 취지에도 어긋난다. 따라서 심판대상조항은 헌법상 평등원칙에 위반된다(헌재 2019.9.26. 2018헌바218).

③ [○] <u>심판대상조항의 의미와 목적 등을 고려할 때 '선거일 이전에 행하여진 선거범죄' 가운데 '선거일 이전에 후보자격을 상실한 자'와 '선거일 이전에 후보자격을 상실하지 아니한 자'는 본질적으로 동일한 집단이라 할 것이다. 따라서 심판대상이 양자의 공소시효 기산점을 '당해 선거일 후'로 같게 적용하더라도, 이는 본질적으로 같은 것을 같게 취급한 것이므로 차별이 발생한다고 보기 어렵다.</u> 심판대상조항은 '선거일 이전에 행하여진 선거범죄'의 공소시효 기산점을 '당해 선거일 후'로 정하여, 공직선거법 제268조 제1항에서 '선거일 후에 행하여진 선거범죄'의 공소시효 기산점을 '그 행위가 있는 날부터'로 정하고, 형사소송법 제252조 제1항에서 '다른 일반범죄'에 관한 공소시효의 기산점을 '범죄행위의 종료한 때로부터'로 정한 것과 달리 취급하고 있다. 그러나 이는 선거로 인한 법적 불안정 상태를 신속히 해소하면서도 선거의 공정성을 보장함과 동시에 선거로 야기된 정국의 불안을 특정한 시기에 일률적으로 종료시키기 위한 입법자의 형사정책적 결단 등에서

비롯된 것이므로, 그 합리성을 인정할 수 있다. 따라서 심판대상조항은 평등원칙에 위반되지 않는다(헌재 2020.3.26. 2019헌바71).

❹ [×] 형의 선고유예를 받은 자가 유예기간 중 자격정지 이상의 형에 처한 판결이 확정되거나 자격정지 이상의 형에 처한 전과가 발견된 때에는 유예한 형을 선고하도록 한 형법 제61조(선고유예의 실효)가 평등원칙에 위반되는지 여부(소극)
  선고유예는 실효사유가 발생하더라도 검사의 청구와 법원의 결정이 있어야 비로소 실효되는 데 반하여 집행유예는 실효사유가 발생하면 집행유예의 선고가 당연히 실효되고 검사는 유예된 형의 집행을 지휘할 뿐이며, 집행유예는 형의 선고를 전제로 하므로 법률상·사실상 입게 되는 불이익이 적지 않은 반면 선고유예는 범죄전력이 남지 않는 등, 선고유예와 집행유예는 여러 가지 측면에서 근본적으로 차이가 있다. 이와 같이 선고유예의 입법취지, 실효의 효력발생 시기·효과 등을 감안하여 선고유예의 실효사유를 집행유예와 다르게 규정한 것은 자의적인 차별이라고 보기 어렵다(헌재 2019.9.26. 2017헌바265).

14 정답 ④

① [○] 공무원연금법과 군인연금법은 구조적인 유사성에도 불구하고 구체적인 급여체계에 상당한 차이가 있다. 상이연금은 장해연금과 달리 장해보상금, 공무상요양비, 국가유공자법에 따른 보상금 등을 중복하여 지급받을 수 있고, 상이연금수급자는 공무원으로 임용된 후 퇴직할 때 공무원연금법에 의하여 지급받을 수 있는 퇴직연금과 지급 정지되었던 상이연금을 함께 받을 수 있다. 두 연금체계의 구조 및 다른 급여제도를 전체적으로 고려할 때 상이연금수급자가 장해연금수급자에 비해 불리하다고 단정하기 어렵고 평등원칙에 위배된다고 볼 수 없다(헌재 2019.12.27. 2017헌바169).

② [○] 공적 노후소득보장에 있어 국민기초생활보장제도와 기초연금제도가 담당하는 역할 및 전체 체계를 고려할 때, 소득 하위 70% 노인에게 기초연금을 지급하여 국민연금의 사각지대 해소 및 노인 전반의 소득 수준 향상을 도모하고, 기초연금 지급 후에도 여전히 기초생활보장법의 최저생활 기준을 충족시키지 못하는 노인에 한하여 추가적으로 기초생활보상법상의 급여를 제공하도록 한 것이 그 자체로 입법재량을 일탈하였다고 보기는 어려운 점, 기초연금을 기초생활보장법상 이전소득에서 제외할 경우 상당한 재정적 부담이 따를 것으로 보이는 점, 국가는 수급자를 대상으로 개인균등할 주민세 비과세, 에너지바우처 지원 등 다양한 감면제도를 운영하고 있는 점 등을 종합하여 보면, 이 사건 시행령조항이 청구인들과 같이 기초연금 수급으로 인하여 기초생활보장급여 수급액이 감소하거나 수급권을 일부 또는 전부 상실하는 노인을 자의적으로 차별하고 있다고 단정하기 어렵다. 따라서 이 사건 시행령조항은 청구인들의 평등권을 침해하지 않는다(헌재 2019.12.27. 2017헌마1299).

③ [○] 심판대상조항의 의미와 목적 등을 고려할 때 '선거일 이전에 행하여진 선거범죄' 가운데 '선거일 이전에 후보자격을 상실한 자'와 '선거일 이전에 후보자격을 상실하지 아니한 자'는 본질적으로 동일한 집단이라 할 것이다. 따라서 심판대상이 양자의 공소시효 기산점을 '당해 선거일 후'로 같게 적용하더라도, 이는 본질적으로 같은 것을 같게 취급한 것이므로 차별이 발생한다고 보기 어렵다. 심판대상조항은 '선거일 이전에 행하여진 선거범죄'의 공소시효 기산점을 '당해 선거일 후'로 정하여, 공직선거법 제268조 제1항에서 '선거일 후에 행하여진 선거범죄'의 공소시효 기산점을 '그 행위가 있는 날부터'로 정하고, 형사소송법 제252조 제1항에서 '다른 일반범죄'에 관한 공소시효의 기산점을 '범죄행위의 종료한 때로부터'로 정한 것과 달리 취급하고 있다. 그러나 이는 선거로 인한 법적 불안정 상태를 신속히 해소하면서도 선거의 공정성을 보장함과 동시에 선거로 야기된 정국의 불안을 특정한 시기에 일률적으로 종료시키기 위한 입법자의 형사정책적 결단 등에서 비롯된 것이므로, 그 합리성을 인정할 수 있다. 따라서 심판대상조항은 평등원칙에 위반되지 않는다(헌재 2020.3.26. 2019헌바71).

❹ [×] 심판대상조항이 신법 조항의 소급적용을 위한 경과규정을 두지 않음으로써 개정법 시행일 전에 통상의 출퇴근 사고를 당한 비혜택근로자를 보호하기 위한 최소한의 조치도 취하지 않은 것은, 산재보험의 재정상황 등 실무적 여건이나 경제상황 등을 고려한 것이라고 하더라도, 그 차별을 정당화할 만한 합리적인 이유가 있는 것으로 보기 어렵고, 이 사건 헌법불합치결정의 취지에도 어긋난다. 따라서 심판대상조항은 헌법상 평등원칙에 위반된다(헌재 2019.9.26. 2018헌바218).

15 정답 ①

❶ [○] 심판대상조항은 사용자로 하여금 근로계약을 체결할 때 소정근로시간을 명시하도록 하는 근로기준법 조항이 영화근로자와 계약을 체결하는 영화업자에게도 적용됨을 분명히 한 것으로서, 사용자에 비해 상대적으로 취약한 지위에 있는 근로자를 보호하기 위해서 핵심적인 근로조건에 해당하는 근로시간을 근로계약 체결 당시에 미리 알리도록 할 필요가 있는 것은 영화근로자의 경우에도 마찬가지이다. 영화근로자의 업무가 재량근로 대상 업무에 해당할 수 있다는 사실만으로 달리 볼 수도 없다. 따라서 심판대상조항은 영화업자의 평등권을 침해하지 않는다(헌재 2022.11.24. 2018헌바514).

② [×] 외국거주 외국인유족에게 퇴직공제금을 지급하더라도 국가 및 사업주의 재정에 영향을 미치거나 건설근로자공제회의 재원 확보 및 퇴직공제금 지급업무에 특별한 어려움이 초래될 일도 없으므로 외국거주 외국인유족을 퇴직공제금을 지급받을 유족의 범위에서 제외할 이유가 없다는 점, '일시금' 지급방식인 퇴직공제금의 지급에서는 산업재해보상보험법상의 유족보상연금의 지급에서와 같이 수급자격 유지 확인의 어려움과 보험급여 부당지급의 우려가 없으므로 '연금' 지급방식인 산업재해보상보험법상의 유족보상연금 수급자격 규정을 '일시금' 지급방식인 퇴직공제금에 준용하는 것은 불합리하다는 점, 외국거주 외국인유족은 자신이 거주하는 국가에서 발행하는 공신력 있는 문서로서 퇴직공제금을 지급받을 유족의 자격을 충분히 입증할 수 있으므로 그가 '외국인'이라는 사정 또는 '외국에 거주'한다는 사정이 대한민국 국민인 유족 혹은 국내거주 외국인유족과 달리 취급받을 합리적인 이유가 될 수 없다는 점 등을 종합하면, 심판대상조항은 합리적 이유 없이 외국거주 외국인유족을 대한민국 국민인 유족 및 국내거주

외국인유족과 차별하는 것이므로 평등원칙에 위반된다(헌재 2023.3.23. 2020헌바471).

③ [×] 안장 대상자의 사망 후 재혼하지 않은 배우자나 배우자 사망 후 안장 대상자가 재혼한 경우의 종전 배우자는 자신이 사망할 때까지 안장 대상자의 배우자로서의 실체를 유지하였다는 점에서 합장을 허용하는 것이 국가와 사회를 위하여 헌신하고 희생한 안장 대상자의 충의와 위훈의 정신을 기리고자 하는 국립묘지 안장의 취지에 부합하고, 안장 대상자의 사망 후 그 배우자가 재혼을 통하여 새로운 가족관계를 형성한 경우에 그를 안장 대상자와의 합장 대상에서 제외하는 것은 합리적인 이유가 있다. 따라서 심판대상조항은 평등원칙에 위배되지 않는다(헌재 2022.11.24. 2020헌바463).

④ [×] 피해자보호명령제도의 특성, 우편을 이용한 접근행위의 성질과 그 피해의 정도 등을 고려할 때, 입법자가 심판대상조항에서 우편을 이용한 접근금지를 피해자보호명령의 종류로 정하지 아니하였다고 하더라도 이것이 입법자의 재량을 벗어난 자의적인 입법으로서 평등원칙에 위반된다고 보기 어렵다(헌재 2023.2.23. 2019헌바43).

16 정답 ①

❶ [O] 심판대상조항은 '가구 내 고용활동'을 '근로자퇴직급여 보장법'의 적용범위에서 제외하여 가사사용인을 다른 근로자와 달리 취급하고 있는바, 이것이 평등원칙에 위배되는지 살펴본다. 한편 임금 내지 퇴직금채권은 법령 등에서 정하고 있는 요건이 충족되는 경우에 비로소 재산권적 성격이 인정되므로, 애초 근로자퇴직급여 보장법'의 적용대상에서 명시적으로 제외되어 있는 가사사용인의 경우 법령에서 정하고 있는 퇴직급여의 요건 자체가 결여되어 있다는 점에서 심판대상조항으로 인한 재산권 제한 문제는 발생하지 않으므로, 이에 대하여는 판단하지 아니한다(헌재 2022.10.27. 2019헌바454).

② [×] 헌법 제10조의 행복추구권은 국민이 행복을 추구하기 위하여 필요한 급부를 국가에게 적극적으로 요구할 수 있는 것을 내용으로 하는 것이 아니라, 국민이 행복을 추구하기 위한 활동을 국가권력의 간섭 없이 자유롭게 할 수 있다는 포괄적인 의미의 자유권으로서의 성격을 가진다(헌재 2004.4.29. 2003헌바64). 심판대상조항은 근로자의 퇴직급여제도의 적용범위에 관한 조항이므로 설령 청구인이 심판대상조항으로 퇴직급여를 받지 못하였더라도 그 자체만으로 청구인의 행복추구권이 제한되었다고 보기는 어려우므로, 행복추구권에 대하여도 판단하지 아니한다. 나아가 헌법 제32조 제4항은 고용·임금 및 근로조건에 있어서 여성에 대한 부당한 차별을 금지하고 있지만, 여성만이 가구 내 고용활동에 종사하는 것이 아니고 가사사용인 중 여성근로자가 많다고 하더라도 이는 심판대상조항에 의하여 초래되는 법적 효과라고 볼 수 없으므로 심판대상조항이 헌법 제32조 제4항에 위반되는지 여부에 대해서는 별도로 판단하지 아니한다(헌재 2022.10.27. 2019헌바454).

③ [×] 반대의견은 '가구 내 고용활동'에 대해서는 '근로자퇴직급여 보장법'을 적용하지 않도록 규정한 '근로자퇴직급여 보장법' 제3조가 헌법 제32조 제4항의 여성에 대한 차별금지로 보아 엄격한 비례심사를 주장했으나 법정의견은 헌법 제32조 제4항의 문제로 보지 않고 합리성 심사를 하고 있다.

> **관련판례**
>
> 헌법 제32조 제4항은 고용·임금 및 근로조건에 있어서 여성에 대한 부당한 차별을 금지하고 있지만, 여성만이 가구 내 고용활동에 종사하는 것이 아니고 가사사용인 중 여성근로자가 많다고 하더라도 이는 심판대상조항에 의하여 초래되는 법적 효과라고 볼 수 없으므로 심판대상조항이 헌법 제32조 제4항에 위반되는지 여부에 대해서는 별도로 판단하지 아니한다(헌재 2022.10.27. 2019헌바454).

④ [×] 최근 제정된 '가사근로자의 고용개선 등에 관한 법률'(이하 '가사근로자법'이라 한다)에 의하면 인증받은 가사서비스 제공기관과 근로계약을 체결하고 이용자에게 가사서비스를 제공하는 사람은 가사근로자로서 '근로자퇴직급여 보장법'의 적용을 받게 된다. 이에 따라 가사사용인은 가사서비스 제공기관을 통하여 가사근로자법과 근로 관계 법령을 적용받을 것인지, 직접 이용자와 고용계약을 맺는 대신 가사근로자법과 근로 관계 법령의 적용을 받지 않을 것인지 선택할 수 있다. 이를 종합하면 심판대상조항이 가사사용인을 일반 근로자와 달리 '근로자퇴직급여 보장법'의 적용범위에서 배제하고 있다 하더라도 합리적 이유가 있는 차별로서 평등원칙에 위배되지 아니한다(헌재 2022.10.27. 2019헌바454).

17 정답 ④

① [×] 자의심사의 경우에는 차별을 정당화하는 합리적인 이유가 있는지만을 심사하기 때문에 그에 해당하는 비교대상 간의 사실상의 차이나 입법목적의 발견·확인에 그치는 반면에, 비례심사의 경우에는 단순히 합리적인 이유의 존부 문제가 아니라 차별을 정당화하는 이유와 차별 간의 상관관계에 대한 심사, 즉 비교대상 간의 사실상의 차이의 성질과 비중 또는 입법목적의 비중과 차별의 정도에 적정한 균형관계가 이루어져 있는가를 심사한다(헌재 2001.2.22. 2000헌마25).

② [×] 자의심사의 경우에는 차별을 정당화하는 합리적인 이유가 있는지만을 심사하기 때문에 그에 해당하는 비교대상 간의 사실상의 차이나 입법목적(차별목적)의 발견·확인에 그치는 반면에, 비례심사의 경우에는 단순히 합리적인 이유의 존부 문제가 아니라 차별을 정당화하는 이유와 차별 간의 상관관계에 대한 심사, 즉 비교대상 간의 사실상의 차이의 성질과 비중 또는 입법목적(차별목적)의 비중과 차별의 정도에 적정한 균형관계가 이루어져 있는가를 심사한다(헌재 2001.2.22. 2000헌마25).

③ [×] 헌법에서 특별히 평등을 요구하고 있는 경우나 차별적 취급으로 인하여 관련 기본권에 중대한 제한을 초래하는 경우 이외에는 완화된 심사척도인 자의금지원칙에 의하여 심사하면 족하다(헌재 2011.10.25. 2010헌마661).

❹ [O]

자의금지	비례심사
완화된 심사	엄격한 심사
입법형성의 자유가 넓은 영역에서 적용	입법형성의 자유가 좁은 영역에서 적용
초기 헌법재판소 판례부터 심사기준	제대군인 가산점제도사건에서부터 본격적으로 도입
일반적 심사기준	차별금지영역에서 차별 또는 차별로 인해 기본권 제한이 발생한 경우

18 정답 ①

ㄱ. [X] 의료급여수급자와 건강보험가입자는 사회보장의 한 형태인 의료보장의 대상인 점에서만 공통점이 있다고 할 수 있을 뿐 그 선정방법, 법적 지위, 재원조달방식, 자기 기여 여부 등에서는 명확히 구분된다. 따라서 의료급여수급자와 건강보험가입자는 본질적으로 동일한 비교집단이라 보기 어렵고 의료급여수급자를 대상으로 선택병의원제 및 비급여항목 등을 달리 규정하고 있는 것을 두고, 본질적으로 동일한 것을 다르게 취급하고 있다고 볼 수는 없으므로 **이 사건 개정법령의 규정이 청구인들의 평등권을 침해한다고 볼 수 없다**(헌재 2009.11.26. 2007헌마734).

ㄴ. [O] 폐질상태의 확정이 퇴직 이전에 이루어진 군인과 그 이후에 이루어진 군인을 차별취급하고 있는데, 군인이나 일반공무원이 공직수행 중 얻은 질병으로 퇴직 이후 폐질상태가 확정된 것이라면 그 질병이 퇴직 이후의 생활에 미치는 정도나 사회보장의 필요성 등의 측면에서 차이가 없을 뿐만 아니라 폐질상태가 확정되는 시기는 근무환경이나 질병의 특수성 등 우연한 사정에 의해 좌우될 수 있다는 점에서 볼 때, 위와 같은 차별취급은 합리적인 이유가 없어 정당화되기 어려우므로 평등의 원칙을 규정한 헌법 제11조 제1항에 위반된다(헌재 2010.6.24. 2008헌바128).

ㄷ. [O] '금고 이상의 형을 받았다가 재심으로 무죄판결을 받은 사람'은 군 복무 중 급여 제한사유에 해당함이 없이 직무상 의무를 다한 성실한 군인이라는 점에서 '수사 중이거나 형사재판 계속 중이었다가 불기소처분 등을 받은 사람'과 차이가 없다. 급여 제한사유에 해당하지 않는 사람임이 뒤늦게라도 밝혀졌다면, 수사 중이거나 형사재판 계속 중이어서 잠정적·일시적으로 지급을 유보하였던 경우인지, 아니면 낭해 형사설차가 종료되어 확정적으로 지급을 제한하였던 경우인지에 따라 잔여퇴직급여에 대한 이자 가산 여부를 달리 할 이유가 없다. 또한 이들은 '퇴직급여 등을 본래 지급받을 수 있었던 때 지급받지 못하고 일정한 기간이 경과한 후에 지급받는다'는 점에서도 차이가 없다. 금고 이상의 형이 확정되었다가 새심에서 무죄판결을 받은 사람은 처음부터 유죄판결이 없었던 것과 같은 상태가 되었으므로 '유죄판결을 받지 않았다면 본래 퇴직급여 등을 받을 수 있었던 날'에 퇴직급여를 지급받을 수 있었던 사람들이다. 따라서 미지급기간 동안 잔여퇴직급여에 발생하였을 경제적 가치의 증가를 전혀 반영하지 않고 잔여퇴직급여 원금만을 지급하는 것은 제대로 된 권리 회복이라고 볼 수 없다. 이러한 점들을 종합하면, 잔여퇴직급여에 대한 이자 지급 여부에 있어 양자를 달리 취급하는 것은 합리적 이유 없는 차별로서 평등원칙을 위반한다(헌재 2016.7.28. 2015헌바20).

ㄹ. [X] 생활지원금을 비롯한 부마민주항쟁 관련자의 명예회복 및 보상등에 관한 법률상 보상금 등은 국가가 관련자의 경제활동이나 사회생활에 미치는 영향, 생활 정도 등을 고려하여 지급 대상자와 지원금의 액수를 정하여 지급할 수 있으므로, 이 사건 생활지원금조항이 일정한 요건을 갖춘 자들에 한하여 생활지원금을 지급할 수 있도록 하는 것이 불합리하다고 보기 어렵다. 따라서 **심판대상조항은 청구인의 평등권을 침해하지 아니한다**(헌재 2019.4.11. 2016헌마418).

ㅁ. [O] 애국지사는 일제의 국권침탈에 반대하거나 항거한 사실이 있는 당사자로서 조국의 자주독립을 위하여 직접 공헌하고 희생한 사람이지만, 순국선열의 유족은 일제의 국권침탈에 반대하거나 항거하다가 그로 인하여 사망한 당사자의 유가족으로서 '독립유공자예우에 관한 법률'(이하 '독립유공자법'라 한다)이 정하는 바에 따라 그 공로에 대한 예우를 받는 지위에 있다. 독립유공자의 유족에 대하여 국가가 독립유공자법에 의한 보상을 하는 것은 유족 그 자신이 조국의 자주독립을 위하여 직접 공헌하고 희생하였기 때문이 아니라, 독립유공자의 공헌과 희생에 대한 보은과 예우로서 그와 한가족을 이루고 가족공동체로서 함께 살아온 그 유족에 대하여서도 그에 상응한 예우를 하기 위함이다. 애국지사 본인과 순국선열의 유족은 본질적으로 다른 집단이므로, 같은 서훈 등급임에도 순국선열의 유족보다 애국지사 본인에게 높은 보상금 지급액 기준을 두고 있다 하여 곧 청구인의 평등권이 침해되었다고 볼 수 없다(헌재 2018.1.25. 2016헌마319).

19 정답 ①

❶ [O] 현행 군인사법에 따르면 병과 하사관은 군인이라는 공통점을 제외하고는 그 복무의 내용과 보직, 진급, 전역체계, 보수와 연금 등의 지급에서 상당한 차이가 있으며, 그 징계의 종류도 달리 규율하고 있다. 따라서 **병과 하사관은 영창처분의 차별취급을 논할 만한 비교집단이 된다고 보기 어우므로, 평등원칙 위배 여부는 더 나아가 살피지 아니한다**(헌재 2020.9.24. 2017헌바157 등).

② [X] 심판대상조항은 병의 복무규율 준수를 강화하고, 복무기강을 엄정히 하기 위하여 제정된 것으로 군의 지휘명령체계의 확립과 전투력 제고를 목적으로 하는바, **그 입법목적은 정당하고, 심판대상조항은 병에 대하여 강력한 위하력을 발휘하므로 수단의 적합성도 인정된다**. 심판대상조항에 의한 영창처분은 징계처분임에도 불구하고 신분상 불이익 외에 신체의 자유를 박탈하는 것까지 그 내용으로 삼고 있어 징계의 한계를 초과한 점, 심판대상조항에 이한 영창처분은 그 실질이 구류형의 집행과 유사하게 운영되므로 극히 제한된 범위에서 형사상 절차에 준하는 방식으로 이루어져야 하는데, 영창처분이 가능한 징계사유는 지나치게 포괄적이고 기준이 불명확하여 영창처분의 보충성이 담보되고 있지 아니한 점, 심판대상조항은 징계위원회의 심의·의결과 인권담당 군법무관의 적법성 심사를 거치지만, 모두 징계권자의 부대 또는 기관에 설치되거나 소속된 것으로 형사절차에 견줄만한 중립적이고 객관적인 절차라고 보기 어려운 점, 심판대상조항으로 달성하고자 하는

목적은 인신구금과 같이 징계를 중하게 하는 것으로 달성되는 데 한계가 있고, 병의 비위행위를 개선하고 행동을 교정할 수 있도록 적절한 교육과 훈련을 제공하는 것 등으로 가능한 점, 이와 같은 점은 일본, 독일, 미국 등 외국의 입법례를 살펴보더라도 그러한 점 등에 비추어 심판대상조항은 침해의 최소성원칙에 어긋난다(헌재 2020.9.24. 2017헌바157 등).

③ [×] 선지는 보충의견이었다. 헌법재판소의 법정의견은 영장주의에 대한 의견이 없다.

④ [×] 선지는 반대의견이었다. 헌법재판소의 법정의견은 영장주의에 대한 의견이 없다. 다만, 전경에 대한 징계사건에서 영장주의가 영창에 적용되지 않는다는 것이 헌법재판소 법정의견이었다.

시 특례를 설정함으로써, 기본권 중에서도 가장 본질적인 신체의 자유에 대한 침해를 가중하고 있다(헌재 2000.7.20. 99헌가7).

ㅂ. [×] 미결구금은 신체의 자유를 침해받는 피의자 또는 피고인의 입장에서 보면 실질적으로 자유형의 집행과 다를 바 없으므로, 인권 보호 및 공평의 원칙상 형기에 전부 산입되어야 한다. 따라서 형법 제57조 제1항 중 '또는 일부 부분'은 헌법상 무죄추정의 원칙 및 적법절차의 원칙 등을 위배하여 합리성과 정당성 없이 신체의 자유를 침해한다(헌재 2009.6.25. 2007헌바25).

20 정답 ④

ㄱ. [○] 상소제기 후 상소 취하시까지의 미결구금을 형기에 산입하지 아니하는 것은 헌법상 무죄추정의 원칙 및 적법절차의 원칙, 평등원칙 등을 위배하여 합리성과 정당성 없이 신체의 자유를 지나치게 제한하는 것이고, 따라서 '상소제기 후 미결구금일수의 산입'에 관하여 규정하고 있는 이 사건 법률조항들이 상소제기 후 상소 취하시까지의 미결구금일수를 본형에 산입하도록 규정하지 아니한 것은 헌법에 위반된다(헌재 2009.12.29. 2008헌가13 등).

ㄴ. [×] 피고인이 미결구금일수로서 본형에의 산입을 요구하는 기간은 공소의 목적을 달성하기 위하여 어쩔 수 없이 이루어진 강제처분의 기간이 아니라 피고인이 범행 후 미국으로 도주하였다가 대한민국정부와 미합중국정부 간의 범죄인 인도조약에 따라 체포된 후 인도절차를 밟기 위한 기간에 불과하여 본형에 산입될 미결구금일수에 해당한다고 볼 수 없을 뿐 아니라, 원심이 피고인에 대한 미결구금일수를 일부라도 본형에 산입한 이상 상고이유에서 지적하는 바와 같이 미결구금일수의 산입에 관한 법리를 오해하여 판결에 영향을 미친 위법이 없다(대판 2009.5.28. 2009도1446).

ㄷ. [×] 이 사건 법률조항에 의하여 청구인과 형사사건에서 미결구금일수가 본형에 산입되는 자와의 차별취급이 존재하나, 소년원 수용이라는 보호처분은 도망이나 증거인멸을 방지하여 수사, 재판 또는 형의 집행을 원활하게 진행하기 위한 것이 아니라 반사회성 있는 소년을 교화하고 건전한 성장을 돕기 위한 것으로서 그 차별대우를 정당화하는 합리적 이유가 존재하므로 청구인의 평등권도 침해하지 아니한다(헌재 2015.12.23. 2014헌마768).

ㄹ. [○] 검사 상소제기일로부터 미결구금일수를 본형에 산입하도록 한 형사소송법 제482조는 검사가 상소하기 전의 구금일수에 대해서는 산입할 근거가 없어 검사가 상소를 언제 제기하느냐에 따라서 법원이 선고한 형에 변경을 가져오게 되므로 피고인의 신체의 자유를 침해하게 되고, 검사가 상소를 제기한 시점에 따라 형이 달라지므로 평등원칙에도 위반된다(헌재 2000.7.20. 99헌가7).

ㅁ. [○] 미결구금을 허용하는 것 자체가 헌법상 무죄추정의 원칙에서 파생되는 불구속수사의 원칙에 대한 예외인데, 형법 제57조 제1항 중 '또는 일부 부분'은 그 미결구금일수 중 일부만을 본형에 산입할 수 있도록 규정하여 그 예외에 대하여 사실상 다

5회 쟁점별 모의고사 정답 및 해설
(신체의 자유)

정답
p.44

01	②	02	③	03	③	04	④	05	②
06	④	07	③	08	①	09	④	10	②
11	③	12	③	13	①	14	②	15	④
16	③	17	①	18	②	19	①	20	④

01
정답 ②

ㄱ. [O] 헌법 제12조 제1항은 제1문에서 "모든 국민은 신체의 자유를 가진다."라고 규정한다. 신체의 자유를 보장하는 헌법 제12조 제1항 제1문은 문언상 형사절차만을 염두에 둔 것이 아님이 분명하다. 또한 신체의 자유는 그에 대한 제한이 형사절차에서 가해졌든 행정절차에서 가해졌든 간에 보장되어야 하는 자연권적 속성의 기본권이므로, 신체의 자유가 제한된 절차가 형사절차인지 아닌지는 신체의 자유의 보장범위와 방법을 정함에 있어 부차적인 요소에 불과하다. 우리 헌법은 신체의 자유를 명문으로 규정하여 보장하는 헌법 제12조 제1항 제1문에 이어 제12조 제1항 제2문, 제2항 내지 제7항에서 신체의 자유가 제한될 우려가 있는 특별한 상황들을 열거하면서, 각각의 상황별로 신체의 자유의 보장방법을 구체적으로 규정한다. 따라서 형사절차를 특히 염두에 둔 것이 아닌 헌법 제12조 제1항 제1문과의 체계적 해석의 관점에서 볼 때, 헌법 제12조 제1항 제2문, 제2항 내지 제7항은 당해 헌법조항의 문언상 혹은 당해 헌법조항에 규정된 구체적인 신체의 자유 보장방법의 속성상 형사절차에만 적용됨이 분명한 경우가 아니라면, 형사절차에 한정되지 않는 것으로 해석하는 것이 타당하다(헌재 2018.05.31. 2014헌마346).

ㄴ. [X] **헌법 제12조 제4항 본문에 규정된 변호인의 조력을 받을 권리가 행정절차에서 구속된 사람에게도 즉시 보장되는지 여부(적극)**
헌법 제12조 제4항 본문의 문언 및 헌법 제12조의 조문 체계, 변호인 조력권의 속성, 헌법이 신체의 자유를 보장하는 취지를 종합하여 보면 헌법 제12조 제4항 본문에 규정된 '구속'은 사법절차에서 이루어진 구속뿐 아니라, 행정절차에서 이루어진 구속까지 포함하는 개념이다. 따라서 헌법 제12조 제4항 본문에 규정된 변호인의 조력을 받을 권리는 행정절차에서 구속을 당한 사람에게도 즉시 보장된다. 종래 이와 견해를 달리하여 헌법 제12조 제4항 본문에 규정된 <u>변호인의 조력을 받을 권리는 형사절차에서 피의자 또는 피고인의 방어권을 보장하기 위한 것으로서 출입국관리법상 보호 또는 강제퇴거의 절차에도 적용된다고 보기 어렵다고 판시한 우리 재판소 결정(헌재 2012.8.23. 2008헌마430)은, 이 결정 취지와 저촉되는 범위 안에서 변경한다</u>(헌재 2018.5.31. 2014헌마346).

ㄷ. [O] 헌법 제12조 제4항 본문의 문언 및 헌법 제12조의 조문 체계, 변호인 조력권의 속성, 헌법이 신체의 자유를 보장하는 취지를 종합하여 보면 헌법 제12조 제4항 본문에 규정된 '구속'은 사법절차에서 이루어진 구속뿐 아니라, 행정절차에서 이루어진 구속까지 포함하는 개념이다. 따라서 헌법 제12조 제4항 본문에 규정된 변호인의 조력을 받을 권리는 행정절차에서 구속을 당한 사람에게도 즉시 보장된다(헌재 2018.5.31. 2014헌마346).

ㄹ. [O] 인천국제공항 송환대기실은 출입문이 철문으로 되어 있는 폐쇄된 공간이고, 인천국제공항 항공사운영협의회에 의해 출입이 통제되기 때문에 청구인은 송환대기실 밖 환승구역으로 나갈 수 없었으며, 공중전화 외에는 외부와의 소통 수단이 없었다. 청구인은 이 사건 변호인 접견신청 거부 당시 약 5개월째 송환대기실에 수용되어 있었고, 적어도 난민인정심사 불회부 결정 취소소송이 종료될 때까지는 임의로 송환대기실 밖으로 나갈 것을 기대할 수 없었다. 청구인은 이 사건 변호인 접견신청 거부 당시 자신에 대한 송환대기실 수용을 해제해 달라는 취지의 인신보호청구의 소를 제기해 둔 상태였으므로 자신의 의사에 따라 송환대기실에 머무르고 있었다고 볼 수도 없다. 따라서 청구인은 이 사건 변호인 접견신청 거부 당시 헌법 제12조 제4항 본문에 규정된 '구속' 상태였다.

ㅁ. [X] 선지는 별개의견이다. 별개의견은 행정절차에서는 변호인 조력을 받을 권리가 보장되지 않으므로 이 사건은 변호인조력이 받을 권리가 적용될 수 없고 재판청구권 문제로 보았다. 헌법재판소의 법정의견은 변호인의 조력을 받을 권리 침해로 보았다.

02
정답 ③

① [X] 헌법재판소는 2021.1.28. 2020헌마264 등 결정에서, '헌법 제12조 제3항 및 제16조에서의 검사'는 '검찰권을 행사하는 국가기관'으로서 일반적 의미의 검사(검찰청법상 검사, 군검사, 특별검사 등)를 의미하는 것이므로 '검찰청법상 검사'와 동일한 것은 아님을 확인한 바 있다(헌재 2023.3.23. 2022헌라4).

② [✕] 헌법상 영장신청권이 수사과정에서 남용될 수 있는 강제수사를 '법률전문가이자 인권옹호기관'인 검사가 합리적으로 '통제'하기 위한 연혁과 취지에서 도입된 것임을 고려할 때, 검사에 대한 영장신청권 부여 조항으로부터 검사에 대한 수사권 부여까지 헌법상 도출된다고 볼 수 없다(헌재 2023.3.23. 2022헌라4).

❸ [○] 국회가 입법사항인 수사권 및 소추권의 일부를 행정부에 속하는 국가기관 사이에서 조정·배분하도록 법률을 개정한 것으로 인해, 청구인 검사들의 헌법상 권한이 침해되거나 침해될 가능성이 있다고 볼 수 없다. 또한 이 사건 법률개정행위는 검사의 영장신청권에 대해서는 아무런 제한을 두고 있지 않으므로, 검사에게 부여된 헌법상 영장신청권이 침해될 가능성도 없다(헌재 2023.3.23. 2022헌라4).

④ [✕] 검사의 영장신청권은 1962년 제5차 개정헌법에서 처음 도입되었다. 제5차 개정헌법은 제10조 제3항 본문에서 "체포·구금·수색·압수에는 검찰관의 신청에 의하여 법관이 발부한 영장을 제시하여야 한다."라고 규정함으로써, '검찰관의 영장신청권'을 명시적으로 도입하였고, 이후 검찰관을 '검사'로 수정하는 등 표현에 있어 일부 차이가 있지만 같은 내용으로 존속되어 현행헌법에 이르고 있다(헌재 2023.3.23. 2022헌라4).

03 정답 ③

① [✕] 무죄추정원칙은 신체의 자유가 아니라 재판청구권 쪽에 규정되어 있고 헌법에서 형사피고인이 무죄로 추정된다고 규정하고 있다.

> 헌법 제27조 ④ 형사피고인은 유죄의 판결이 확정될 때까지는 무죄로 추정된다.

② [✕] 헌법상 무죄추정의 원칙에 따라, 유죄판결이 확정되기 전에 피의자 또는 피고인을 죄 있는 자에 준하여 취급함으로써 법률적·사실적 측면에서 유형·무형의 불이익을 주어서는 아니 된다. 특히 미결구금은 신체의 자유를 침해받는 피의자 또는 피고인의 입장에서 보면 실질적으로 자유형의 집행과 다를 바 없으므로, 인권보호 및 공평의 원칙상 형기에 전부 산입되어야 한다.

❸ [○] 비록 수형자라 하더라도 확정되지 않은 별도의 형사재판에서만큼은 미결수용자와 같은 지위에 있는 것이므로, 그를 죄 있는 자에 준하여 취급함으로써 법률적·사실적 측면에서 유형·무형의 불이익을 주어서는 아니 된다. 그런데 이러한 수형자로 하여금 형사재판 출석시 아무런 예외 없이 사복착용을 금지하고 재소자용 의류를 입도록 하여 인격적인 모욕감과 수치심 속에서 재판을 받도록 하는 것은, 그 재판과 관련하여 미결수용자의 지위임에도 이미 유죄의 확정판결을 받은 수형자와 같은 외관을 형성하게 함으로써 재판부나 검사 등 소송관계자들에게 유죄의 선입견을 줄 수 있는 등 무죄추정의 원칙에 위배될 소지가 크다(헌재 2015.12.23. 2013헌마712).

④ [✕] 헌법 제27조 제4항의 무죄추정의 원칙이란 공소의 제기가 있는 피고인이라 하더라도 불이익을 입혀서는 아니 된다는 것이며, 가사 그 불이익을 입힌다 하여도 필요한 최소한도에 그치도록 비례의 원칙이 존중되어야 할 것이다. 여기의 불이익에는 형사절차상의 처분뿐만 아니라 그 밖의 기본권 제한과 같은 처분도 포함된다고 할 것이다(헌재 1990.11.19. 90헌가48).

04 정답 ④

ㄱ. [✕] 검열은 행정권이 주체가 되어 사상이나 의견 등이 발표되기 이전에 예방적 조치로서 그 내용을 심사·선별하여 발표를 사전에 억제하는 것이다. 의사표현 이후의 사법적 규제는 검열이 아니다. 영화상영 후 표현규제는 검열이 아니다. 그러나 사전적 규제라고 해서 모두 검열인 것은 아니다. 다른 검열 요건을 충족해야 하기 때문이다.

ㄴ. [○] 모든 요소가 충족되어야 검열에 해당한다.

ㄷ. [○] 헌법 제21조 제2항이 언론·출판에 대한 검열금지를 규정한 것은 비록 헌법 제37조 제2항이 국민의 자유와 권리를 국가안전보장·질서유지 또는 공공복리를 위하여 필요한 경우에 한하여 법률로써 제한할 수 있도록 규정하고 있다고 할지라도, 언론·출판의 자유에 대하여는 검열을 수단으로 한 제한만은 법률로써도 허용되지 아니한다는 것을 밝힌 것이다(헌재 2005.2.3. 2004헌가8).

ㄹ. [✕] 헌법 제37조 제2항이 국민의 자유와 권리를 국가안전보장·질서유지 또는 공공복리를 위하여 필요한 경우에 한하여 법률로써 제한할 수 있도록 규정하고 있다고 하여도 언론·출판의 자유에 대하여는 검열을 수단으로 한 제한만은 법률로써도 절대 허용되지 아니한다고 할 것이다(헌재 1996.10.31. 94헌가6).

ㅁ. [○] 의료광고의 심의기관이 행정기관인가 여부는 기관의 형식에 의하기보다는 그 실질에 따라 판단되어야 한다. 따라서 검열을 행정기관이 아닌 독립적인 위원회에서 행한다고 하더라도, 행정권이 주체가 되어 검열절차를 형성하고 검열기관의 구성에 지속적인 영향을 미칠 수 있는 경우라면 실질적으로 그 검열기관은 행정기관이라고 보아야 한다. 그렇게 해석하지 아니한다면 검열기관의 구성은 입법기술상의 문제에 지나지 않음에도 불구하고 정부에게 행정관청이 아닌 독립된 위원회의 구성을 통하여 사실상 검열을 하면서도 헌법상 검열금지원칙을 위반하였다는 비난을 면할 수 있는 길을 열어주기 때문이다 (헌재 2015.12.23. 2015헌바75).

05 정답 ②

① [○] 강제퇴거명령을 받은 사람을 보호할 수 있도록 하면서 보호기간의 상한을 마련하지 아니한 출입국관리법 제63조 제1항에 대해서는 엄격한 심사기준이 적용되어야 한다. 과잉금지원칙 및 적법절차원칙에 위배되어 피보호자의 신체의 자유를 침해한다(헌재 2023.3.23. 2020헌가1 등).

❷ [✕] 식품의약품안전처장이 식품의 사용기준을 정하여 고시하고, 고시된 사용기준에 맞지 아니하는 식품을 판매하는 행위를 금지·처벌하는 구 식품위생법은 위임의 한계를 넘지 않는다(헌재 2021.2.25. 2017헌바222).

③ [○] DNA 증거 등 그 죄를 증명할 수 있는 과학적 증거가 있는 특정 성폭력 범죄는 공소시효를 10년 연장하는 조항을 연장조항 시행 전에 범한 죄로 아직 공소시효가 완성되지 아니한 것

에 대하여도 적용하는 조항은 형벌불소급의 원칙이 적용되는 범위에 포함되지 아니하고, 연장조항으로 인하여 제한되는 성폭력범죄자의 신뢰이익이 실체적 정의라는 공익에 우선하여 특별히 헌법적으로 보호할 가치가 있다고 보기 어려우므로, 부칙조항은 형벌불소급의 원칙이나 신뢰보호원칙에 위배되지 아니한다(헌재 2023.5.25. 2020헌바309).

④ [O] 형벌불소급의 원칙은 '행위의 가벌성'에 관한 것이기 때문에 소추가능성에만 연관될 뿐이고 가벌성에는 영향을 미치지 않는 공소시효에 관한 규정은 원칙적으로 그 효력범위에 포함되지 않는다. 따라서 공소시효의 정지규정을 과거에 이미 행한 범죄에 대하여 적용하도록 하는 법률이라 하더라도 그 사유만으로 헌법 제12조 제1항 및 제13조 제1항에 규정한 죄형법정주의의 파생원칙인 형벌불소급의 원칙에 언제나 위배되는 것으로 단정할 수는 없다(헌재 2021.6.24. 2018헌바457).

06   정답 ④

① [O] 대체유류를 제조하였다고 신고하는 것이 곧 석유사업법 위반죄를 시인하는 것이나 마찬가지라고 할 수 없고, 신고의무 이행시 과세절차가 곧바로 석유사업법 위반죄의 처벌을 위한 자료의 수집·획득절차로 이행되는 것도 아니므로, 교통·에너지·환경세 등의 납부의무가 발생하고 그 세금을 신고·납부기한 내에 납부하지 아니하는 등의 사유로 심판대상조항에 따라 처벌된다고 하더라도 이를 두고 심판대상조항이 **형사상 불리한 진술**을 강요하는 것이라고 볼 수 없다. 따라서 심판대상조항은 진술거부권을 제한하지 아니한다(헌재 2017.7.27. 2012헌바323).

② [O] 대체유류에는 적법하게 제조되어 석유사업법상 처벌대상이 되지 않는 석유대체연료를 포함하는 것이므로 '**대체유류**'를 **제조하였다고 신고하는 것이 곧 석유사업법을 위반하였음을 시인하는 것**과 마찬가지라고 할 수 없고, 신고의무 이행시 진행되는 과세절차가 곧바로 석유사업법 위반죄 처벌을 위한 자료의 수집·획득 절차로 이행되는 것도 아니다. 따라서 교통·에너지·환경세법 제7조 제1항은 **형사상 불이익한 사실의 진술을 강요**한 것으로 볼 수 없으므로 진술거부권을 제한하지 아니한다(헌재 2014.7.24. 2013헌바177).

③ [O] 정치자금법 제31조 제6호에 의하면, 정당의 회계책임자는 정치자금의 수입·지출에 관한 명세서 및 영수증을 정치자금법이 정하는 회계보고를 마친 후 3년간 보존하여야 하는데, 이 조항이 규정하고 있는 회계장부·**명세서·영수증을 보존하는 행위는** 진술거부권의 보호대상이 되는 '진술' 즉 언어적 표출의 등가물로 볼 수 없으므로, 위 조항은 헌법 제12조 제2항의 진술거부권을 침해하지 않는다(헌재 2005.12.22. 2004헌바25).

❹ [X] 헌법상 진술거부권의 보호대상이 되는 '진술'이라 함은 언어적 표출, 즉 개인의 생각이나 지식, 경험사실을 정신작용의 일환인 언어를 통하여 표출하는 것을 의미하는바(헌재 1997.3.27. 96헌가1), **정치자금을 받고 지출하는 행위는 당사자가 직접 경험한 사실로서 이를 문자로 기재하도록 하는 것은 당사자가 자신의 경험을 말로 표출한 것의 등가물로 평가할 수 있으므로, 위 조항들이 정하고 있는 기재행위 역시 '진술'의 범위에 포함된다고 할 것이다**(헌재 2005.12.22. 2004헌바25).

07   정답 ③

ㄱ. [O] 담당교도관의 접견 불허 통보 이후 피청구인 검사가 별다른 조치를 취하지 아니한 것은 실질적으로 청구인의 접견신청을 불허한 것과 동일하게 평가할 수 있으므로 이 사건 검사의 접견불허행위는 헌법소원의 대상이 되는 공권력의 행사로서 존재한다고 할 것이다(헌재 2019.2.28. 2015헌마204).

ㄴ. [X] 피의자신문 중 변호인 등의 접견신청이 있는 경우에는 앞서 본 바와 같이 검사 또는 사법경찰관이 그 허가 여부를 결정하여야 하므로, 피의자를 수사기관으로 호송한 교도관에게 이를 허가하거나 제한할 권한은 인정되지 않는다고 할 것이다. 결국 이 사건에 있어서 피청구인 교도관에게 청구인과 피의자의 접견 허가 여부를 결정할 권한이 있었다고 볼 수 없으므로, 이 사건 교도관의 접견불허행위는 헌법재판소법 제68조 제1항에서 헌법소원의 대상으로 삼고 있는 '공권력의 행사'에 해당하지 아니한다.

ㄷ. [O] 수용자에 대한 접견신청이 있는 경우 이는 수용자의 처우에 관한 사항이므로 그 장소가 교도관의 수용자 계호 및 통제가 요구되는 공간이라면 교도소장·구치소장 또는 그 위임을 받은 교도관이 그 허가 여부를 결정하는 것이 원칙이라 할 것이다. 그런데 형사소송법 제34조는 변호인의 접견교통권과 '변호인이 되려는 자'의 접견교통권에 차이를 두지 않고 함께 규정하고 있으므로, '변호인이 되려는 자'가 피의자신문 중에 형사소송법 제34조에 따라 접견신청을 한 경우에도 그 허가 여부를 결정할 주체는 검사 또는 사법경찰관이라고 보아야 할 것이고, 그러한 해석이 형사소송법 제243조의2 제1항의 내용에도 부합한다.

ㄹ. [X] 변호인 선임을 위하여 피의자·피고인(이하 '피의자 등'이라 한다)이 가지는 '변호인이 되려는 자'와의 접견교통권은 헌법상 기본권으로 보호되어야 하고, '변호인이 되려는 자'의 접견교통권은 피의자 등이 변호인을 선임하여 그로부터 조력을 받을 권리를 공고히 하기 위한 것으로서, 그것이 보장되지 않으면 피의자 등이 변호인 선임을 통하여 변호인으로부터 충분한 조력을 받는다는 것이 유명무실하게 될 수밖에 없다. 이와 같이 '변호인이 되려는 자'의 접견교통권은 피의자 등을 조력하기 위한 핵심적인 부분으로서, 피의자 등이 가지는 헌법상의 기본권인 '변호인이 되려는 자'와의 접견교통권과 표리의 관계에 있다. 따라서 피의자 등이 가지는 '변호인이 되려는 자'의 조력을 받을 권리가 실질적으로 확보되기 위해서는 '변호인이 되려는 자'의 **접견교통권 역시 헌법상 기본권으로서 보장되어야 한다**(이하 '변호인'과 '변호인이 되려는 자'를 합하여 '변호인 등'이라 한다)(헌재 2019.2.28. 2015헌마204).

ㅁ. [X] 형의 집행 및 수용자의 처우에 관한 법률 제41조 제4항의 위임을 받은 이 사건 접견시간 조항은 수용자의 접견을 '국가공무원 복무규정'에 따른 근무시간 내로 한정함으로써 피의자와 변호인 등의 접견교통을 제한하고 있으나, 앞서 본 바와 같이 위 조항은 교도소장·구치소장이 그 허가 여부를 결정하는 변호인 등의 접견신청의 경우에 적용되는 것으로서, 검사 또는 사법경찰관이 그 허가 여부를 결정하는 피의자신문 중 변호인 등의 접견신청의 경우에는 적용되지 않으므로, 위 조항을 근거로 변호인 등의 접견신청을 불허하거나 제한할 수는 없다고 할 것이다. 따라서 이 사건 검사의 접견불허행위는 헌법이나 법률의 근거 없이 이루어졌다고 할 것이다(헌재 2019.2.28. 2015헌마204).

08 정답 ①

❶ [×] 공소제기된 사립학교교원을 반드시 직위해제하는 것으로 규정한 사립학교법 제58조의2 제1항 단서는 징계절차와 같은 청문의 기회가 보장되지 아니하여 당해 교원은 자기에게 유리한 사실을 진술하거나 필요한 증거를 제출할 방법조차 없는 것이니 그러한 의미에서 적법절차가 존중되고 있지 않다고 할 것이다(헌재 1994.7.29. 93헌가3).
② [O] 심판대상조항에 따른 출국금지결정은 성질상 신속성과 밀행성을 요하므로, 출국금지 대상자에게 사전통지를 하거나 청문을 실시하도록 한다면 국가 형벌권 확보라는 출국금지제도의 목적을 달성하는 데 지장을 초래할 우려가 있다. 나아가 출국금지 후 즉시 서면으로 통지하도록 하고 있고, 이의신청이나 행정소송을 통하여 출국금지결정에 대해 사후적으로 다툴 수 있는 기회를 제공하여 절차적 참여를 보장해 주고 있으므로 적법절차원칙에 위배된다고 보기 어렵다(헌재 2015.9.24. 2012헌바302).
③ [O] 구 택지개발촉진법은 이 사건 예정지구를 지정함에 있어 당사자들에게 사전에 적절한 고지를 하고 의견제출의 기회를 부여하고 있으며 사후불복의 기회도 주는 등 절차적인 투명성을 확보하면서 주민과 이해 관계 기관의 절차적 참여를 나름대로 보장해 주고 있는 것으로 평가할 수 있으며 위와 같은 절차를 보장하고 있는 이상 택지개발예정지구 지정에 있어 토지소유자들 중 일정비율 이상의 동의 내지 찬성을 요건으로 하고 있지 않고, 주민들의 의견청취결과에 반드시 구속되지 않더라도 이를 두고 적법절차원칙에 위배되었다고 할 수는 없다(헌재 2007.10.4. 2006헌바91).
④ [O] 헌법재판소는 적법절차원칙이 형사소송절차에 국한되지 않고 모든 국가작용 전반에 대하여 적용된다고 밝힌 바 있으므로, 국민에게 부담을 주는 행정작용인 과징금 부과의 절차에 있어서도 적법절차원칙이 준수되어야 할 것이다(헌재 2003.7.24. 2001헌가25).

09 정답 ④

① [O] 음주운전 금지규정 위반 또는 음주측정거부 전력이 1회 이상 있는 사람이 다시 음주운전 금지규정 위반행위를 한 경우 2년 이상 5년 이하의 징역이나 1천만 원 이상 2천만 원 이하의 벌금에 처하도록 규정한 도로교통법 제148조의2 제1항은 책임과 형벌 간의 비례원칙에 위반된다(헌재 2022.5.26. 2021헌가30).
② [O] 아동·청소년이 등장하는 아동·청소년성착취물을 배포한 자를 3년 이상의 징역에 처하도록 한 '아동·청소년의 성보호에 관한 법률' 제11조 제3항 중 '아동·청소년이 등장하는 아동·청소년성착취물을 배포한 자'에 관한 부분은 책임과 형벌 간의 비례원칙에 위반된다고 할 수 없다(헌재 2022.11.24. 2021헌바144).
③ [O] 주거침입강제추행죄와 주거침입준강제추행죄에 대하여 무기징역 또는 7년 이상의 징역에 처하도록 한 '성폭력범죄의 처벌 등에 관한 특례법'은 책임과 형벌 간의 비례원칙에 위배된다(헌재 2023.2.23. 2021헌가9).
❹ [×] 아동학대 신고의무자인 초·중등학교 교원이 보호하는 아동에 대하여 아동학대범죄를 범한 때에는 그 죄에 정한 형의 2분의 1까지 가중하도록 한 '아동학대범죄의 처벌 등에 관한 특례법' 제7조 가운데 제10조 제2항 제20호 중 초·중등교육법 제19조에 따른 교원에 관한 부분은 책임과 형벌 간의 비례원칙에 위배하였다고 볼 수 없다(헌재 2021.3.25. 2018헌바388).

10 정답 ②

① [×] 구 노동조합법 제46조의3은 그 구성요건을 '단체협약에 … 위반한 자'라고만 규정함으로써 범죄구성요건의 외피(外皮)만 설정하였을 뿐 구성요건의 실질적 내용을 직접 규정하지 아니하고 모두 단체협약에 위임하고 있어 죄형법정주의의 기본적 요청인 '법률주의'에 위배되고, 그 구성요건도 지나치게 애매하고 광범위하여 죄형법정주의의 명확성의 원칙에 위배된다(헌재 1998.3.26. 96헌가20).
❷ [O] 규정될 사항이 다양한 사실관계일 때는 명확성요건은 완화된다(헌재 2000.2.24. 98헌바37).
③ [×] 명확성의 원칙은 모든 법률에 있어서 동일한 정도로 요구되는 것은 아니고 개개의 법률이나 법조항의 성격에 따라 요구되는 정도에 차이가 있을 수 있으며, 각각의 구성요건의 특수성과 그러한 법률이 제정되게 된 배경이나 상황에 따라 달라질 수 있지만, 일반론으로는 어떤 규정이 부담적 성격을 가지는 경우에는 수익적 성질을 가지는 경우에 비하여 명확성의 원칙이 더욱 엄격하게 요구된다(헌재 1992.2.25. 89헌가104).
④ [×] 명확성의 원칙은 모든 법률에서 동일한 정도로 요구되는 것은 아니고 개개의 법률이나 법조항의 성격에 따라 요구되는 정도에 차이가 있을 수 있고, 각 구성요건의 특수성과 그러한 법률이 제정되게 된 배경이나 상황에 따라 달라질 수 있다. 일반적으로 어떠한 규정이 수익적 성격을 가지는 경우에는 부담적 성격을 가지는 경우에 비하여 명확성의 요구가 완화되어 요구된다(헌재 2009.3.26. 2007헌마1327).

11 정답 ③

① [O] 이 사건 법률조항은 급박한 상황에 대처하기 위한 것으로서 그 불가피성과 정당성이 충분히 인정되는 경우이므로, 영장 없는 수거를 인정한다고 하더라도 이를 두고 헌법상 영장주의에 위배되는 것으로는 볼 수 없고, 관계 공무원이 수거증을 교부하도록 하고 증표를 제시하도록 하는 등의 절차적 요건을 규정하고 있으므로, 이 사건 법률조항이 적법절차의 원칙에 위배되는 것으로 보기도 어렵다(헌재 2002.10.31. 2000헌가12).
② [O] 선거관리위원회의 본질적 기능은 선거의 공정한 관리 등 행정기능이고, 그 효과적인 기능수행과 집행의 실효성을 확보하기 위한 수단으로서 선거범죄 조사권을 인정하고 있다. 자료제출요구는 조사권의 일종으로서 행정조사에 해당하고, 수사기관의 활동인 수사와는 근본적으로 그 성격을 달리한다. 자료제출요구는 피조사자의 자발적 협조를 전제로 할 뿐 물리적 강제력을 수반하지 않으므로 영장주의의 적용대상이 아니다(헌재 2019.9.26. 2016헌바381).

❸ [×] 기지국수사는 통신비밀보호법이 정한 강제처분에 해당되므로 헌법상 영장주의가 적용된다. 헌법상 영장주의의 본질은 강제처분을 함에 있어 중립적인 법관이 구체적 판단을 거쳐야 한다는 점에 있는바, 법관의 허가만으로 가능하게 한 것은 영장주의에 위배되지 않는다(헌재 2018.6.28. 2012헌마538).

❹ [○] 수사기관의 사실조회행위에 대해 공사단체가 이에 응하거나 협조하여야 할 의무를 부담하지 않으므로, 사실조회행위는 강제력이 개입되지 않은 임의수사에 해당하고, 정보제공행위에도 영장주의가 적용되지 않는다(헌재 2018.8.30. 2014헌마368).

12 정답 ③

ㄱ. [×] 헌법 제12조 제1항 후문은 "… 법률과 적법한 절차에 의하지 아니하고는 처벌·보안처분 또는 강제노역을 받지 아니한다."라고 규정하고, 헌법 제13조 제1항 전단은 "모든 국민은 행위시의 법률에 의하여 범죄를 구성하지 아니하는 행위로 소추되지 아니하며…"라고 하여 죄형법정주의와 형벌불소급원칙을 규정하고 있다. 위 조항들의 근본취지는, 허용된 행위와 금지된 행위의 경계를 명확히 설정하여 어떠한 행위가 금지되어 있고 그에 위반한 경우 어떠한 처벌이 정해져 있는가를 미리 국민에게 알려 자신의 행위를 그에 맞출 수 있도록 하고, 사후입법에 의한 처벌이나 가중처벌을 금지함으로써 법적 안정성, 예측가능성 및 국민의 신뢰를 보호하기 위한 데 있다. 그런데 형벌불소급원칙이 적용되는 '처벌'의 범위를 형법이 정한 형벌의 종류에만 한정되는 것으로 보게 되면, 형법이 정한 형벌 외의 형태로 가해질 수 있는 형사적 제재나 불이익은 소급적용이 허용되는 결과가 되어, 법적 안정성과 예측가능성을 보장하여 자의적 처벌로부터 국민을 보호하고자 하는 형벌불소급원칙의 취지가 몰각될 수 있다. 형벌불소급원칙에서 의미하는 '처벌'은 단지 형법에 규정되어 있는 형식적 의미의 형벌 유형에 국한되지 않는다(헌재 2017.10.26. 2015헌바239 등).

ㄴ. [○] 현대국가의 사회적 기능증대와 사회현상의 복잡화에 따라 국민의 권리·의무에 관한 사항이라 하여 모두 입법부에서 제정한 법률만으로 정할 수는 없어 불가피하게 예외적으로 하위법령에 위임하는 것이 허용되는바, 위임입법의 형식은 원칙적으로 헌법 제75조, 제95조에서 예정하고 있는 대통령령, 총리령 또는 부령 등의 법규명령의 형식을 벗어나서는 아니된다(헌재 2020.6.25. 2018헌바278).

ㄷ. [○] 현대국가의 사회적 기능증대와 사회현상의 복잡화에 따라 국민의 권리·의무에 관한 사항이라 하여 모두 입법부에서 제정한 법률만으로 다 정할 수는 없어 예외적으로 하위법령에 위임하는 것을 허용하지 않을 수 없다 하더라도, 그러한 위임은 반드시 구체적이고 개별적으로 한정된 사항에 대하여 행해져야 한다. 특히 법률에 의한 처벌법규의 위임은, 헌법이 특별히 인권을 최대한으로 보장하기 위하여 죄형법정주의와 적법절차를 규정하고, 법률에 의한 처벌을 특별히 강조하고 있는 기본권 보장 우위사상에 비추어 바람직스럽지 못한 일이므로, 그 요건과 범위가 보다 엄격하게 제한적으로 적용되어야 한다. 따라서 처벌법규의 위임은 특히 긴급한 필요가 있거나 미리 법률로써 자세히 정할 수 없는 부득이한 사정이 있는 경우에 한정되어야 한다(헌재 2016.11.24. 2015헌가29).

ㄹ. [×] '공중도덕'은 시대상황, 사회가 추구하는 가치 및 관습 등 시간적·공간적 배경에 따라 그 내용이 얼마든지 변할 수 있는 규범적 개념이므로, 그것만으로는 구체적으로 무엇을 의미하는지 설명하기 어렵다. '파견근로자보호 등에 관한 법률'의 입법목적에 비추어보면, 심판대상조항은 공중도덕에 어긋나는 업무에 근로자를 파견할 수 없도록 함으로써 근로자를 보호하고 올바른 근로자파견사업 환경을 조성하려는 취지임을 짐작해 볼 수 있다. 하지만 이것만으로는 '공중도덕'을 해석함에 있어 도움이 되는 객관적이고 명확한 기준을 얻을 수 없다. 파견법은 '공중도덕상 유해한 업무'에 관한 정의조항은 물론 그 의미를 해석할 수 있는 수식어를 두지 않았으므로, 심판대상조항이 규율하는 사항을 바로 알아내기도 어렵다. 결국, 심판대상조항의 입법목적, 파견법의 체계, 관련 조항 등을 모두 종합하여 보더라도 '공중도덕상 유해한 업무'의 내용을 명확히 알 수 없다. 아울러 심판대상조항에 관한 이해관계기관의 확립된 해석기준이 마련되어 있다거나, 법관의 보충적 가치판단을 통한 법문 해석으로 심판대상조항의 의미내용을 확인할 수 있다는 사정을 발견하기도 어렵다. 심판대상조항은 건전한 상식과 통상적 법감정을 가진 사람으로 하여금 자신의 행위를 결정해 나가기에 충분한 기준이 될 정도의 의미내용을 가지고 있다고 볼 수 없으므로 죄형법정주의의 명확성원칙에 위배된다(헌재 2016.11.24. 2015헌가23).

ㅁ. [○] 심판대상조항은 형사처벌과 관련되는 주요사항을 헌법이 위임입법의 형식으로 예정하고 있지도 않은 특수법인의 정관에 위임하고 있는데, 이는 사실상 그 정관 작성권자에게 처벌법규의 내용을 형성할 권한을 준 것이나 다름없고, 수범자는 호별방문 등이 금지되는 기간이 구체적으로 언제인지 예측할 수 없으므로 죄형법정주의에 위배된다(헌재 2019.5.30. 2018헌가12).

13 정답 ①

❶ [×] 법원이 피고인의 구속 또는 그 유지 여부의 필요성에 관하여 한 재판의 효력이 검사나 다른 기관의 이견이나 불복이 있다 하여 좌우되거나 제한받는다면 이는 영장주의에 위반된다고 할 것인바, 법원의 구속집행정지결정에 대하여 검사가 즉시항고할 수 있도록 한 형사소송법 제101조 제3항은 검사의 불복을 그 피고인에 대한 구속집행을 정지할 필요가 있다는 법원의 판단보다 우선시킬 뿐만 아니라, 사실상 법원의 구속집행정지결정을 무의미하게 할 수 있는 권한을 검사에게 부여한 것이라는 점에서 헌법 제12조 제3항의 영장주의원칙에 위배된다. 또한 헌법 제12조 제3항의 영장주의는 헌법 제12조 제1항의 적법절차원칙의 특별규정이므로, 헌법상 영장주의원칙에 위배되는 이 사건 법률조항은 헌법 제12조 제1항이 적법절차원칙에도 위배된다(헌재 2012.6.27. 2011헌가36).

❷ [○] 현재 출입국관리법상 보호의 개시 또는 연장 단계에서 집행기관으로부터 독립된 중립적 기관에 의한 통제절차가 마련되어 있지 아니하다. 또한 당사자에게 의견 및 자료 제출의 기회를 부여하는 것은 적법절차원칙에서 도출되는 중요한 절차적 요청이므로, 심판대상조항에 따라 보호를 하는 경우에도 피보호자에게 위와 같은 기회가 보장되어야 하나, 심판대상조항에 따른 보호명령을 발령하기 전에 당사자에게 의견을 제

출할 수 있는 절차적 기회가 마련되어 있지 아니하다. 따라서 심판대상조항은 적법절차원칙에 위배되어 피보호자의 신체의 자유를 침해한다(헌재 2023.3.23. 2020헌가1).

③ [O] 전기통신의 특성상 수사대상이 된 가입자와 전기통신을 송·수신한 상대방은 다수일 수 있는데, 이들 모두에 대하여 그 압수·수색사실을 통지하도록 한다면, 수사대상이 된 가입자가 수사를 받았다는 사실이 상대방 모두에게 알려지게 되어 오히려 위 가입자가 예측하지 못한 피해를 입을 수 있고, 또한 통지를 위하여 상대방의 인적 사항을 수집해야 함에 따라 또 다른 개인정보자기결정권의 침해를 야기할 수도 있다. 이상과 같은 점들을 종합하여 볼 때, 송·수신이 완료된 전기통신에 대한 압수·수색사실을 수사대상이 된 가입자에게만 통지하도록 하고, 그 상대방에 대하여는 통지하지 않도록 한 심판대상조항은 적법절차원칙에 위배되어 청구인들의 개인정보자기결정권을 침해하지 않는다(헌재 2018.4.26. 2014헌마1178).

④ [O] 이 사건 법률조항에 의하여 피의자 등이 압수수색사실을 사전 통지받을 권리 및 이를 전제로 한 참여권을 일정 정도 제한받게 되기는 하지만, 그 제한은 '사전통지에 의하여 압수수색의 목적을 달성할 수 없는 예외적인 경우'로 한정되어 있고, 전자우편의 경우에도 사용자가 그 계정에서 탈퇴하거나 메일 내용을 삭제·수정함으로써 증거를 은닉·멸실시킬 가능성을 배제할 수 없으며, 준항고제도나 위법수집증거의 증거능력 배제규정 등 조항 적용의 남용을 적절히 통제할 수 있는 방법이 마련되어 있는 점, 반면에 이와 같은 제한을 통해 압수수색 제도가 전자우편에 대하여도 실효적으로 기능하도록 함으로써 실체적 진실 발견 및 범죄수사의 목적을 달성할 수 있도록 하여야 할 공익은 매우 크다고 할 수 있는 점 등을 종합해 보면, 이 사건 법률조항에 의하여 형성된 절차의 내용이 적법절차원칙에서 도출되는 절차적 요청을 무시하였다거나 비례의 원칙이나 과잉금지원칙을 위반하여 합리성과 정당성을 상실하였다고 볼 수 없다(헌재 2012.12.27. 2011헌바225).

14 정답 ②

① [X] 공소시효의 정지규정을 과거에 이미 행한 범죄에 대하여 적용하도록 하는 법률이라 하더라도 그 사유만으로 헌법 제12조 제1항 및 제13조 제1항에 규정한 죄형법정주의의 파생원칙인 형벌불소급의 원칙에 언제나 위배되는 것으로 단정할 수는 없다(헌재 2021.6.24. 2018헌바457).

❷ [O] 형벌불소급원칙이란 형벌법규는 시행된 이후의 행위에 대해서만 적용되고 시행 이전의 행위에 대해서는 소급하여 불리하게 적용되어서는 안 된다는 원칙인바, 이 사건 부칙조항은 개정된 법률 이전의 행위를 소급하여 형사처벌하도록 규정하고 있는 것이 아니라 형사처벌을 규정하고 있던 행위시법이 사후폐지되었음에도 신법이 아닌 행위시법에 의하여 형사처벌하도록 규정한 것으로서, 헌법 제13조 제1항의 형벌불소급원칙 보호영역에 포섭되지 아니한다(헌재 2015.2.26. 2012헌바268).

③ [X] 관세형벌은 그 시대의 국가경제정책, 수출입정책, 국민들의 수출입에 관한 질서의식 등을 고려하여 그 시대의 경제적·사회적 상황에 맞추어 국가재정권과 통관질서의 유지를 보호하기 위한 적절한 형벌의 종류와 범위를 정할 수밖에 없는 제재이므로 관세법이 1993.12.31. 법률 제4674호로 개정되기 전의 시대상황 즉, 관세율이 높고 부정수출입행위가 국가경제에 미치는 영향이 더 컸던 점 등에 비추어 개정 전에 범한 범죄에 대해 무겁게 처벌할 필요가 있다는 이유에서 구 관세법 부칙(1993.12.31. 법률 제4674호로 개정될 당시의 부칙) 제4조가 개정법 시행 이전의 범죄에 대하여 신법보다 무거운 구법을 적용하도록 규정한 것은 어디까지나 입법형성의 자유 범위 내에 속하는 입법정책의 문제라 할 것이다(헌재 1998.11.26. 97헌바67).

④ [X] 디엔에이감식시료의 채취 및 디엔에이신원확인정보의 수집, 수록, 검색, 회보를 포함하는 디엔에이신원확인정보의 수집·이용은 전통적 의미의 형벌이 아닐 뿐 아니라, 범죄수사 및 범죄예방에 이바지하여 국민을 보호하고자 하는 공익을 목적으로 하며, 디엔에이신원확인정보를 통해서 대상자의 행동 자체를 통제하는 것도 아니라는 점에서 위 부칙조항이 처벌적인 효과를 가져 오는 것은 아니다. 따라서 디엔에이신원확인정보의 수집·이용이 범죄의 예방효과를 가지는 보안처분으로서의 성격을 일부 지닌다고 하더라도 이는 형벌과는 구별되는 비형벌적 보안처분으로서 소급입법금지원칙이 적용되지 아니하고, 소급적용으로 발생하는 당사자의 손실에 비하여 소급적용으로 인한 공익적 목적이 더 크다고 할 것이므로, 신법 시행 당시 디엔에이감식시료 채취 대상범죄로 이미 징역이나 금고 이상의 실형을 선고받아 그 형이 확정되어 수용 중인 사람들까지 신법을 적용한다고 하여 소급입법금지원칙에 위배되는 것은 아니다. 따라서 위 부칙조항은 소급입법금지원칙에 위배된다고 볼 수 없다(헌재 2014.8.28. 2011헌마28 등).

15 정답 ④

① [O] 추징은 몰수에 갈음하여 그 가액의 납부를 명령하는 사법처분이나 부가형의 성질을 가지므로, 주형은 아니지만 부가형으로서의 추징도 일종의 형벌임을 부인할 수는 없다. 그러나 일정액수의 추징금을 납부하지 않은 자에게 내리는 출국금지의 행정처분은 형법 제41조상의 형벌이 아니라 형벌의 이행 확보를 위하여 출국의 자유를 제한하는 행정조치의 성격을 지니고 있다. 그렇다면 심판대상 법조항에 의한 출국금지처분은 헌법 제13조 제1항상의 이중처벌금지원칙에 위배된다고 할 수 없다(헌재 2004.10.28. 2003헌가18).

② [O] 구 건축법 제54조 제1항에 의한 형사처벌의 대상이 되는 범죄의 구성요건은 당국의 허가 없이 건축행위 또는 건축물의 용도변경행위를 한 것이고, 동법 제56조의2 제1항에 의한 과태료는 건축법령에 위반되는 위법건축물에 대한 시정명령을 받고도 건축주 등이 이를 시정하지 아니할 때 과하는 것이므로, 양자는 처벌 내지 제재대상이 되는 기본적 사실관계로서의 행위를 달리하는 것이다. 그리고, 전자가 무허가건축행위를 한 건축주 등의 행위 자체를 위법한 것으로 보아 처벌하는 것인 데 대하여, 후자는 위법건축물의 방치를 막고자 행정청이 시정조치를 명하였음에도 건축주 등이 이를 이행하지 아니한 경우에 행정명령의 실효성을 확보하기 위하여 제재를 과하는 것이므로 양자는 그 보호법익과 목적에서도 차이가 있고, 또한 무허가건축행위에 대한 형사처벌시에 위법건축물에 대한 시정명령의 위반행위까지 평가된다고 할 수 없으므

로 시정명령위반행위가 무허가건축행위의 불가벌적 사후행위라고 할 수도 없다.… 이러한 점에 비추어 구 건축법 제54조 제1항에 의한 무허가건축행위에 대한 형사처벌과 동법 제56조의2 제1항에 의한 과태료의 부과는 헌법 제13조 제1항이 금지하는 이중처벌에 해당한다고 할 수 없다(헌재 1994.6.30. 92헌바38).

③ [O] 헌법 제13조 제1항에서 말하는 '처벌'은 원칙적으로 범죄에 대한 국가의 형벌권 실행으로서의 과벌을 의미하는 것이고, 국가가 행하는 일체의 제재나 불이익처분을 모두 그 '처벌'에 포함시킬 수는 없다. '청소년의 성보호에 관한 법률' 제20조 제1항은 '청소년의 성을 사는 행위 등의 범죄방지를 위한 계도'가 신상공개제도의 주된 목적임을 명시하고 있는바, 이 제도가 당사자에게 일종의 수치심과 불명예를 줄 수 있다고 하여도, 이는 어디까지나 신상공개제도가 추구하는 입법목적에 부수적인 것이지 주된 것은 아니다. 또한 공개되는 신상과 범죄사실은 헌법 제109조 본문에 의해 이미 공개된 재판에서 확정된 유죄판결의 일부로서, 개인의 신상 내지 사생활에 관한 새로운 내용이 아니고, 공익목적을 위하여 <u>이를 공개하는 과정에서 부수적으로 수치심 등이 발생된다고 하여 이것을 기존의 형벌 외에 또 다른 형벌로서 수치형이나 명예형에 해당한다고 볼 수는 없다.</u> 그렇다면, 신상공개제도는 헌법 제13조의 이중처벌금지원칙에 위배되지 않는다(헌재 2003.6.26. 2002헌가14).

❹ [×] 사회보호법 제5조에 정한 보호감호처분은 헌법 제12조 제1항에 근거한 보안처분으로서 형벌과는 그 본질과 추구하는 목적 및 기능이 다른 별개의 독자적 의의를 가진 형사적 제재이다. <u>보호감호와 형벌은 비록 다같이 신체의 자유를 박탈하는 수용처분이라는 점에서 집행상 뚜렷한 구분이 되지 않는다고</u> 하더라도 그 본질, 추구하는 목적과 기능이 전혀 다른 별개의 제도이므로 형벌과 보호감호를 서로 병과하여 선고한다 하여 헌법 제13조 제1항에 정한 이중처벌금지의 원칙에 위반되는 것은 아니다(헌재 1989.7.14. 88헌가5).

16 정답 ③

ㄱ. [×] 심판대상조항은 수사기관이 피의자를 체포하기 위하여 필요한 때에는 영장 없이 타인의 주거 등에 들어가 피의자를 찾는 행위를 할 수 있다는 의미로서, 심판대상조항의 '피의자 수사'는 '피의자 수색'을 의미함을 어렵지 않게 해석할 수 있다. 이상을 종합하여 보면, 심판대상조항은 피의자가 소재할 개연성이 소명되면 타인의 주거 등 내에서 수사기관이 피의자를 수색할 수 있음을 의미하는 것으로 누구든지 충분히 알 수 있으므로, 명확성원칙에 위반되지 아니한다(헌재 2018.4.26. 2015헌바370 등).

ㄴ. [O] 헌법 제12조 제3항은 "체포·구속·압수 또는 수색을 할 때에는 적법한 절차에 따라 검사의 신청에 의하여 법관이 발부한 영장을 제시하여야 한다. 다만, 현행범인 경우와 장기 3년 이상의 형에 해당하는 죄를 범하고 도피 또는 증거인멸의 염려가 있을 때에는 사후에 영장을 청구할 수 있다."라고 규정함으로써, 사전영장주의에 대한 예외를 명문으로 인정하고 있다. 이와 달리 헌법 제16조 후문은 "주거에 대한 압수나 수색을 할 때에는 검사의 신청에 의하여 법관이 발부한 영장을 제시하여야 한다."라고 규정하고 있을 뿐 영장주의에 대한 예외를 명문화하고 있지 않다(헌재 2018.4.26. 2015헌바370).

ㄷ. [×] 주거 공간에 대한 긴급한 압수·수색의 필요성, 주거의 자유와 관련하여 영장주의를 선언하고 있는 헌법 제16조의 취지 등을 종합하면, 헌법 제16조의 영장주의에 대해서도 그 예외를 인정하되, 이는 ㉠ 그 장소에 범죄혐의 등을 입증할 자료나 피의자가 존재할 개연성이 소명되고, ㉡ 사전에 영장을 발부받기 어려운 긴급한 사정이 있는 경우에만 제한적으로 허용될 수 있다고 보는 것이 타당하다(헌재 2018.4.26. 2015헌바370).

ㄹ. [O] 심판대상조항은 체포영장을 발부받아 피의자를 체포하는 경우에 필요한 때에는 영장 없이 타인의 주거 등 내에서 피의자 수사를 할 수 있다고 규정함으로써, 앞서 본 바와 같이 별도로 영장을 발부받기 어려운 긴급한 사정이 있는지 여부를 구별하지 아니하고 피의자가 소재할 개연성만 소명되면 영장 없이 타인의 주거 등을 수색할 수 있도록 허용하고 있다. 이는 체포영장이 발부된 피의자가 타인의 주거 등에 소재할 개연성은 소명되나, 수색에 앞서 영장을 발부받기 어려운 긴급한 사정이 인정되지 않는 경우에도 영장 없이 피의자 수색을 할 수 있다는 것이므로, 헌법 제16조의 영장주의 예외요건을 벗어나는 것으로서 영장주의에 위반된다(헌재 2018.4.26. 2015헌바370).

17 정답 ①

ㄱ. [O] 제5차 개정헌법이 영장의 발부에 관하여 '검찰관의 신청'이라는 요건을 규정한 취지는 검찰의 다른 수사기관에 대한 수사지휘권을 확립시켜 종래 빈번히 야기되었던 검사 아닌 다른 수사기관의 영장신청에서 오는 인권유린의 폐해를 방지하고자 함에 있다고 할 것이고, 따라서 현행 <u>헌법 제12조 제3항 중 '검사의 신청'이라는 부분의 취지도 모든 영장의 발부에 검사의 신청이 필요하다는 것이 아니라 수사단계에서 영장의 발부를 신청할 수 있는 자를 검사로 한정한 것으로 해석함이 타당하다.</u> 즉, 수사단계에서 영장신청을 함에 있어서는 반드시 법률전문가인 검사를 거치도록 함으로써 다른 수사기관의 무분별한 영장 신청을 막아 국민의 기본권을 침해할 가능성을 줄이고자 함에 그 취지가 있는 것이다(헌재 1997.3.27. 96헌바28 등).

ㄴ. [×] 영장주의가 행정상 즉시강제에도 적용되는지에 관하여는 논란이 있으나, 행정상 즉시강제는 상대방의 임의이행을 기다릴 시간적 여유가 없을 때 하명 없이 바로 실력을 행사하는 것으로서, 그 본질상 급박성을 요건으로 하고 있어 법관의 영장을 기다려서는 그 목적을 달성할 수 없다고 할 것이므로, 원칙적으로 영장주의가 적용되지 않는다고 보아야 할 것이다. 한편, 이 사건 법률조항은 수거에 앞서 청문이나 의견제출 등 절차보장에 관한 규정을 두고 있지 않으나, 행정상 즉시강제는 목전에 급박한 장해에 대하여 바로 실력을 가하는 작용이라는 특성에 비추어 사전적 절차와 친하기 어렵다는 점을 고려하면, 이를 이유로 적법절차의 원칙에 위반되는 것으로는 볼 수 없다. 그러나 비록 이 사건 법률조항이 규정하고 있는 <u>수거의 경우 영장주의의 배제가 용인되고, 그 성격상 사전적 절차와 친하지 아니함을 인정한다고 하더라도, 일체의 절차적 보장이 배제된</u>

다고 볼 것은 아니며, 국가권력의 남용을 방지하고 국민의 권리를 보호하기 위하여 적법절차의 관점에서 일정한 절차적 보장이 요청된다(헌재 2002.10.31. 2000헌가12).
ㄷ. [×] 심판대상조항에 따른 법무부장관의 출국금지결정은 형사재판에 계속 중인 국민의 출국의 자유를 제한하는 행정처분일 뿐이고, 영장주의가 적용되는 신체에 대하여 직접적으로 물리적 강제력을 수반하는 강제처분이라고 할 수는 없다. 따라서 심판대상조항이 헌법 제12조 제3항의 영장주의에 위배된다고 볼 수 없다(헌재 2015.9.24. 2012헌바302).
ㄹ. [×] 헌법 제12조 제3항의 영장주의는 법관이 발부한 영장에 의하지 아니하고는 수사에 필요한 강제처분을 하지 못한다는 원칙으로 소변을 받아 제출하도록 한 것은 교도소의 안전과 질서유지를 위한 것으로 수사에 필요한 처분이 아닐 뿐만 아니라 검사대상자들의 협력이 필수적이어서 강제처분이라고 할 수도 없어 영장주의의 원칙이 적용되지 않는다(헌재 2006.7.27. 2005헌마277).

18 정답 ②

ㄱ. [×] 변호인이 피의자신문에 자유롭게 참여할 수 있는 권리는 피의자가 가지는 변호인의 조력을 받을 권리를 실현하는 수단이므로 헌법상 기본권인 변호인의 변호권으로서 보호되어야 한다.
피의자신문에 참여한 변호인이 피의자 옆에 앉는다고 하여 피의자 뒤에 앉는 경우보다 수사를 방해할 가능성이 높아진다거나 수사기밀을 유출할 가능성이 높아진다고 볼 수 없으므로, 이 사건 후방착석요구행위의 목적의 정당성과 수단의 적절성을 인정할 수 없다. 이 사건 후방착석요구행위로 인하여 위축된 피의자가 변호인에게 적극적으로 조언과 상담을 요청할 것을 기대하기 어렵고, 변호인이 피의자의 뒤에 앉게 되면 피의자의 상태를 즉각적으로 파악하거나 수사기관이 피의자에게 제시한 서류 등의 내용을 정확하게 파악하기 어려우므로, 이 사건 후방착석요구행위는 변호인인 청구인의 피의자신문참여권을 과도하게 제한한다. 그런데 이 사건에서 변호인의 수사방해나 수사기밀의 유출에 대한 우려가 없고, 조사실의 장소적 제약 등과 같이 이 사건 후방착석요구행위를 정당화할 그 외의 특별한 사정도 없으므로, 이 사건 후방착석요구행위는 침해의 최소성 요건을 충족하지 못한다. 이 사건 후방착석요구행위로 얻어질 공익보다는 변호인의 피의자신문참여권 제한에 따른 불이익의 정도가 크므로, 법익의 균형성 요건도 충족하지 못한다. 따라서 이 사건 후방착석요구행위는 변호인인 청구인의 변호권을 침해한다(헌재 2017.11.30. 2016헌마503).
ㄴ. [○] 헌법재판소가 91헌마111 결정에서 미결수용자와 변호인과의 접견에 대해 어떠한 명분으로도 제한할 수 없다고 한 것은 구속된 자와 변호인 간의 접견이 실제로 이루어지는 경우에 있어서의 '자유로운 접견', 즉 '대화내용에 대하여 비밀이 완전히 보장되고 어떠한 제한, 영향, 압력 또는 부당한 간섭 없이 자유롭게 대화할 수 있는 접견'을 제한할 수 없다는 것이지, 변호인과의 접견 자체에 대해 아무런 제한도 가할 수 없다는 것을 의미하는 것이 아니므로 미결수용자의 변호인 접견권 역시 국가안전보장·질서유지 또는 공공복리를 위해 필요한 경우에는 법률로써 제한될 수 있음은 당연하다(헌재 2011.5.26. 2009헌마341).
ㄷ. [○] 수용자에 대한 접견신청이 있는 경우 이는 수용자의 처우에 관한 사항이므로 그 장소가 교도관의 수용자 계호 및 통제가 요구되는 공간이라면 교도소장·구치소장 또는 그 위임을 받은 교도관이 그 허가 여부를 결정하는 것이 원칙이라 할 것이다. 그런데 형사소송법 제34조는 변호인의 접견교통권과 '변호인이 되려는 자'의 접견교통권에 차이를 두지 않고 함께 규정하고 있으므로, '변호인이 되려는 자'가 피의자신문 중에 형사소송법 제34조에 따라 접견신청을 한 경우에도 그 허가 여부를 결정할 주체는 검사 또는 사법경찰관이라고 보아야 할 것이고, 그러한 해석이 형사소송법 제243조의2 제1항의 내용에도 부합한다(헌재 2019.2.28. 2015헌마1204).
ㄹ. [×] 변호인의 변호권을 법정의견은 헌법상 기본권을 보았으나, 별개의견은 법률상 권리로 보았다.
이 사건 후방착석요구행위에 대한 별개의견(재판관 강일원, 조용호): 이 사건 후방착석요구행위에 대하여 위헌확인을 하여야 한다는 점에 있어서는 법정의견과 견해를 같이 하나, 변호인의 변호권은 법률상 권리에 불과하므로 법정의견이 변호인의 변호권을 헌법상 기본권으로 파악한 부분에 대해서는 동의하기 어렵고, 이 사건 후방착석요구행위는 청구인의 직업수행의 자유를 침해한 것으로 보면 충분하다(헌재 2017.11.30. 2016헌마503).

19 정답 ①

ㄱ. [○] 헌법 제12조 제1항의 신체의 자유는 인간의 존엄과 가치를 구현하기 위한 가장 기본적인 최소한의 자유이자 모든 기본권 보장의 전제가 되는 것으로서 그 성질상 인간의 권리에 해당하고, 국내 체류자격 유무에 따라 그 인정 여부가 달라지는 것이 아니다(헌재 2023.3.23. 2020헌가1).
ㄴ. [○] 심판대상조항이 신체의 자유를 침해하는지 여부에 대해서는 엄격한 심사기준이 적용되어야 한다(헌재 2023.3.23. 2020헌가1).
ㄷ. [○] 강제퇴거명령의 효율적 집행이라는 행정목적 때문에 기간의 제한이 없는 보호를 가능하게 하는 것은 행정의 편의성과 획일성만을 강조한 것으로 피보호자의 신체의 자유를 과도하게 제한하는 것인 점, 강제퇴거명령을 받은 사람을 보호함에 있어 그 기간의 상한을 두고 있는 국제적 기준이나 외국의 입법례에 비추어 볼 때 보호기간의 상한을 정하는 것이 불가능하다고 볼 수 없는 점, 강제퇴거명령의 집행 확보는 심판대상조항에 의한 보호 외에 주거지 제한이나 보고, 신원보증인의 지정, 적정한 보증금의 납부, 감독관 등을 통한 지속적인 관찰 등 다양한 수단으로도 가능한 점, 현행 보호일시해제제도나 보호명령에 대한 이의신청, 보호기간 연장에 대한 법무부장관의 승인제도만으로는 보호기간의 상한을 두지 않은 문제가 보완된다고 보기 어려운 점 등을 고려하면, 심판대상조항은 침해의 최소성과 법익균형성을 충족하지 못한다. 따라서 심판대상조항은 과잉금지원칙을 위반하여 피보호자의 신체의 자유를 침해한다(헌재 2023.3.23. 2020헌가1).
ㄹ. [×] 행정절차상 강제처분에 의해 신체의 자유가 제한되는 경우 강제처분의 집행기관으로부터 독립된 중립적인 기관이 이를

통제하도록 하는 것은 적법절차원칙의 중요한 내용에 해당한다. 심판대상조항에 의한 보호는 신체의 자유를 제한하는 정도가 박탈에 이르러 형사절차상 '체포 또는 구속'에 준하는 것으로 볼 수 있는 점을 고려하면, 보호의 개시 또는 연장 단계에서 그 집행기관인 출입국관리공무원으로부터 독립되고 중립적인 지위에 있는 기관이 보호의 타당성을 심사하여 이를 통제할 수 있어야 한다. 그러나 현재 출입국관리법상 보호의 개시 또는 연장 단계에서 집행기관으로부터 독립된 중립적 기관에 의한 통제절차가 마련되어 있지 아니하다. 또한 당사자에게 의견 및 자료 제출의 기회를 부여하는 것은 적법절차원칙에서 도출되는 중요한 절차적 요청이므로, 심판대상조항에 따라 보호를 하는 경우에도 피보호자에게 위와 같은 기회가 보장되어야 하나, 심판대상조항에 따른 보호명령을 발령하기 전에 당사자에게 의견을 제출할 수 있는 절차적 기회가 마련되어 있지 아니하다. 따라서 심판대상조항은 적법절차원칙에 위배되어 피보호자의 신체의 자유를 침해한다(헌재 2023.3.23. 2020헌가1).

20 정답 ④

① [O] 피의자나 피고인과 변호인 사이의 서신의 비밀을 보장받기 위하여는 다음과 같은 조건을 갖추어야 할 것이다. 첫째, 교도소 측에서 상대방이 변호인 또는 변호인이 되려는 자라는 사실을 확인할 수 있어야 한다. 왜냐하면 변호인이 피의자나 피고인을 면회하는 경우에는 교도관이 그 신분을 직접 확인할 수 있지만, 서신의 경우에는 이를 확인할 수 없어서 제3자가 변호인이라고 사칭하거나 수감자가 제3자를 변호인으로 칭하여 서신을 교환하면서, 도주·증거인멸·수용시설의 규율과 질서의 파괴·기타 위법행위를 도모할 수도 있기 때문이다. 둘째, 미결수용자의 변호인과의 사이의 서신임이 확인되었다고 하더라도, 이를 통하여 마약 등 소지금지품의 반입을 도모한다든가, 그 내용에 도주·증거인멸·수용시설의 규율과 질서의 파괴·기타 형벌법령에 저촉되는 내용이 기재되어 있다고 의심할 만한 합리적인 이유가 있는 경우가 아니어야 할 것이다. 왜냐하면 이러한 불법을 도모한다고 의심할 만한 사정이 있는 경우에도 단지 변호인과의 서신이라는 이유만으로 검열을 하지 못한다고 한다면 이는 변호인의 조력을 받을 권리를 빙자하여 행하여지는 불법을 방치하는 결과가 될 수 있기 때문이다. 물론 이 경우 그 의심은 교도소 측의 자의적인 것이어서는 아니 되고 합리적인 기준에서 판단되어야 하며, 그 판단기준으로는 피고인의 범죄혐의 내용, 신분, 평소의 생활이력 및 구금시설 안에서의 생활태도 등이 고려될 수 있을 것이다(헌재 1995.7.21. 92헌마144).

② [O] 변호인의 조력을 받을 권리란 국가권력의 일방적인 형벌권 행사에 대항하여 자신에게 부여된 헌법상·소송법상 권리를 효율적이고 독립적으로 행사하기 위하여 변호인의 도움을 얻을 피의자 및 피고인의 권리를 말한다. 헌법은 제12조 제4항에서 "누구든지 체포 또는 구속을 당한 때에는 즉시 변호인의 조력을 받을 권리를 가진다."라고 규정하여 변호인의 조력을 받을 권리를 헌법상 기본권으로 명시하고 있다. 수형자는 원칙적으로 변호인의 조력을 받을 권리의 주체가 될 수 없다고 하더라도 예외적으로 교정시설 수용 중 새로 기소된 '형사사건'에 있어서는 헌법상 변호인의 조력을 받을 권리의 주체가 될 수 있다. 따라서 청구인이 교정시설 수용 중 새로 기소된 형사사건에 있어 변호인이 청구인에게 보낸 서신을 피청구인이 개봉한 행위는 변호인과의 자유로운 접견·교통을 제한하는바, 이 사건 서신개봉행위는 헌법 제12조 제4항에서 정하는 변호인의 조력을 받을 권리를 제한한다. 청인은 이 사건 서신개봉행위가 통신비밀의 자유를 침해한다고도 주장한다. 그러나 그 내용을 살펴보면 청구인은 미결수용자의 일반 서신 개봉 점으로 하고 있다. 변호인의 조력을 받을 권리의 주요 내용은 신체구속을 당한 사람과 변호인 사이의 충분한 접견교통을 허용하여야 한다는 것으로, 이는 교통 내용에 대한 비밀보장과 부당한 간섭의 배제를 포괄하며, 청구인의 주장은 위와 같은 의미의 변호인의 조력을 받을 권리 침해에 관한 것이라고 볼 수 있으므로 통신비밀의 자유 침해 여부에 대하여는 별도로 판단하지 아니한다(헌재 2021.10.28. 2019헌마973).

③ [O] 이 사건 기록에 의하면 위 박○옥이 위 이○호에게 보낸 같은 해 5.26.자 서신과 위 이○호가 같은 해 6.2.자로 위 박○옥에게 보낸 서신의 경우에는 그 각 서신의 봉투에 발신인 또는 수신인이 변호사라는 사실이 표시되어 있고, 위 이○호는 위 박○옥으로부터 발송된 위 5.25.자 서신을 전달받으면서 변호인으로부터 온 서신을 검열한 데 대하여 항의하였음을 알 수 있으며, 그 서신에 소지금지품이 포함되어 있거나 불법적인 내용이 기재되어 있다고 의심할 만한 사정은 보이지 아니한다. 따라서 청구인 박○옥과 이○호 사이의 위 5.26.자 서신과 6.2.자 서신에 대하여는 그것이 변호인과의 사이의 서신교환이라는 사실이 확인되었고 또 위 이○호의 범죄혐의내용('집회 및 시위에 관한 법률' 위반)이나 신분(교사) 등에 비추어 소지금지품의 포함 또는 불법내용의 기재 등이 있다고 의심할 만한 사정이 없음에도 피청구인이 이를 검열한 것이므로, 이는 헌법상 보장된 청구인들의 통신의 비밀을 침해받지 아니할 권리와 청구인 이○호의 변호인의 조력을 받을 권리를 침해한 것이라 할 것이다(헌재 1995.7.21. 92헌마144).

❹ [X] 발신자가 변호사로 표시되어 있다고 하더라도 실제 변호사인지 여부 및 수용자의 변호인에 해당하는지 여부를 확인하는 것은 불가능하거나 지나친 행정적 부담을 초래한다. 미결수용자와 같은 지위에 있는 수형자는 서신 이외에도 접견 또는 전화통화에 의해서도 변호사와 접촉하여 형사소송을 준비할 수 있다. 이 사건 서신개봉행위와 같이 금지물품이 들어 있는지를 확인하기 위하여 서신을 개봉하는 것만으로는 미결수용자와 같은 지위에 있는 수형자가 변호인의 조력을 받을 권리를 침해하지 아니한다(헌재 2021.10.28. 2019헌마973).

 6회 쟁점별 모의고사 정답 및 해설
(사생활의 자유 ~ 언론·출판의 자유)

정답

p.54

01	③	02	③	03	②	04	②	05	②
06	④	07	①	08	③	09	③	10	②
11	③	12	①	13	③	14	①	15	①
16	②	17	③	18	③	19	③	20	④

01　　　　　　　　　　　　　　　　　　　　　　정답 ③

ㄱ. [×] '형의 집행 및 수용자의 처우에 관한 법률' 제112조 제3항 본문 중 제108조 제6호에 관한 부분은 금치의 징벌을 받은 사람에 대해 금치기간 동안 텔레비전 시청 제한이라는 불이익을 가함으로써, 규율의 준수를 강제하여 수용시설 내의 안전과 질서를 유지하기 위한 것으로서 목적의 정당성 및 수단의 적합성이 인정된다. 금치처분은 금치처분을 받은 사람을 징벌거실 속에 구금하여 반성에 전념하게 하려는 목적을 가지고 있으므로 그에 대하여 일반수용자와 같은 수준으로 텔레비전 시청이 이뤄지도록 하는 것은 교정실무상 어려움이 있고, 금치처분을 받은 사람은 텔레비전을 시청하는 대신 수용시설에 보관된 도서를 열람함으로써 다른 정보원에 접근할 수 있다. 또한 위와 같은 불이익은 규율 준수를 통하여 수용질서를 유지한다는 공익에 비하여 크다고 할 수 없다. 따라서 위 조항은 청구인의 알 권리를 침해하지 아니한다(헌재 2016.5.26. 2014헌마45).

ㄴ. [O] 굳이 집필행위를 제한하고자 하는 경우에도 집필행위 자체는 허용하면서 집필시간을 축소하거나 집필의 횟수를 줄이는 방법으로도 충분히 달성될 수 있을 것으로 보인다. 예외 없이 일체의 집필행위를 금지하는 것은 표현의 자유를 침해한다(헌재 2005.2.24. 2003헌마289).

ㄷ. [×] '형의 집행 및 수용자의 처우에 관한 법률' 제112조 제3항 본문 중 제108조 제13호에 관한 부분은 금치의 징벌을 받은 사람에 대해 금치기간 동안 실외운동을 원칙적으로 정지하는 불이익을 가함으로써, 규율의 준수를 강제하여 수용시설 내의 안전과 질서를 유지하기 위한 것으로서 목적의 정당성 및 수단의 적합성이 인정된다. 실외운동은 구금되어 있는 수용자의 신체적·정신적 건강을 유지하기 위한 최소한의 기본적 요청이고, 수용자의 건강 유지는 교정교화와 건전한 사회복귀라는 형 집행의 근본적 목표를 달성하는 데 필수적이다. 그런데 위 조항은 금치처분을 받은 사람에 대하여 실외운동을 원칙적으로 금지하고, 다만 소장의 재량에 의하여 이를 예외적으로 허용하고 있다. 그러나 소란, 난동을 피우거나 다른 사람을 해할 위험이 있어 실외운동을 허용할 경우 금치처분의 목적 달성이 어려운 예외적인 경우에 한하여 실외운동을 제한하는 덜 침해적인 수단이 있음에도 불구하고, 위 조항은 금치처분을 받은 사람에게 원칙적으로 실외운동을 금지한다. 나아가 위 조항은 예외적으로 실외운동을 허용하는 경우에도, 실외운동의 기회가 부여되어야 하는 최저기준을 법령에서 명시하고 있지 않으므로, 침해의 최소성원칙에 위배된다. 위 조항은 수용자의 정신적·신체적 건강에 필요 이상의 불이익을 가하고 있고, 이는 공익에 비하여 큰 것이므로 위 조항은 법익의 균형성 요건도 갖추지 못하였다. 따라서 위 조항은 청구인의 신체의 자유를 침해한다(헌재 2016.5.26. 2014헌마45).

ㄹ. [O] '형의 집행 및 수용자의 처우에 관한 법률' 제112조 제3항 본문 중 제108조 제4호에 관한 부분은 금치의 징벌을 받은 사람에 대해 금치기간 동안 공동행사 참가 정지라는 불이익을 가함으로써, 규율의 준수를 강제하여 수용시설 내의 안전과 질서를 유지하기 위한 것으로서, 목적의 정당성 및 수단의 적합성이 인정된다. 금치처분을 받은 사람은 최장 30일 이내의 기간 동안 공동행사에 참가할 수 없으나, 서신수수, 접견을 통해 외부와 통신할 수 있고, 종교상담을 통해 종교활동을 할 수 있다. 또한 위와 같은 불이익은 규율 준수를 통하여 수용질서를 유지한다는 공익에 비하여 크다고 할 수 없다. 따라서 위 조항은 청구인의 통신의 자유, 종교의 자유를 침해하지 아니한다(헌재 2016.5.26. 2014헌마45).

ㅁ. [O] 이 사건 집필 제한조항에 의하여 가장 직접적으로 제한되는 것은 표현의 자유라고 볼 수 있고, 이 사건 서신수수 제한조항이 직접적으로 제한하고 있는 것은 외부인과 서신을 이용한 교통·통신의 자유이다. 그러나 이 사건 집필 제한조항이 청구인의 표현의 자유를 침해하는 것은 아니고, 이 사건 서신수수 제한조항이 청구인의 통신의 자유를 침해하지 아니한다(헌재 2014.8.28. 2012헌마623).

02　　　　　　　　　　　　　　　　　　　　　　정답 ③

① [×] 보안관찰해당범죄는 민주주의체제의 수호와 사회질서의 유지, 국민의 생존 및 자유에 중대한 영향을 미치는 범죄인 점, 보안관찰법은 대상자를 파악하고 재범의 위험성 등 보안관찰처분의 필요성 유무의 판단 자료를 확보하기 위하여 위와 같

은 신고의무를 규정하고 있다는 점 등에 비추어 출소 후 신고의무 위반에 대한 제재수단으로 형벌을 택한 것이 과도하다거나 법정형이 다른 법률들에 비하여 각별히 과중하다고 볼 수도 없다. 따라서 출소 후 신고조항 및 위반시 처벌조항은 과잉금지원칙을 위반하여 청구인의 **사생활의 비밀과 자유 및 개인정보자기결정권을 침해하지 아니한다**(헌재 2021.6.24. 2017헌바479).

② [X] 선지는 반대의견이다.
청구인은 심판대상조항이 적법절차원칙, 책임과 형벌간의 비례원칙, 실질적 죄형법정주의에도 위배된다고 주장하나, 이는 심판대상조항이 헌법 제37조 제2항의 과잉금지원칙에 위반된다는 주장과 다름없으므로, **별도로 판단하지 아니한다**(헌재 2021.6.24. 2017헌바479).

❸ [O] 비록 변동신고의무를 부과할 필요성이 인정된다 하더라도, 대상자에게 변동사항의 신고의무를 아무런 기간의 상한 없이 부과한 변동신고조항 및 위반시 처벌조항은 지나치게 장기간 대상자를 불안정한 지위에 놓이게 한다는 점에서 침해의 최소성에 위배된다. 변동신고조항 및 위반시 처벌조항은, 보안관찰해당범죄로 인한 형의 집행을 마치고 출소한 대상자에게 보안관찰처분의 개시 여부를 결정하기 위함이라는 공익을 위하여 과도한 기간 동안 형사처벌의 부담이 있는 신고의무를 지도록 하고 있는바, 이는 달성하고자 하는 공익에 비하여 대상자의 기본권을 과도하게 제한하므로, 법익의 균형성에도 위배된다(헌재 2021.6.24. 2017헌바479).

④ [X] 변동신고조항은 출소 후 기존에 신고한 거주예정지 등 정보에 변동이 생기기만 하면 신고의무를 부과하는바, 의무기간의 상한이 정해져 있지 아니하여, 대상자로서는 보안관찰처분을 받은 자가 아님에도 무기한의 신고의무를 부담한다. … 그렇다면 변동신고조항 및 위반시 처벌조항은 대상자에게 보안관찰처분의 개시 여부를 결정하기 위함이라는 공익을 위하여 지나치게 장기간 형사처벌의 부담이 있는 신고의무를 지도록 하므로, 이는 과잉금지원칙을 위반하여 청구인의 **사생활의 비밀과 자유 및 개인정보자기결정권을 침해한다**(헌재 2021.6.24. 2017헌바479).

03 정답 ②

① [O] 헌법 제18조로 보장되는 기본권인 통신의 자유란 통신수단을 자유로이 이용하여 의사소통할 권리이다. '통신수단의 자유로운 이용'에는 자신의 인적 사항을 누구에게도 밝히지 않는 상태로 통신수단을 이용할 자유, 즉 통신수단의 익명성 보장도 포함된다. 심판대상조항은 휴대전화를 통한 문자·전화·모바일 인터넷 등 통신기능을 사용하고자 하는 자에게 반드시 사전에 본인확인절차를 거치는 데 동의해야만 이를 사용할 수 있도록 하므로, 익명으로 통신하고자 하는 **청구인들의 통신의 자유를 제한한다**. 심판대상조항이 통신의 비밀을 제한하는 것은 아니다. 가입자의 인적 사항이라는 정보는 통신의 내용·상황과 관계없는 '비 내용적 정보'이며 휴대전화 통신계약 체결 단계에서는 아직 통신수단을 통하여 어떠한 의사소통이 이루어지는 것이 아니므로 **통신의 비밀에 대한 제한이 이루어진다고 보기는 어렵기 때문이다**(헌재 2019.9.26. 2017헌마1209).

❷ [X] 옥외집회·시위에 대한 경찰의 촬영행위는 증거보전의 필요성 및 긴급성, 방법의 상당성이 인정되는 때에는 헌법에 위반된다고 할 수 있으나, 경찰이 옥외집회 및 시위 현장을 촬영하여 수집한 자료의 보관·사용 등은 엄격하게 제한하여, 옥외집회·시위 참가자 등의 기본권 제한을 최소화해야 한다. 옥외집회·시위에 대한 경찰의 촬영행위에 의해 취득한 자료는 '개인정보'의 보호에 관한 일반법인 '개인정보 보호법'이 적용될 수 있다(헌재 2018.8.30. 2014헌마843).

③ [O] 전기통신의 특성상 수사대상이 된 가입자와 전기통신을 송·수신한 상대방은 다수일 수 있는데, 이들 모두에 대하여 그 압수·수색사실을 통지하도록 한다면, 수사대상이 된 가입자가 수사를 받았다는 사실이 상대방 모두에게 알려지게 되어 오히려 위 가입자가 예측하지 못한 피해를 입을 수 있고, 또한 통지를 위하여 상대방의 인적 사항을 수집해야 함에 따라 또 다른 개인정보자기결정권의 침해를 야기할 수도 있다. 이상과 같은 점들을 종합하여 볼 때, 송·수신이 완료된 전기통신에 대한 압수·수색사실을 수사대상이 된 가입자에게만 통지하도록 하고, 그 상대방에 대하여는 통지하지 않도록 한 심판대상조항은 적법절차원칙에 위배되어 청구인들의 개인정보자기결정권을 침해하지 않는다(헌재 2018.4.26. 2014헌마1178).

④ [O] 수사의 밀행성 확보는 필요하지만, 적법절차원칙을 통하여 수사기관의 권한남용을 방지하고 정보주체의 기본권을 보호하기 위해서는, 위치정보 추적자료 제공과 관련하여 정보주체에게 적절한 고지와 실질적인 의견진술의 기회를 부여해야 한다. 그런데 이 사건 통지조항은 수사가 장기간 진행되거나 기소중지결정이 있는 경우에는 정보주체에게 위치정보 추적자료 제공사실을 통지할 의무를 규정하지 아니하고, 그 밖의 경우에 제공사실을 통지받더라도 그 제공사유가 통지되지 아니하며, 수사목적을 달성한 이후 해당 자료가 파기되었는지 여부도 확인할 수 없게 되어 있어, 정보주체로서는 위치정보 추적자료와 관련된 수사기관의 권한남용에 대해 적절한 대응을 할 수 없게 되었다. 이에 대해서는, 수사가 장기간 계속되거나 기소중지된 경우라도 일정 기간이 경과하면 원칙적으로 정보주체에게 그 제공사실을 통지하도록 하되 수사에 지장을 초래하는 경우에는 중립적 기관의 허가를 얻어 통지를 유예하는 방법, 일정한 조건하에서 정보주체가 그 제공요청사유의 통지를 신청할 수 있도록 하는 방법, 통지의무를 위반한 수사기관을 제재하는 방법 등의 개선방안이 있다. 이러한 점들을 종합할 때, 이 사건 통지조항은 적법절차원칙에 위배되어 청구인들의 개인정보자기결정권을 침해한다(헌재 2018.6.28. 2012헌마191).

04 정답 ②

ㄱ. [X] 이 사건 법률조항은 성폭력범죄자의 재범을 억제하고 효율적인 수사를 위한 것으로 정당한 목적을 달성하기 위한 적합한 수단이다. 신상정보 등록제도는 국가기관이 성범죄자의 관리를 목적으로 신상정보를 내부적으로만 보존·관리하는 것으로, 성범죄자의 신상정보를 일반에게 공개하는 신상정보 공개 및 고지제도와는 달리 법익 침해의 정도가 크지 않다. 공중밀집장소추행죄의 경우, 비록 개별사안에서 행위태양이나 불법

성의 경중이 다르게 나타날 수도 있겠으나, 일반에 공개되어 있으면서 피해자와의 접근이 용이한 공중이 밀집하는 장소에서 피해자가 미처 저항하거나 회피하기 곤란한 상태를 이용하여 성적 수치심이나 혐오감을 일으키는 행위를 할 때에 성립한다는 점에서 피해자의 성적 자기결정권을 침해하는 성폭력범죄로서의 본질이 달라지는 것은 아니므로, 이 사건 법률조항은 <u>침해의 최소성을 갖추었다</u>. 이 사건 법률조항으로 인하여 제한되는 사익에 비하여 성폭력범죄자의 재범 방지 및 사회 방위의 공익이 더 크므로 법익의 균형성도 인정된다. 따라서 이 사건 법률조항은 청구인의 <u>개인정보자기결정권을 침해하지 아니한다</u>(헌재 2017.12.28. 2016헌마124).

ㄴ. [O] 본인인증조항은 인터넷게임에 대한 연령 차별적 규제수단들을 실효적으로 보장하고, 인터넷게임 이용자들이 게임물 이용시간을 자발적으로 제한하도록 유도하여 인터넷게임 과몰입 내지 중독을 예방하고자 하는 것으로 그 입법목적에 정당성이 인정되며, 본인인증절차를 거치도록 하는 것은 이러한 목적 달성을 위한 적절한 수단이다. 게임물 관련사업자와 같은 정보통신서비스 제공자가 인터넷 상에서 본인인증절차 없이 이용자의 실명이나 연령만을 정확하게 확인하는 것은 사실상 불가능하고, 게임산업법 시행령 제8조의3 제3항이 정하고 있는 방법은 신뢰할 수 있는 제3자를 통해서만 본인인증절차를 거치도록 하고 정보수집의 범위를 최소화하고 있는 것으로 달리 실명과 연령을 정확하게 확인할 수 있으면서 덜 침익적인 수단을 발견하기 어렵다. 또한 게임물 관련사업자가 본인인증 결과 이외의 정보를 수집하기 위해서는 인터넷게임을 이용하는 사람의 별도의 동의를 받아야 하고, '정보통신망 이용촉진 및 정보보호 등에 관한 법률'에서 동의를 얻어 수집된 정보를 보호하기 위한 장치들을 충분히 마련하고 있으며, 회원가입시 1회 본인인증절차를 거치도록 하는 것이 이용자들에게 게임의 이용 여부 자체를 진지하게 고려하게 할 정도로 중대한 장벽이나 제한으로 기능한다거나 게임시장의 성장을 방해한다고 보기도 어려우므로 <u>침해의 최소성에도 위배되지 아니하고</u>, 본인인증조항을 통하여 달성하고자 하는 게임과몰입 및 중독 방지라는 공익은 매우 중대하므로 <u>법익의 균형성도 갖추었다</u>. 따라서 <u>본인인증조항은 청구인들의 일반적 행동의 자유 및 개인정보자기결정권을 침해하지 아니한다</u>(헌재 2015.3.26. 2013헌마517).

ㄷ. [O] 출소 후 출소사실을 신고하여야 하는 신고의무 내용에 비추어 보안관찰처분대상자(이하 '대상자'라 한다)의 불편이 크다거나 7일의 신고기간이 지나치게 짧다고 할 수 없다. 보안관찰해당범죄는 민주주의체제의 수호와 사회질서의 유지, 국민의 생존 및 자유에 중대한 영향을 미치는 범죄인 점, 보안관찰법은 대상자를 파악하고 재범의 위험성 등 보안관찰처분의 필요성 유무의 판단 자료를 확보하기 위하여 위와 같은 신고의무를 규정하고 있다는 점 등에 비추어 출소 후 신고의무 위반에 대한 제재수단으로 형벌을 택한 것이 과도하다거나 법정형이 다른 법률들에 비하여 각별히 과중하다고 볼 수도 없다. 따라서 <u>출소후신고조항 및 위반시 처벌조항은 과잉금지원칙을 위반하여 청구인의 사생활의 비밀과 자유 및 개인정보자기결정권을 침해하지 아니한다</u>(헌재 2021.6.24. 2017헌바479).

ㄹ. [O] 디엔에이신원확인정보는 개인 식별을 목적으로 디엔에이감식을 통하여 취득한 정보로서 일련의 숫자 또는 부호의 조합으로 표기된 것인데, 이는 '개인정보 보호법' 제2조 제1호에서 <u>말하는 생존하는 개인에 관한 정보로서 당해 정보만으로는 특정개인을 식별할 수 없더라도 다른 정보와 쉽게 결합하여 당해 개인을 식별할 수 있는 정보에 해당하는 개인정보이다.</u> 이 사건 삭제조항은 특별한 사유가 없는 한 사망할 때까지 개인정보인 디엔에이신원확인정보를 데이터베이스에 수록, 관리할 수 있도록 규정하여 개인정보자기결정권을 제한한다(헌재 2021.6.24. 2017헌바479).

ㅁ. [O] 개인정보자기결정권의 보호대상이 되는 개인정보는 개인의 신체, 신념, 사회적 지위, 신분 등과 같이 개인의 인격 주체성을 특정짓는 사항으로서 그 개인의 동일성을 식별할 수 있게 하는 일체의 정보라고 할 수 있으며, 반드시 개인의 내밀한 영역이나 사사(私事)의 영역에 속하는 정보에 국한되지 않고 공적 생활에서 형성되었거나 이미 공개된 개인정보까지 포함된다. 이러한 개인정보를 대상으로 한 조사·수집·보관·처리·이용 등의 행위는 모두 원칙적으로 개인정보자기결정권에 대한 제한에 해당된다. <u>심판대상조항은 거짓이나 그 밖의 부정한 방법으로 보조금을 교부받거나 보조금을 유용한 어린이집에 대하여 그 어린이집 대표자 또는 원장의 의사와 관계없이 어린이집의 명칭, 종류, 주소, 대표자 또는 어린이집 원장의 성명 등을 불특정 다수인이 알 수 있도록 하고 있으므로 공표대상자의 개인정보자기결정권을 제한한다</u>(헌재 2022.3.31. 2019헌바520).
／ 침해는 아님.

05 정답 ②

ㄱ. [O] (1) 이 사건 동행계호행위는 '형의 집행 및 수용자의 처우에 관한 법률' 제57조 제7항 및 동법 시행령 제83조, 이에 근거한 '수용관리 및 계호업무 등에 관한 지침' 및 교도관직무규칙 조항들에 따라 이루어진 행위로서 법률에 근거를 두고 있으므로 법률유보원칙에 반하여 청구인의 사생활의 비밀과 자유를 침해하지 않는다.
(2) 이 사건 동행계호행위는 교정사고를 예방하고 수용자 및 진료 담당 의사의 신체 등을 보호하기 위한 것이다. 청구인이 상습적으로 교정질서 문란행위를 저지른 전력이 있는 점, 정신질환의 증상으로 자해 또는 타해 행동이 나타날 우려가 있는 점, 교정시설은 수형자의 교정교화와 건전한 사회복귀를 도모하기 위한 시설로서 정신질환자의 치료 중심 수용 환경 조성에는 한계가 있는 점 등을 고려하면 이 사건 동행계호행위는 과잉금지원칙에 반하여 청구인의 사생활의 비밀과 자유를 침해하지 않는다(헌재 2024.1.25. 2020헌마1725).

ㄴ. [O] CCTV 촬영행위는 교정시설의 계호, 경비, 보안, 안전, 관리 등을 위한 목적에서 행해지는 것이다. CCTV 촬영행위는 대체복무 생활관에서 합숙하는 청구인들의 안전한 생활을 보호해주는 측면도 있다. 청구인들의 생활관 내부에 설치된 CCTV들은 외부인의 허가 없는 출입이나 이동, 시설의 안전, 화재, 사고 등을 확인할 수 있는 위치들에 설치되어 있고, 개별적인 생활공간에는 CCTV가 설치되어 있지 않다. 따라서 CCTV 촬영행위는 과잉금지원칙을 위반하여 청구인들의 사생활의 비밀과 자유를 침해하지 아니한다(헌재 2024.5.30. 2022헌마707).

ㄷ. [×] 입법자는 법무사관후보생을 단기법무장교로 임용 후 3년간 의무복무하도록 하여, 국가 안전보장과 국토방위를 달성하려

는 목적의 정당성과 수단의 적합성이 인정된다. 헌법 제39조와 병역법에 따라 국방의 의무와 병역의무의 구체적 내용은 입법자가 결정할 수 있다. 법무사관후보생의 군사교육기간을 의무복무기간에 산입하지 않는 것은 단기법무장교의 실질 복무기간을 3년으로 유지하기 위한 것이다. 단기법무장교의 임무는 전문적이므로 3년간 의무복무를 통해 최적의 전투력을 유지하는 것이 중요하다. 법무사관후보생은 군사교육 후 단기법무장교로 임용되면 보수와 대우를 받으며, 자신의 전문지식을 활용할 수 있다. 법무사관후보생은 자발적으로 군사교육을 받고 단기법무장교로 임관하는 선택을 한다. 공무원보수규정에 따라 군사교육기간 동안 현역병 수준을 상회하는 보수를 지급받는다. 따라서 심판대상조항으로 인한 기본권 제한은 과도하지 않으며, 법무 병과 수요 충족과 전투력 유지 등의 공익이 중대하므로 심판대상조항은 과잉금지원칙에 위반되지 않는다(헌재 2024.3.28. 2020헌마1401).

ㄹ. [O] 혼인무효사유가 범죄행위에 해당하지 않는 경우, 혼인무효 기록은 정정되며 등록부 재작성 신청권이 인정되지 않는다. 이 기록은 개인정보로, 심판대상조항은 개인정보자기결정권을 제한한다. 심판대상조항은 신분관계 등록의 목적과 기능을 달성하기 위해 정당하며, 제한적 재작성 허용은 목적에 적합하다. 무효 혼인의 법률효과는 제3자와의 관계에서도 중요하므로 기록 보존이 필요하다. 가정법원의 허가로 재작성 허용이 가능해 침해의 최소성이 인정된다. 정보는 법령에 따른 교부 청구가 없으면 공개되지 않아, 청구인의 불이익이 중대하지 않다. 반면, 진실성 담보 공익은 중대해 법익균형성이 인정된다. 따라서 심판대상조항은 과잉금지원칙을 위반하지 않으며, 청구인의 개인정보자기결정권을 침해하지 않는다(헌재 2024.1.25. 2020헌마65).

ㅁ. [×] 정보주체의 배우자나 직계혈족이 정보주체의 위임 없이도 정보주체의 가족관계 상세증명서의 교부 청구를 할 수 있도록 하는 '가족관계의 등록 등에 관한 법률' 제14조 제1항 본문 중 "배우자, 직계혈족은 제15조 제1항 제1호에 규정된 가족관계증명서에 대한 상세증명서의 교부를 청구할 수 있다." 부분은 청구인의 개인정보자기결정권을 침해하지 아니한다(헌재 2022.11.24. 2021헌마130).

06 정답 ④

① [O] 변통신고조항 및 이를 위반할 경우 처벌하도록 정한 보안관찰법 제27조 제2항 중 제6조 제2항 전문에 관한 부분은 과잉금지원칙을 위반하여 청구인의 사생활의 비밀과 자유 및 개인정보자기결정권을 침해한다(헌재 2021.6.24. 2017헌바479).

② [O] 수사기관 등이 전기통신사업자에게 이용자의 성명 등 통신자료의 열람이나 제출을 요청할 수 있도록 한 전기통신사업법 제83조 제3항은 과잉금지원칙에 위배되지 않는다(헌재 2022.7.21. 2016헌마388).

③ [O] 소년에 대한 수사경력자료의 삭제와 보존기간에 대하여 규정하면서 법원에서 불처분결정된 소년부송치 사건에 대하여 규정하지 않은 구 '형의 실효 등에 관한 법률' 제8조의2 제1항 및 제3항은 과잉금지원칙에 반하여 개인정보자기결정권을 침해한다(헌재 2021.6.24. 2018헌가2).

❹ [×] 의료기관의 장으로 하여금 보건복지부장관에게 비급여 진료비용에 관한 사항을 보고하도록 한 의료법 제45조의2 제1항이 과잉금지원칙에 반하여 의사의 직업수행의 자유와 환자의 개인정보자기결정권을 침해하지 아니한다(헌재 2023.2.23. 2021헌마93).

07 정답 ①

ㄱ. [O] 심판대상조항으로 인하여 비교적 불법성이 경미한 통신매체이용음란죄를 저지르고 재범의 위험성이 인정되지 않는 이들에 대하여는 달성되는 공익과 침해되는 사익 사이에 불균형이 발생할 수 있다는 점에서 법익의 균형성도 인정하기 어렵다(헌재 2016.3.31. 2015헌마688).

ㄴ. [O] 신상정보 등록대상자가 된다고 하여 그 자체로 사회복귀가 저해되거나 전과자라는 사회적 낙인이 찍히는 것은 아니므로 침해되는 사익은 크지 않은 반면 이 사건 등록조항을 통해 달성되는 공익은 매우 중요하다. 따라서 이 사건 등록조항은 개인정보자기결정권을 침해하지 않는다(헌재 2015.7.30. 2014헌마340).

ㄷ. [×] (1) 정보제출: 제출조항으로 인하여 청구인은 일정한 신상정보를 제출해야 하는 불이익을 받게 되나, 이에 비하여 제출조항이 달성하려는 공익이 크다고 보이므로 법익의 균형성도 인정된다. 따라서 제출조항은 청구인의 개인정보자기결정권을 침해하지 않는다.
(2) 반기 1회 등록정보진위확인: 신상정보의 최신성을 확보하는 데 한계가 있고, 등록대상자가 대면확인을 거부하더라도 처벌받지 않으므로 등록대상자는 국가의 신상정보 등록제도 운영에 협력하는 정도의 부담만을 지게 되는 것이어서 그로 인하여 등록대상자가 입는 불이익이 크다고 할 수 없다. 따라서 대면확인조항은 청구인의 일반적 행동자유권 및 개인정보자기결정권을 침해하지 않는다(헌재 2016.3.31. 2014헌마457).

ㄹ. [O] 이 사건 관리조항이 추구하는 공익이 중요하더라도, 모든 등록대상자에게 20년 동안 신상정보를 등록하게 하고 위 기간 동안 각종 의무를 부과하는 것은 비교적 경미한 등록대상 성범죄를 저지르고 재범의 위험성도 많지 않은 자들에 대해서는 달성되는 공익과 침해되는 사익 사이의 불균형이 발생할 수 있으므로 이 사건 관리조항은 개인정보자기결정권을 침해한다(헌재 2015.7.30. 2014헌마340).

ㅁ. [×] 변동신고조항은 출소 후 기존에 신고한 거주예정지 등 정보에 변동이 생기기만 하면 신고의무를 부과하는바, 의무기간의 상한이 정해져 있지 아니하여, 대상자로서는 보안관찰처분을 받은 자가 아님에도 무기한의 신고의무를 부담한다. … 그렇다면 변동신고조항 및 위반시 처벌조항은 대상자에게 보안관찰처분의 개시 여부를 결정하기 위함이라는 공익을 위하여 지나치게 장기간 형사처벌의 부담이 있는 신고의무를 지도록 하므로, 이는 과잉금지원칙을 위반하여 청구인의 사생활의 비밀과 자유 및 개인정보자기결정권을 침해한다(헌재 2021.6.24. 2017헌바479).

08 정답 ③

ㄱ. [✗] 청구인들이 주장하는 것은 위 조항들의 내용이 위헌이라는 것이 아니라, 주민등록번호의 잘못된 이용에 대비한 '주민등록번호 변경'에 대하여 아무런 규정을 두고 있지 않은 것이 헌법에 위반된다는 것이므로, 이는 주민등록번호 부여제도에 대하여 입법을 하였으나 주민등록번호의 변경에 대하여는 아무런 규정을 두지 아니한 부진정입법부작위가 위헌이라는 것이다(헌재 2015.12.23. 2013헌바68 등).
/ 6대 입법부작위 위헌 사건을 제외하고 위헌인 것은 진정입법부작위 사건이 아님.

ㄴ. [○] 심판대상조항이 모든 주민에게 고유한 주민등록번호를 부여하면서 이를 변경할 수 없도록 한 것은 주민생활의 편익을 증진시키고 행정사무를 신속하고 효율적으로 처리하기 위한 것으로, 그 입법목적의 정당성과 수단의 적합성을 인정할 수 있다(헌재 2015.12.23. 2013헌바68 등).
/ 최소성원칙과 법익균형성원칙 위반

ㄷ. [✗] 이러한 현실에서 주민등록번호 유출 또는 오·남용으로 인하여 발생할 수 있는 피해 등에 대한 아무런 고려 없이 주민등록번호 변경을 일률적으로 허용하지 않는 것은 그 자체로 개인정보자기결정권에 대한 과도한 침해가 될 수 있다. 비록 국가가 '개인정보 보호법'이나 '정보통신망 이용촉진 및 정보보호 등에 관한 법률' 등의 입법을 통하여 주민등록번호 처리와 수집·이용을 제한하고, 주민등록번호의 유출이나 오·남용을 예방하는 조치를 취하고 있다고는 하나, … 위와 같은 조치만으로는 국민의 개인정보자기결정권에 대한 충분한 보호가 된다고 보기 어렵다(헌재 2015.12.23. 2013헌바68 등). 따라서 최소성원칙 위반이다.

ㄹ. [○] 국가가 '개인정보 보호법' 등으로 정보보호를 위한 조치를 취하고 있더라도, 여전히 주민등록번호를 처리하거나 수집·이용할 수 있는 경우가 적지 아니하며, 이미 유출되어 발생된 피해에 대해서는 뚜렷한 해결책을 제시해 주지 못하므로, 국민의 개인정보를 충분히 보호하고 있다고 보기 어렵다. 한편, 개별적인 주민등록번호 변경을 허용하더라도 변경 전 주민등록번호와의 연계 시스템을 구축하여 활용한다면 개인식별기능 및 본인 동일성 증명기능에 혼란이 발생할 가능성이 없고, 일정한 요건하에 객관성과 공정성을 갖춘 기관의 심사를 거쳐 변경할 수 있도록 한다면 주민등록번호 변경절차를 악용하려는 시도를 차단할 수 있으며, 사회적으로 큰 혼란을 불러일으키지도 않을 것이다. 따라서 주민등록번호 변경에 관한 규정을 두고 있지 않은 심판대상조항은 과잉금지원칙에 위배되어 개인정보자기결정권을 침해한다(헌재 2015.12.23. 2013헌바68 등).

ㅁ. [✗] 심판대상조항의 위헌성은 주민등록번호 변경에 관하여 규정하지 아니한 부작위에 있는바, 이를 이유로 심판대상조항에 대하여 단순위헌결정을 할 경우 주민등록번호제도 자체에 관한 근거규정이 사라지게 되어 용인하기 어려운 법적 공백이 생기게 되고, 주민등록번호 변경제도를 형성함에 있어서는 입법자가 광범위한 입법재량을 가지므로, 심판대상조항에 대하여는 헌법불합치결정을 선고하되, 2017.12.31.을 시한으로 입법자가 개선입법을 할 때까지 계속 적용하기로 한다(헌재 2015.12.23. 2013헌바68 등).

09 정답 ③

① [○] ② [○] 의사공개원칙은 방청 및 보도의 자유와 회의록의 공표를 그 내용으로 한다. 의사공개원칙의 헌법적 의미를 고려할 때, 헌법 제50조 제1항 본문은 단순한 행정적 회의를 제외하고 국회의 헌법적 기능과 관련된 모든 회의는 원칙적으로 국민에게 공개되어야 함을 천명한 것으로, 국회 본회의뿐만 아니라 위원회의 회의에도 적용된다. 따라서 본회의든 위원회의 회의든 국회의 회의는 원칙적으로 공개하여야 하며, 원하는 모든 국민은 원칙적으로 그 회의를 방청할 수 있다(헌재 2022.1.27. 2018헌마1162).

❸ [✗] 심판대상조항은 정보위원회의 회의 일체를 비공개 하도록 정함으로써 정보위원회 활동에 대한 국민의 감시와 견제를 사실상 불가능하게 하고 있다. 또한 헌법 제50조 제1항 단서에서 정하고 있는 비공개사유는 각 회의마다 충족되어야 하는 요건으로 입법과정에서 재적의원 과반수의 출석과 출석의원 과반수의 찬성으로 의결되었다는 사실만으로 헌법 제50조 제1항 단서의 '출석위원 과반수의 찬성'이라는 요건이 충족되었다고 볼 수도 없다. 따라서 심판대상조항은 헌법 제50조 제1항에 위배되는 것으로 과잉금지원칙 위배 여부에 대해서는 더 나아가 판단할 필요 없이 청구인들의 알 권리를 침해한다(헌재 2022.1.27. 2018헌마1162).

④ [○] 연합회는 법령에 따라 다양한 공익적 기능을 수행하는바, 전국적인 단일 조직을 갖추지 못한다면 업무수행의 효율성과 신속성 등이 저해될 우려가 있다. 국가나 지방자치단체가 공익적 기능을 직접 수행하거나 별개의 단체를 설립하는 방안은 연합회에의 가입강제 내지 임의탈퇴 불가와 같거나 유사한 효과를 가진다고 보기 어렵다. 따라서 심판대상조항이 과잉금지원칙에 위배되어 결사의 자유를 침해한다고 볼 수 없다(헌재 2022.2.24. 2018헌가8).
/ 합헌결정

10 정답 ②

① [✗] 심판대상조항은 이동통신서비스 이용자로 하여금 해당 서비스를 다른 사람의 통신용으로 제공하는 행위를 금지할 뿐 이동통신서비스 이용자의 의사소통이나 의사표현을 제한하는 내용이 아니다. 그러므로 심판대상조항이 통신수단을 자유로이 이용하여 타인과 의사소통하려는 이동통신서비스 이용자의 권리나 통신수단에 의하여 이루어지는 이용자와 타인 간의 의사소통과정의 비밀을 제한한다거나 이용자의 발언내용을 제한한다고 보기 어렵다(헌재 2022.6.30. 2019헌가14).

❷ [○] 거짓사실을 포함하고 있는, 수형자의 교화, 건전한 사회복귀를 해칠 우려가 있는 수용자가 작성한 집필문의 외부반출을 금지한 것은 언론의 자유가 아니라 통신의 자유를 제한한다(헌재 2016.5.26. 2013헌바98).

③ [✗] 고용조항의 입법목적이 인터넷신문의 신뢰성 제고이고, 신문법 규정들은 언론사로서의 인터넷신문의 규율 및 보호를 위한 규정들이다. 따라서 고용조항으로 인하여 청구인들의 직업수행의 자유보다는 언론의 자유가 보다 직접적으로 제한된다고 보이므로 언론의 자유 제한 여부를 중심으로 살펴본다(헌재 2016.10.27. 2015헌마1206 등).

④ [×] 자녀교육권을 실질적으로 보장하기 위해서는 자녀의 교육에 필요한 정보가 제공되어야 하는바 학부모는 교육정보에 대한 알 권리를 가진다. 이러한 정보 속에는 자신의 자녀를 가르치는 교원이 어떠한 자격과 경력을 가진 사람인지는 물론 어떠한 정치성향과 가치관을 가지고 있는 사람인지에 대한 정보도 포함되는 것이므로, 교원의 교원단체 및 노동조합 가입에 관한 정보도 알 권리의 한 내용이 될 수 있다. 그러므로 개별 교원이 어떤 교원단체나 노동조합에 가입해 있는지에 대한 정보 공개를 제한하는 것은 학부모인 청구인들의 알 권리를 제한하는 것이다(헌재 2011.12.29. 2010헌마293).

11 정답 ③

① [O] 실명확인조항을 비롯하여, 행정안전부장관 및 신용정보업자는 실명인증자료를 관리하고 중앙선거관리위원회가 요구하는 경우 지체 없이 그 자료를 제출해야 하며, 실명확인을 위한 기술적 조치를 하지 아니하거나 실명인증의 표시가 없는 정보를 삭제하지 않는 경우 과태료를 부과하도록 정한 공직선거법 조항이 게시판 등 이용자의 익명표현의 자유 및 개인정보자기결정권과 인터넷언론사의 언론의 자유를 침해한다(헌재 2021.1.28. 2018헌마456). 그러나 명확성원칙에 반하지 않는다.

② [O] 정치자금법에 따라 회계보고된 자료의 열람기간을 3월간으로 제한한 정치자금법 제42조 제2항 본문 중 '3월간' 부분은 과잉금지원칙에 위배되어 청구인 알 권리를 침해한다(헌재 2021.5.27. 2018헌마1168).

❸ [×] 남북합의서 위반행위로서 전단 등 살포를 하여 국민의 생명·신체에 위해를 끼치거나 심각한 위험을 발생시키는 것을 금지하는 '남북관계 발전에 관한 법률' 제24조 제1항 제3호 및 이에 위반한 경우 처벌하는 같은 법 제25조 중 제24조 제1항 제3호에 관한 부분에 대해 표현의 내용을 제한하는 결과를 가져오는바, 국가가 표현 내용을 규제하는 것은 원칙적으로 중대한 공익의 실현을 위하여 불가피한 경우에 한하여 허용되고, 특히 정치적 표현의 내용 중에서도 특정한 견해, 이념, 관점에 기초한 제한은 과잉금지원칙 준수 여부를 심사할 때 더 엄격한 기준이 적용되어야 한다. 과잉금지원칙에 위배되어 청구인들의 표현의 자유를 침해한다(헌재 2023.9.26. 2020헌마1724). 그러나 남북합의서 위반행위로서 전단 등 살포를 하여 국민의 생명·신체에 위해를 끼치거나 심각한 위험을 발생시기는 것을 금지하는 '남북간계 발전에 관한 법를'은 **헌법 제21조 제2항이 금지하고 있는 '검열'에 해당한다고 보기는 어렵다**(헌재 2023.9.26. 2020헌마1724).

④ [O] 사회복무요원의 '그 밖의 정치단체에 가입하는 등 정치적 목적을 지닌 행위'를 금지한 병역법은 명확성원칙에 위배된다(헌재 2021.11.25. 2010헌마534).

12 정답 ①

❶ [×] 헌법 제21조 제4항 전문은 "언론·출판은 타인의 명예나 권리 또는 공중도덕이나 사회윤리를 침해하여서는 아니 된다."라고 규정한다. 이는 언론·출판의 자유에 따르는 책임과 의무를 강조하는 동시에 언론·출판의 자유에 대한 **제한의 요건을 명시한 규정일 뿐, 헌법상 표현의 자유의 보호영역에 대한 한계를 설정한 것이라고 볼 수는 없으므로** 공연한 사실의 적시를 통한 명예훼손적 표현 역시 표현의 자유의 보호영역에 해당한다(헌재 2021.2.25. 2017헌마1113).

② [O] 집회 또는 시위를 하기 위하여 인천애(愛)뜰 중 잔디마당과 그 경계 내 부지에 대한 사용허가 신청을 한 경우 인천광역시장이 이를 허가할 수 없도록 제한하는 '인천애(愛)뜰의 사용 및 관리에 관한 조례'는 집회에 대한 허가제를 규정하였다고 보기 어려우므로, 헌법 제21조 제2항 위반 주장에 대해서는 나아가 살펴보지 않기로 한다(헌재 2023.9.26. 2019헌마1417).

③ [O] 남북합의서 위반행위로서 전단 등 살포를 하여 국민의 생명·신체에 위해를 끼치거나 심각한 위험을 발생시키는 것을 금지하는 '남북관계 발전에 관한 법률' 제24조 제1항 제3호로 한반도 군사분계선 이남 지역에 거주하고 있는 청구인들의 알 권리는 제한되지 않는다(헌재 2023.9.26. 2020헌마1724).

④ [O] 변호사 광고금지는 언론·출판의 자유와 직업수행의 자유도 동시에 제한하게 된다. 재산권을 제한한다고 보기 어렵다(헌재 2022.5.26. 2021헌마619). 변호사 광고금지에 대해 헌법 제119조에 관한 주장 역시 직업의 자유 침해 여부에 대하여 심사하는 것으로 충분하므로 별도로 판단하지 않는다(헌재 2022.5.26. 2021헌마619).

13 정답 ③

① [×] 언론중재 및 피해구제 등에 관한 법률 제16조【반론보도청구권】① 사실적 주장에 관한 언론보도 등으로 인하여 피해를 입은 자는 그 보도 내용에 관한 반론보도를 언론사 등에 청구할 수 있다.

② [×]

구분	보도내용 진실 여부	고의·과실요건	위법성요건
정정보도 청구권	진실하지 아니한 보도	×	×
반론보도 청구권	진실 여부 불문	×	×

❸ [O] 언론중재 및 피해구제 등에 관한 법률 제14조【정정보도청구의 요건】① 사실적 주장에 관한 언론보도 등이 진실하지 아니함으로 인하여 피해를 입은 자(이하 '피해자'라 한다)는 해당 언론보도 등이 있음을 안 날부터 3개월 이내에 언론사, 인터넷뉴스서비스사업자 및 인터넷 멀티미디어 방송사업자(이하 '언론사등'이라 한다)에게 그 언론보도 등의 내용에 관한 정정보도를 청구할 수 있다. 다만, 해당 언론보도 등이 있은 후 6개월이 지났을 때에는 그러하지 아니하다.
② 제1항의 청구에는 언론사 등의 **고의·과실이나 위법성을 필요로 하지 아니한다.**

④ [×] 언론중재 및 피해구제 등에 관한 법률 제26조【정정보도청구 등의 소】⑥ 정정보도청구의 소에 대하여는 민사소송법의 소송절차에 관한 규정에 따라 재판하고, 반론보도청구 및 추후보도청구의 소에 대하여는 민사집행법의 가처분절차에 관한 규정에 따라 재판한다.

14   정답 ①

❶ [○] 인터넷회선 감청도 범죄수사를 위한 통신제한조치 허가대상으로 정한 이 사건 법률조항이 과잉금지원칙에 반하여 피의자 또는 피내사자와 같은 대상자뿐만 아니라 이용자들의 통신 및 사생활의 비밀과 자유를 침해하는지 여부에 대하여 본다 (헌재 2018.8.30. 2016헌마263).

② [×] 인터넷회선 감청은 수사기관이 실제 감청 집행을 하는 단계에서는 해당 인터넷회선을 통하여 흐르는 불특정 다수인의 모든 정보가 패킷 형태로 수집되어 일단 수사기관에 그대로 전송되므로, 다른 통신제한조치에 비하여 감청 집행을 통해 수사기관이 취득하는 자료가 비교할 수 없을 정도로 매우 방대하다는 점에 주목할 필요가 있다. 이 사건 법률조항은 인터넷회선 감청의 특성을 고려하여 그 집행 단계나 집행 이후에 수사기관의 권한 남용을 통제하고 관련 기본권의 침해를 최소화하기 위한 제도적 조치가 제대로 마련되어 있지 않은 상태에서, 범죄수사목적을 이유로 인터넷회선 감청을 통신제한조치 허가 대상 중 하나로 정하고 있으므로 침해의 최소성 요건을 충족한다고 할 수 없다. 그러므로 이 사건 법률조항은 과잉금지원칙에 위반하는 것으로 청구인의 기본권을 침해한다(헌재 2018.8.30. 2016헌마263).

③ [×] 인터넷회선 감청은 검사가 법원의 허가를 받으면, 피의자 및 피내사자에 해당하는 감청대상자나 해당 인터넷회선의 가입자의 동의나 승낙을 얻지 아니하고도, 전기통신사업자의 협조를 통해 해당 인터넷회선을 통해 송·수신되는 전기통신에 대해 감청을 집행함으로써 정보주체의 기본권을 제한할 수 있으므로, 법이 정한 강제처분에 해당한다. 또한 인터넷회선 감청은 서버에 저장된 정보가 아니라, 인터넷상에서 발신되어 수신되기까지의 과정 중에 수집되는 정보, 즉 전송 중인 정보의 수집을 위한 수사이므로, 압수·수색과 구별된다(헌재 2018.8.30. 2016헌마263).

④ [×] 엽서나 전보 등도 통신의 자유에서 보호된다.

15   정답 ①

ㄱ. [×] 단순위헌결정을 하면 수사기관이 인터넷회선 감청을 통한 수사를 행할 수 있는 법률적 근거가 사라져 범행의 실행 저지가 긴급히 요구되거나 국민의 생명·신체·재산의 안전을 위협하는 중대 범죄의 수사에 있어 법적 공백이 발생할 우려가 있다. 한편, 이 사건 법률조항이 가지는 위헌성은 인터넷회선 감청의 특성에도 불구하고 수사기관이 인터넷회선 감청으로 취득하는 자료에 대해 사후적으로 감독 또는 통제할 수 있는 규정이 제대로 마련되어 있지 않다는 점에 있으므로 단순위헌결정을 하는 대신 헌법불합치결정을 선고하되, 입법자가 이 사건 법률조항의 위헌성을 제거하고 합리적인 내용으로 개정할 때까지 일정 기간 이를 잠정적으로 적용할 필요가 있다 (헌재 2018.8.30. 2016헌마263).

ㄴ. [×] 인터넷회선 감청은 서버에 저장된 정보가 아니라, 인터넷상에서 발신되어 수신되기까지의 과정 중에 수집되는 정보, 즉 전송 중인 정보의 수집을 위한 수사이므로, 압수·수색과 구별된다.

ㄷ. [×] 헌법 제12조 제3항이 정한 영장주의가 수사기관이 강제처분을 함에 있어 중립적 기관인 법원의 허가를 얻어야 함을 의미하는 것 외에 법원에 의한 사후통제까지 마련되어야 함을 의미한다고 보기 어렵고, 청구인의 주장은 결국 인터넷회선 감청의 특성상 집행 단계에서 수사기관의 권한 남용을 방지할 만한 별도의 통제 장치를 마련하지 않는 한 통신 및 사생활의 비밀과 자유를 과도하게 침해하게 된다는 주장과 같은 맥락이므로, 이 사건 법률조항이 과잉금지원칙에 반하여 청구인의 기본권을 침해하는지 여부에 대하여 판단하는 이상, 영장주의 위반 여부에 대해서는 별도로 판단하지 아니한다(헌재 2018.8.30. 2016헌마263).

ㄹ. [○] 인터넷 통신망을 통해 송·수신하는 전기통신에 대한 감청을 범죄수사를 위한 통신제한조치의 하나로 정하고 있으므로, 일차적으로 헌법 제18조가 보장하는 통신의 비밀과 자유를 제한한다. 인터넷회선 감청은 타인과의 관계를 전제로 하는 개인의 사적 영역을 보호하려는 헌법 제18조의 통신의 비밀과 자유 외에 헌법 제17조의 사생활의 비밀과 자유도 제한하게 된다(헌재 2018.8.30. 2016헌마263).

ㅁ. [○] 헌법 제18조는 "모든 국민은 통신의 비밀을 침해받지 아니한다."라고 규정하여 통신의 비밀 보호를 그 핵심내용으로 하는 통신의 자유를 기본권으로 보장하고 있다. 이 사건 법률조항은 현대 사회에 가장 널리 이용되는 의사소통수단인 인터넷 통신망을 통해 송·수신하는 전기통신에 대한 감청을 범죄수사를 위한 통신제한조치의 하나로 정하고 있으므로, 일차적으로 헌법 제18조가 보장하는 통신의 비밀과 자유를 제한한다. 인터넷회선 감청은 해당 인터넷회선을 통하여 흐르는 모든 정보가 감청대상이 되므로, 이를 통해 드러나게 되는 개인의 사생활 영역은 전화나 우편물 등을 통하여 교환되는 통신의 범위를 넘는다. 더욱이 오늘날 이메일, 메신저, 전화 등 통신뿐 아니라, 각종 구매, 게시물 등록, 금융서비스 이용 등 생활의 전 영역이 인터넷을 기반으로 이루어지기 때문에, 인터넷회선 감청은 타인과의 관계를 전제로 하는 개인의 사적 영역을 보호하려는 헌법 제18조의 통신의 비밀과 자유 외에 헌법 제17조의 사생활의 비밀과 자유도 제한하게 된다(헌재 2018.8.30. 2016헌마263).

16   정답 ②

① [○] 지방병무청장으로 하여금 병역준비역에 대하여 27세를 초과하지 않는 범위에서 단기 국외여행을 허가하도록 한 구 '병역의무자 국외여행 업무처리 규정' 제5조는 27세가 넘은 병역준비역인 청구인의 거주·이전의 자유를 침해하지 않는다 (헌재 2023.2.23. 2019헌마1157).

❷ [×] 생활의 근거지에 이르지 않는 일시적 이동을 위한 장소의 선택·변경은 거주·이전의 자유에 의하여 보호되는 것이 아니

므로 집회 또는 시위를 하기 위하여 인천애(愛)뜰 중 잔디마당과 그 경계 내 부지에 대한 사용허가 신청을 한 경우 인천광역시장이 이를 허가할 수 없도록 제한하는 '인천애(愛)뜰의 사용 및 관리에 관한 조례'에 의한 기본권 제한으로 볼 수 없다(헌재 2023.9.26. 2019헌마1417).
③ [O] 방송통신심의위원회가 2019.2.11. 주식회사 ○○ 외 9개 정보통신서비스제공자 등에 대하여 895개 웹사이트에 대한 접속차단의 시정을 요구한 행위가 청구인들의 통신의 비밀과 자유 및 알 권리를 침해하지 아니한다(헌재 2023.10.26. 2019헌마158).
④ [O] 피청구인 교도소장이 수용자에게 온 서신을 개봉한 행위가 청구인의 통신의 자유를 침해하지 아니한다(헌재 2021.9.30. 2019헌마919).

17 정답 ③

① [O] 민·형사재판에서 단순한 사실에 관한 증인의 증언거부와 같은 단순한 사실에 관한 지식이나 기술지식까지도 양심의 자유에 포함되지 아니한다(헌재 2002.4.25. 98헌마425).

② [O] **업종별로 수입금액이 일정 규모 이상인 사업자에게 성실신고확인서를 제출하도록 하고 있는 소득세법**
청구인은 심판대상조항이 세무사의 양심의 자유를 침해한다고 주장하나 헌법 제19조의 양심의 자유는 옳고 그른 것에 대한 판단을 추구하는 가치적·도덕적 마음가짐으로 인간의 윤리적 내심영역인바, 세무사가 행하는 성실신고확인은 확인대상사업자의 소득금액에 대하여 심판대상조항 및 관련 법령에 따라 확인하는 것으로 단순한 사실관계의 확인에 불과한 것이어서 헌법 제19조에 의하여 보장되는 양심의 영역에 포함되지 않는다(헌재 2019.7.25. 2016헌바392).

❸ [×] 관련판례 1

> 제재를 받지 않기 위하여 어쩔 수 없이 좌석안전띠를 매었다 하여 청구인이 내면적으로 구축한 인간양심이 왜곡·굴절되고 청구인의 인격적 존재가치가 허물어진다고 할 수는 없어, 운전 중 운전자가 좌석안전띠를 착용할 의무는 청구인의 양심의 자유를 침해하는 것이라 할 수 없다(헌재 2003.10.30. 2002헌마518).

관련판례 2

> 음주측정요구와 그 거부는 양심의 자유의 보호영역에 포괄되지 아니하므로 이 사건 법률조항을 두고 헌법 제19조에서 보장하는 양심의 자유를 침해하는 것이라고 할 수 없다(헌재 1997.3.27. 96헌가11).

④ [O] 이 사건에서 채무자가 부담하는 행위의무는 강제집행의 대상이 되는 재산관계를 명시한 재산목록을 제출하고 그 재산목록의 진실함을 법관 앞에서 선서하는 것으로서, 개인의 인격형성에 관계되는 내심의 가치적·윤리적 판단이 개입될 여지가 없는 단순한 사실관계의 확인에 불과한 것이므로, 헌법 제19조에 의하여 보장되는 양심의 영역에 포함되지 않는다. 따라서 심판대상조항은 청구인의 양심의 자유를 침해하지 아니한다(헌재 2014.9.25. 2013헌마11).

18 정답 ③

① [O] 우리 헌법 제20조는 제1항에서 모든 국민은 종교의 자유를 가진다고 규정하고 제2항에서 국교는 인정되지 아니하며 종교와 정치는 분리된다고 규정하여 종교의 자유와 정교분리원칙을 선언하고 있다. 종교의 자유는 일반적으로 신앙의 자유, 종교적 행위의 자유 및 종교적 집회·결사의 자유의 3요소를 내용으로 한다. 종교의 자유는 무종교의 자유도 포함하는 것으로, 신앙을 가지지 않고 종교적 행위 및 종교적 집회에 참석하지 아니할 소극적 자유도 함께 보호한다(헌재 2022.11.24. 2019헌마941).

② [O] 청구인들은 병역종류조항의 병역의무가 제한적으로 규정되어 양심적 병역거부자에게 집총 등 군사훈련이 수반되지 않는 대체복무의 선택 기회가 제공되지 아니하기 때문에 기본권이 침해된다고 주장하고 있다. 비군사적 성격을 갖는 복무 역시 입법자의 형성에 따라 병역의무의 내용에 포함될 수 있음은 앞에서 살펴 본 바와 같다. 나아가 대체복무제는 병역의무의 부과를 전제로 그에 대한 대체적 이행을 허용하는 제도이므로, 그 개념상 병역의무의 내용에 포함된다고 봄이 타당하고, 이는 결국 병역의 종류를 규정한 병역종류조항과 밀접한 관련을 갖는다. 따라서 청구인들의 위 주장은 입법자가 아무런 입법을 하지 않은 진정입법부작위를 다투는 것이 아니라, 입법자가 병역의 종류에 관하여 입법은 하였으나 그 내용이 양심적 병역거부자를 위한 비군사적 내용의 대체복무제를 포함하지 아니하여 불완전·불충분하다는 부진정입법부작위를 다투는 것이라고 봄이 상당하다(헌재 2018.6.28. 2011헌바379).

❸ [×] 피청구인이 이 사건 종교행사 참석조치를 통하여 궁극적으로는 군인의 정신적 전력을 강화하고자 하였다고 볼 수 있는바, 일응 그 목적의 정당성을 인정할 여지가 있다. 그러나 개인이 자율적으로 형성한 종교적 신념이나 자발적인 종교행사 참석의 긍정적인 측면을 인정하고 적극적으로 수용한 것에 그치지 않고 더 나아가 종교를 가지지 않은 자로 하여금 종교행사에 참석하도록 강제하는 것은, 군에서 필요한 정신전력을 강화하는 데 기여하기보다 오히려 해당 종교와 군 생활에 대한 반감이나 불쾌감을 유발하여 역효과를 일으킬 소지가 크다. 따라서 청구인들의 의사에 반하여 개신교, 불교, 천주교, 원불교 종교행사에 참석하도록 하는 방법으로 군인의 정신전력을 제고하려는 **이 사건 종교행사 참석조치는 그 수단의 적합성을 인정할 수 없다**(헌재 2022.11.24. 2019헌마941).

④ [O] 종교단체에서 구호활동의 일환으로 운영하는 양로시설이라고 하더라도 신고대상에서 제외하면 관리·감독의 사각지대가 발생할 수 있으며, 일정 규모 이상의 양로시설의 경우 안전사고나 인권침해 피해 정도가 커질 수 있으므로, 예외를 인정함이 없이 신고의무를 부과할 필요가 있다. 더욱이 일부 사회복지시설들이 탈법적인 운영을 방지하기 위하여는 강력한 제재를 가할 필요성이 인정되며, 사안의 경중에 따라 벌금형의 선고도 가능하므로 심판대상조항에 의한 처벌이 지나치게 과중하다고 볼 수 없다. 심판대상조항에 의하여 제한되는 사익에 비하여 심판대상조항이 달성하려는 공익은 양로시설에 입소한 노인들의 쾌적하고 안전한 주거환경을 보장하는 것으로 이는 매우 중대하다. 따라서 심판대상조항이 과잉금지원칙에 위배되어 종교의 자유를 침해한다고 볼 수 없다(헌재 2016.6.30. 2015헌바46).

19 정답 ③

① [×] 종교적 집회·결사의 자유는 종교적 목적으로 같은 신자들이 집회하거나 종교단체를 결성할 자유를 말한다. 이러한 종교적 행위의 자유와 종교적 집회·결사의 자유는 신앙의 자유와는 달리 절대적 자유가 아니므로 헌법 제37조 제2항에 의거하여 질서유지, 공공복리 등을 위해서 제한할 수 있는데, 그러한 제한은 비례의 원칙이나 종교의 자유의 본질적 내용을 침해해서는 안 된다(헌재 2011.12.29. 2009헌마527).

② [×] 종교인 또는 종교단체가 사회취약계층이나 빈곤층을 위해 양로시설과 같은 사회복지시설을 마련하여 선교행위를 하는 것은 오랜 전통으로 확립된 선교행위의 방법이며, 사회적 약자를 위한 시설을 지어 도움을 주는 것은 종교의 본질과 관련이 있다. 따라서 심판대상조항에 의하여 신고의 대상이 되는 양로시설에 종교단체가 운영하는 양로시설을 제외하지 않는 것은 자유로운 양로시설 운영을 통한 선교의 자유, 즉 종교의 자유 제한의 문제를 불러온다. 청구인은 심판대상조항이 노인들의 거주·이전의 자유 및 인간다운 생활을 할 권리를 침해한다고 주장한다. 그러나 심판대상조항은 종교단체에서 운영하는 양로시설도 일정 규모 이상의 경우 신고하도록 한 규정일 뿐, 거주·이전의 자유나 인간다운 생활을 할 권리의 제한을 불러온다고 볼 수 없으므로 이에 대해서는 별도로 판단하지 아니한다(헌재 2016.6.30. 2015헌바46).

❸ [○] 청구인은 이 사건 법률조항이 다른 종교단체의 재산과는 달리 불교 전통사찰 소유의 재산만을 압류금지재산으로 규정함으로써 청구인의 종교의 자유를 침해한다고 주장한다. 그러나 종교의 자유는 신앙의 자유, 종교적 행위의 자유 및 종교적 집회·결사의 자유를 그 내용으로 하는바, 이 사건 법률조항은 전통사찰 소유의 일정 재산에 대한 압류를 금지할 뿐이므로 그로 인하여 위와 같은 종교의 자유의 내용 중 어떠한 것도 제한되지는 아니한다(헌재 2012.6.27. 2011헌바34).

④ [×] 육군훈련소장이 청구인들로 하여금 개신교, 천주교, 불교, 원불교 4개 종교의 종교행사 중 하나에 참석하도록 한 것은 그 자체로 종교적 행위의 외적 강제에 해당한다. 이는 피청구인이 위 4개 종교를 승인하고 장려한 것이자, 여타 종교 또는 무종교보다 이러한 4개 종교 중 하나를 가지는 것을 선호한다는 점을 표현한 것이라고 보여질 수 있으므로 국가의 종교에 대한 중립성을 위반하여 특정 종교를 우대하는 것이다. 또한 이 사건 종교행사 참석조치는 국가가 종교를, 군사력 강화라는 목적을 달성하기 위한 수단으로 전락시키거나, 반대로 종교단체가 군대라는 국가권력에 개입하여 선교행위를 하는 등 영향력을 행사할 수 있는 기회를 제공하므로, 국가와 종교의 밀접한 결합을 초래한다는 점에서 정교분리원칙에 위배된다(헌재 2022.11.24. 2019헌마941).

20 정답 ④

① [○] '양심적' 병역거부라는 용어를 사용한다고 하여 병역의무이행은 '비양심적'이 된다거나, 병역을 이행하는 병역의무자들과 병역의무이행이 국민의 숭고한 의무라고 생각하는 대다수 국민들이 '비양심적'인 사람들이 되는 것은 결코 아니다(헌재 2018.6.28. 2011헌바379).

② [○] 개인의 양심은 사회 다수의 정의관·도덕관과 일치하지 않을 수 있으며, 오히려 헌법상 양심의 자유가 문제되는 상황은 개인의 양심이 국가의 법질서나 사회의 도덕률에 부합하지 않는 경우이므로, 헌법에 의해 보호받는 양심은 법질서와 도덕에 부합하는 사고를 가진 다수가 아니라 이른바 '소수자'의 양심이 되기 마련이다(헌재 2018.6.28. 2011헌바379).

③ [○] 특정한 내적인 확신 또는 신념이 양심으로 형성된 이상 그 내용 여하를 떠나 양심의 자유에 의해 보호되는 양심이 될 수 있으므로, 헌법상 양심의 자유에 의해 보호받는 '양심'으로 인정할 것인지의 판단은 그것이 깊고, 확고하며, 진실된 것인지 여부에 따르게 된다. 그리하여 양심적 병역거부를 주장하는 사람은 자신의 '양심'을 외부로 표명하여 증명할 최소한의 의무를 진다(헌재 2018.6.28. 2011헌바379).

❹ [×] 병역법 제88조의 처벌조항에 대한 일부위헌의견(재판관 이진성, 김이수, 이선애, 유남석): 병역종류조항은 처벌조항의 의미를 해석하는 근거가 되고, 처벌조항은 병역종류조항의 내용을 전제로 하므로, 병역종류조항의 위헌 여부는 처벌조항의 위헌 여부와 불가분적 관계에 있다. 따라서 병역종류조항에 대하여 헌법불합치결정을 하는 이상, 처벌조항 중 양심적 병역거부자를 처벌하는 부분에 대하여도 위헌결정을 하는 것이 자연스럽다.

▮ 병역법 제88조의 처벌조항은 합헌결정이 되었으므로 헌법재판소 법정의견은 아님.

7회 쟁점별 모의고사 정답 및 해설
(집회 및 결사의 자유 ~ 직업선택의 자유)

정답
p.64

01	①	02	④	03	③	04	④	05	④
06	③	07	③	08	④	09	③	10	③
11	②	12	②	13	④	14	③	15	③
16	①	17	④	18	③	19	②	20	②

01
정답 ①

ㄱ. [○] 인천애(愛)뜰에서 집회 또는 시위를 개최하려면 이 사건 조례에 따라 미리 사용허가를 받아야 하는데, 심판대상조항에 의하면 시장은 신청자가 잔디마당에서 집회 또는 시위를 하려고 하는 경우에는 그 사용허가를 할 수 없다. 따라서 심판대상조항은 청구인들이 잔디마당을 집회 장소로 선택할 권리를 제한한다. 집회 장소를 자유롭게 선택할 권리는 집회의 자유에 의하여 보호된다(헌재 2023.9.26. 2019헌마1417).

ㄴ. [×] 심판대상조항은 잔디마당에서 집회 또는 시위를 하려고 하는 경우 시장이 그 사용허가를 할 수 없도록 전면적·일률적으로 불허하고, '허가제'의 핵심요소라 할 수 있는 '예외적 허용'의 가능성을 열어 두고 있지 않다. 그렇다면 심판대상조항은 집회에 대한 허가제를 규정하였다고 보기 어려우므로, 헌법 제21조 제2항 위반 주장에 대해서는 나아가 살펴보지 않기로 한다(헌재 2023.9.26. 2019헌마1417).

ㄷ. [×] 청구인들은 심판대상조항이 일반적 행동의 자유도 침해한다고 주장하고 있으나, 집회의 자유에 대한 침해 여부를 살펴보는 이상, 그에 대한 보충적 지위에 있다고 할 수 있는 일반적 행동의 자유 침해 여부는 살펴보지 않기로 한다. 또한 청구인들은 심판대상조항이 거주·이전의 자유도 침해한다고 주장하고 있으나, 생활의 근거지에 이르지 않는 일시적 이동을 위한 장소의 선택·변경은 거주·이전의 자유에 의하여 보호되는 것이 아니므로 심판대상조항에 의한 기본권 제한으로 볼 수 없다(헌재 2023.9.26. 2019헌마1417).

ㄹ. [○] 이 사건 조례는 지방자치법 제13조 제2항 제1호 자목 및 제5호 나목 등에 근거하여 인천광역시가 소유한 공유재산이자 공공시설인 인천애(愛)뜰의 사용 및 관리에 필요한 사항을 규율하기 위하여 제정되었고, 심판대상조항은 잔디마당과 그 경계 내 부지의 사용 기준을 정하고 있다. 그렇다면 심판대상조항은 법률의 위임 내지는 법률에 근거하여 규정된 것이라고 할 수 있으므로 법률유보원칙에 위배되지 않는다(헌재 2023.9.26. 2019헌마1417).

ㅁ. [○] 집회·시위를 위한 잔디마당 사용허가가 전면적·일률적으로 차단되면 잔디마당에서 열리는 집회·시위의 개최도 봉쇄되므로 이로 인하여 시청사의 안전과 기능이 위협받을 가능성이 작아지고 해당 집회·시위에 참석하지 않는 시민의 자유로운 이용이 배제될 여지도 줄어들게 되는바, **수단의 적합성도 인정된다**. 잔디마당은 지방자치단체의 행정사무에 대한 의견을 표명하려는 목적이나 내용의 집회의 경우에는 장소와의 관계가 매우 밀접하여 상징성이 큰 곳이라 할 수 있다. 심판대상조항은 집회 또는 시위를 위한 잔디마당의 사용허가 신청에 대해서는 예외 없이 이를 허가할 수 없도록 규정하여, 잔디마당에서의 집회·시위를 전면적·일률적으로 금지하고 있다. 인천광역시로서는 시청사 보호를 위한 방호인력을 확충하고 청사 입구에 보안시설물을 설치하는 등의 대책을 마련함으로써, 잔디마당에서의 집회·시위를 전면적으로 제한하지 않고도 시청사의 안전과 기능 유지라는 입법목적을 충분히 달성할 수 있을 것이다. 잔디마당과 분수광장 등 인천애뜰의 모든 영역은 일반인에게 널리 개방되어 자유로운 통행과 휴식 등 공간으로 활용되고 있다. 잔디마당의 현황과 실제 운영방식이 이와 같은 이상, 잔디마당이 시청사 및 부설 주차장 등과 함께 여전히 '국토의 계획 및 이용에 관한 법률' 공공청사 부지에 속한다고 하더라도 이를 집회의 자유를 전면적·일률적으로 제한할 수 있는 근거로 삼을 수 없다. 따라서 심판대상조항은 **침해의 최소성 요건을 갖추지 못하였다**. 심판대상조항에 의하여 잔디마당을 집회 장소로 선택할 자유가 완전히 제한되는바, 공공에 위험을 야기하지 않고 시청사의 안전과 기능에도 위협이 되지 않는 집회나 시위까지도 예외 없이 금지되는 불이익이 발생한다. 그렇다면 심판대상조항은 과잉금지원칙에 위배되어 청구인들의 집회의 자유를 침해한다(헌재 2023.9.26. 2019헌마1417).

02
정답 ④

ㄱ. [×] 재판관 5명은 헌법 제21조 제2항에 위반하여 위헌결정을 주장했으나 재판관 2명은 헌법 제21조 제2항 허가제금지조항에 위반하지는 않으나 과잉금지 위반하여 위헌이라는 의견으로서 헌법불합치 의견이다. 헌법재판소 주문이 헌법불합치 의견이므로 재판관 2명의 의견에 따라 답해야 한다. 따라서 허가제금지조항에 위반된다는 것은 옳지 않은 지문이다.

ㄴ. [X] 형량이 높다고 하여 신고제가 사실상 허가제화한다거나 형량이 낮다고 하여 그 반대가 된다고도 볼 수 없다. 따라서 '집회 및 시위에 관한 법률' 제19조 제2항은 헌법 제21조 제1항·제2항에 위반되지 아니한다(헌재 1994.4.28. 91헌바14).

ㄷ. [O] 집회의 자유에 대한 제한은 법률에 의해서만 가능하므로 법률에 정하여지지 않은 방법으로 이를 제한할 경우에는 그것이 과잉금지원칙에 위배되었는지 여부를 판단할 필요 없이 헌법에 위반된다(헌재 2008.5.29. 2007헌마712).

ㄹ. [O] 공공의 안녕 질서에 직접적인 위협을 끼칠 것이 명백한 집회 또는 시위를 금지할 수 있으나 개연성만 가지고는 집회를 금지할 수 없다.

관련조항

> 집회 및 시위에 관한 법률 제5조 【집회 및 시위의 금지】
> ① 누구든지 다음 각 호의 어느 하나에 해당하는 집회나 시위를 주최하여서는 아니 된다.
> 2. 집단적인 폭행, 협박, 손괴, 방화 등으로 공공의 안녕 질서에 직접적인 위협을 끼칠 것이 명백한 집회 또는 시위

03   정답 ③

ㄱ. [O] 헌법 제21조 제2항 및 제2항상의 '집회 및 시위의 자유는 표현의 자유의 집단적인 형태로서 집단적인 의사표현을 통하여 공동의 이익을 추구하고 자유민주국가에 있어서 국민의 정치적·사회적 의사형성과정에 효과적인 역할을 하는 것이므로 민주정치의 실현에 매우 중요한 기본권인 것은 사실이지만, 다른 한편 언론의 자유와는 달리 다수인의 집단행동에 관한 것이기 때문에 집단행동의 속성상 의사표현의 수단으로서 개인적인 행동의 경우보다 공공의 안녕질서나 법적 평화와 마찰을 빚을 가능성이 큰 것 또한 사실이다. 따라서 국가안전보장, 질서유지, 공공복리 등 기본권 제한입법의 목적원리에 의한 제한의 필요성이 그만큼 더 요구되는 기본권'이다(헌재 1994.4.28. 91헌바14).

ㄴ. [X] 일반적으로 집회는 일정한 장소를 전제로 하여 특정 목적을 가진 다수인이 일시적으로 회합하는 것을 말하는 것으로 일컬어지고 있고, 그 공동의 목적은 '내적인 유대관계'로 족하다 (헌재 2009.5.28. 2007헌바22).

ㄷ. [X] 헌법 제21조 제1항은 "모든 국민은 언론·출판의 자유와 집회·결사의 자유를 가진다."라고 규정하여 집회의 자유를 표현의 자유로서 언론·출판의 자유와 함께 국민의 기본권으로 보장하고 있다. 집회의 자유에는 집회를 통하여 형성된 의사를 집단적으로 표현하고 이를 통하여 불특정 다수인의 의사에 영향을 줄 자유를 포함한다. 따라서 이를 내용으로 하는 시위의 자유 또한 집회의 자유를 규정한 헌법 제21조 제1항에 의하여 보호되는 기본권이다(헌재 2005.11.24. 2004헌가17).

ㄹ. [O]
> 집회 및 시위에 관한 법률 제2조 【정의】 이 법에서 사용하는 용어의 뜻은 다음과 같다.
> 1. '옥외집회'란 천장이 없거나 사방이 폐쇄되지 아니한 장소에서 여는 집회를 말한다.
> 2. '시위'란 여러 사람이 공동의 목적을 가지고 도로, 광장, 공원 등 일반인이 자유로이 통행할 수 있는 장소를 행진하거나 위력 또는 기세를 보여, 불특정한 여러 사람의 의견에 영향을 주거나 제압을 가하는 행위를 말한다.

ㅁ. [O] '공중이 자유로이 통행할 수 있는 장소'라는 장소적 제한 개념은 '시위'라는 개념의 요소라고 볼 수 없다. '집회 및 시위에 관한 법률' 제2조 제2호의 '시위'는, 그 문리와 위 개정연혁에 비추어, 다수인이 공동목적을 가지고 ㉠ 도로·광장·공원 등 공중이 자유로이 통행할 수 있는 장소를 진행함으로써 불특정 다수인의 의견에 영향을 주거나 제압을 가하는 행위와 ㉡ 위력 또는 기세를 보여 불특정 다수인의 의견에 영향을 주거나 제압을 가하는 행위를 말한다고 풀이해야 할 것이다. 따라서 위 ㉡의 경우에는 위력 또는 기세를 보인 장소가 공중이 자유로이 통행할 수 있는 장소이든 아니든 상관없이 그러한 행위가 있고 그로 인하여 불특정 다수인의 의견에 영향을 주거나 제압을 가할 개연성이 있으면 '집회 및 시위에 관한 법률'상의 '시위'에 해당하는 것이고, 이 경우에는 '공중이 자유로이 통행할 수 있는 장소'라는 장소적 제한 개념은 '시위'라는 개념의 요소라고 볼 수 없다. 즉 위의 장소적 제한 개념은 모든 시위에 적용되는 '시위' 개념의 필요불가결한 요소는 아님을 알 수 있다(헌재 1994.4.28. 91헌바14).

04   정답 ④

ㄱ. [O] 헌법 제21조 제2항은, 집회에 대한 허가제는 집회에 대한 검열제와 마찬가지이므로 이를 절대적으로 금지하겠다는 헌법개정권력자인 국민들의 헌법가치적 합의이며 헌법적 결단이다. 또한 위 조항은 헌법 자체에서 직접 집회의 자유에 대한 제한의 한계를 명시한 것이므로 기본권 제한에 관한 일반적 법률유보조항인 헌법 제37조 제2항에 앞서서, 우선적이고 제1차적인 위헌심사기준이 되어야 한다(헌재 2009.9.24. 2008헌가25).

ㄴ. [O] 헌법 제21조 제2항은 집회에 대한 허가제는 집회에 대한 검열제와 마찬가지이므로 이를 절대적으로 금지하겠다는 헌법개정권력자인 국민들의 헌법가치적 합의이며 헌법적 결단이다 (헌재 2009.9.24. 2008헌가25).

ㄷ. [X] '행정청이 주체가 되어 집회의 허용 여부를 사전에 결정하는 것'으로서 행정청에 의한 사전허가는 헌법상 금지되지만, 입법자가 법률로써 일반적으로 집회를 제한하는 것은 헌법상 '사전허가금지'에 해당하지 않는다(헌재 2009.9.24. 2008헌가25).

ㄹ. [X] 헌법규정에서 금지하고 있는 '허가제'는 집회의 자유에 대한 일반적 금지가 원칙이고 예외적으로 행정권의 허가가 있을 때에만 이를 허용한다는 점에서, 집회의 자유가 원칙이고 금지가 예외인 집회에 대한 신고제와는 집회의 자유에 대한 이해와 접근방법의 출발점을 달리 하고 있는 것이다(헌재 2009.9.24. 2008헌가25).

ㅁ. [X] 헌법 제21조 제2항은 "언론·출판에 대한 허가나 검열과 집회·결사에 대한 허가는 인정되지 아니한다."라고 규정함으로써 언론·출판에 대한 허가나 검열의 금지와 더불어 집회에

대한 허가금지를 명시하고 있다. 이는 집회의 자유에 있어서는 '집회의 일반적 금지, 행정권이 주체가 되는 예외적 허가'의 방식에 의한 제한을 허용하지 아니하겠다는 헌법적 결단을 분명히 밝힌 것이다(헌재 2009.9.24. 2008헌가25).

05 정답 ④

ㄱ. [×]
> 집회 및 시위에 관한 법률 제7조【신고서의 보완 등】① 관할 경찰관서장은 제6조 제1항에 따른 신고서의 기재사항에 미비한 점을 발견하면 접수증을 교부한 때부터 12시간 이내에 주최자에게 24시간을 기한으로 그 기재사항을 **보완할 것을 통고할 수 있다.**

ㄴ. [O]
> 집회 및 시위에 관한 법률 제9조【집회 및 시위의 금지 통고에 대한 이의신청 등】집회 또는 시위의 주최자는 제8조에 따른 금지 통고를 받은 날부터 **10일 이내**에 해당 경찰관서의 바로 위의 상급경찰관서의 장에게 이의를 신청할 수 있다. 이의 신청을 받은 경찰관서의 장은 접수한 때부터 24시간 이내에 재결을 하여야 한다. 이 경우 접수한 때부터 24시간 이내에 재결서를 발송하지 아니하면 관할 경찰관서장의 금지통고는 소급하여 그 효력을 잃는다.

ㄷ. [×]
> 집회 및 시위에 관한 법률 제9조【집회 및 시위의 금지 통고에 대한 이의신청 등】집회 또는 시위의 주최자는 제8조에 따른 금지 통고를 받은 날부터 10일 이내에 해당 경찰관서의 바로 위의 상급경찰관서의 장에게 이의를 신청할 수 있다. 이의 신청을 받은 경찰관서의 장은 접수한 때부터 24시간 이내에 재결을 하여야 한다. 이 경우 접수한 때부터 24시간 이내에 재결서를 발송하지 아니하면 관할 경찰관서장의 금지통고는 **소급하여 그 효력을 잃는다.**

ㄹ. [O] 옥외집회와 시위에 신고제가 적용된다. 옥내집회는 신고제가 적용되지 않는다.

ㅁ. [×]
> 집회 및 시위에 관한 법률 제6조【옥외집회 및 시위의 신고 등】① 옥외집회나 시위를 주최하려는 자는 그에 관한 다음 각 호의 사항 모두를 적은 신고서를 옥외집회나 시위를 시작하기 720시간 전부터 48시간 전에 관할 경찰서장에게 제출하여야 한다.
> ③ 주최자는 제1항에 따라 신고한 옥외집회 또는 시위를 하지 아니하게 된 경우에는 신고서에 적힌 집회 일시 **24시간 전**에 그 철회사유 등을 적은 철회신고서를 관할 경찰관서장에게 제출하여야 한다.

06 정답 ③

① [O] 연혁적으로 결사는 정치적 결사를 의미하였으나 최근에는 정치적 목적이 아닌 영리적 목적을 위한 영리적 단체(약사법인)도 결사의 자유에서 보호된다(헌재 2002.9.19. 2000헌바84).

② [O] 결사의 자유에는 단체활동의 자유도 포함되는데, 단체활동의 자유는 단체 외부에 대한 활동뿐만 아니라 단체의 조직, 의사형성의 절차 등 단체의 내부적 생활을 스스로 결정하고 형성할 권리인 단체 내부 활동의 자유를 포함한다(헌재 2012.12.27. 2011헌마562 등 참조). 농협의 이사는 이사회의 구성원이 되어, 업무집행의 의사결정에 참여하고 의결된 사항에 대하여 조합장이나 상임이사의 업무집행상황을 감독한다(제43조 제2항·제3항·제4항). 그러므로 선거를 통한 이사 선출행위는 결사 내 의사결정기관의 구성에 관한 자율적인 활동이고, 이사 선거 후보자의 선거운동은 결사의 자유의 보호범위에 포함된다(헌재 2016.11.24. 2015헌바62).

❸ [×] 노동조합의 가입을 강제함으로써 근로자의 단결하지 아니할 자유가 제한됨으로 근로자의 단결하지 아니할 자유와 노동조합의 적극적 단결권 충돌이 발생한다. 근로자의 단결하지 아니할 자유는 헌법 제10조의 일반적 행동의 자유와 헌법 제21조의 결사의 자유에서 근거를 찾을 수 있다(헌재 2005.11.24. 2002헌바95).

④ [O] 결사의 자유에서의 결사란 자연인 또는 법인이 공동목적을 위하여 자유의사에 기하여 결합한 단체를 말하는 것으로 공적책무의 수행을 목적으로 하는 공법상의 결사는 이에 포함되지 아니한다. 따라서 농지개량조합을 공법인으로 보는 이상, 이는 결사의 자유가 뜻하는 헌법상 보호법익의 대상이 되는 단체로 볼 수 없어 조합이 해산됨으로써 조합원이 그 지위를 상실하였다고 하더라도 조합원의 '결사의 자유'가 침해되었다고 할 수 없다(헌재 2000.11.30. 99헌마190).

07 정답 ③

ㄱ. [×] 노동조합은 헌법 제33조에서 일차적으로 보호되나, 헌법 제33조에서는 허가제금지가 규정되어 있지 않으므로 일반법조항인 헌법 제21조 제2항의 허가제금지원칙이 적용된다.

ㄴ. [O] 이 사건 법률조항은 노동조합 설립에 있어 '노동조합 및 노동관계조정법'상의 요건 충족 여부를 사전에 심사하도록 하는 구조를 취하고 있으나, 이 경우 '노동조합 및 노동관계조정법'상 요구되는 요건만 충족되면 그 설립이 자유롭다는 점에서 일반적인 금지를 특정한 경우에 해제하는 허가와는 개념적으로 구분되고, 더욱이 행정관청의 설립신고서 수리 여부에 대한 결정은 재량사항이 아니라 의무사항으로 그 요건 충족이 확인되면 설립신고서를 수리하고 그 신고증을 교부하여야 한다는 점에서 단체의 설립 여부 자체를 사전에 심사하여 특정한 경우에 한해서만 그 설립을 허용하는 '허가'와는 다르다. 따라서 이 사건 법률조항의 노동조합 설립신고서 반려제도가 헌법 제21조 제2항 후단에서 금지하는 결사에 대한 허가제라고 볼 수 없다(헌재 2012.3.29. 2011헌바53).

ㄷ. [O] 심판대상조항이 집회금지장소로 설정한 '국회의장 공관의 경계 지점으로부터 100미터 이내에 있는 장소'에는, 해당 장소에서 옥외집회·시위가 개최되더라도 국회의장에게 물리적 위해를 가하거나 국회의장 공관으로의 출입 내지 안전에 위협을 가할 우려가 없는 장소까지 포함되어 있다. 또한 대규모로 확산될 우려가 없는 소규모 옥외집회·시위의 경우, 심판대상조항에 의하여 보호되는 법익에 직접적인 위협을 가할 가능성은 상대적으로 낮다. 국회의장 공관 인근에서 예외적으로 옥외집회·시위를 허용한다고 하더라도 국회의장 공관의 기능과 안녕은 충분히 보장될 수 있다. 그럼에도 심판대상조항은 국회의장 공관 인근 일대를 광범위하게 전면적인 집회

금지장소로 설정함으로써 입법목적 달성에 필요한 범위를 넘어 집회의 자유를 과도하게 제한하고 있는바, 심판대상조항은 피해의 최소성에 반하여 집회의 자유를 침해한다(헌재 2023. 3.23. 2021헌가1).

ㄹ. [×] 심판대상조항은 대통령과 그 가족의 신변 안전 및 주거 평온을 확보하고, 대통령과 그 가족, 대통령 관저 직원과 관계자 등이 자유롭게 대통령 관저에 출입할 수 있도록 하며, 경우에 따라서는 대통령의 원활한 직무수행을 보장함으로써, 궁극적으로는 대통령의 헌법적 기능 보호를 목적으로 한다. 이러한 심판대상조항의 입법목적은 정당하고, 대통령 관저 인근에 옥외집회 및 시위 금지장소를 설정하는 것은 입법목적 달성을 위한 적합한 수단이다(헌재 2022.12.22. 2018헌바48).
▶ 최소성원칙 위반임.

ㅁ. [○] 대통령 관저 인근에서의 일부 집회를 예외적으로 허용한다고 하더라도 위와 같은 수단들을 통하여 심판대상조항이 달성하려는 대통령의 헌법적 기능은 충분히 보호될 수 있다. 따라서 개별적인 경우에 구체적인 위험 상황이 발생하였는지를 고려하지 않고, 막연히 폭력·불법적이거나 돌발적인 상황이 발생할 위험이 있다는 가정만을 근거로 하여 대통령 관저 인근이라는 특정한 장소에서 열리는 모든 집회를 금지하는 것은 헌법적으로 정당화되기 어렵다. 이러한 사정들을 종합하여 볼 때, 심판대상조항은 그 입법목적을 달성하는 데 필요한 최소한도의 범위를 넘어, 규제가 불필요하거나 또는 예외적으로 허용하는 것이 가능한 집회까지도 이를 일률적·절대적으로 금지하고 있으므로, 침해의 최소성에 위배된다(헌재 2022.12.22. 2018헌바48).

08 정답 ④

ㄱ. [×] 상속이 개시되어 상속인이 피상속인의 재산에 관한 포괄적 권리의무를 승계하는 시점은 피상속인의 사망시이고(민법 제997조, 제1005조), 구체적인 상속분이 정해지는 것도 피상속인의 사망시이므로, 1990년 개정 민법 시행 이전에 이미 계모가 사망하여 상속이 개시되었다면, 그에 따른 사법상 법률관계는 위 조항으로 인하여 달라질 여지가 없다. 따라서 위 조항은 1990년 개정 민법 시행 이전에 이미 완성된 법률관계인 계모의 사망에 따른 상속관계를 규율하는 것이 아니므로 헌법 제13조 제2항이 금지하는 소급입법에 해당하지 아니한다. 다만 위 조항은 상속의 기준시점이 되는 피상속인인 계모 또는 계자의 사망 이전에 상속의 전제가 되는 직계존비속의 관계를 부인하는 내용이므로, 재산권 제한의 문제에서는 부진정소급입법의 성격을 가진다고 할 수 있다(헌재 2011.2.24. 2009헌바89).

ㄴ. [○] 공익사업을 위한 수용의 경우 세입자에 대한 이주대책은 헌법 제23조 제3항에 규정된 정당한 보상에 포함되는 것이 아니라 이주자들에게 종전의 생활상태를 회복시키기 위한 생활보상의 일환으로서 국가의 정책적인 배려에 의하여 마련된 제도이다. 따라서 이주대책의 실시 여부는 입법자의 입법정책적 재량의 영역에 속하므로 이주대책의 대상자에서 세입자를 제외하고 있는 것이 세입자의 재산권을 침해하는 것이라 볼 수 없다(헌재 2006.2.23. 2004헌마19).

ㄷ. [○] 댐사용권변경조항은 다목적댐 건설 이후의 주변 환경 변화에 따라 댐의 저수 이용상황이 변경되어 댐사용권을 그대로 유지하는 것이 곤란한 경우 저수의 용도별 배분 및 댐사용권자를 변경함으로써 댐사용권을 둘러싼 법률관계를 일반적이고 추상적으로 규율하고자 하는 규정이다. 즉 댐사용권변경조항은 이미 형성된 구체적인 재산권을 공익을 위하여 개별적이고 구체적으로 박탈·제한하는 것으로서 보상을 요하는 헌법 제23조 제3항의 수용·사용·제한을 규정한 것이라고 볼 수 없고, 적정한 수자원의 공급 및 수재방지 등 공익적 목적에서 건설되는 다목적댐에 관한 독점적 사용권인 댐사용권의 내용과 한계를 정하는 규정인 동시에 공익적 요청에 따른 재산권의 사회적 제약을 구체화하는 규정이라고 보아야 한다(헌재 2022.10.27. 2019헌바44).

ㄹ. [×] 헌법 제23조 제1항 및 헌법 제13조 제2항에 의하여 보호되는 재산권은 사적 유용성 및 그에 대한 원칙적 처분권을 내포하는 재산가치 있는 구체적 권리이고, 단순한 이익이나 재화의 획득에 관한 기회 또는 기업활동의 사실적·법적 여건 등은 재산권 보장의 대상이 아니다. 그런데 청구인들의 영업활동은 원칙적으로 자신의 계획과 책임하에 행위하면서 법제도에 의하여 반사적으로 부여되는 기회를 활용한 것에 지나지 않는다 할 것이어서, 청구인들이 주장하는 영업권은 위 헌법조항들이 말하는 재산권의 범위에 속하지 아니하므로, 위 법률조항으로 인하여 청구인들의 재산권이 침해되었다거나, 소급입법에 의하여 재산권이 박탈되었다고 할 수 없다(헌재 2000.7.20. 99헌마452).

09 정답 ③

ㄱ. [×] '공공용지의 귀속에 관한 정리사업법' 제63조는 그 규율형식의 면에서 토지구획정리사업의 시행으로 새로이 설치될 공공시설의 부지를 '개별적이고 구체적으로' 박탈하려는 데 그 본질이 있는 것이 아니라, 토지구획정리사업의 시행으로 새로이 설치된 공공시설부지의 소유관계를 '일반적이고 추상적으로' 규율하고자 한 것이고, 그 규율목적의 면에서도 사업주체의 공공시설부지에 대한 재산권을 박탈·제한함에 그 본질이 있는 것이 아니라, 사업지구 내 공공시설부지의 소유관계를 정함으로써 사업주체의 지위를 장래를 향하여 획일적으로 확정하고자 하는 것이므로, 재산권의 내용과 한계를 정한 것으로 이해함이 타당하다. 이와 같이 귀속조항에 따른 학교교지의 소유권 귀속은 헌법 제23조 제3항의 수용에 해당하지 않고, 유상조항이 수용에 대한 보상의 의미를 가지는 것도 아니므로, 그 위헌 여부에 관하여 정당한 보상의 원칙에 위배되는지는 문제되지 않는다(헌재 2021.4.29. 2019헌바444).

ㄴ. [○] 국가 등은 사업시행자에게 학교교지 취득의 대가를 지급하는 점, 사업계획의 단계에서 학교교지의 위치 및 면적에 대하여 미리 계획되고 협의될 것이 요구된다는 점, 국가 등이 학교교지를 취득함으로써 종전 토지소유자 등이 입은 손실(감보)은 효용이 상승한 환지로 인하여 이미 보상이 되었다는 점 등을 고려하면, 귀속조항이 과잉금지원칙에 위배되어 사업시행자의 재산권을 침해한다고 할 수 없다(헌재 2021.4.29. 2019헌바444).

ㄷ. [○] 이 사건 시행규칙조항은 수송용 LPG가 적절한 가격에 안정적으로 수급될 수 있는 환경을 조성하고, 그 사용에 있어 안전관리가 충분히 이루어질 수 있도록 하며, LPG의 가격을 상대적으로 저렴하게 유지하여 공공요금의 안정, 취약계층에 대한 복지혜택 부여, 공공기관 등의 재정 절감 등 국가정책상

요구되는 공익상 필요에 기여하기 위한 것으로 그 입법목적은 정당하다. 일반인들은 LPG승용자동차 중 경형 승용자동차, 승차정원 7명 이상인 승용자동차, 하이브리드자동차의 경우에는 용도에 관계 없이 자유롭게 운행할 수 있고, 이 사건 시행규칙조항 단서에 따라 국가유공자 등이나 장애인 등이 소유·사용하는 LPG승용자동차로서 등록 후 5년이 경과하면 그 운행에 아무런 제한을 받지 않는다. 이 사건 시행규칙조항에 의하여 제한되는 사익은, 일반인들이 LPG승용자동차를 자유롭게 운행할 수 없거나 LPG승용자동차의 소유자들이 자신들의 차량을 처분함에 있어 일정 기간 동안 그 상대방이 제한되는 것으로, 이 사건 시행규칙조항으로 달성하려는 공익에 비하여 크다고 보기 어렵다. 따라서 이 사건 시행규칙조항은 <u>LPG승용자동차를 소유하고 있거나 LPG승용자동차를 운행하려는 청구인들의 일반적 행동자유권 및 재산권을 침해하지 않는다</u>(헌재 2017.12.28. 2015헌마997).

ㄹ. [✗] 이 사건 보호자동승조항은 어린이통학버스를 운영함에 있어서 반드시 보호자를 동승하도록 함으로써 학원 등의 영업방식에 제한을 가하고 있으므로 청구인들의 직업수행의 자유를 제한한다. 한편, 청구인들은 이 사건 보호자동승조항으로 인하여 재산권도 침해된다고 주장하나, 이 사건 보호자동승조항은 어린이통학버스 운영자로 하여금 어린이통학버스에 어린이나 영유아를 태울 때 보호자를 동승하도록 규정하고 있을 뿐 <u>어린이통학버스 운영자의 재산권에 제한을 가하는 내용을 규정하고 있지 아니하다</u>. 또한 이 사건 보호자동승조항으로 인하여 동승보호자를 새로이 고용할 것인지, 기존의 학원 강사 등을 동승보호자로서 어린이통학버스에 함께 동승하게 할 것인지는 어린이통학버스 운영자의 선택에 달려 있는 것이고, 가사 새로이 동승보호자를 고용함으로 인하여 추가적인 비용 지출이 발생한다고 하여도 이는 이 사건 보호자동승조항 시행에 따른 <u>반사적·사실적인 불이익에 불과하므로, 이 사건 보호자동승조항으로 인하여 청구인들의 재산권이 제한된다고 볼 수는 없다</u>. 따라서 이 사건의 쟁점은 이 사건 보호자동승조항이 청구인들의 직업수행의 자유를 침해하는지 여부이다(헌재 2020.4.23. 2017헌마479).

10 정답 ③

① [✗] 어촌계 등에 어업면허를 하는 경우 우선순위규정의 적용대상에서 제외하도록 규정한 수산업법 재산권을 제한하는지 여부 (소극)
심판대상조항은 어업면허의 유효기간 내에 있는 어업면허를 취소하거나 변경하는 것이 아니라, 신규어장을 개발하거나 어업면허의 유효기간 또는 연장허가기간이 끝난 어장에 관하여 새로이 어업면허를 부여할 때 우선순위의 적용을 배제하는 규정으로서, 어업면허의 우선순위에 관한 기대는 헌법상 보장되는 재산권에 포함되지 아니한다. 설령 우선순위에 관한 기대가 구체적인 기대권으로서 재산권에 포함된다고 보더라도 어업면허는 공유수면에서 장기간 어업을 독점적·배타적으로 경영할 수 있는 권리를 부여하는 것으로서 내재된 공적제약이 강하다고 할 것인바, 어업면허가 부여된 당시부터 내재되어 있는 제약이 구체화·현실화됨에 따라 면허기간이 만료된 후 다시 어업면허를 취득할 수 없다고 하더라도 그로 인하여 재산권에 어떠한 제한 또는 침해가 있다고는 할 수 없다. 따라서 심판대상조항은 재산권을 제한하지 아니한다(헌재 2019.7.25. 2017헌바133).

② [✗] 청구인은 심판대상조항이 재산권도 제한한다고 주장한다. 그런데 심판대상조항으로 인하여 확인대상사업자가 세무사 등으로부터 그 확인서를 받기 위해 비용을 지출한다 하더라도 이는 성실신고확인서 제출의무에 따른 간접적이고 반사적인 경제적 불이익에 불과하고, 세무사가 납세자와 사이에 세무대리계약 체결을 거절하여 재산상의 손해를 입는다 하더라도 이 역시 간접적이고 사실적인 불이익에 불과하여 재산권의 내용에 포함된다고 보기 어렵다(헌재 2019.7.25. 2016헌바392).

❸ [O] 이 사건 금지조항도 의료기관의 중복운영을 금지하고 있을 뿐 직접적으로 재산처분을 강제하고 있는 것은 아니며, 의료기관 매각 등의 재산처분은 그 부수적인 효과에 불과하다. 따라서 의료인의 재산권 침해 여부에 대하여는 별도로 판단하지 않기로 한다(헌재 2019.8.29. 2014헌바212).

④ [✗] 신고대상인 개 사육시설에 대한 이와 같은 규제는 심판대상조항과 관계없이 이미 '가축분뇨의 관리 및 이용에 관한 법률' 및 같은 법 시행령에서 정하고 있는 사항이다. 이 사건 부칙조항은 환경부장관이 정하는 이행기간 동안 적법한 시설을 갖추어 신고를 할 수 있게 하고 그 기간 동안 폐쇄명령 등의 행정규제를 유예하는 내용으로서, 심판대상조항은 이러한 혜택을 개 사육시설에 대해서만 적용하지 않아 차별이 문제될 뿐, 나머지 청구인들의 직업수행의 자유나 재산권 등 기본권을 제한한다고 보기 어렵다(헌재 2019.8.29. 2018헌마297 등).

11 정답 ②

① [O] 이 사건 금연구역조항의 시행에 따라 흡연 고객이 이탈함으로써 발생할 수 있는 영업이익의 감소는 헌법에 의해 보호되는 재산권의 침해라고 볼 수 없다. 또한 이 사건 금연구역조항은 청구인들이 설치한 PC방 내부의 흡연구역 관련 시설을 철거하거나 변경하도록 강제하는 것이 아니므로 이로 인해 청구인들이 기존의 흡연구역 관련 시설을 철거하거나 변경하였다고 하더라도 이로 인한 재산권 제한은 이 사건 금연구역조항으로 인한 간접적, 사실상의 불이익에 불과하다. 그러므로 이 사건 금연구역조항은 청구인들의 재산권을 침해하지 않는다(헌재 2013.6.27. 2011헌마315).

❷ [✗] 선의취득의 인정 여부는 무권리자로부터의 동산의 양수인이 그 소유권을 취득하기 위한 요건의 문제로서 이 사건 선의취득 배제 조항에 의하여 일정한 동산문화재의 양수인은 그 문화재의 소유권을 취득할 기회를 제한받을 뿐이며, 이러한 기회는 사적 유용성 및 그에 대한 원칙적 처분권을 내포하는 재산가치 있는 구체적 권리로서 헌법 제23조 제1항에 의하여 보호되는 재산권에 해당하지 아니한다. 동산문화재의 양수인의 입장에서든, 무권리자인 양도인의 입장에서든 이 사건 선의취득 배제조항으로 인하여 문화재매매업자인 청구인의 재산권이 침해된다고 볼 수는 없다(헌재 2009.7.30. 2007헌마870).

③ [O] 고엽제후유증환자 및 그 유족의 보상수급권은 고엽제 후유증 환자지원 등에 관한 법률에 의하여 비로소 인정되는 권리로서 재산권적 성질을 갖는 것이긴 하지만 그 발생에 필요한 요건이 법정되어 있는 이상 이러한 요건을 갖추기 전에는 헌법이 보장하는 재산권이라고 할 수 없다(헌재 1995.7.21. 93헌가14).

④ [O] 헌법 제23조 제3항은 재산권 수용의 주체를 한정하지 않고 있는바, 위 헌법조항의 핵심은 당해 수용이 공공필요에 부합하는가, 정당한 보상이 지급되고 있는가 여부 등에 있는 것이지, 그 수용의 주체가 국가인지 민간기업인지 여부에 달려 있다고 볼 수 없다. 또한 국가 등의 공적 기관이 직접 수용의 주체가 되는 경우와, 그러한 공적 기관의 최종적인 허부 판단과 승인결정하에 민간기업이 수용의 주체가 되는 경우 사이에 공공필요에 대한 판단과 수용의 범위에 있어서 본질적인 차이를 가져올 것으로 보이지 않는다. 따라서 수용 등의 주체를 국가 등의 공적 기관에 한정하여 해석할 이유가 없다(헌재 2009.9.24. 2007헌바114).

12 정답 ②

① [O] 육아휴직 급여수급권은 경제적 가치가 있는 권리로서 헌법 제23조에 의하여 보장되는 재산권의 성격도 가지고 있다(헌재 2023.2.23. 2018헌바240).
❷ [×] 택시운송사업자의 영리 획득의 기회나 사업 영위를 위한 사실적·법적 여건은 헌법상 보장되는 재산권에 속하지 아니한다. 따라서 일반택시운송사업에서 운전업무에 종사하는 근로자의 최저임금에 산입되는 임금의 범위는 생산고에 따른 임금을 제외한 대통령령으로 정하는 임금으로 하도록 한 최저임금법은 택시운송사업자의 재산권을 제한한다고 볼 수 없다(헌재 2023.2.23. 2020헌바1).
③ [O] 청구인들이 이 사건 주택특별공급을 신청할 수 있는 지위에 있었다고 하더라도 이는 그 자체로 어떠한 확정적인 권리를 취득한 것이 아니라, 이 사건 주택특별공급에 당첨될 수 있을 것이라는 단순한 기대이익을 가진 것에 불과하므로, 행정중심복합도시 예정지역 공급주택의 이전기관 종사자 특별공급 비율 폐지고시가 청구인들의 재산권을 침해할 가능성이 인정되지 않는다(헌재 2022.12.22. 2021헌마902).
④ [O] 헌법 제23조 집합제한조치로 발생한 손실을 보상하는 규정을 두지 않은 구 '감염병의 예방 및 관리에 관한 법률'로 청구인들이 소유하는 영업 시설·장비 등에 대한 구체적인 사용·수익 및 처분권한을 제한받는 것은 아니므로, 보상규정의 부재가 청구인들의 재산권을 제한한다고 볼 수 없다(헌재 2023.6.29. 2020헌마1669).

13 정답 ④

① [O] 통일부장관이 2010.5.24. 발표한 북한에 대한 신규투자 불허 및 진행 중인 사업의 투자확대금지 등을 내용으로 하는 대북조치가 헌법 제23조 제3항 소정의 재산권의 공용제한에 해당하지 않는다(헌재 2022.5.26. 2016헌마95).
② [O] 토지구획정리사업에 있어 학교교지를 환지처분의 공고가 있은 다음 날에 국가 등에 귀속하게 하되, 유상으로 귀속되도록 한 구 토지구획정리사업법 제63조는 헌법 제23조 제3항의 수용에 해당하지 않고, 유상조항이 수용에 대한 보상의 의미를 가지는 것도 아니므로, 그 위헌 여부에 관하여 정당한 보상의 원칙에 위배되는지는 문제되지 않는다(헌재 2021.4.29. 2019헌바444).
③ [O] 개성공단 전면중단조치는 공익목적을 위하여 개별적, 구체적으로 형성된 구체적인 재산권의 이용을 제한하는 공용제한이 아니므로, 이에 대한 정당한 보상이 지급되지 않았다고 하더라도, 그 조치가 헌법 제23조 제3항을 위반하여 개성공단 투자기업인 청구인들의 재산권을 침해한 것으로 볼 수 없다(헌재 2022.1.27. 2016헌마364).
❹ [×] 통일부장관이 2010.5.24. 발표한 북한에 대한 신규투자 불허 및 진행 중인 사업의 투자확대금지 등을 내용으로 하는 대북조치로 인해 재산상 손실에 대하여 보상규정을 두어야 할 입법의무가 도출된다고 할 수 없다(헌재 2022.5.26. 2016헌마95).

14 정답 ③

ㄱ. [O] 요양기관이 의료법 제33조 제2항을 위반하였다는 사실을 수사기관의 수사 결과로 확인한 경우 공단으로 하여금 해당 요양기관이 청구한 요양급여비용의 지급을 보류할 수 있도록 규정한 구 국민건강보험법 제47조의2 제1항은 의료기관 개설자의 재산권을 침해한다(헌재 2023.3.23. 2018헌바433). 다만, 무죄추정의 원칙에 위반된다고 볼 수 없다.
ㄴ. [O] 선출직 공무원으로서 받게 되는 보수가 기존의 연금에 미치지 못하는 경우에도 연금 전액의 지급을 정지하도록 정한 구 공무원연금법 제47조 제1항 제2호 중 '지방의회의원'에 관한 부분은 과잉금지원칙에 위배되어 재산권을 침해한다(헌재 2022.1.27. 2019헌바161).
ㄷ. [O] 특별관리지역 지정 이전부터 '공공주택 특별법' 또는 '개발제한구역의 지정 및 관리에 관한 특별조치법'에 따른 적법한 허가 등을 거치지 아니하고 설치하거나 용도변경한 건축물 등에 대한 시정명령을 이행하지 아니한 경우 이행강제금을 부과함에 있어 그 부과기준에 대하여 '개발제한구역의 지정 및 관리에 관한 특별조치법' 제30조의2 제1항 및 제4항을 준용하는 공공주택 특별법 제6조의5 제2항이 재산권을 침해한다고 할 수 없다(헌재 2021.4.29. 2018헌바516).
ㄹ. [×] 경유를 연료로 사용하는 자동차의 소유자로부터 환경개선부담금을 부과·징수하도록 정한 '환경개선비용 부담법' 제9조 제1항은 과잉금지원칙을 위반하여 경유차 소유자의 재산권을 침해한다고 볼 수 없다(헌재 2022.6.30. 2019헌바440).
ㅁ. [×] 재혼을 유족연금수급권 상실사유로 규정한 구 공무원연금법 제59조 제1항 제2호 중 '유족연금'에 관한 부분은 재혼한 배우자의 인간다운 생활을 할 권리와 재산권을 침해하였다고 볼 수 없다(헌재 2022.8.31. 2019헌가31).

15 정답 ③

ㄱ. [×] 청구인들이 이 사건 주택특별공급을 신청할 수 있는 지위에 있었다고 하더라도 이는 그 자체로 어떠한 확정적인 권리를 취득한 것이 아니라, 이 사건 주택특별공급에 당첨될 수 있을 것이라는 단순한 기대이익을 가진 것에 불과하므로, 심판대상조항이 청구인들의 재산권을 침해할 가능성은 인정되지 않는다(헌재 2022.12.22. 2021헌마902).
ㄴ. [O] 택시운송사업자의 영리 획득의 기회나 사업 영위를 위한 사실적·법적 여건은 헌법상 보장되는 재산권에 속하지 아니한

다. 따라서 일반택시운송사업에서 운전업무에 종사하는 근로자의 최저임금에 산입되는 임금의 범위는 생산고에 따른 임금을 제외한 대통령령으로 정하는 임금으로 하도록 한 최저임금법은 택시운송사업자의 재산권을 제한한다고 볼 수 없다(헌재 2023.2.23. 2020헌바11).

ㄷ. [×] 육아휴직 급여제도는 고용보험료의 납부를 통하여 육아휴직 급여수급권자도 그 재원의 형성에 일부 기여한다는 점에서 후불임금의 성격도 가미되어 있으므로, 고용보험법상 육아휴직 급여수급권은 경제적 가치가 있는 권리로서 헌법 제23조에 의하여 보장되는 재산권의 성격도 가지고 있다(헌재 2023.2.23. 2018헌바240).

ㄹ. [○] 육아휴직 수급권자가 육아휴직이 끝난 날 이후 12개월 이내에 급여를 신청하는 데 큰 부담이 있다고 보기 어렵고, 신청기간의 제한은 최초의 육아휴직 급여 신청시에만 적용되어 국면이 한정적이며, 고용보험법 시행령에서 신청기간의 예외사유도 인정하고 있는 등 그 내용이 현저히 불합리하여 헌법상 용인될 수 있는 재량의 범위를 명백히 벗어났다고 볼 수 없다. 따라서 심판대상조항은 육아휴직 급여수급권자의 인간다운 생활을 할 권리나 재산권을 침해한다고 볼 수 없다(헌재 2023.2.23. 2018헌바240).

ㅁ. [×] 이 사건 구법 조항의 입법목적은 누적된 연금재정의 악화를 개선하여 공무원연금제도의 건실한 유지·존속을 도모하고, 퇴직연금수급자인 지방의회의원이 국민의 세금으로 연금과 보수라는 이중수혜를 받게 되는 것을 방지하기 위한 것이므로 그 정당성이 인정된다. 퇴직연금수급권자인 지방의회의원에 대한 퇴직연금 지급을 정지하면, 그만큼 연금지출이 감소하여 위와 같은 입법목적에 기여할 수 있으므로 수단의 적합성도 인정된다. 월정수당은 의정비심의위원회가 지방자치단체의 주민 수, 재정능력 등을 고려하여 결정하도록 하고 있어, 각 지방자치단체의 규모나 재정상태에 따라 큰 편차가 있고, 그 내용이 수시로 변화될 수 있다는 점에서 안정성이 낮다. 따라서 이 사건 구법 조항은 지급정지되는 연금액이 보수액보다 커 연금 전액정지의 전제조건으로서 연금을 대체할 만한 적정한 소득이 있다고 할 수 없는 경우에도 일률적으로 연금 전액의 지급을 정지하여, 지급정지제도의 본질 및 취지와 어긋나는 결과를 초래하고 있다. 국가의 부담이 발생하는 연금과 보수 이중수혜라는 법적 상태는 연금과 보수 중 적은 부분을 지급하지 아니하거나 다른 항목에서 공제하는 것으로 전부 해소되므로, 보수 수준을 고려하지 않은 퇴직연금 전액의 지급정지가 정당화된다고 볼 수는 없다. 따라서 청구인들의 기본권을 덜 제한하면서 지급정지제도의 목적을 달성할 수 있는 다양한 방법이 있으므로, 이 사건 구법 조항은 침해의 최소성 요건을 충족하지 못한다(헌재 2022.1.27. 2019헌바161).

16 정답 ①

ㄱ. [○] 헌법 제23조에서 보장하는 재산권은 사적 유용성 및 그에 대한 원칙적 처분권을 내포하는 재산가치 있는 구체적 권리이므로, 구체적인 권리가 아닌 단순한 이익이나 재화의 획득에 관한 기회 또는 기업활동의 사실적·법적 여건 등은 재산권 보장의 대상에 포함되지 아니한다. '감염병의 예방 및 관리에 관한 법률' 제49조 제1항 제2호에 근거한 집합제한조치로 인하여 청구인들의 일반음식점 영업이 제한되어 영업이익이 감소되었다 하더라도, 청구인들이 소유하는 영업 시설·장비 등에 대한 구체적인 사용·수익 및 처분권한을 제한받는 것은 아니므로, 보상규정의 부재가 청구인들의 재산권을 제한한다고 볼 수 없다(헌재 2023.6.29. 2020헌마1669).

ㄴ. [○] 공무원의 보수청구권은 법률 및 법률의 위임을 받은 하위법령에 의해 그 구체적 내용이 형성되면 재산적 가치가 있는 공법상의 권리가 되어 재산권의 내용에 포함되지만, 법령에 의하여 구체적 내용이 형성되기 전의 권리, 즉 공무원이 국가 또는 지방자치단체에 대하여 어느 수준의 보수를 청구할 수 있는 권리는 단순한 기대이익에 불과하여 재산권의 내용에 포함된다고 볼 수 없다. 교육공무원법, 공무원보수규정 등 관련 법령의 규정들에 의하면 청구인들은 기간제교원 채용계약을 체결할 때마다 그 계약기간에 지급받을 호봉을 매번 새로 확정받는 것에 불과하므로, 청구인들이 주장하는 특정한 보수 수준에 관한 내용이 법령에 의하여 이미 구체적으로 형성되었다고 볼 수 없으므로, 이 사건 예규조항에 의하여 청구인들의 재산권이 제한된다고 볼 수 없다(헌재 2012.10.25. 2011헌마307).

ㄷ. [○] 지급보류처분은 잠정적 처분이고, 그 처분 이후 사무장병원에 해당하지 않는다는 사실이 밝혀져서 무죄판결의 확정 등 사정변경이 발생할 수 있다는 점 등을 고려하면, 지급보류처분의 '처분요건'뿐만 아니라 '지급보류처분의 취소'에 관하여도 명시적인 규율이 필요하고, 그 '취소사유'는 '처분요건'과 균형이 맞도록 규정되어야 한다. 또한 무죄판결이 확정되기 전이라도 하급심 법원에서 무죄판결이 선고되는 경우에는 그때부터 일정 부분에 대하여 요양급여비용을 지급하도록 할 필요가 있다. 나아가, 사정변경사유가 발생할 경우 지급보류처분이 취소될 수 있도록 한다면, 이와 함께 지급보류기간 동안 의료기관의 개설자가 수인해야 했던 재산권 제한상황에 대한 적절하고 상당한 보상으로서의 이자 내지 지연손해금의 비율에 대해서도 규율이 필요하다. 이러한 사항들은 이 사건 지급보류조항으로 인한 기본권 제한이 입법목적 달성에 필요한 최소한도에 그치기 위해 필요한 조치들이지만, 현재 이에 대한 어떠한 입법적 규율도 없다. 따라서 이 사건 지급보류조항은 과잉금지원칙에 반하여 요양기관 개설자의 재산권을 침해한다(헌재 2023.3.23. 2018헌바433).

ㄹ. [×] 이 사건 지급보류조항은 사후적인 부당이득 환수절차의 한계를 보완하고, 건강보험의 재정 건전성이 악화될 위험을 방지하고자 마련된 조항으로서, 사무장병원일 가능성이 있는 요양기관이 일정 기간 동안 요양급여비용을 지급받지 못하는 불이익을 받더라도 이를 두고 유죄의 판결이 확정되기 전에 죄 있는 자에 준하여 취급하는 것이라고 보기 어렵다. 따라서 이 사건 지급보류조항은 무죄추정의 원칙에 위반된다고 볼 수 없다(헌재 2023.3.23. 2018헌바433).

ㅁ. [×] 공무원이 신분이나 직무상 의무와 관련이 없는 범죄의 경우에도 퇴직급여 등을 제한하는 것은, 공무원범죄를 예방하고 공무원이 재직 중 성실하게 근무하도록 유도하는 입법목적을 달성하는 데 적합한 수단이라고 볼 수 없다. 특히 과실범의 경우에는 공무원이기 때문에 더 강한 주의의무 내지 결과발생에 대한 가중된 비난가능성이 있다고 보기 어려우므로, 퇴직급여 등의 제한이 공무원으로서의 직무상 의무를 위반하지 않도록 유도 또는 강제하는 수단으로서 작용한다고 보기 어렵다(헌재 2007.3.29. 2005헌바33).

17 정답 ④

① [O] 헌법 제23조가 보장하고 있는 재산권은 경제적 가치가 있는 모든 공법·사법상의 권리를 뜻하며, 사적 유용성 및 그에 대한 원칙적인 처분권을 내포하는 재산가치 있는 구체적 권리를 의미한다. 상가임차인이 권리금에 대해 가지는 권리는 채권적 권리이다(헌재 2020.7.16. 2018헌바242 등).

② [O] 대규모점포의 특성을 고려하여 임대인의 지위와의 조화를 도모할 필요가 있는 점, 권리금 회수기회 보호 대상에 포함시킬 필요가 있는 경우 추후 실태조사를 거쳐 추가하도록 개정할 수 있는 점, 대규모점포의 경우에도 민법 규정이나 계약갱신요구권 및 대항력 규정의 적용으로 권리금 회수를 간접적으로 보호받고 있는 점 등을 고려하면, 심판대상조항이 입법형성권의 한계를 일탈하여 청구인들의 재산권을 침해한다고 보기 어렵다(헌재 2020.7.16. 2018헌바242 등).

③ [O] 연로회원지원금은 전직 국회의원을 예우하여 전직 국회의원이 국가를 위해 기여한 것에 대한 공로보상적 성격을 가지는 것으로서, 재원이 전액 국고로 형성되며 국회의원으로서 재직년수나 공헌의 정도 등에 따라 금액이 달라지는 것도 아니므로, 권리주체의 노동이나 투자, 특별한 희생에 의하여 획득되어 자신이 행한 급부의 등가물에 해당한다고 볼 수 없다. 이와 같이 연로회원지원금은 수급자의 상당한 자기기여에 기반한 급여라고 볼 수 없어 헌법상 재산권에 해당하지 아니한다(헌재 2015.4.30. 2013헌마666).

❹ [X] 공무원연금법상 퇴직급여 등은 기본적으로 사회보장적 급여의 성격을 가짐과 동시에 공로보상 내지 후불임금의 성격도 함께 가지고 있으나, 공무원연금법상의 수급권은 수급요건이나 수급자의 범위 등 법령에서 정한 요건을 충족하는 경우에 비로소 재산권적 성격이 인정되는 공법상 권리가 되는 것이므로 공무원연금법의 적용대상에서 명시적으로 제외되어 있는 지방자치단체의 장의 경우 심판대상조항으로 인한 재산권 제한 문제는 발생하지 않는다(헌재 2014.6.26. 2012헌마459).

18 정답 ③

① [O] 협의취득의 경우에도 수용에 의한 강제취득방법이 사실상 후속조치로 남아있어 공용수용과 비슷한 공법적 기능을 수행하므로, 협의취득 후 인정되는 환매권도 헌법상 재산권으로 보아야 한다(헌재 2020.11.26. 2019헌바131).

② [O] 2000년대 이후 다양한 공익사업이 출현하면서 공익사업 간 중복·상충 사례가 발생하였고, 산업구조 변화, 비용 대비 편익에 대한 지속적 재검토, 인근 주민들의 반대 등에 직면하여 공익사업이 지연되다가 폐지되는 사례가 다수 발생하고 있다. 이와 같은 상황에서 이 사건 법률조항의 환매권 발생기간 '10년'을 예외 없이 유지하게 되면 토지수용 등의 원인이 된 공익사업의 폐지 등으로 공공필요가 소멸하였음에도 단지 10년이 경과하였다는 사정만으로 환매권이 배제되는 결과가 초래될 수 있다. 다른 나라의 입법례에 비추어 보아도 발생기간을 제한하지 않거나 더 길게 규정하면서 행사기간 제한 또는 토지에 현저한 변경이 있을 때 환매거절권을 부여하는 등 보다 덜 침해적인 방법으로 입법목적을 달성하고 있다. 이 사건 법률조항은 침해의 최소성 원칙에 어긋난다(헌재 2020.11.26. 2019헌바131).

❸ [X] 피고인은 심판대상조항으로 인해 영업상 주요자산에 해당하는 정보를 유출하는 것이 금지되고 이는 이미 선택한 직업을 영위하는 방식과 조건을 규율하는 것이므로, 위 조항은 직업의 자유 중에서도 피고인과 같은 근로자의 **직업수행의 자유를 제한한다**(헌재 2019.12.27. 2017헌가18).

④ [O] 법률조항은 세무사 자격 보유 변호사로 하여금 '세무사로서'는 세무사의 업무(세무대리)를 일체 수행할 수 없도록 규정하고 있다. 이는 세무사 자격과 변호사 자격을 동시에 가지고 있는 세무사 자격 보유 변호사로 하여금, 세무사로서 세무대리를 하기 위해서는 별도로 세무사 자격시험에 합격하여 세무사등록부에 등록할 것을 요구하는 것이므로, 세무사라는 **직업을 선택할 수 있는 자유를 제한하는 것이다**(헌재 2018.4.26. 2015헌가19).

19 정답 ②

① [O] 공용수용이 허용될 수 있는 공익성을 가진 사업, 즉 공익사업의 범위는 사업시행자와 토지소유자 등의 이해가 상반되는 중요한 사항으로서, 공용수용에 대한 법률유보의 원칙에 따라 법률에서 명확히 규정되어야 한다. 공공의 이익에 도움이 되는 사업이라도 '공익사업'으로 실정법에 열거되어 있지 않은 사업은 공용수용이 허용될 수 없다(헌재 2014.10.30. 2011헌바129 등).

❷ [X] 청구인은 주민 일부로 구성된 정비사업조합이 주택재개발사업을 주도하고 수용권까지 취득한다는 점에서 사업의 공공성에 관한 문제를 제기하고 있다. 그런데 헌법 제23조 제3항은 재산의 수용과 관련하여 당해 수용이 공공필요에 부합하는지, 정당한 보상이 지급되고 있는지 여부 등에 관하여 정하고 있을 뿐, 그 수용의 주체를 한정하고 있지는 아니하다(헌재 2011.11.24. 2010헌가95 등). 따라서 수용에 공공필요성이 인정되고 정당한 보상이 지급된다면 조합이 수용권한을 가지는 것이 특별히 문제된다고 볼 수는 없다(헌재 2019.11.28. 2017헌바241).

③ [O] 오늘날 공익사업의 범위가 확대되는 경향에 대응하여 재산권의 존속보장과의 조화를 위해서는, '공공필요'의 요건에 관하여, 공익성은 추상적인 공익 일반 또는 국가의 이익 이상의 중대한 공익을 요구하므로 기본권 일반의 제한사유인 '공공복리'보다 좁게 보는 것이 타당하며, 공익성의 정도를 판단함에 있어서는 공용수용을 허용하고 있는 개별법의 입법목적, 사업 내용, 사업이 입법목적에 이바지 하는 정도는 물론, 특히 그 사업이 대중을 상대로 하는 영업인 경우에는 그 사업 시설에 대한 대중의 이용·접근가능성도 아울러 고려하여야 한다(헌재 2014.10.30. 2011헌바129 등).

④ [O] 법이 공용수용할 수 있는 공익사업을 열거하고 있더라도, 이는 공공성 유무를 판단하는 일응의 기준을 제시한 것에 불과하므로, 사업인정의 단계에서 개별적·구체적으로 공공성에 관한 심사를 하여야 한다(헌재 2014.10.30. 2011헌바129 등).

20 정답 ②

① [×] 심판대상조항은 축산계열화사업자가 입은 경제적 손실을 충분히 보상하지 않아, 교섭력이 약한 계약사육농가의 보호를 넘어서는 개입으로 축산계열화사업자의 재산권을 침해한다. 살처분 보상금을 계약사육농가에게만 지급하는 방식은 축산계열화사업자의 부담을 완화하기에 적절하지 않다. 보상금을 축산계열화사업자와 계약사육농가에게 개인별로 지급하는 것은 입법기술상 가능하므로, 심판대상조항은 입법형성재량의 한계를 벗어나 재산권을 침해한다(헌재 2024.5.30. 2021헌가3).

❷ [○] 유류분권리자와 유류분을 개별적으로 적정하게 입법하는 것이 현실적으로 매우 어려운 점, 법원이 구체적 사정을 고려하여 정하도록 하는 것은 법원의 과도한 부담 등을 초래할 수 있는 점 등을 고려하면, 민법 제1112조가 유류분권리자와 유류분을 획일적으로 규정한 것이 매우 불합리하다고 단정하기 어렵다. 그러나 패륜적인 상속인의 유류분을 인정하는 것은 일반국민의 법감정과 상식에 반한다고 할 것이므로, 민법 제1112조 제1호부터 제3호가 유류분상실사유를 별도로 규정하지 아니한 것은 불합리하고 기본권 제한입법의 한계를 벗어나 헌법에 위반된다(헌재 2024.4.25. 2020헌가4).

③ [×] 상속재산형성에 대한 기여나 상속재산에 대한 기대 등이 거의 인정되지 않는 피상속인의 형제자매에게까지 유류분을 인정하는 민법 제1112조 제4호 역시 불합리하고 기본권 제한입법의 한계를 벗어나 헌법에 위반된다(헌재 2024.4.25. 2020헌가4).

④ [×] 국민권익위원회 심사보호국은 부패 관련 각종 신고를 직접 접수, 분류하고 처리하는 부서로서 업무의 공정성과 투명성을 확보하기 위하여서는 소속 공무원들의 재취업을 일정 기간 제한할 필요가 있다. 심판대상조항은 국민권익위원회 소속 공무원이라 하더라도 관할 공직자윤리위원회로부터 퇴직 전 5년 동안 소속되었던 부서의 업무와 취업심사대상기관 간에 밀접한 관련성이 없다는 확인을 받거나 취업승인을 받은 때에는 예외적으로 취업이 가능하도록 규정하고 있는데, 취업을 원칙적으로 제한하지 아니하고 사후심사를 통하여 취업을 제한하거나 특정 이해충돌행위만을 금지하여서는, 공직자가 재직 중 취업예정기관에 특혜를 부여하거나 퇴직 이후에 재직했던 부서에 부당한 영향력을 행사할 가능성을 방지하기 어렵다. 따라서 심판대상조항은 과잉금지원칙에 위배되어 청구인의 직업선택의 자유를 침해하지 않는다(헌재 2024.3.28. 2020헌마1527).

8회 쟁점별 모의고사 정답 및 해설

(직업선택의 자유 ~ 현행헌법의 선거제도)

정답

p.72

01	②	02	①	03	①	04	①	05	②
06	②	07	④	08	④	09	④	10	①
11	①	12	③	13	②	14	②	15	②
16	②	17	②	18	④	19	④	20	④

01
정답 ②

ㄱ. [O] 허가받은 지역 밖에서의 이송업의 영업을 금지하고 처벌하는 '응급의료에 관한 법률'은 국민의 생명과 건강에 직결되는 응급이송체계를 적정하게 확립한다는 공익의 중요성에 비추어 영업지역의 제한에 따라 침해되는 이송업자의 사익이 크다고 보기는 어려우므로 법익의 균형성도 인정된다. 따라서 심판대상조항은 과잉금지원칙을 위반하여 직업수행의 자유를 침해한다고 볼 수 없다(헌재 2018.2.22. 2016헌바100).

ㄴ. [X] 청구인들의 신뢰는 입법자에 의하여 꾸준히 축소되어 온 세무사 자격 자동부여제도에 관한 것으로서 그 보호의 필요성이 크다고 보기 어렵다. 나아가 설령 그것이 보호가치가 있는 신뢰라고 하더라도 변호사인 청구인들은 변호사법 제3조에 따라 변호사의 직무로서 세무대리를 할 수 있으므로 신뢰이익을 침해 받는 정도가 이 사건 부칙조항이 달성하고자 하는 공익에 비하여 크다고 보기 어렵다. 따라서 이 사건 부칙조항은 신뢰보호원칙을 위배하여 청구인들의 직업선택의 자유를 침해하지 않는다(헌재 2021.7.15. 2018헌마279).

ㄷ. [O] 세무사로서 세무대리를 일체 할 수 없게 됨으로써 세무사 자격 보유 변호사가 받게 되는 불이익이 심판대상조항으로 달성하려는 공익보다 경미하다고 보기 어려우므로, 심판대상조항은 법익의 균형성도 갖추지 못하였다. 그렇다면, 심판대상조항은 과잉금지원칙을 위반하여 세무사 자격 보유 변호사의 직업선택의 자유를 침해하므로 헌법에 위반된다(헌재 2018.4.26. 2015헌가19).

ㄹ. [X] 유사군복이 모방하고 있는 대상인 전투복은 군인의 전투용도로 세심하게 고안되어 제작된 특수한 물품이다. 이를 판매목적으로 소지하지 못하여 입는 개인의 직업의 자유나 일반적 행동의 자유의 제한 정도는, 국가안전을 보장하고자 하는 공익에 비하여 결코 중하다고 볼 수 없다. 따라서 심판대상조항은 과잉금지원칙을 위반하여 직업의 자유 내지 일반적 행동의 자유를 침해한다고 볼 수 없다(헌재 2019.4.11. 2018헌가14).

ㅁ. [X] 이 사건 법률조항은 의료인으로 하여금 하나의 의료기관에서 책임 있는 의료행위를 하게 하여 의료행위의 질을 유지하고, 지나친 영리추구로 인한 의료의 공공성 훼손 및 의료서비스 수급의 불균형을 방지하며, 소수의 의료인에 의한 의료시장의 독과점 및 의료시장의 양극화를 방지하기 위한 것이다. 국가가 국민의 건강을 보호하고 적정한 의료급여를 보장해야 하는 사회국가적 의무 등을 종합하여 볼 때, 이 사건 법률조항은 과잉금지원칙에 반한다고 할 수 없다(헌재 2019.8.29. 2014헌바212).

02
정답 ①

❶ [X] 법무법인이 변호사 직무와 구분되는 영리행위는 할 수 없도록 함으로써 법무법인이 단순한 영리추구 기업으로 변질되는 것을 방지하기 위한 것으로 과잉금지원칙에 위반되지 않는다(헌재 2020.7.16. 2018헌바195).

② [O] 청구인은 여자대학을 제외한 다른 약학대학에 입학하여 소정의 교육을 마친 후 약사국가시험을 통해 약사가 될 수 있는 충분한 기회와 가능성을 가지고 있다. 따라서 이 사건 조정계획으로 인하여 청구인이 받게 되는 불이익보다 원활하고 적정한 보건서비스를 제공하려는 공익이 더 크다고 할 것이므로, 이 사건 조정계획은 법익의 균형성도 갖추었다. 그러므로 이 사건 조정계획은 청구인의 직업선택의 자유를 침해한다고 볼 수 없다(헌재 2020.7.16. 2018헌마566).

③ [O] 청구인은, 중국 국적 동포가 재외동포 사증 발급을 신청할 경우 일정한 첨부서류를 제출하도록 하는 출입국관리법 시행규칙 조항 및 법무부고시 조항으로 인하여 직업의 자유가 침해되었다고 주장하나, 직업선택의 자유에 대한 주장은 대한민국으로의 입국을 통한 직업선택의 자유의 실현을 주장하는 것에 다름 아니어서, 외국인에게 입국의 자유가 인정되지 아니하는 이상 직업선택의 자유 침해 주장에 대하여는 별도로 판단하지 아니한다(헌재 2014.4.24. 2011헌마474).

④ [O] 청구인들은 위 조항이 변호사시험 합격자들이 공정한 경쟁을 통하여 직업을 선택할 기회를 배제함으로써 직업의 자유를 침해한다고 주장하나, 위 조항은 변호사시험 합격자에 대하여 그 성적을 공개하지 않도록 규정하고 있을 뿐이고, 이러한 시험 성적의 비공개가 청구인들의 법조인으로서의 직업선택이나 직업수행에 있어서 어떠한 제한을 두고 있는 것은 아니므로 청구인들의 직업선택의 자유를 제한하고 있다고 볼 수 없다(헌재 2015.6.25. 2011헌마769).

03 정답 ①

❶ [✕] 청구인들은 군사교육소집기간만큼 연장된 복무기간 동안 전공의 또는 전임의 수련을 하지 못하는 직업의 자유 침해도 주장한다. 그런데 헌법 제15조가 보장하는 직장선택의 자유는 개인이 선택한 직업분야에서 구체적인 취업기회를 가질 수 있도록 하는 것이지 원하는 직장을 제공하여 줄 것을 청구할 권리를 보장하는 것은 아니다(헌재 2020.9.24. 2019헌마472).

② [O] 심판대상조항에 의하여 폐기물처리업자가 제한받게 되는 사익의 정도가 매우 중대하다고 보기 어려운 반면, 심판대상조항에 의하여 달성되는 환경보전과 국민건강 보호라는 공익은 그보다 더 크다고 할 것이므로, 심판대상조항은 법익의 균형성도 갖추었다(헌재 2023.2.23. 2020헌바504).

③ [O] 심판대상조항은 정기검사 기준에 부적합한 제품의 인증만을 취소하도록 할 뿐 해당 제품의 제조업자가 다른 수도용 제품을 인증받아 제조·판매하는 데에는 아무런 제한을 두지 않는 등, 직업수행의 자유의 제한을 입법목적 달성에 필요한 범위 내에서 최소화하고 있다. 따라서 심판대상조항은 과잉금지원칙에 위배되어 물에 접촉하는 수도용 제품 제조업자의 직업수행의 자유를 침해하지 아니한다(헌재 2023.2.23. 2021헌바179).

④ [O] 심판대상조항으로 실현하고자 하는 공익은 영유아를 건강하고 안전하게 보육하는 것으로서, 이로 인하여 어린이집 원장 또는 보육교사 자격을 취득하였던 사람이 그 자격을 취소당한 결과 일정 기간 어린이집에 근무하지 못하는 제한을 받더라도, 그 제한의 정도가 위 공익에 비하여 더 중대하다고 할 수 없다. 따라서 심판대상조항은 과잉금지원칙에 반하여 직업선택의 자유를 침해하지 아니한다(헌재 2023.5.25. 2021헌바234).

04 정답 ①

ㄱ. [O] 경비업법상 '집단민원현장'으로 분류된, 이해당사자 간 갈등이 표출될 가능성이 큰 성격의 장소들에 경비원을 배치함으로 인하여 발생할 수 있는 폭력사태를 억제하고 그러한 위험성을 관리하기 위해서는 관할 경찰관서장이 배치할 경비원의 결격사유 해당 여부, 교육 이수 여부, 배치할 집단민원현장에서의 이해당사자 간의 갈등 정도 및 폭력 발생의 가능성을 비롯한 다양한 요소를 종합적으로 검토하여 충분한 시간을 갖고 경비원 배치허가 여부를 결정할 필요가 있다. 배치허가 신청기한에 예외를 두거나 사후신고를 할 수 있도록 하는 경우에는 자격미달의 경비원을 기습 배치하는 등 악용의 소지가 있다. 따라서 심판대상조항이 일률적으로 경비업자에게 집단민원현장에 경비원을 배치하는 시점을 기준으로 48시간 전까지 배치허가를 신청하도록 한 것은 과도하지 않으며, 심판대상조항을 통해 달성되는 공익인 국민의 생명과 안전 및 재산은 제한되는 경비업자의 사익보다 월등히 크므로, 심판대상조항은 과잉금지원칙을 위반하여 경비업자의 직업수행의 자유를 침해하지 않는다(헌재 2023.2.23. 2018헌마246).

ㄴ. [O] 제청법원은 심판대상조항에 의하여 재산권도 침해된다고 주장한다. 그러나 헌법상 보장된 재산권은 사적 유용성 및 그에 대한 원칙적 처분권을 내포하는 재산가치 있는 구체적 권리인바, 경비업자에게 비경비업무의 수행이 금지되거나 그 업무의 허가가 취소됨에 따라 영업의 기회가 박탈되었다고 하더라도, 이는 재산권 보장의 대상이 아니므로 더 나아가 살펴보지 아니한다(헌재 2023.3.23. 2020헌가19).

ㄷ. [✕] 비경비업무의 수행이 경비업무의 전념성을 직접적으로 해하지 아니하는 경우가 있음에도 불구하고, 심판대상조항은 경비업무의 전념성이 훼손되는 정도를 고려하지 아니한 채 경비업자가 경비원으로 하여금 비경비업무에 종사하도록 하는 것을 일률적·전면적으로 금지하고, 경비업자가 허가받은 시설경비업무 외의 업무에 경비원을 종사하게 한 때에는 필요적으로 경비업의 허가를 취소하도록 규정하고 있는 점, 누구든지 경비원으로 하여금 경비업무의 범위를 벗어난 행위를 하게 하여서는 아니 된다며 이에 대한 제재를 규정하고 있는 경비업법 제15조의2 제2항, 제19조 제1항 제7호 등을 통해서도 경비업무의 전념성을 충분히 확보할 수 있는 점 등에 비추어 볼 때, 심판대상조항은 침해의 최소성에 위배되고, 경비업무의 전념성을 중대하게 훼손하지 않는 경우에도 경비원에게 비경비업무를 수행하도록 하면 허가받은 경비업 전체를 취소하도록 하여 경비업을 전부 영위할 수 없도록 하는 것은 법익의 균형성에도 반한다. 따라서 심판대상조항은 과잉금지원칙에 위반하여 시설경비업을 수행하는 경비업자의 직업의 자유를 침해한다(헌재 2023.3.23. 2020헌가19).

반대의견(재판관 유남석, 이은애, 이미선): 경비제도는 경비대상에 대한 위험을 예방적·방어적으로 방지하기 위한 것으로, 심판대상조항이 경비업무의 전념성을 확보하기 위해 개별적·구체적 사정을 고려하지 아니한 채 경비원의 비경비업무 수행 자체를 허용하지 아니하도록 정하고 있다고 하여 이를 지나친 제한으로 볼 수 없으며, 경비업 허가에 대한 임의적 취소나 영업정지 등의 방법만으로는 경비업무의 전념성이 훼손되는 상황을 충분히 방지할 수 없다. 또한 심판대상조항에 의해 제한되는 경비업자의 직업의 자유의 정도가 경비업의 전문성과 안정성을 유지하여 국민의 생명·신체 및 재산을 보호하려는 공익에 비하여 중하다고 할 수도 없으므로, 심판대상조항은 법익의 균형성도 인정된다. 따라서 심판대상조항은 과잉금지원칙에 반하여 시설경비업을 수행하는 경비업자의 직업의 자유를 침해하지 아니한다.

ㄹ. [✕] 처벌조항으로 인해 집단급식소에 근무하는 영양사는 그 중 또는 실질적인 사회적 해악의 유무에 상관없이 직무수행조항에서 규정하고 있는 직무를 단 하나라도 불이행한 경우 상시적인 형사처벌의 위험에 노출된다. 이는 범죄의 설정에 관한 입법재량의 한계를 현저히 일탈하여 과도하다고 하지 않을 수 없다. 그러므로 처벌조항은 과잉금지원칙에 위반된다(헌재 2023.3.23. 2019헌바14).

반대의견(재판관 이은애, 이미선): 처벌조항이 집단급식소에 근무하는 영양사에 한정하여 특별히 형사책임을 묻는 것은, 집단급식소의 경우 다수의 식사 제공에 관여하게 되고 식재료도 대량으로 구매하여 보관하게 되어 영양사가 그 직무를 제대로 수행하지 아니할 경우 발생하는 위해의 정도가 높기 때문이라고 볼 수 있다. 이와 같은 피해의 중대성과 광범위성에 비추어 볼 때, 입법자로서는 단순한 행정적 제재만으로는 입법목적을 달성할 수 없다고 판단하여 형사처벌을 택할 수 있으며, 그러한 판단이 명백히 불합리하다고 볼 수 없다. 또한 처벌조항은 직무를 수행하지 아니한 행위 일체를 처벌대상으로 하는 것이 아니라 집단급식소의 위생과 안전을 침해할 위험이 있는 행위로 한정하여 처벌대상으로 하고 있다. 그러므로 처벌조항은 과잉금지원칙에 위반되지 않는다.
ㅁ. [O] 이 사건 심판대상조항이 공영방송사의 경우 공영미디어렙인 한국방송광고진흥공사만을 통해 방송광고 판매를 하도록 한 것은 미디어렙 경쟁 체제에서 나타날 수 있는 방송의 상업화 등 부작용을 방지하고, 공영방송사에 대한 광고주나 특정인의 부당한 영향력 행사를 차단하여 방송의 공공성, 공정성, 다양성을 확보하기 위한 것으로, 방송문화진흥회가 최다출자자인 청구인과 같은 공영방송사는 그 존립근거나 운영주체의 특성상 상대적으로 더 높은 수준의 공공성을 요구받는 것이 당연하다. 방송광고의 가격이나 광고총량을 통제하여 방송이 시청률 위주의 지나친 상업적 방송이 되는 것을 막고, 시청률은 낮더라도 공익성이 높은 프로그램의 경우에는 적정한 가격에 방송광고를 판매할 수 있도록 그 규제가 가능한 공영미디어렙을 통해 방송광고를 판매하도록 하는 것은 과잉금지원칙에 위반된다고 볼 수 없다(헌재 2013.9.26. 2012헌마271).

05 정답 ②

ㄱ. [X] 이 사건 보호자동승조항은 어린이통학버스를 운영함에 있어서 반드시 보호자를 동승하도록 함으로써 학원 등의 영업방식에 제한을 가하고 있으므로 청구인들의 직업수행의 자유를 제한한다. 한편, 청구인들은 이 사건 보호자동승조항으로 인하여 재산권도 침해된다고 주장하나, 이 사건 보호자동승조항은 어린이통학버스 운영자로 하여금 어린이통학버스에 어린이나 영유아를 태울 때 보호자를 동승하도록 규정하고 있을 뿐 어린이통학버스 운영자의 재산권에 제한을 가하는 내용을 규정하고 있지 아니하다. 또한 이 사건 보호자동승조항으로 인하여 동승보호자를 새로이 고용할 것인지, 기존의 학원 강사 등을 동승보호자로서 어린이통학버스에 함께 동승하게 할 것인지는 어린이통학버스 운영자의 선택에 달려 있는 것이고, 가사 새로이 동승보호자를 고용함으로 인하여 추가적인 비용 지출이 발생한다고 하여도 이는 이 사건 보호자동승조항 시행에 따른 반사적·사실적인 불이익에 불과하므로, 이 사건 보호자동승조항으로 인하여 청구인들의 재산권이 제한된다고 볼 수는 없다. 따라서 이 사건의 쟁점은 이 사건 보호자동승조항이 청구인들의 직업수행의 자유를 침해하는지 여부이다(헌재 2020.4.23. 2017헌마479).
ㄴ. [X] 헌법 제15조는 직업의 자유를 보장하고 있고, 이러한 직업의 자유에는 자신이 원하는 직업을 자유롭게 선택하는 직업선택의 자유와 선택한 직업을 자신이 원하는 방식으로 자유롭게 수행할 수 있는 직업수행의 자유가 포함된다. 그런데 직업선택의 자유와 직업수행의 자유는 기본권의 주체에 대한 제한의 효과가 다르기 때문에 제한에 있어 적용되는 기준 또한 다르며, 특히 직업수행의 자유에 대한 제한의 경우 인격발현에 대한 침해의 효과가 일반적으로 직업선택 그 자체에 대한 제한에 비하여 작기 때문에, 그에 대한 제한은 보다 폭넓게 허용된다. 다만, 이러한 경우에도 헌법 제37조 제2항의 과잉금지원칙에 위배되어서는 안 된다(헌재 2020.4.23. 2017헌마479).
ㄷ. [O] 이 사건 보호자동승조항은 어린이통학버스를 운영함에 있어서 반드시 보호자를 동승하도록 함으로써 학원 등의 영업방식에 제한을 가하고 있으므로 청구인들의 직업수행의 자유를 제한한다(헌재 2020.4.23. 2017헌마479).
ㄹ. [O] 이 사건 보호자동승조항이 학원 등 운영자로 하여금 어린이통학버스에 학원 강사 등의 보호자를 함께 태우고 운행하도록 한 것은 어린이 등이 안전사고 위험으로부터 벗어나 안전하고 건강한 생활을 영위하도록 하기 위한 것이다. 어린이통학버스의 동승보호자는 운전자와 함께 탑승함으로써 승·하차시뿐만 아니라 운전자만으로 담보하기 어려운 '차량 운전 중' 또는 '교통사고 발생 등의 비상상황 발생시' 어린이 등의 안전을 효과적으로 담보하는 중요한 역할을 하는 점 등에 비추어 보면, 이 사건 보호자동승조항이 과잉금지원칙에 반하여 청구인들의 직업수행의 자유를 침해한다고 볼 수 없다(헌재 2020.4.23. 2017헌마479).

06 정답 ②

ㄱ. [O] 허가받은 지역 밖에서의 이송업의 영업을 금지하고 처벌하는 '응급의료에 관한 법률'은 국민의 생명과 건강에 직결되는 응급이송체계를 적정하게 확립한다는 공익의 중요성에 비추어 영업지역의 제한에 따라 침해되는 이송업자의 사익이 크다고 보기는 어려우므로 법익의 균형성도 인정된다. 따라서 심판대상조항은 과잉금지원칙을 위반하여 직업수행의 자유를 침해한다고 볼 수 없다(헌재 2018.2.22. 2016헌바100).
ㄴ. [X] 청구인들의 신뢰는 입법자에 의하여 꾸준히 축소되어 온 세무사 자격 자동부여제도에 관한 것으로서 그 보호의 필요성이 크다고 보기 어렵다. 나아가 설령 그것이 보호가치가 있는 신뢰라고 하더라도 변호사인 청구인들은 변호사법 제3조에 따라 변호사의 직무로서 세무대리를 할 수 있으므로 신뢰이익을 침해받는 정도가 이 사건 부칙조항이 달성하고자 하는 공익에 비하여 크다고 보기 어렵다. 따라서 이 사건 부칙조항은 신뢰보호원칙을 위배하여 청구인들의 직업선택의 자유를 침해하지 않는다(헌재 2021.7.15. 2018헌마279).
ㄷ. [O] 세무사로서 세무대리를 일체 할 수 없게 됨으로써 세무사 자격 보유 변호사가 받게 되는 불이익이 심판대상조항으로 달성하려는 공익보다 경미하다고 보기 어려우므로, 심판대상조항은 법익의 균형성도 갖추지 못하였다. 그렇다면, 심판대상조항은 과잉금지원칙을 위반하여 세무사 자격 보유 변호사의 직업선택의 자유를 침해하므로 헌법에 위반된다(헌재 2018.4.26. 2015헌가19).
ㄹ. [X] 유사군복이 모방하고 있는 대상인 전투복은 군인의 전투용도로 세심하게 고안되어 제작된 특수한 물품이다. 이를 판매목적으로 소지하지 못하여 입는 개인의 직업의 자유나 일반적 행동의 자유의 제한 정도는, 국가안전을 보장하고자 하는 공익에 비하여 결코 중하다고 볼 수 없다. 따라서 심판대상조항은 과잉금지원칙을 위반하여 직업의 자유 내지 일반적 행동의 자유를 침해한다고 볼 수 없다(헌재 2019.4.11. 2018헌가14).
ㅁ. [X] 이 사건 법률조항은 의료인으로 하여금 하나의 의료기관에서 책임 있는 의료행위를 하게 하여 의료행위의 질을 유지하고, 지나친 영리추구로 인한 의료의 공공성 훼손 및 의료서비스 수급의 불균형을 방지하며, 소수의 의료인에 의한 의료시장의 독과점 및 의료시장의 양극화를 방지하기 위한 것이다. 국가가 국민의 건강을 보호하고 적정한 의료급여를 보장해야 하는

사회국가적 의무 등을 종합하여 볼 때, 이 사건 법률조항은 과잉금지원칙에 반한다고 할 수 없다(헌재 2019.8.29. 2014헌바212).

07 정답 ④

① [×] 공인중개업은 국민의 재산권에 큰 영향을 미치므로 업무의 공정성과 신뢰를 확보할 필요성이 큰 반면, 심판대상조항으로 인하여 중개사무소 개설등록이 취소된다 하더라도 공인중개사 자격까지 취소되는 것이 아니어서 3년이 경과한 후에는 다시 중개사무소를 열 수 있다. 따라서 심판대상조항은 과잉금지원칙에 반하여 직업선택의 자유를 침해하지 아니한다(헌재 2019.2.28. 2016헌바467).

② [×] 공정거래위원회가 법 위반혐의를 포착하여 관련 법령에 따라 조사를 개시한 이상 적정한 조사기간을 보장하는 것이 적정한 법집행이라는 공익과 처분상대방의 법적 지위 보장이라는 이익을 조화시키는 방법이 될 수 있다. 따라서 이 사건 처분시효조항은 입법자의 입법재량의 한계를 일탈하여 재산권 및 직업의 자유를 침해한 것으로 볼 수 없다(헌재 2019.11.28. 2016헌바459).

③ [×] 유사군복이 모방하고 있는 대상인 전투복은 군인의 전투용도로 세심하게 고안되어 제작된 특수한 물품이다. 이를 판매목적으로 소지하지 못하여 입는 개인의 직업의 자유나 일반적 행동의 자유의 제한 정도는, 국가안전을 보장하고자 하는 공익에 비하여 결코 중하다고 볼 수 없다. 따라서 심판대상조항은 과잉금지원칙을 위반하여 직업의 자유 내지 일반적 행동의 자유를 침해한다고 볼 수 없다(헌재 2019.4.11. 2018헌가14).

❹ [O] 심판대상조항으로 인해 제한되는 직업수행의 자유는 도시철도운영자 등이 연락운송 운임수입 배분을 자율적으로 정하지 못한다는 정도에 그치나, 달성되는 공익은 도시교통 이용자의 편의 증진이라는 중대한 공익이다. 따라서 심판대상조항은 과잉금지원칙을 위반하여 도시철도운영자 등의 직업수행의 자유를 침해한다고 볼 수 없다(헌재 2019.6.28. 2017헌바135).

08 정답 ④

① [O] 심판대상조항에 따라 일정한 요건 충족의 경우 근로자에게 연차 유급휴가가 발생하고, 이로 인해 사용자에게 연차 유급휴가 미사용 수당 지급이라는 재산상 손실이 발생할 수 있지만, 이는 위에서 본 바와 같은 사용자의 직업수행의 자유가 제한됨에 따른 결과에 지나지 않으므로 이에 대해 별도로 판단하지 않는다(헌재 2020.9.24. 2017헌바433).

② [O] 청구인이 공중보건의사에 편입되어 공중보건의사로 복무하는 것은 병역의 종류의 하나인 보충역으로서 병역의무를 이행하기 위한 것이므로, 직업선택의 자유의 보호대상이 되는 '**직업' 개념에 포함된다고 보기 어렵다**. 따라서 직업선택의 자유 침해 여부는 문제되지 않는다(헌재 2020.9.24. 2017헌마643).

③ [O] 약국 개설은 전 국민의 건강과 보건, 나아가 생명과도 직결된다는 점에서, 달성되는 공익보다 제한되는 사익이 더 중하다고 볼 수 없다. 심판대상조항은 과잉금지원칙에 반하여 직업의 자유를 침해하지 않는다(헌재 2020.10.29. 2019헌바249).

❹ [×] 청구인들은 위 조항들에 의하여 형의 집행을 종료한 때부터 10년간 의료기관에 취업할 수 없게 되었는바, 이는 일정한 직업을 선택함에 있어 기본권 주체의 능력과 자질에 따른 제한이므로 이른바 '<u>주관적 요건에 의한 좁은 의미의 직업선택의 자유</u>'에 대한 제한에 해당한다(헌재 2016.3.31. 2013헌마585).

09 정답 ④

① [O] 소송사건의 대리인인 변호사가 수형자를 접견하고자 하는 경우 소송계속사실을 소명할 수 있는 자료를 제출하도록 규정하고 있는 '형의 집행 및 수용자의 처우에 관한 법률 시행규칙' 직업수행의 자유를 제한하나 접견의 상대방인 수형자의 재판청구권이 제한되는 효과도 함께 고려되어야 하므로, 그 심사의 강도는 일반적인 경우보다 엄격하게 해야 할 것이다. 심판대상조항은 '집사 변호사' 등의 접견권 남용을 방지하고 수용질서와 규율을 유지하며, 수형자의 변호사접견을 원활하게 하기 위해 정당한 입법목적을 가진다. 심판대상조항이 실효적인 수단이 아니며, 수형자의 재판청구권을 방해한다. 변호사접견을 이용하는 변호사와 수형자에게 필요한 소송준비를 일반접견으로는 충분히 제공하기 어렵다. 이미 시간과 횟수가 제한된 변호사접견과 달리, 변호사접견을 금지하는 심판대상조항은 불필요하게 변호사접견을 제한하며, 문제를 사후적으로 제재할 방법이 이미 마련되어 있다. 소송준비의 필요성과 관계없는 예외조항들이 있어 침해의 최소성 원칙에 위배된다. 변호사접견 제한으로 인한 공익은 크지 않으며, 변호사와 수형자의 권리가 과도하게 침해된다. 일반접견의 시간과 조건이 변호사접견에 비해 크게 불리하여 수형자의 재판청구권이 심각하게 제한된다(헌재 2021.10.28. 2018헌마60).

② [O] 변호사에게 세무사의 자격을 부여하면서도 현행법상 실무교육에 더하여 세무대리업무에 특화된 추가교육을 이수하도록 하는 등의 대안을 통해서는 세무사 자격 자동부여와 관련된 특혜시비를 없애고 일반국민과의 형평을 도모한다는 입법목적을 달성할 수 없는 점, 변호사의 자격을 가진 사람은 세무사자격이 없더라도 세무사법 제2조 각 호에 열거되어 있는 세무사의 직무 중 변호사의 직무로서 할 수 있는 세무대리를 수행할 수 있고 현행법상 조세소송대리는 변호사 만이 독점적으로 수행할 수 있는 점 등을 고려하면, 이 사건 법률조항이 피해의 최소성 원칙에 반한다고 보기 어렵다. 사건 법률조항은 과잉금지원칙에 반하여 청구인들의 직업선택의 자유를 침해한다고 볼 수 없다(헌재 2021.7.15. 2018헌마279).

③ [O] 법무부장관이 2020.11.23.에 한 '코로나19 관련 제10회 변호사시험 응시자 유의사항 등 알림' 중 코로나바이러스감염증-19확진환자의 시험 응시를 금지한 부분은 청구인들의 직업선택의 자유를 침해한다(헌재 2023.2.23. 2020헌마1736).

❹ [×] 민사재판, 행정재판, 헌법재판 등에서 소송사건의 대리인이 되려고 하는 변호사는 아직 소송대리인으로 선임되기 전이라는 이유로 접촉차단시설이 설치된 장소에서 일반접견의 형태로 수용자를 접견하도록 한 '형의 집행 및 수용자의 처우에 관한 법률 시행령'은 <u>변호사인 청구인의 직업수행의 자유를 제한한다. 변호사인 청구인의 직업수행의 자유를 침해하는지 여부를 판단함에 있어 검토하는 것으로 충분하고, 재판청구권 침해여부를 따로 판단하지 않는다.</u> 접촉차단시설이 설치되지

않은 장소에서의 수용자 접견 대상을 소송사건의 대리인인 변호사로 한정한 구 '형의 집행 및 수용자의 처우에 관한 법률 시행령' 제58조 제4항 제2호는 변호사인 청구인의 직업수행의 자유를 침해한다고 할 수 없다(헌재 2022.2.24. 2018헌마1010).

10   정답 ①

❶ [O] CCTV에 녹화·저장된 보육교사와 영유아의 신체 및 생활 영상은 보육교사 및 영유아의 개인정보로, 이 조항에 의해 열람요청을 한 보호자의 영유아를 제외한 보육교사나 다른 영유아들은 자신들의 영상이 담긴 개인정보의 공개 여부나 그 범위에 대하여 아무런 결정권을 행사할 수 없다. 따라서 어린이집 내 보육일상이 담긴 영상의 수집·보관·이용 측면에서 피촬영자인 보육교사 등의 개인정보자기결정권이 제한된다. 그리고 CCTV 설치·관리자인 어린이집 원장은 원칙적으로 보호자의 CCTV 영상정보 열람 요청에 응하여야 하므로 이 조항은 어린이집 원장의 직업수행의 자유도 제한한다(헌재 2017.12.28. 2015헌마994).
② [X] 헌법 제15조가 보장하고 있는 직업의 자유의 보호대상이 되는 직업은 '생활의 기본적 수요를 충족시키기 위한 계속적 소득활동'을 의미하므로, 공동주택의 동별 대표자의 지위가 이에 해당한다고 볼 수 없다. 따라서 동별 대표자 중임제한규정이 청구인의 직업선택의 자유를 제한한다고 보기 어렵다(헌재 2017.12.28. 2016헌마311).
③ [X] 비상임 임원은 고정적인 보수가 아닌 실비의 변상만을 받도록 되어 있기는 하나, 청구인이 지급받은 보수의 액수와 그 계산방식, 신용협동조합 이사장의 직무권한이나 범위, 근무형태 등을 고려하여 보면 이는 지속적 소득활동인 것으로 보는 것이 타당하다. 따라서 신용협동조합 비상임 이사장의 직은 직업의 자유의 보호대상이 되는 직업에 해당하므로, 신용협동조합 임원의 면직사유에 관한 조항은 청구인의 직업선택의 자유를 제한한다(헌재 2018.7.26. 2017헌마452).
④ [X] 악취로 인한 민원이 장기간 지속되는 지역을 악취관리지역으로 지정함으로써 해당 지역의 악취문제를 해소하고 결과적으로 국민이 건강하고 쾌적한 환경에서 생활할 수 있도록 한다는 공익은 오늘날 국가와 사회에 긴요하고도 중요한 공익이라고 할 것이므로, 심판대상조항이 법익의 균형성원칙에 위반된다고도 볼 수 없다. 심판대상조항은 과잉금지원칙에 위반되어 악취배출시설 운영자인 청구인들의 직업수행의 자유를 침해하지 않는다(헌재 2020.12.23. 2019헌바25).

11   정답 ①

❶ [X] 시설경비업을 허가받은 경비업자로 하여금 허가받은 경비업무 외의 업무에 경비원을 종사하게 하는 것을 금지하고, 이를 위반한 경비업자에 대한 허가를 취소하도록 정하고 있는 경비업법은 직업의 자유를 침해한다(헌재 2023.3.23. 2020헌가19).
② [O] 교육환경보호구역 중 절대보호구역으로 설정·고시할 지역에 관하여 규정한 '교육환경 보호에 관한 법률' 제8조 제1항 제1호 중 '학교출입문으로부터 직선거리로 50미터까지인 지역' 부분과 '이 사건 금지조항'은 과잉금지원칙을 위반하여 교육환경 보호구역 내에서 휴양콘도미니엄을 신축하여 영업하려는 자의 직업수행의 자유 및 재산권을 침해하지 아니한다(헌재 2022.8.31. 2020헌바307).
③ [O] 집단급식소에 근무하는 영양사의 직무를 규정한 조항인 식품위생법 제52조 제2항을 위반한 자를 처벌하는, 식품위생법 제96조에 대해 재판관 5명은 죄형법정주의의 명확성원칙에 위반된다고 하였고, 재판관 2명은 명확성원칙 위반은 아니나 과잉금지원칙에 위반된다고 보았다(헌재 2023.3.23. 2019헌바141).
④ [O] 폐기물처리업자로 하여금 환경부령으로 정하는 바에 따라 폐기물을 허가받은 사업장 내 보관시설이나 승인받은 임시보관시설 등 적정한 장소에 보관하도록 하고, 이를 위반할 경우 형사처벌하도록 한 폐기물관리법은 과잉금지원칙에 위반되어 폐기물처리업자의 직업의 자유를 침해한다고 할 수 없다(헌재 2023.2.23. 2020헌바504).

12   정답 ③

ㄱ. [O]
> 헌법 제89조 다음 사항은 국무회의의 심의를 거쳐야 한다.
> 3. 헌법개정안·국민투표안·조약안·법률안 및 대통령령안

ㄴ. [O]
> 헌법 제114조 ① 선거와 국민투표의 공정한 관리 및 정당에 관한 사무를 처리하기 위하여 선거관리위원회를 둔다.

ㄷ. [X]
> 헌법 제72조 대통령은 필요하다고 인정할 때에는 외교·국방·통일 기타 국가안위에 관한 중요정책을 국민투표에 붙일 수 있다.

ㄹ. [X] 신임은 없다.
> 헌법 제72조 대통령은 필요하다고 인정할 때에는 외교·국방·통일 기타 국가안위에 관한 중요정책을 국민투표에 붙일 수 있다.

ㅁ. [X] 헌법개정은 헌법 제128조~제130조에 정한 절차에 따라야 하고, 헌법 제72조의 국민투표의 대상이 아니다.

13   정답 ②

ㄱ. [O] 심판대상조항은 선거인이 투표보조제도를 쉽게 활용하면서 투표의 비밀이 보다 유지되도록 투표보조인을 상호 견제가 가능한 최소한의 인원인 2인으로 한정하고 있고, 중앙선거관리위원회는 실무상 선거인이 투표보조인 2인을 동반하지 않은 경우 투표사무원 중에 추가로 투표보조인으로 선정하여 투표를 보조할 수 있도록 함으로써 선거권 행사를 지원하고 있으며, 공직선거법은 처벌규정을 통해 투표보조인이 비밀유지의무를 준수하도록 강제하고 있다. 따라서 심판대상조항은 침해의 최소성원칙에 반하지 않는다. 심판대상조항이 달성하고자 하는 공익은 중증장애인의 실질적인 선거권 보장과 선

거의 공정성 확보로서 매우 중요한 반면, 심판대상조항으로 인해 청구인이 받는 불이익은 투표보조인이 가족이 아닌 경우 2인을 동반해야 하므로, 투표보조인이 1인인 경우에 비하여 투표의 비밀이 더 유지되기 어렵고, 투표보조인을 추가로 섭외해야 한다는 불편에 불과하므로, 심판대상조항은 법익의 균형성원칙에 반하지 않는다. 그러므로 <u>심판대상조항은 비밀선거의 원칙에 대한 예외를 두고 있지만 필요하고 불가피한 예외적인 경우에 한하고 있으므로, 과잉금지원칙에 반하여 청구인의 선거권을 침해하지 않는다</u>(헌재 2020.5.27. 2017헌마867).

ㄴ. [O] 이 사건 선거운동기간조항 중 선거운동기간 전에 개별적으로 대면하여 말로 하는 선거운동에 관한 부분, 이 사건 처벌조항 중 '그 밖의 방법'에 관한 부분 가운데 개별적으로 대면하여 말로 하는 선거운동을 한 자에 관한 부분은 과잉금지원칙에 반하여 선거운동 등 정치적 표현의 자유를 침해한다(헌재 2022.2.24. 2018헌바146).

ㄷ. [X] 선거권자들에게 성별, 재산 등에 의한 제한 없이 모두 투표참여의 기회를 부여하고(보통선거), 선거권자 1인의 투표를 1표로 계산하며(평등선거), 선거결과가 선거권자에 의해 직접 결정되고(직접선거), 투표의 비밀이 보장되며(비밀선거), 자유로운 투표를 보장함으로써(자유선거) 헌법상의 선거원칙은 모두 구현되는 것이므로, 이에 더하여 <u>국회의원 선거에서 사표를 줄이기 위해 소선거구 다수대표제를 배제하고 다른 선거제도를 채택할 것까지 요구할 수는 없다</u>. 따라서 심판대상조항이 청구인의 평등권과 선거권을 침해한다고 할 수 없다(헌재 2016.5.26. 2012헌마374).

ㄹ. [X] 공무담임권이란 국가, 공공단체의 구성원으로서 그 직무를 담당할 수 있는 권리이므로 주된 선거방송 대담·토론회의 참가가 제한되어 사실상 선거운동의 자유가 일부 제한되는 측면이 있다고 하여 그로써 바로 <u>국가기관의 공직에 취임할 수 있는 권리가 직접 제한된다고 보기는 어렵다고 할 것이므로, 이 사건 법률조항은 공무담임권을 제한하는 것이라고 볼 수 없다</u>(헌재 2011.5.26. 2010헌마451).

14 정답 ②

ㄱ. [O] <u>헌법은 국회의원 선거와 대통령 선거에서 비밀선거원칙을 명시적으로 규정하고 있다</u>(제41조 제1항, 제67조 제1항). 비밀선거란 선거인의 의사결정이 타인에게 알려지지 않도록 하는 선거를 말한다. 비밀선거를 보장하는 이유는 투표내용의 비밀을 보장함으로써 선거권의 행사로 인하여 선거인이 불이익을 입는 것을 방지하기 위해서이다. 비밀선거는 유권자의 정치적 의사결정을 국가의 강제와 사회의 압력으로부터 보호하기 위한 필수적이고 효과적인 수단이며, 자유선거원칙을 실질적으로 보장하기 위한 전제조건이다. 비밀선거의 원칙은 헌법상 선거원칙이므로, 입법자는 법률로 선거권을 형성할 때 이를 준수하고 실현해야 한다. 이에 따라 공직선거법은 투표의 비밀을 보장하고(제167조 제1항), 선거인이 투표한 후보자의 성명이나 정당명을 누구에게도 또한 어떠한 경우에도 진술할 의무가 없으며, 누구든지 선거일의 투표마감시각까지 이를 질문하거나 그 진술을 요구할 수 없다고 정하고 있다(헌재 2020.5.27. 2017헌마867).

ㄴ. [O] 기간 제한 없이 선거운동을 무한정 허용할 경우 후보자 간의 지나친 경쟁이 선거관리의 곤란으로 이어져 부정행위의 발생을 막기 어렵고, 후보자 간의 경제력 차이에 따른 불공평이 생길 우려가 있다. 또한 선거운동기간의 제한을 받지 않는 선거운동방법도 존재하므로, 후보자가 선거권자에게 정보를 자유롭게 전달하거나 선거권자가 후보자의 인물·정견·신념을 파악하는 데 현재의 선거운동기간이 부족하다고 보기 어렵다. 그러므로 선거운동기간을 제한하는 것 자체가 정치적 표현의 자유를 과도하게 제한한다고 보기 어렵다. 그러나 이 사건 선거운동기간조항 중 <u>선거운동기간 전에 개별적으로 대면하여 말로 하는 선거운동에 관한 부분</u>, 이 사건 처벌조항 중 '그 밖의 방법'에 관한 부분 가운데 개별적으로 대면하여 말로 하는 선거운동을 한 자에 관한 부분은 과잉금지원칙에 반하여 선거운동 등 정치적 표현의 자유를 침해한다(헌재 2022.2.24. 2018헌바146).

ㄷ. [X] 선거권자들에게 성별, 재산 등에 의한 제한 없이 모두 투표참여의 기회를 부여하고(보통선거), 선거권자 1인의 투표를 1표로 계산하며(평등선거), 선거결과가 선거권자에 의해 직접 결정되고(직접선거), 투표의 비밀이 보장되며(비밀선거), 자유로운 투표를 보장함으로써(자유선거) 헌법상의 선거원칙은 모두 구현되는 것이므로, 이에 더하여 <u>국회의원 선거에서 사표를 줄이기 위해 소선거구 다수대표제를 배제하고 다른 선거제도를 채택할 것까지 요구할 수는 없다</u>. 따라서 <u>심판대상조항이 청구인의 평등권과 선거권을 침해한다고 할 수 없다</u>(헌재 2016.5.26. 2012헌마374).

ㄹ. [X] 대담·토론회 등의 초청 자격을 두는 것 자체가 입법자의 합리적 판단에 기인하는 것이라고 하더라도 그 <u>초청 자격에는 합리성이 인정되어야 하는 것으로, 주요 정당의 추천 여부, 후보자의 당선가능성 및 후보자에 대한 국민적 관심도 등을 살펴 이를 일정 수준 이상의 자로 한정하고, 이에 따라 후보자들의 정책에 대한 대담·토론이 효과적이고 실증적인 기능을 발휘하도록 정해져야 한다.</u> 이 사건 토론회조항은 전체 국민을 대상으로 한 선거를 통하여 이미 국민의 일정한 지지가 검증되었다고 볼 수 있는 정당의 추천을 받은 사람, 지난 선거에서 일정 수 이상의 득표를 함으로써 해당 지역의 선거구 내 주민들의 일정한 지지가 검증되었다고 볼 수 있는 사람, 위와 같은 요건을 갖추지는 못하였지만 여론조사를 통하여 해당 지역 유권자들의 관심과 지지가 어느 정도 확보되고, 그러한 사실이 확인될 수 있는 사람을 대상으로 하고 있는바, 그 요건이 자의적이라고 볼 수 없다. 이 사건 <u>토론회조항은 선거운동의 기회균등원칙과 관련한 평등권을 침해하지 않는다</u>(헌재 2019.9.26. 2018헌마128).

15 정답 ②

① [X] 자유선거원칙은 헌법상 규정되어 있지 않다.

> 헌법 제41조 ① 국회는 국민의 보통·평등·직접·비밀선거에 의하여 선출된 국회의원으로 구성한다.

❷ [O]

> 헌법 제68조 ① 대통령의 임기가 만료되는 때에는 임기만료 70일 내지 40일 전에 후임자를 선거한다.

③ [×]
> 헌법 제68조 ② 대통령이 궐위된 때 또는 대통령 당선자가 사망하거나 판결 기타의 사유로 그 자격을 상실한 때에는 60일 이내에 후임자를 선거한다.

④ [×]
> 헌법 제67조 ② 제1항의 선거에 있어서 최고득표자가 2인 이상인 때에는 국회의 재적의원 과반수가 출석한 공개회의에서 다수표를 얻은 자를 당선자로 한다.

16   정답 ②

① [×] 심판대상조항 중 수형자에 관한 부분의 위헌성은 지나치게 전면적·획일적으로 수형자의 선거권을 제한한다는 데 있다. 그런데 그 위헌성을 제거하고 수형자에게 헌법합치적으로 선거권을 부여하는 것은 입법자의 형성재량에 속하므로 심판대상조항 중 수형자에 관한 부분에 대하여 헌법불합치결정을 선고한다(헌재 2014.1.28. 2012헌마409 등).

❷ [O] 이 사건 법률조항에 의한 선거권 박탈은 범죄자에 대해 가해지는 형사적 제재의 연장으로서 범죄에 대한 응보적 기능도 갖는다(헌재 2017.5.25. 2016헌마292 등).

③ [×] 헌법 제24조는 모든 국민은 '법률이 정하는 바에 의하여' 선거권을 가진다고 규정함으로써 법률유보의 형식을 취하고 있지만, 이것은 국민의 선거권이 '법률이 정하는 바에 따라서만 인정될 수 있다'는 포괄적인 입법권의 유보하에 있음을 의미하는 것이 아니다. 국민의 기본권을 법률에 의하여 구체화하라는 뜻이며 선거권을 법률을 통해 구체적으로 실현하라는 의미이다(헌재 2007.6.28. 2004헌마644).

④ [×]
> 공직선거법 제18조【선거권이 없는 자】① 선거일 현재 다음 각 호의 어느 하나에 해당하는 사람은 선거권이 없다.
> 1. 금치산선고를 받은 자

17   정답 ②

① [O] 재외투표기간 개시일 이후 귀국한 재외선거인에 대해 국내에서 선거일에 투표할 수 있도록 하는 절차를 마련하지 아니한 공직선거법 제218조의16은 청구인의 선거권을 침해한다(헌재 2022.1.27. 2020헌마895).

❷ [×] 선거운동기간 전에 개별적으로 대면하여 말로 하는 선거운동을 금지한 구 공직선거법 제59조 부분은 과잉금지원칙에 반하여 선거운동 등 정치적 표현의 자유를 침해한다(헌재 2022.2.24. 2018헌바146).

③ [O] 일정 기간 동안 선거에 영향을 미치게 하기 위한 벽보 게시, 인쇄물 배부·게시를 금지하는 공직선거법 제93조 제1항 본문 중 '인쇄물 살포'에 관한 부분은 정치적 표현의 자유를 침해한다(헌재 2023.3.23. 2023헌가4).

④ [O] 한국철도공사의 상근직원에 대하여 선거운동을 금지하고 이를 위반한 경우 처벌하도록 규정한 공직선거법 제60조 제1항 제5호는 선거운동의 자유를 침해한다(헌재 2018.2.22. 2015헌바124).

18   정답 ④

① [O] 지방공사 상근직원의 선거운동을 금지하고, 이를 위반한 자를 처벌하는 구 공직선거법은 선거운동의 자유를 침해한다(헌재 2024.1.25. 2021헌가14).

② [O] 일정 기간 선거에 영향을 미치게 하기 위한 광고, 문서·도화의 첩부·게시를 금지하는 공직선거법 제93조 제1항 본문 중 '광고, 문서·도화 첩부·게시'에 관한 부분 및 이에 위반한 경우 처벌하는 공직선거법 제255조 제2항 제5호 중 '제93조 제1항 본문의 광고, 문서·도화 첩부·게시'에 관한 부분이 정치적 표현의 자유를 침해한다(헌재 2022.7.21. 2018헌바357).

③ [O] 서울교통공사의 상근직원이 당원이 아닌 자에게도 투표권을 부여하는 당내경선에서 경선운동을 할 수 없도록 하고 위반 행위를 처벌하는 공직선거법은 정치적 표현의 자유를 침해한다(헌재 2022.6.30. 2021헌가24).

❹ [×] 정당이 당원과 당원이 아닌 자에게 투표권을 부여하여 실시하는 당내경선에서 허용되는 경선운동방법을 한정하고, 이를 위반하여 경선운동을 한 자를 처벌하는 공직선거법 제57조의3 제1항은 과잉금지원칙을 위반하여 경선후보자 등 당내경선운동을 하려는 사람의 정치적 표현의 자유를 침해한다고 할 수 없다(헌재 2022.10.27. 2021헌바125).

19   정답 ④

ㄱ. [O] 헌법재판소의 해산결정으로 해산되는 정당 소속 국회의원의 의원직 상실은 정당해산심판제도의 본질로부터 인정되는 기본적 효력으로 봄이 상당하므로, 이에 관하여 명문의 규정이 있는지 여부는 고려의 대상이 되지 아니하고, 그 국회의원이 지역구에서 당선되었는지, 비례대표로 당선되었는지에 따라 아무런 차이가 없이, 정당해산결정으로 인하여 신분유지의 헌법적인 정당성을 잃으므로 그 의원직은 상실되어야 한다(헌재 2014.12.19. 2013헌다1).

ㄴ. [×] 위헌정당해산결정에 따라 정당이 해산된 경우에 당해 정당 소속 의원의 의원직 상실 여부에 대하여 명문의 규정이 없어 학설대립이 있다. ㉠ 국민대표의 자유위임원칙을 강조하는 견해에 따르면 의원직을 유지하면서 무소속의원으로 남는다는 학설, ㉡ 정당대표성을 강조하고 방어적 민주주의의 정신을 중시하며, 위헌정당해산결정의 실효성 확보를 위하여 국회의원직을 상실한다고 보는 학설, ㉢ 지역구국회의원의 경우에는 국민의 대표성이 강하기에 의원직을 상실하지 않는다고 보는 반면에 비례대표의원의 경우는 정당대표성이 강하다는 점에서 의원직을 상실한다고 보는 학설대립이 있다. 질문에서와 같이 정당해산에만 초점을 맞추고 국민대표성을 중시하는 견해에 따르는 ㉠ 학설의 경우 의원직을 유지한다 봄이 타당하다. 다만, 최근 헌법재판소의 판례에 따르면 헌법재판소의 해산결정으로 해산되는 정당 소속 국회의원이 의원직을 상실하는 것은 정당해산심판제도의 본질로부터 인정되는 기본적 효력으로 보고 있다(헌재 2014.12.19. 2013헌다1).

ㄷ. [×] 그 국회의원이 지역구에서 당선되었는지, 비례대표로 당선되었는지에 따라 아무런 차이가 없이, 정당해산결정으로 인하여 신분유지의 헌법적인 정당성을 잃으므로 그 의원직은 상실되어야 한다(헌재 2014.12.19. 2013헌다1).

ㄹ. [×] 헌법재판소의 해산결정으로 정당이 해산되는 경우에 그 정당 소속 국회의원이 의원직을 상실하는지에 대하여 명문의 규정은 없으나, 정당해산심판제도의 본질은 민주적 기본질서에 위배되는 정당을 정치적 의사형성과정에서 배제함으로써 국민을 보호하는 데에 있는데 해산정당 소속 국회의원의 의원직을 상실시키지 않는 경우 정당해산결정의 실효성을 확보할 수 없게 되므로, 이러한 정당해산제도의 취지 등에 비추어 볼 때 헌법재판소의 정당해산결정이 있는 경우 그 정당 소속 국회의원의 의원직은 당선방식을 불문하고 모두 상실되어야 한다(헌재 2014.12.19. 2013헌다1).

ㅁ. [○] 헌법재판소의 해산결정으로 해산되는 정당 소속 국회의원의 의원직 상실은 정당해산심판제도의 본질로부터 인정되는 기본적 효력으로 봄이 상당하므로, 이에 관하여 명문의 규정이 있는지 여부는 고려의 대상이 되지 아니하고, 그 국회의원이 지역구에서 당선되었는지, 비례대표로 당선되었는지에 따라 아무런 차이가 없이, 정당해산결정으로 인하여 신분유지의 헌법적인 정당성을 잃으므로 그 의원직은 상실되어야 한다(헌재 2014.12.19. 2013헌다1).

ㅂ. [×] 정당해산심판제도의 본질은 그 목적이나 활동이 민주적 기본질서에 위배되는 정당을 국민의 정치적 의사형성과정에서 미리 배제함으로써 국민을 보호하고 헌법을 수호하기 위한 것이다. 어떠한 정당을 엄격한 요건 아래 위헌정당으로 판단하여 해산을 명하는 것은 헌법을 수호한다는 방어적 민주주의 관점에서 비롯되는 것이고, 이러한 비상상황에서는 국회의원의 국민대표성은 부득이 희생될 수밖에 없다(헌재 2014.12.19. 2013헌다1).

ㅅ. [×] 국회의원이 국민 전체의 대표자로서의 지위를 가진다는 것과 방어적 민주주의의 정신이 논리 필연적으로 충돌하는 것이 아닐 뿐 아니라, 국회의원이 헌법기관으로서 정당기속과 무관하게 국민의 자유위임에 따라 정치활동을 할 수 있는 것은 헌법의 테두리 안에서 우리 헌법이 추구하는 민주적 기본질서를 존중하고 실현하는 경우에만 가능한 것이지, 헌법재판소의 해산결정에도 불구하고 그 정당 소속 국회의원이 위헌적인 정치이념을 실현하기 위한 정치활동을 계속하는 것까지 보호받을 수는 없다(헌재 2014.12.19. 2013헌다1).

ㅇ. [○] 우리나라 제3공화국 헌법은 소속 정당이 해산된 때 국회의원은 자격을 상실한다고 규정한 바 있으나, 현재 이에 대한 명문의 규정이 없어 학설이 대립하고 있다.

ㅈ. [×] 판례에 의하면 위헌정당해산결정으로 국회의원은 의원직을 상실하니 지방의회의원 상실에 대해서는 언급히고 있지 않다.

ㅊ. [○]
집회 및 시위에 관한 법률 제5조 【집회 및 시위의 금지】
① 누구든지 다음 각 호의 어느 하나에 해당하는 집회나 시위를 주최하여서는 아니 된다.
1. 헌법재판소의 결정에 따라 해산된 정당의 목적을 달성하기 위한 집회 또는 시위

20 정답 ④

ㄱ. [×] 정치적 비판자들을 탄압하기 위한 용도로 남용되는 일이 생기지 않도록 정당해산심판제도는 매우 엄격하고 제한적으로 운용되어야 한다. '의심스러울 때에는 자유를 우선시하는(in dubio pro libertate)' 근대입헌주의의 원칙은 정당해산심판제도에서도 여전히 적용되어야 할 것이다(헌재 2014.12.19. 2013헌다1).

ㄴ. [○] 민주사회에서 정당의 자유가 지니는 중대한 함의나 정당해산심판제도의 남용가능성 등을 감안한다면, 헌법 제8조 제4항의 민주적 기본질서는 최대한 엄격하고 협소한 의미로 이해해야 한다. 정당에 대한 해산결정은 민주주의원리와 정당의 존립과 활동에 대한 중대한 제약이라는 점에서, 정당의 목적과 활동에 관련된 모든 사소한 위헌성까지도 문제 삼아 정당을 해산하는 것은 적절하지 않다. 그렇다면 헌법 제8조 제4항에서 말하는 민주적 기본질서의 위배란, 민주적 기본질서에 대한 단순한 위반이나 저촉을 의미하는 것이 아니라, 민주사회의 불가결한 요소인 정당의 존립을 제약해야 할 만큼 그 정당의 목적이나 활동이 우리 사회의 민주적 기본질서에 대하여 실질적인 해악을 끼칠 수 있는 구체적 위험성을 초래하는 경우를 가리킨다(헌재 2014.12.19. 2013헌다1).

ㄷ. [×] 민주적 기본질서의 '위배'란, 민주적 기본질서에 대한 단순한 위반이나 저촉을 의미하는 것이 아니라, 민주사회의 불가결한 요소인 정당의 존립을 제약해야 할 만큼 그 정당의 목적이나 활동이 우리 사회의 민주적 기본질서에 대하여 실질적인 해악을 끼칠 수 있는 구체적 위험성을 초래하는 경우를 가리킨다(헌재 2014.12.19. 2013헌다1).

ㄹ. [×] 헌법 제8조 제4항의 민주적 기본질서 개념은 정당해산결정의 가능성과 긴밀히 결부되어 있다. 이 민주적 기본질서의 외연이 확장될수록 정당해산결정의 가능성은 확대되고, 이와 동시에 정당활동의 자유는 축소될 것이다. 민주사회에서 정당의 자유가 지니는 중대한 함의나 정당해산심판제도의 남용가능성 등을 감안한다면, 헌법 제8조 제4항의 민주적 기본질서는 최대한 엄격하고 협소한 의미로 이해해야 한다. 따라서 민주적 기본질서를 현행헌법이 채택한 민주주의의 구체적 모습과 동일하게 보아서는 안 된다(헌재 2014.12.19. 2013헌다1).

ㅁ. [×] 헌법 제8조 제4항의 민주적 기본질서 개념은 정당해산결정의 가능성과 긴밀히 결부되어 있다. 이 민주적 기본질서의 외연이 확장될수록 정당해산결정의 가능성은 확대되고, 이와 동시에 정당 활동의 자유는 축소될 것이다. 민주사회에서 정당의 자유가 지니는 중대한 함의나 정당해산심판제도의 남용가능성 등을 감안한다면, 헌법 제8조 제4항의 민주적 기본질서는 최대한 엄격하고 협소한 의미로 이해해야 한다. 따라서 민주적 기본질서를 현행헌법이 채택한 민주주의의 구체적 모습과 동일하게 보아서는 안 된다. 정당이 위에서 본 바와 같은 민주적 기본질서, 즉 민주적 의사결정을 위해서 필요한 불가결한 요소들과 이를 운영하고 보호하는 데 필요한 최소한의 요소들을 수용한다면, 현행헌법이 규정한 민주주의 제도의 세부적 내용에 관해서는 얼마든지 그와 상이한 주장을 개진할 수 있는 것이다(헌재 2014.12.19. 2013헌다1).

9회 쟁점별 모의고사 정답 및 해설
(공무담임권 ~ 국가배상청구권)

정답

p.80

01	②	02	②	03	③	04	③	05	①
06	④	07	①	08	③	09	④	10	①
11	④	12	①	13	②	14	①	15	③
16	④	17	④	18	②	19	①	20	③

01
정답 ②

① [O] 당선무효조항은 결과적으로 국민이 직접 선출한 국회의원이라는 신분을 법원의 100만 원 이상 벌금형 선고로써 박탈할 수 있도록 한 것이고, 이는 국민이 선출한 국회의원 신분의 상실이라는 중대한 법익의 침해에 관련되는 것이므로, 당선무효조항에 의한 공무담임권의 제한에 대하여는 그에 상응하는 비례의 원칙 심사가 엄격하게 이루어져야 한다(헌재 2011.12.29. 2009헌마476).

❷ [X] 심판대상조항은 국회의원으로 당선된 자에게 사립대학 교원의 직에서 사직할 의무를 부과하고 있어 사립대학 교원이라는 직업선택의 자유를 제한함과 동시에, 청구인과 같이 사립대학 교원의 직에 있는 상태에서 향후 국회의원 선거에 출마하려는 자에게는 국회의원 출마 자체를 주저하게 만듦으로써 공무담임권의 행사에 적지 않은 위축효과도 가져온다. 따라서 이 사건 심판대상조항은 공무담임권과 직업선택의 자유라는 두 가지 기본권을 모두 제한하고 있다(헌재 2015.4.30. 2014헌마621).

③ [O] 지방교육에 있어서 경력요건과 교육전문가의 참여범위에 관한 입법재량의 범위를 일탈하여 그 합리성이 결여되어 있다거나 필요한 정도를 넘어 청구인들의 공무담임권을 침해하는 것이라 볼 수 없다(헌재 2020.9.24. 2018헌마444).

④ [O] 이 사건 법률조항과 같이 그 퇴직 후 일정 기간 동안 공직에의 임명을 제한하는 특별규정이 존재하지 아니하며, 검찰총장이나 경찰청장의 경우 그 퇴직 후 공직취임 등을 제한하도록 규정하였던 유사 법률조항들은 이미 우리 재판소가 모두 위헌이라고 결정하여 효력을 상실한 바 있다. 따라서 이 사건 법률규정이 유독 국가인권위원회 위원에 대해서만 퇴직한 뒤 일정 기간 공직에 임명되거나 선거에 출마할 수 없도록 제한한 것은 아무런 합리적 근거 없이 동 위원이었던 자만을 차별하는 것으로서 공무담임권 및 평등의 원칙에도 위배된다(헌재 2004.1.29. 2002헌마788).

02
정답 ②

① [O] 법원이 범죄의 모든 정황을 고려한 다음 벌금 100만 원 이상의 형을 선고하여 그 판결이 확정되었다면, 이는 결코 가벼운 성폭력범죄행위라고 볼 수 없다. 이처럼 이 사건 결격사유조항은 성범죄를 범하는 대상과 확정된 형의 정도에 따라 성범죄에 관한 교원으로서의 최소한의 자격기준을 설정하였다고 할 것이고, 같은 정도의 입법목적을 달성하면서도 기본권을 덜 제한하는 수단이 명백히 존재한다고 볼 수도 없으므로, 이 사건 결격사유조항은 과잉금지원칙에 반하여 청구인의 공무담임권을 침해하지 아니한다(헌재 2019.7.25. 2016헌마754).

❷ [X] 이 사건 공고는 대한변호사협회에 등록한 변호사로서 실제 변호사의 업무를 수행한 경력이 있는 사람을 우대하는 한편, 임용예정자에게 변호사등록 거부사유 등이 있는지를 대한변호사협회의 검증절차를 통하여 확인받도록 하는 데 목적이 있다. 이 사건 공고가 응시자격요건으로 변호사 자격 등록을 요구하는 것은 이러한 목적, 그리고 지원자가 채용예정직위에서 수행할 업무 등에 비추어 합리적이다. 인사권자인 피청구인은 경력경쟁채용시험을 실시하면서 응시자격요건을 구체적으로 어떻게 정할 것인지를 판단하고 결정하는 데 재량이 인정되는데, **이 사건 공고가 그 재량권을 현저히 일탈하였다고 볼 수 없다. 이 사건 공고는 청구인들의 공무담임권을 침해하지 않는다**(헌재 2019.8.29. 2019헌마616).

③ [O] 이 사건 기탁금조항으로 달성하려는 공익이 제한되는 공무담임권 정도보다 크다고 단정할 수 없으므로, 이 사건 기탁금조항은 법익의 균형성에도 반한다. 따라서, 이 사건 기탁금조항은 과잉금지원칙에 반하여 청구인의 공무담임권을 침해한다(헌재 2018.4.26. 2014헌마274).

④ [O] 공무담임권은 공직취임의 기회 균등뿐만 아니라 취임한 뒤 승진할 때에도 균등한 기회 제공을 요구한다. 이는 승진임용절차 개시 및 승진임용점수 산정과 관련된 법적 불이익에 해당하므로, 승진경쟁인원 증가에 따라 승진가능성이 낮아지는 사실상의 불이익 문제나 단순한 내부승진인사 문제와 달리 공무담임권의 제한에 해당한다(헌재 2018.7.26. 2017헌마1183).

03 정답 ③

ㄱ. [O] 국회의원 선거시 기탁금제도나 공무원시험의 응시연령 제한은 각각 피선거권과 공직취임권을 제한하는 점에서 모두 공무담임권을 제한하는 것이다.

ㄴ. [O] 선거구 구역표의 획정으로 인하여 다른 선거구에 속하게 된 특정 지역의 주민들로부터 국회의원 선거 후보자로서 지지를 받지 못하게 되었다거나 본인이 국회의원 선거 후보자로 출마하고자 하는 특정 선거구의 투표가치가 다른 선거구에 비하여 낮아지게 되었다고 할지라도, 이로 인해 국회의원 선거에 출마하고자 하는 청구인들의 공무담임권이 제한되는 것은 아니다(헌재 2014.10.30. 2012헌마190 등).

ㄷ. [O] 징계시효제도는 공무원에게 부담을 주는 것이 아니라 공무원의 신분을 보호하여 공직의 안정성을 보장하는 제도이므로, 공무원의 '금품수수'로 인한 징계의 시효를 금품수수 등을 제외한 일반적 징계사유의 경우보다 길게 정하고 있다고 하더라도, 이로 인해 금품수수를 한 징계대상자가 다른 징계대상자보다 징계를 받을 가능성이 높아지는 것은 별론으로 하고 곧바로 공무원 신분의 부당한 박탈, 정지와 같은 결과를 초래하는 것은 아니어서 공무담임권이 제한된다고 보기는 어렵다(헌재 2012.6.27. 2011헌바226).

ㄹ. [×] 심판대상조항은 전직 국회의원 중 일정한 요건을 갖춘 사람에게 연로회원지원금을 지급하도록 하는 내용이므로 공직취임의 기회를 배제하는 내용이 아니며, 공무원 신분의 박탈에 관한 규정도 아니어서 공무담임권의 보호영역에 속하는 사항을 규정하고 있지 않으므로 <u>공무담임권을 제한한다고 할 수 없다</u>(헌재 2015.4.30. 2013헌마666).

ㅁ. [×] 인사권자인 교육감은 교사들에 대한 평가와 승진임용의 기준을 설정하고 조정할 재량권이 있으며, 교육감의 권한에 의하여 승진임용과 평가의 기준이 변경된 경우에 승진임용의 대상자들인 교사들이 제도 변경 전후의 평가기준을 승진임용심사에서 동등하게 취급하라고 요구할 권리를 가진다고 볼 수 없으므로, 교육감이 이미 취득한 높은 도서·벽지가산점을 인정한 결과 승진임용에서 불리하게 된 교사들이 생기더라도 공무담임권을 침해한다고 보기 어렵다(헌재 2005.12.22. 2002헌마152).

ㅂ. [O] 공무담임권은 공직취임의 기회균등뿐만 아니라 취임한 뒤 승진할 때에도 균등한 기회 제공을 요구한다. 군복무 이후 공무원이 된 자는 군 복무기간이 승진소요 최저연수에 포함되지 않으므로 공무원으로 근무하다가 군복무를 한 사람보다 더 오래 재직하여야 승진임용절차가 진행된다. 또 군복무기간이 경력평정에서도 일부만 산입되므로 경력평정점수도 상대적으로 적게 부여된다. 이는 승진임용절차 개시 및 승진임용점수 산정과 관련된 법적 불이익에 해당하므로, 승진경쟁인원 증가에 따라 승진가능성이 낮아지는 사실상의 불이익 문제나 단순한 내부승진인사 문제와 달리 공무담임권의 제한에 해당한다(헌재 2018.7.26. 2017헌마1183).

ㅅ. [×] 공무담임권이란 국가, 공공단체의 구성원으로서 그 직무를 담당할 수 있는 권리이므로 주된 선거방송 대담·토론회의 참가가 제한되어 사실상 선거운동의 자유가 일부 제한되는 측면이 있다고 하여 그로써 바로 국가기관의 공직에 취임할 수 있는 권리가 직접 제한된다고 보기는 어렵다고 할 것이므로, 이 사건 법률조항은 <u>공무담임권을 제한하는 것이라고 볼 수 없다</u>(헌재 2011.5.26. 2010헌마45).

04 정답 ③

① [×] 공무원으로 임용되기 전 병역의무를 이행한 자는 제대군인을 우대한다는 이유로 병역기간을 60%만큼 공무원 경력으로 인정해주고 있다. 경력환산조항이 그러한 차이를 고려하여 같은 병역의무 이행기간이라도 공무원 임용 전인지 후인지에 따라 경력평정 인정비율을 달리 정하였고, 인정비율의 차이가 크지 않다. 이러한 차이가 승진임용에 끼치는 영향은 30%이므로 70% 비중을 차지하는 근무성적평정에 비해 적다. 경력환산조항은 과잉금지원칙에 위반하여 공무담임권을 침해하지 아니한다(헌재 2018.7.26. 2017헌마1183).

② [×] 승진소요 최저연수를 충족하였다는 의미는 승진임용자로 결정된다는 것이 아니라 경력평정을 실시하는 등 승진임용을 위한 절차가 개시될 수 있다는 의미에 불과하다. 승진소요 최저연수에 공무원 임용 전 병역의무 이행기간을 포함시키지 않았다 하여 청구인의 승진임용 기회에 과도한 제한을 가한다고 보기는 어려우므로, 승진기간조항은 공무담임권을 침해하지 않는다(헌재 2018.7.26. 2017헌마1183).

❸ [O] 헌법 제25조가 보장하는 공무담임권은 입법부, 행정부, 사법부는 물론 지방자치단체 등 국가, 공공단체의 구성원으로서 그 직무를 담당할 수 있는 권리를 말한다. 그런데 정당은 정치적 주장이나 정책을 추진하고 공직선거의 후보자를 추천 또는 지지함으로써 국민의 정치적 의사형성에 참여함을 목적으로 하는 국민의 자발적 조직으로서, 정당의 공직선거 후보자 선출은 자발적 조직 내부의 의사결정에 지나지 아니한다. 따라서 청구인이 정당의 내부경선에 참여할 권리는 헌법이 보장하는 공무담임권의 내용에 포함된다고 보기 어렵고, 청구인의 소속 정당이 당내경선을 실시하지 않는다고 하여 청구인이 공직선거의 후보자로 출마할 수 없는 것이 아니므로, 심판대상조항으로 인하여 청구인의 <u>공무담임권이 침해될 여지는 없다. 당내경선 실시 여부를 정당 스스로 정할 수 있도록 하였다는 사정만으로 기성 정치인과 정치 신인을 차별하는 것으로 볼 수 없으므로, 심판대상조항으로 말미암아 청구인의 평등권이 침해될 가능성이 있다고 보기도 어렵다</u>(헌재 2014.11.27. 2013헌마814).

④ [×] 당선무효조항은 선거의 공정성을 확보하고, 불법적인 방법으로 당선된 국회의원에 의한 부적절한 공직수행을 차단하기 위한 것인 점, 위 당선무효조항에서 '100만 원 이상의 벌금형의 선고'를 당선무효 여부의 기준으로 정한 것은 여러 요소를 고려하여 입법자가 선택한 결과인 점, 공직선거법을 위반한 범죄는 공직선거의 공정성을 침해하는 행위로서 국회의원으로서의 직무수행에 대한 국민적 신임이 유지되기 어려울 정도로 비난가능성이 큰 점, 법관이 100만 원 이상의 벌금형을 선고함에 있어서는 형사처벌뿐만 아니라 공직의 계속 수행 여부에 대한 한시적 평가도 하게 될 것이라는 점, 달리 덜 제약적인 대체적 입법수단이 명백히 존재한다고 볼 수도 없는 점 등을 종합하면, 위 당선무효조항은 청구인의 공무담임권이나 평등권을 침해한다고 볼 수 없다(헌재 2011.12.29. 2009헌마476).

05   정답 ①

❶ [×] 서울교통공사의 직원이라는 직위가 헌법 제25조가 보장하는 공무담임권의 보호영역인 '공무'의 범위에는 해당하지 않는다(헌재 2021.2.25. 2018헌마174).

② [○] 관세직 국가공무원의 선발예정인원을 정한 인사혁신처 공고 조항은 청구인의 기본권을 침해할 가능성이 없다(헌재 2023.2.23. 2019헌마401).

③ [○] 경북대학교 총장임용후보자선거의 후보자로 등록하려면 3,000만원의 기탁금을 납부하고 후보자등록신청시 기탁금납부영수증을 제출하도록 정한 '경북대학교 총장임용후보자 선정 규정' 제20조 제1항 및 제26조 제2항 제7호는 청구인의 공무담임권을 침해하지 않는다(헌재 2022.5.26. 2020헌마1219).

④ [○] 교육부 및 그 소속기관에서 근무하는 교육연구사 선발에 수석교사가 응시할 수 없도록 응시 자격을 제한한 교육부장관의 '2017년도 교육전문직 선발 계획 공고'가 과잉금지원칙에 위배되어 청구인들의 공무담임권을 침해한다고 할 수 없다(헌재 2023.2.23. 2017헌마604).

06   정답 ④

① [○] 공직자선발에 관하여 직무수행능력과 무관한 요소, 예컨대 성별·종교·사회적 신분·출신지역 등을 기준으로 삼는 것은 국민의 공직취임권을 침해하는 것이 된다. 다만, 헌법의 기본원리나 특정 조항에 비추어 능력주의원칙에 대한 예외를 인정할 수 있는 경우가 있다. 그러한 헌법원리로는 우리 헌법의 기본원리인 사회국가원리를 들 수 있고, 헌법조항으로는 여자·연소자근로의 보호, 국가유공자·상이군경 및 전몰군경의 유가족에 대한 우선적 근로기회의 보장을 규정하고 있는 헌법 제32조 제4항 내지 제6항, 여자·노인·신체장애자 등에 대한 사회보장의무를 규정하고 있는 헌법 제34조 제2항 내지 제5항 등을 들 수 있다. 이와 같은 헌법적 요청이 있는 경우에는 합리적 범위 안에서 능력주의가 제한될 수 있다(헌재 1999.12.23. 98헌바33).

② [○] 공무담임권의 제한의 경우는 그 직무가 가지는 공익실현이라는 특수성으로 인하여 그 직무의 본질에 반하지 아니하고 결과적으로 다른 기본권의 침해를 야기하지 아니하는 한 상대적으로 강한 합헌성이 추정될 것이므로, 주로 평등의 원칙이나 목적과 수단의 합리적인 연관성 여부가 심사대상이 될 것이며 법익형량에 있어서도 상대적으로 다소 완화된 심사를 하게 될 것이다(헌재 2002.10.31. 2001헌마557).

③ [○] 모집인원이 적어 공무원 임용시험에 합격할 가능성이 감소하였다는 것은 **단순히 간접적이고 사실적인 불이익에 불과할 뿐, 공무담임권이나 평등권에 대한 제한에 해당한다고 볼 수 없으므로,** 이 사건 **인원조항은 청구인의 기본권을 침해할 가능성이 없다**(헌재 2023.2.23. 2019헌마401).

❹ [×] 심판대상조항은 아동·청소년과 관련이 없는 직무를 포함하여 모든 일반직 공무원에 임용될 수 없도록 하므로, 제한의 범위가 지나치게 넓고 포괄적이다. 또한 심판대상조항은 영구적으로 임용을 제한하고, 결격사유가 해소될 수 있는 어떠한 가능성도 인정하지 않는다. 그런데 아동·청소년이용음란물소지죄로 형을 선고받은 경우라고 하여도 **범죄의 종류, 죄질** 등은 다양하므로, 개별범죄의 비난가능성 및 재범 위험성 등을 고려하여 상당한 기간 동안 임용을 제한하는 덜 침해적인 **방법으로도 입법목적을 충분히 달성할 수 있다. 따라서 심판대상조항은 과잉금지원칙에 위배되어 청구인들의 공무담임권을 침해한다.** 다만, 이 조항들의 위헌성을 해소하는 구체적인 방법은 입법자가 논의를 거쳐 결정해야 할 사항이므로 이 조항들에 대하여 헌법불합치결정을 선고하되 2024.5.31.을 시한으로 입법자가 개정할 때까지 계속 적용을 명하기로 한다(헌재 2023.6.29. 2020헌마1605).

반대의견(재판관 이은애, 이종석): 사회적 비난가능성이 높은 범죄를 저지른 사람으로 하여금 공무원의 직무를 수행하게 하는 것은 공직에 대한 국민의 신뢰를 손상시키고 원활한 공무수행에 어려움을 초래할 우려가 있다. 아동·청소년이용음란물소지죄는 그 자체로 죄질이 불량하고 비난가능성이 높다. 또한 심판대상조항은 아동·청소년 관련 직무 여부를 불문하고, 기간의 제한을 두지 않고 영구적으로 임용을 제한하지만 아동·청소년대상 성범죄는 재범 위험성이 높고 시간이 지나도 공무수행을 맡기기에 충분할 만큼 국민의 신뢰가 회복되기 어려우므로 침해의 최소성이 인정된다. 아동·청소년이용음란물소지죄를 저지른 사람이 공무를 수행할 경우 공직 전반에 대한 국민이 신뢰를 유지하기 어렵다는 점을 고려하면, 법익의 균형성도 인정된다. 따라서 이 조항들은 청구인들의 공무담임권을 침해하지 않는다.

07   정답 ①

❶ [○] 지방자치단체와 그 소속 경력직 공무원인 지방소방공무원 사이의 관계, 즉 지방소방공무원의 근무관계는 사법상의 근로계약관계가 아닌 공법상의 근무관계에 해당하고, 그 근무관계의 주요한 내용 중 하나인 지방소방공무원의 보수에 관한 법률관계는 공법상의 법률관계라고 보아야 한다. 나아가 지방공무원법 제44조 제4항, 제45조 제1항이 지방공무원의 보수에 관하여 이른바 근무조건 법정주의를 채택하고 있고, 지방공무원 수당 등에 관한 규정 제15조 내지 제17조가 초과근무수당의 지급대상, 시간당 지급 액수, 근무시간의 한도, 근무시간의 산정방식에 관하여 구체적이고 직접적인 규정을 두고 있는 등 관계 법령의 내용, 형식 및 체제 등을 종합하여 보면, 지방소방공무원의 초과근무수당 지급청구권은 법령의 규정에 의하여 직접 그 존부나 범위가 정하여지고 법령에 규정된 수당의 지급요건에 해당하는 경우에는 곧바로 발생한다고 할 것이므로, 지방소방공무원이 자신이 소속된 지방자치단체를 상대로 초과근무수당의 지급을 구하는 청구에 관한 소송은 행정소송법 제3조 제2호에 규정된 당사자소송의 절차에 따라야 한다(대판 2013.3.28. 2012다102629).

② [×] 국가공무원법 조항 중 '그 밖의 정치단체'에 관한 부분은, '그 밖의 정치단체'가 무엇인가에 대하여 규범 내용을 확정할 수 없는 불명확한 개념을 사용하고 있어, 표현의 자유를 규제하는 법률조항, 형벌의 구성요건을 규정하는 법률에 대하여 헌법이 요구하는 명확성원칙의 엄격한 기준을 충족하지 못하였다(헌재 2020.4.23. 2018헌마551).

③ [×] 헌법상 군무원은 국민의 구성원으로서 정치적 표현의 자유를 보장받지만, 위와 같은 특수한 지위로 인하여 국가공무원으로

서 헌법 제7조에 따라 그 정치적 중립성을 준수하여야 할 뿐만 아니라, 나아가 국군의 구성원으로서 헌법 제5조 제2항에 따라 그 정치적 중립성을 준수할 필요성이 더욱 강조되므로, 정치적 표현의 자유에 대해 일반국민보다 엄격한 제한을 받을 수밖에 없다(헌재 2018.7.26. 2016헌바139).

④ [×] 국가공무원법 제66조 제1항 본문에서 '공무 외의 일을 위한 집단행위'라고 다소 포괄적이고 광범위하게 규정하고 있다 하더라도, 이는 공무가 아닌 어떤 일을 위하여 공무원들이 하는 모든 집단행위를 의미하는 것이 아니라, 언론·출판·집회·결사의 자유를 보장하고 있는 헌법 제21조 제1항, 공무원 및 교원에게 요구되는 헌법상의 의무 및 이를 구체화한 국가공무원법의 취지, 국가공무원법상의 성실의무 및 직무전념의무 등을 종합적으로 고려하여 '공익에 반하는 목적을 위한 행위로서 직무전념의무를 해태하는 등의 영향을 가져오는 집단적 행위'라고 해석된다(대판 전합체 2012.4.19. 2010도6388).

08 정답 ③

① [×] 국가공무원법상 공무원은 신분이 보장되는 경력직 공무원이나, 국가배상법상의 공무원은 신분이 공무원이 아니더라도 공무를 수행하는 모든 자이므로 양자의 범위는 동일하지 않다.

② [×] 지방자치단체장을 위한 별도의 퇴직급여제도를 마련하지 않은 입법부작위
지방자치단체의 장은 헌법 제7조 제2항에 따라 신분보장이 필요하고 정치적 중립성이 요구되는 공무원에 해당한다고 보기 어려우므로 헌법 제7조의 해석상 지방자치단체장을 위한 퇴직급여제도를 마련하여야 할 입법적 의무가 도출된다고 볼 수 없고, 그 외에 헌법 제34조나 공무담임권 보장에 관한 헌법 제25조로부터 위와 같은 입법의무가 도출되지 않는다. 따라서 지방자치단체장을 위한 별도의 퇴직급여제도를 마련하지 않은 입법부작위는 헌법소원의 대상이 될 수 없다(헌재 2014.6.26. 2012헌마459).

❸ [O] 우리나라는 직업공무원제도를 채택하고 있는데, 이는 공무원이 집권세력의 논공행상의 제물이 되는 엽관제도를 지양하고 정권교체에 따른 국가작용의 중단과 혼란을 예방하고 일관성 있는 공무수행의 독자성을 유지하기 위하여 헌법과 법률에 의하여 공무원의 신분이 보장되는 공직구조에 관한 제도이다. 여기서 말하는 공무원은 국가 또는 공공단체와 근로관계를 맺고 이른바 공법상 특별권력관계 내지 특별행정법관계 아래 공무를 담당하는 것을 직업으로 하는 협의의 공무원을 말하며 정치적 공무원이라든가 임시적 공무원은 포함되지 않는 것이다(헌재 1989.12.18. 89헌마32 등).

④ [×] 국가배상법 제2조 제1항 단서 중의 '경찰공무원'은 '경찰공무원법상의 경찰공무원'만을 의미한다고 단정하기 어렵고, 널리 경찰업무에 내재된 고도의 위험성을 고려하여 '경찰조직의 구성원을 이루는 공무원'을 특별취급하려는 취지로 파악함이 상당하고, 따라서 전투경찰순경은 헌법 제29조 제2항 및 국가배상법 제2조 제1항 단서 중의 '경찰공무원'에 해당한다고 보아야 할 것이다(헌재 1996.6.13. 94헌마118 등).

09 정답 ④

ㄱ. [O] 국가공무원법 제66조에서 금지한 '공무 이외의 일을 위한 집단적 행위'는 공무가 아닌 어떤 일을 위하여 공무원들이 하는 모든 집단적 행위를 의미하는 것은 아니고 언론, 출판, 집회, 결사의 자유를 보장하고 있는 헌법 제21조 제1항, 헌법상의 원리, 국가공무원법의 취지, 국가공무원법상의 성실의무 및 직무전념의무 등을 종합적으로 고려하여 '공익에 반하는 목적을 위하여 직무전념의무를 해태하는 등의 영향을 가져오는 집단적 행위'라고 축소해석하여야 할 것이다(대판 1992.2.14. 90도2310).

ㄴ. [O] 공무원이 임용 당시의 공무원법상의 정년규정까지 근무할 수 있다는 기대와 신뢰는 행정조직, 직제의 변경 또는 예산의 감소 등 강한 공익상의 정당한 근거에 의하여 좌우될 수 있는 상대적이고 가변적인 것에 지나지 않는다고 할 것이므로 정년규정을 변경하는 입법은 구법질서에 대하여 기대했던 당사자의 신뢰보호 내지 신분관계의 안정이라는 이익을 지나치게 침해하지 않는 한 공익목적 달성을 위하여 필요한 범위 내에서 입법권자의 입법형성의 재량을 인정하여야 할 것이다. 따라서 이 사건 계급정년규정은 입법자의 입법형성재량범위 내에서 입법된 것이라고 할 것이므로 이를 공무원 신분관계의 안정을 침해하는 입법이라고 할 수 없고, 소급입법에 의한 기본권 침해규정이라고 할 수도 없다고 할 것이다(헌재 1994.4.28. 91헌바15 등).

ㄷ. [O] 공무원의 사퇴는 사퇴의 의사표시를 한 때 발생하는 것이 아니라, 임명권자가 면직의 의사표시를 한 때 발생한다. 공무원에 대한 임명 또는 해임 행위는 임명권자의 의사표시를 내용으로 하는 하나의 행정처분으로 보아야 한다(대판 1962.11.15. 62누165).

ㄹ. [×] 검찰총장은 퇴직 후 2년 동안에는 정당 추천이 아닌 무소속으로만 각종 선거에 입후보할 수밖에 없으므로 결과적으로 국민주권과 직결되는 참정권(선거권과 피선거권)을 제한받고 있다. 검찰총장에서 퇴직한지 2년이 지나지 아니한 자의 정치적 결사의 자유와 참정권(선거권과 피선거권) 등 우월적 지위를 갖는 기본권을 제한한 것이고, 그 제한은 합헌이 되기 위한 심사기준을 벗어난 과잉금지원칙에 위반된다고 아니할 수 없다. 검찰총장에 대하여 퇴직일부터 2년간 정치적 생활영역에서 차별취급하도록 규정하고 있는 이 법률조항은 직업선택의 자유, 정치적 결사의 자유, 참정권(선거권과 피선거권), 공무담임권을 침해하는 합리성이 결여된 차별취급규정으로서 헌법에 위반된다고 할 것이다(헌재 1997.7.16. 97헌마26).

ㅁ. [O] 청구인들은 정당가입을 금지하는 이 사건 법률조항으로 말미암아 결과적으로 퇴직 후 2년간은 정당의 추천이 아닌 무소속으로만 각종 공직선거에 입후보할 수 밖에 없게 되었다. 그러나 이 사건 법률조항이 규율하는 것은 국민 누구나가 공직선거에 입후보하여 당선될 수 있는 피선거권, 즉 선거직 공무원을 포함한 모든 공직에 취임할 수 있는 권리로서 공무담임권이 아니라, 정당의 설립과 가입에 관한 자유이다. 물론 이 사건 법률조항이 규정하는 정당가입의 금지로 인하여 청구인들이 정당의 공천을 받을 수 없다는 결과가 발생하고 이로써 공직선거에 입후보할 수 있는 기회를 사실상 잃게 되는 경우도 있을 수 있을 것이다. 그러나 그렇다고 하여 공직선거에 출마하여 당선될 수 있는 권리 그 자체가 침해받는 것은 아니

다. 청구인들이 공무담임권에 대한 제약을 받는 것은 단지 정당공천을 받는 경우에 일반적으로 기대할 수 있는 보다 높은 선출의 가능성일 뿐이다. 따라서 피선거권에 대한 제한은 이 사건 법률조항이 가져오는 간접적이고 부수적인 효과에 지나지 아니하므로 헌법 제25조의 공무담임권(피선거권)은 이 사건 법률조항에 의하여 제한되는 청구인들의 기본권이 아니다. 또한 청구인들은 직업의 자유도 침해되었다고 주장하나, 공무원직에 관한 한 공무담임권은 직업의 자유에 우선하여 적용되는 특별법적 규정이고, 위에서 밝힌 바와 같이 공무담임권(피선거권)은 이 사건 법률조항에 의하여 제한되는 청구인들의 기본권이 아니므로, <u>직업의 자유 또한 이 사건 법률조항에 의하여 제한되는 기본권으로서 고려되지 아니한다</u>(헌재 1999.12.23. 99헌마135).

10   정답 ①

❶ [O]
> 국회법 제123조【청원서의 제출】① 국회에 청원을 하려고 하는 자는 의원의 소개를 받거나 국회규칙으로 정하는 기간 동안 국회규칙으로 정하는 일정한 수 이상의 국민의 동의를 받아 청원서를 제출하여야 한다.
>
> 지방자치법 제85조【청원서의 제출】① 지방의회에 청원을 하려는 자는 지방의회의원의 소개를 받아 청원서를 제출하여야 한다.

② [X] 취소소송과 달리 청원은 제기기한이 별도로 없다.

③ [X] 취소소송과 달리 청원은 법률상 이익을 요하지 아니하므로 자신의 권리가 아닌 제3자의 피해구제를 위해서 청원하는 것은 허용된다.

④ [X] 헌법 제26조 제1항의 규정에 의한 청원권은 국민이 국가기관에 대하여 어떤 사항에 관한 의견이나 희망을 진술할 권리로서 단순히 그 사항에 대한 국가기관의 선처를 촉구하는 데 불과한 것이므로 같은 조 제2항에 의하여 국가가 청원에 대하여 심사할 의무를 지고 청원법 제9조 제4항에 의하여 주관관서가 그 심사처리결과를 청원인에게 통지할 의무를 지고 있더라도 청원을 수리한 국가기관은 이를 성실, 공정, 신속히 심사, 처리하여 그 결과를 청원인에게 통지하는 이상의 법률상 의무를 지는 것은 아니라고 할 것이고, 따라서 국가기관이 그 수리한 청원을 받아들여 구체적인 조치를 취할 것인지 여부는 국가기관의 자유재량에 속한다(대판 1990.5.25. 90누1458).

11   정답 ④

① [O] 구 의원소개조항이 이후 개정되면서 국회에 대한 청원방법으로 국민의 동의를 받는 방식이 추가되었다. 그러나 이 사건에서 문제되는, 의원소개를 받아 하는 청원방법에 근본적인 변화가 있었던 것은 아니며, 구 의원소개조항의 실질적인 내용은 현 의원소개조항과 동일하므로, 위 선례의 판단은 구 의원소개조항 및 현 의원소개조항 모두에 대해서 그대로 타당하고, 이를 변경할 만한 사정변경이 없다. 따라서 의원소개조항이 청원권을 침해한다고 보기 어렵다(헌재 2023.3.23. 2018헌마460).

② [O] 재판이라 함은 구체적 사건에 관하여 사실의 확정과 그에 대한 법률의 해석적용을 그 본질적인 내용으로 하는 일련의 과정이다. 따라서 법관에 의한 재판을 받을 권리를 보장한다고 함은 결국 법관이 사실을 확정하고 법률을 해석·적용하는 재판을 받을 권리를 보장한다는 뜻이고, 그와 같은 법관에 의한 사실확정과 법률의 해석적용의 기회에 접근하기 어렵도록 제약이나 장벽을 쌓아서는 아니 된다고 할 것이며, 만일 그러한 보장이 제대로 이루어지지 아니한다면 헌법상 보장된 재판을 받을 권리의 본질적 내용을 침해하는 것으로서 우리 헌법상 허용되지 아니한다(헌재 1995.9.28. 92헌가11).

③ [O] 헌법 제27조 제1항의 법관에 의한 재판을 받을 권리란 법관에 의한 사실확정 및 법률적용을 받을 권리를 의미한다. 그런데 대법원은 법률심으로서 사실관계에 대한 판단을 하지 아니한다. 따라서 특허청의 사실확정을 토대로 재판을 할 수밖에 없어, 특허심판위원회의 결정에 대해 대법원에 상고하도록 한 특허법 제186조는 법관에 의하여 사실확정을 받을 권리를 보장하는 재판청구권 침해이다(헌재 1995.9.28. 92헌가11).

❹ [X] 대한변호사협회징계위원회에서 징계를 받은 변호사는 법무부변호사징계위원회에서의 이의절차를 밟은 후 곧바로 대법원에 즉시항고토록 하고 있는 변호사법 제81조 제4항 내지 제6항은 행정심판에 불과한 법무부변호사징계위원회의 결정에 대하여 법원의 사실적 측면과 법률적 측면에 대한 심사를 배제하고 대법원으로 하여금 변호사징계사건의 최종심 및 법률심으로서 단지 법률적 측면의 심사만을 할 수 있도록 하고 재판의 전심절차로서만 기능해야 할 법무부변호사징계위원회를 사실확정에 관한 한 사실상 최종심으로 기능하게 하고 있으므로, <u>일체의 법률적 쟁송에 대한 재판기능을 대법원을 최고법원으로 하는 법원에 속하도록 규정하고 있는 헌법 제101조 제1항 및 재판의 전심절차로서 행정심판을 두도록 하는 헌법 제107조 제3항에 위반된다</u>(헌재 2000.6.29. 99헌가9).

12   정답 ①

❶ [O] 이 사건 재심기각결정들은 이 사건 한정위헌결정의 기속력을 부인하여 헌법재판소법에 따른 청구인들의 재심청구를 기각하였다. 따라서 이 사건 재심기각결정들은 모두 '법률에 대한 위헌결정의 기속력에 반하는 재판'으로 이에 대한 헌법소원은 허용되고 청구인들의 헌법상 보장된 재판청구권을 침해하였으므로, 헌법재판소법 제75조 제3항에 따라 취소되어야 한다(헌재 2020.6.30. 2014헌마760).

② [X] 강력범죄 또는 조직폭력범죄의 수사와 재판에서 범죄입증을 위해 증언한 자의 안전을 효과적으로 보장해 줄 수 있는 조치가 마련되어야 할 필요성은 매우 크고, 경우에 따라서는 증인이 피고인의 변호인과 대면하여 진술하는 것으로부터 보호할 필요성이 있을 수 있다. 피고인 등과 증인 사이에 차폐시설을 설치한 경우에도 피고인 및 변호인에게는 여전히 반대신문권이 보장되고, 증인신문과정에서 증언의 신빙성에 대한 최종 판단 권한을 가진 재판부가 증인의 진술태도를 충분히 관찰할 수 있으며, 형사소송법은 차폐시설을 설치하고 증인신문절차를 진행할 경우 피고인으로부터 의견을 듣도록 하는 등 피고인이 받을 수 있는 불이익을 최소화하기 위한 장치를 마련하고 있다. 따라서 심판대상조항은 과잉금지원칙에 위배되어 청

구인의 공정한 재판을 받을 권리 및 변호인의 조력을 받을 권리를 침해한다고 할 수 없다(헌재 2016.12.29. 2015헌바221).
③ [×] 해당 대학의 공공단체로서의 지위를 고려하여 교원의 지위를 두텁게 제도를 형성하는 것이 가능하다. 교원소청심사위원회의 인용결정이 있을 경우 한국과학기술원 총장의 제소를 금지하여 교원으로 하여금 확정적이고 최종적으로 징계 등 불리한 처분에서 벗어날 수 있도록 한 것은 공공단체의 책무를 규정한 '교원의 지위 향상 및 교육활동 보호를 위한 특별법' 취지에도 부합한다. 따라서 심판대상조항은 청구인의 재판청구권을 침해하지 아니한다(헌재 2022.10.27. 2019헌바117).
④ [×] 학교법인에게 재심결정에 불복할 제소권한을 부여한다고 하여 이 사건 법률조항이 추구하는 사립학교 교원의 신분보장에 특별한 장애사유가 생긴다든가 그 권리구제에 공백이 발생하는 것도 아니므로 이 사건 법률조항은 분쟁의 당사자이자 재심절차의 피청구인인 학교법인의 재판청구권을 침해한다(헌재 2006.2.23. 2005헌가7).

13   정답 ②

ㄱ. [×] 경찰공무원이 낙석사고 현장 주변 교통정리를 위하여 사고현장 부근으로 이동하던 중 대형 낙석이 순찰차를 덮쳐 사망하자, 도로를 관리하는 지방자치단체가 국가배상법 제2조 제1항 단서에 따른 면책을 주장한 사안에서, 경찰공무원 등이 '전투·훈련 등 직무집행과 관련하여' 순직 등을 한 경우 같은 법 및 민법에 의한 손해배상책임을 청구할 수 없다고 정한 국가배상법 제2조 제1항 단서의 면책조항은 구 국가배상법 제2조 제1항 단서의 면책조항과 마찬가지로 <u>전투·훈련 또는 이에 준하는 직무집행뿐만 아니라 '일반직무집행'에 관하여도 국가나 지방자치단체의 배상책임을 제한하는 것이라고 해석하여, 위 면책 주장을 받아들인 원심판단은 정당하다</u>(대판 2011.3.10. 2010다85942).
ㄴ. [○] 전투경찰순경은 국가배상법 제2조 제1항 단서 소정의 '경찰공무원'에 해당한다고 보아야 한다(대판 1995.3.24., 94다25414). 반면, 경비교도로 근무 중 공무수행과 관련하여 사망한 자에 대하여 구 '국가유공자 예우 등에 관한 법률' 제4조 제1항 제5호 소정의 순직군경에 해당한다 하여 국가유공자로 결정하고 사망급여금 등이 지급되었다 하더라도 그러한 사실 때문에 신분이 군인 또는 경찰공무원으로 되는 것은 아니다(대판 1993.4.9. 92다43395).
ㄷ. [○] 국가배상법 제2조 제1항 단서는 헌법 제29조 제1항에 의하여 보장되는 국가배상청구권을 헌법 내재적으로 제한하는 헌법 제29조 제2항에 직접 근거하고, 실질적으로 그 내용을 같이 하는 것이므로 헌법에 위반되지 아니한다(헌재 1995.12.28. 95헌바3).
ㄹ. [×] 합헌으로 보았다.
심판대상조항은 헌법 제29조 제2항의 명시적인 위임에 따라 임무수행 중 사고를 당한 향토예비군대원에 대한 이중의 보상으로 인한 일반인들과의 불균형을 시정하고 국가재정의 지출부담을 절감한다는 공공의 이익을 보호하기 위하여 다른 법령의 규정에 의하여 재해보상금 등을 지급받을 수 있는 권리가 보장된 향토예비군대원의 개별적인 국가배상청구권의 행사를 금지하는 것이므로 그로 인하여 보호되는 법익과 침해되는 법익 간에 입법자의 자의라고 할 정도의 불균형이 있다고 보여지지 아니한다(헌재 1996.6.13. 94헌바20).
ㅁ. [○] 군인 또는 경찰공무원으로서 교육훈련 또는 직무수행 중 상이(공무상의 질병 포함)를 입고 전역 또는 퇴직한 자라고 하더라도 '국가유공자 예우 등에 관한 법률'에 의하여 국가보훈처장이 실시하는 신체검사에서 대통령령이 정하는 상이등급에 해당하는 신체의 장애를 입지 않은 것으로 판명되고 군인연금법상의 재해보상 등을 받을 수 있는 장애등급에도 해당하지 않는 것으로 판명된 자는 위 각 법에 의한 적용대상에서 제외되고, 따라서 그러한 자는 국가배상법 제2조 제1항 단서의 적용을 받지 않아 국가배상을 청구할 수 있다(대판 1997.2.14. 96다28066).
ㅂ. [○] 대법원은 경찰관이 숙직실에서 숙직하다가 연탄가스중독으로 사망한 경우 숙직실이 전투훈련에 관련된 시설이 아니므로 공무원연금법에 의한 순직연금 외에도 손해배상청구소송이 가능하다고 판결하여 국가보상과 국가배상을 양립시키려 하고 있다(대판 전합체 1979.1.30. 77다2389).
ㅅ. [○] 훈련 후 경찰서 복귀과정에서 사고전투경찰대원이 국민학교 교정에서 다중범죄진압훈련을 일단 마치고 점심을 먹기 위하여 근무하던 파출소를 향하여 걸어가다가 경찰서 소속 대형 버스에 충격되어 사망하였다면 망인이 그와 같은 경위로 도로상을 걷는 것이 진압훈련과정의 일부라고 할 수 없고, 그가 경찰관전투복을 착용하고 있었고 전투경찰이 치안업무의 보조를 그 임무로 하고 있더라도 <u>국가배상법 제2조 제1항 단서에서 말하는 전투, 훈련 기타 직무집행과 관련하여 사망한 것이라고 단정하기 어렵다</u>(대판 1989.4.11. 88다카4222).

14   정답 ①

❶ [○]
> 국민의 형사재판 참여에 관한 법률 제16조 【배심원의 자격】
> 배심원은 만 20세 이상의 대한민국 국민 중에서 이 법으로 정하는 바에 따라 선정된다.

② [×]
> 국민의 형사재판 참여에 관한 법률 제46조 【재판장의 설명·평의·평결·토의 등】① 재판장은 변론이 종결된 후 법정에서 배심원에게 공소사실의 요지와 적용법조, 피고인과 변호인 주장의 요지, 증거능력, 그 밖에 유의할 사항에 관하여 설명하여야 한다. 이 경우 필요한 때에는 증거의 요지에 관하여 설명할 수 있다.
> ② 심리에 관여한 배심원은 제1항의 설명을 들은 후 유·무죄에 관하여 평의하고, <u>전원의 의견이 일치하면</u> 그에 따라 평결한다. 다만, 배심원 과반수의 요청이 있으면 심리에 관여한 판사의 의견을 들을 수 있다.

③ [×]
> 국민의 형사재판 참여에 관한 법률 제46조 【재판장의 설명·평의·평결·토의 등】③ 배심원은 유·무죄에 관하여 전원의 의견이 일치하지 아니하는 때에는 평결을 하기 전에 심리에 관여한 <u>판사의 의견을 들어야 한다.</u>

④ [×] 국민의 형사재판 참여에 관한 법률 제46조 【재판장의 설명·평의·평결·토의 등】 ③ 배심원은 유·무죄에 관하여 전원의 의견이 일치하지 아니하는 때에는 평결을 하기 전에 심리에 관여한 판사의 의견을 들어야 한다. 이 경우 유·무죄의 평결은 다수결의 방법으로 한다. 심리에 관여한 판사는 평의에 참석하여 의견을 진술한 경우에도 평결에는 참여할 수 없다.

15 정답 ③

ㄱ. [O] 재판이라 함은 구체적 사건에 관하여 사실의 확정과 그에 대한 법률의 해석적용을 그 본질적인 내용으로 하는 일련의 과정이다. 따라서 법관에 의한 재판을 받을 권리를 보장한다고 함은 결국 법관이 사실을 확정하고 법률을 해석·적용하는 재판을 받을 권리를 보장한다는 뜻이고, 그와 같은 법관에 의한 사실확정과 법률의 해석적용의 기회에 접근하기 어렵도록 제약이나 장벽을 쌓아서는 아니 된다고 할 것이며, 만일 그러한 보장이 제대로 이루어지지 아니한다면 헌법상 보장된 재판을 받을 권리의 본질적 내용을 침해하는 것으로서 우리 헌법상 허용되지 아니한다(헌재 1995.9.28. 92헌가11).

ㄴ. [O] 헌법 제27조 제1항의 법관에 의한 재판을 받을 권리란 법관에 의한 사실확정 및 법률적용을 받을 권리를 의미한다. 그런데 대법원은 법률심으로서 사실관계에 대한 판단을 하지 아니한다. 따라서 특허청의 사실확정을 토대로 재판을 할 수밖에 없어, 특허심판위원회의 결정에 대해 대법원에 상고하도록 한 특허법 제186조는 법관에 의하여 사실확정을 받을 권리를 보장하는 재판청구권 침해이다(헌재 1995.9.28. 92헌가11).

ㄷ. [×] 대한변호사협회징계위원회에서 징계를 받은 변호사는 법무부변호사징계위원회에서의 이의절차를 밟은 후 곧바로 대법원에 즉시항고토록 하고 있는 변호사법 제81조 제4항 내지 제6항은 행정심판에 불과한 법무부변호사징계위원회의 결정에 대하여 법원의 사실적 측면과 법률적 측면에 대한 심사를 배제하고 대법원으로 하여금 변호사징계사건의 최종심 및 법률심으로서 단지 법률적 측면의 심사만을 할 수 있도록 하고 재판의 전심절차로서만 기능해야 할 법무부변호사징계위원회를 사실확정에 관한 한 사실상 최종심으로 기능하게 하고 있으므로, 일체의 법률적 쟁송에 대한 재판기능을 대법원을 최고법원으로 하는 법원에 속하도록 규정하고 있는 헌법 제101조 제1항 및 재판의 전심절차로서 행정심판을 두도록 하는 헌법 제107조 제3항에 위반된다(헌재 2000.6.29. 99헌가9).

ㄹ. [O] 보상액의 산정에 기초되는 사실인정이나 보상액에 관한 판단에서 오류나 불합리성이 발견되는 경우에도 그 시정을 구하는 불복신청을 할 수 없도록 하는 것은 형사보상청구권 및 그 실현을 위한 기본권으로서의 재판청구권의 본질적 내용을 침해하는 것이라 할 것이고, 나아가 법적 안정성만을 지나치게 강조함으로써 재판의 적정성과 정의를 추구하는 사법제도의 본질에 부합하지 아니하는 것이다. 또한 불복을 허용하더라도 즉시항고는 절차가 신속히 진행될 수 있고 사건수도 과다하지 아니한 데다 그 재판 내용도 비교적 단순하므로 불복을 허용한다고 하여 상급심에 과도한 부담을 줄 가능성은 별로 없다고 할 것이어서, 이 사건 불복금지조항은 형사보상청구권 및 재판청구권을 침해한다고 할 것이다(헌재 2010.10.28. 2008헌마514 등).

ㅁ. [×] 구 법관징계법 제27조는 법관에 대한 대법원장의 징계처분 취소청구소송을 대법원에 의한 단심재판에 의하도록 규정하고 있는바, 이는 독립적으로 사법권을 행사하는 법관이라는 지위의 특수성과 법관에 대한 징계절차의 특수성을 감안하여 재판의 신속을 도모하기 위한 것으로 그 합리성을 인정할 수 있고, 대법원이 법관에 대한 징계처분 취소청구소송을 단심으로 재판하는 경우에는 사실확정도 대법원의 권한에 속하여 법관에 의한 사실확정의 기회가 박탈되었다고 볼 수 없으므로, 헌법 제27조 제1항의 재판청구권을 침해하지 아니한다(헌재 2012.2.23. 2009헌바34).

16 정답 ④

① [O] ② [O] 이 사건 법률조항이 규정하고 있는 '소송비용'의 보상은 형사사법절차에 내재된 위험에 의해 발생되는 손해를 국가가 보상한다는 취지에서 비롯된 것이다. 그러나 구금되었음을 전제로 하는 헌법 제28조의 형사보상청구권과는 달리 소송비용의 보상을 청구할 수 있는 권리는 헌법적 차원의 권리라고 볼 수는 없고, 입법자가 입법의 목적, 국가의 경제적·사회적·정책적 사정들을 참작하여 제정하는 법률에 적용요건, 적용대상, 범위 등 구체적인 사항이 규정될 때 비로소 형성되는 법률상의 권리에 불과하다(헌재 2012.3.29. 2011헌바19).

③ [O] 형사보상은 형사사법절차에 내재하는 불가피한 위험으로 인한 피해에 대한 보상으로서 국가의 위법·부당한 행위를 전제로 하는 국가배상과는 그 취지 자체가 상이하므로 형사보상절차로서 인과관계 있는 모든 손해를 보상하지 않는다고 하여 반드시 부당하다고 할 수는 없으며, 보상금액의 구체화·개별화를 추구할 경우에는 개별적인 보상금액을 산정하는 데 상당한 기간의 소요 및 절차의 지연을 초래하여 형사보상제도의 취지에 반하는 결과가 될 위험이 크고 나아가 그로 인하여 형사보상금의 액수에 지나친 차등이 발생하여 오히려 공평의 관념을 저해할 우려가 있는바, 이 사건 보상금조항 및 이 사건 보상금시행령조항은 청구인들의 형사보상청구권을 침해한다고 볼 수 없다(헌재 2010.10.28. 2008헌마514).

❹ [×] 헌법 제28조에서 규정하는 '정당한 보상'은 헌법 제23조 제3항에서 재산권의 침해에 대하여 규정하는 '정당한 보상'과는 차이가 있다 할 것이다. 헌법 제23조 제3항에서 규정하는 '정당한 보상'이란 원칙적으로 피수용재산의 객관적 재산가치를 완전하게 보상하는 것이어야 하는바, 토지수용 등과 같은 재산권의 제한은 물질적 가치에 대한 제한이므로 제한되는 가치의 범위가 객관적으로 산정될 수 있어 이에 대한 완전한 보상이 가능하다. 그런데 헌법 제28조에서 문제되는 신체의 자유에 대한 제한인 구금으로 인하여 침해되는 가치는 객관적으로 산정할 수 없으므로, 일단 침해된 신체의 자유에 대하여 어느 정도의 보상을 하여야 완전한 보상을 하였다고 할 것인지 단언하기 어렵다(헌재 2010.10.28. 2008헌마514).

17 정답 ④

① [×] 형사보상청구권과 직접적인 이해관계를 가진 당사자는 형사피고인과 국가밖에 없는데, 국가가 무죄판결을 선고받은 형사피고인에게 넓게 형사보상청구권을 인정함으로써 감수해야 할 공익은 경제적인 것에 불과하고 그 액수도 국가 전체 예산규모에 비추어 볼 때 미미하다고 할 것이다. 또한 형사피고인에게 넓게 형사보상청구권을 인정한다고 하여 법적 혼란이 초래될 염려도 전혀 없다. 그렇다면 이 사건 법률조항은 국가의 재정이라는 공익을 보호하기 위하여 신체의 자유와 밀접하게 관련된 국민의 재산적 권리를 과도하게 제한하는 것으로서 법익의 균형성을 갖추었다고 할 수 없다. 따라서 <u>이 사건 법률조항은 입법재량의 한계를 일탈하여 청구인의 형사보상청구권을 침해한 것이다</u>(헌재 2010.7.29. 2008헌가4).

② [×]
> 형사보상 및 명예회복에 관한 법률 제8조【보상청구의 기간】
> 보상청구는 무죄재판이 확정된 사실을 안 날부터 3년, 무죄재판이 확정된 때부터 5년 이내에 하여야 한다.

③ [×]
> 형사보상 및 명예회복에 관한 법률 제26조【면소 등의 경우】
> ① 다음 각 호의 어느 하나에 해당하는 경우에도 국가에 대하여 구금에 대한 보상을 청구할 수 있다.
> 1. 형사소송법에 따라 면소 또는 공소기각의 재판을 받아 확정된 피고인이 면소 또는 공소기각의 재판을 할 만한 사유가 없었더라면 무죄재판을 받을 만한 현저한 사유가 있었을 경우

❹ [O]
> 형사보상 및 명예회복에 관한 법률 제6조【손해배상과의 관계】① 이 법은 보상을 받을 자가 다른 법률에 따라 손해배상을 청구하는 것을 금지하지 아니한다.
> ③ 다른 법률에 따라 손해배상을 받을 자가 같은 원인에 대하여 이 법에 따른 보상을 받았을 때에는 그 보상금의 액수를 빼고 손해배상의 액수를 정하여야 한다.

18 정답 ②

ㄱ. [×] 심판대상조항에서 보상금 등의 지급결정에 동의한 때 민주화운동과 관련하여 입은 피해에 대해 재판상 화해의 성립을 간주하는 것은 향후 민주화운동과 관련된 국가배상청구를 제한하는 것이므로, 국가배상청구권 침해 여부도 문제된다(헌재 2018.8.30. 2014헌바180 등).

ㄴ. [O] (1) 재판절차가 국민에게 개설되어 있다 하더라도, 절차적 규정들에 의하여 법원에의 접근이 합리적인 이유로 정당화될 수 없는 방법으로 어렵게 된다면, 재판청구권은 사실상 형해화될 수 있으므로, 바로 여기에 입법형성권의 한계가 있다.
(2) 심판대상조항은 신청인이 위원회의 보상금 등 지급결정에 동의한 때 민주화운동과 관련하여 입은 피해 일체에 대해 재판상 화해가 성립된 것으로 간주함으로써, 향후 민주화운동과 관련된 모든 손해에 대한 국가배상청구권 행사를 금지하고 있는바, 이는 국가배상청구권의 내용을 구체적으로 형성하는 것이 아니라, 국가배상법의 제정을 통해 이미 형성된 국가배상청구권의 행사를 제한하는 것에 해당한다. 그러므로 심판대상조항의 국가배상청구권 침해 여부를 판단함에 있어서는, 심판대상조항이 기본권 제한입법의 한계인 헌법 제37조 제2항을 준수하였는지 여부, 즉 과잉금지원칙을 준수하고 있는지 여부를 살펴보아야 한다(헌재 2018.8.30. 2014헌바108 등).

ㄷ. [O] 민주화보상법에 따라 지급되는 보상금 등에는 손실전보를 의미하는 '보상'의 성격뿐만 아니라 손해전보를 의미하는 '배상'의 성격도 포함되어 있다고 봄이 상당하다(헌재 2018.8.30. 2014헌바108 등).

ㄹ. [×] (1) 민주화보상법상 보상금 등에는 적극적·소극적 손해에 대한 배상의 성격이 포함되어 있는바, 관련자와 유족이 위원회의 보상금 등 지급결정이 일응 적절한 배상에 해당된다고 판단하여 이에 동의하고 보상금 등을 수령한 경우 보상금 등의 성격과 중첩되는 적극적·소극적 손해에 대한 국가배상청구권의 추가적 행사를 제한하는 것은, 동일한 사실관계와 손해를 바탕으로 이미 적절한 배상을 받았음에도 불구하고 다시 동일한 내용의 손해배상청구를 금지하는 것이므로, 이를 지나치게 과도한 제한으로 볼 수 없다.
(2) 민주화보상법상 보상금 등에는 정신적 손해에 대한 배상이 포함되어 있지 않은바, 이처럼 정신적 손해에 대해 적절한 배상이 이루어지지 않은 상태에서 적극적·소극적 손해에 상응하는 배상이 이루어졌다는 사정만으로 정신적 손해에 대한 국가배상청구마저 금지하는 것은, 해당 손해에 대한 적절한 배상이 이루어졌음을 전제로 하여 국가배상청구권 행사를 제한하려 한 민주화보상법의 입법목적에도 부합하지 않으며, 국가의 기본권 보호의무를 규정한 헌법 제10조 제2문의 취지에도 반하는 것으로서, 국가배상청구권에 대한 지나치게 과도한 제한에 해당한다. 따라서 심판대상조항 중 정신적 손해에 관한 부분은 민주화운동 관련자와 유족의 국가배상청구권을 침해한다(헌재 2018.8.30. 2014헌바108 등).

ㅁ. [O] 적극적·소극적 손해(재산적 손해)에 대한 국가배상청구권 침해 여부에 대하여 살펴본다. 관련자와 유족이 위원회의 보상금 등 지급결정이 일응 적절한 배·보상에 해당된다고 판단하여 이에 동의하고 보상금 등을 수령한 경우 <u>보상금 등의 성격과 중첩되는 적극적·소극적 손해에 대한 국가배상청구권의 추가적 행사를 제한하는 것은, 동일한 사실관계와 손해를 바탕으로 이미 적절한 보상을 받았음에도 불구하고 다시 동일한 내용의 손해배상청구를 금지하는 것이므로, 이를 지나치게 가혹한 제재로 볼 수 없다</u>(헌재 2018.8.30. 2014헌바108 등).

ㅂ. [O] 정신적 손해에 대한 국가배상청구권 침해 여부에 대하여 살펴본다. 앞서 살펴본 바와 같이 <u>민주화보상법상 보상금 등에는 정신적 손해에 대한 배상이 포함되어 있지 않음을 알 수 있다.</u> 이처럼 정신적 손해에 대해 적절한 배상이 이루어지지 않은 상태에서 적극적·소극적 손해 내지 손실에 상응하는 배·보상이 이루어졌다는 사정만으로 정신적 손해에 관한 국가배상청구마저 금지하는 것은, 관련자와 유족의 국가배상청구권을 침해한다. 그렇다면 심판대상조항의 '민주화운동과 관련하여 입은 피해' 중 불법행위로 인한 <u>정신적 손해에 관한 부분은 헌법에 위반된다</u>(헌재 2018.8.30. 2014헌바108 등).

ㅅ. [O] 민주화보상법의 입법취지, 관련 규정의 내용, 신청인이 작성·제출하는 동의 및 청구서의 기재 내용 등을 종합하면, 심판대상조항의 <u>'민주화운동과 관련하여 입은 피해'란</u> 공무원의 직무상 불법행위로 인한 정신적 손해를 포함하여 그가 보상금 등을 지급받은 민주화운동과 관련하여 입은 피해 일체를

의미하는 것으로 합리적으로 파악할 수 있다. 따라서 심판대상조항은 명확성원칙에 위반되지 아니한다(헌재 2018.8.30. 2014헌바108 등).

19　　　　　　　　　　　　　　　　　　정답 ①

❶ [×] 특수임무수행자보상심의위원회는 위원 구성에 제3자성과 독립성이 보장되어 있고, 보상금 등 지급 심의절차의 공정성과 신중성이 갖추어져 있다. 특수임무수행자는 보상금 등 지급결정에 동의할 것인지 여부를 자유롭게 선택할 수 있으며, 보상금 등을 지급받을 경우 향후 재판상 청구를 할 수 없음을 명확히 고지받고 있다. 보상금 중 기본공로금은 채용·입대경위, 교육훈련여건, 특수임무종결일 이후의 처리사항 등을 고려하여 위원회가 정한 금액으로 지급되는데, 위원회는 음성적 모집 여부, 기본권 미보장 여부, 인권유린, 종결 후 사후관리 미흡 등을 참작하여 구체적인 액수를 정하므로, 여기에는 특수임무교육훈련에 관한 정신적 손해배상 또는 보상에 해당하는 금원이 포함된다. 특수임무수행자는 보상금 등 산정과정에서 국가행위의 불법성이나 구체적인 손해항목 등을 주장·입증할 필요가 없고 특수임무수행자의 과실이 반영되지도 않으며, 국가배상청구에 상당한 시간과 비용이 소요되는 데 반해 보상금 등 지급결정은 비교적 간이·신속한 점까지 고려하면, 특수임무수행자 보상에 관한 법령이 정한 보상금 등을 지급받는 것이 국가배상을 받는 것에 비해 일률적으로 과소보상된다고 할 수도 없다. 따라서 심판대상조항이 과잉금지원칙을 위반하여 국가배상청구권 또는 재판청구권을 침해한다고 보기 어렵다(헌재 2021.9.30. 2019헌가28).

② [O] 정신적 손해에 대한 국가배상청구권 침해 여부에 대하여 살펴본다. 앞서 살펴본 바와 같이 민주화보상법상 보상금 등에는 정신적 손해에 대한 배상이 포함되어 있지 않음을 알 수 있다. 이처럼 정신적 손해에 대해 적절한 배상이 이루어지지 않은 상태에서 적극적·소극적 손해 내지 손실에 상응하는 배·보상이 이루어졌다는 사정만으로 정신적 손해에 관한 국가배상청구마저 금지하는 것은, 관련자와 유족의 국가배상청구권을 침해한다. 그렇다면 심판대상조항의 '민주화운동과 관련하여 입은 피해' 중 불법행위로 인한 정신적 손해에 관한 부분은 헌법에 위반된다(헌재 2018.8.30. 2014헌바180 등).

③ [O] 배상결정절차에 있어서 심의회의 제3자성·독립성이 희박한 점, 심의절차의 공정성·신중성도 결여되어 있는 점, 심의회에서 결정되는 배상액이 법원의 그것보다 하회하는 점, 신청인의 배상결정에 대한 동의에 재판청구권을 포기할 의사까지 포함되는 것으로 볼 수 없는 점을 종합하여 볼 때 이 사건 법률조항이 동의된 배상결정에 재판상의 화해와 같은 강력하고 최종적인 효력까지 부여하여 재판청구권을 제한하는 것은 신청인의 재판청구권을 과도하게 제한하는 것으로서 위헌이다(헌재 1995.5.25. 91헌가7).

④ [O] 5·18보상법 및 같은 법 시행령의 관련 조항을 살펴보면 정신적 손해배상에 상응하는 항목은 존재하지 아니하고, 보상심의위원회가 보상금 등 항목을 산정함에 있어 정신적 손해를 고려할 수 있다는 내용도 발견되지 아니한다. … 따라서 이 조항이 5·18보상법상 보상금 등의 성격과 중첩되지 않는 정신적 손해에 대한 국가배상청구권의 행사까지 금지하는 것은 국가배상청구권을 침해한다(헌재 2021.5.27. 2019헌가17).

20　　　　　　　　　　　　　　　　　　정답 ③

ㄱ. [O] 헌법은 제23조 제1항에서 국민의 재산권을 일반적으로 규정하고 있으나, 제28조와 제29조 제1항에서 그 특칙으로 형사보상청구권 및 국가배상청구권을 규정함으로써, 형사피의자·피고인으로 구금되어있었으나 불기소처분·무죄판결을 받은 경우 및 공무원의 직무상 불법행위로 손해를 받은 경우에 국민이 국가에 대하여 물질적·정신적 피해에 대한 정당한 보상 및 배상을 청구할 수 있는 권리를 보장하고 있다. 이러한 형사보상청구권과 국가배상청구권은 일반적인 재산권으로서의 보호 필요성뿐만 아니라, 국가의 형사사법작용 및 공권력 행사로 인하여 신체의 자유 등이 침해된 국민의 구제를 헌법상 권리로 인정함으로써 관련 기본권의 보호를 강화하는 데 그 목적이 있다(헌재 2018.8.30. 2014헌바148).

ㄴ. [O] 헌법 제28조, 제29조 제1항은 형사보상청구권 및 국가배상청구권의 내용을 법률에 의해 구체화하도록 규정하고 있으므로, 그 구체적인 내용은 입법자가 형성할 수 있다. 그러나 국가의 형사사법절차 및 공권력행사에 내재하는 불가피한 위험에 의해 국민의 신체의 자유 등에 피해가 발생한 경우 국가가 이에 대하여 보상 및 배상을 할 것을 헌법에서 명문으로 선언하고 있으므로, 형사보상 및 국가배상의 구체적 절차에 관한 입법은 단지 그 보상 및 배상을 청구할 수 있는 형식적인 권리나 이론적인 가능성만을 허용하는 것이어서는 아니 되고, 권리구제의 실효성이 상당한 정도로 보장되도록 하여야 한다(헌재 2018.8.30. 2014헌바148).

ㄷ. [×] 불법행위의 피해자가 '손해 및 가해자를 인식하게 된 때'로부터 3년 이내에 손해배상을 청구하도록 하는 것은 불법행위로 인한 손해배상청구에 있어 피해자와 가해자 보호의 균형을 도모하기 위한 것이므로, '진실·화해를 위한 과거사정리 기본법' 제2조 제1항 제3호·제4호에 규정된 사건에 민법 제766조 제1항의 '주관적 기산점'이 적용되도록 하는 것은 합리적 이유가 인정된다. 그러나 국가가 소속 공무원들의 조직적 관여를 통해 불법적으로 민간인을 집단 희생시키거나 장기간의 불법구금·고문 등에 의한 허위자백으로 유죄판결을 하고 사후에도 조작·은폐를 통해 진상규명을 저해하였음에도 불구하고, 그 불법행위 시점을 소멸시효의 기산점으로 삼는 것은 피해자와 가해자 보호의 균형을 도모하는 것으로 보기 어렵고, 발생한 손해의 공평·타당한 분담이라는 손해배상제도의 지도원리에도 부합하지 않는다. 그러므로 '진실·화해를 위한 과거사정리 기본법' 제2조 제1항 제3호·제4호에 규정된 사건에 민법 제166조 제1항, 제766조 제2항의 '객관적 기산점'이 적용되도록 하는 것은 합리적 이유가 인정되지 않는다(헌재 2018.8.30. 2014헌바148).

ㄹ. [O] 민법 제166조 제1항, 제766조 제2항의 객관적 기산점을 '진실·화해를 위한 과거사정리 기본법' 제2조 제1항 제3호·제4호의 민간인 집단희생사건, 중대한 인권침해·조작의혹사건에 적용하도록 규정하는 것은, 소멸시효제도를 통한 법적 안정성과 가해자 보호만을 지나치게 중시한 나머지 합리적 이유 없이 위 사건 유형에 관한 국가배상청구권 보장 필요성을 외면한 것으로서 입법형성의 한계를 일탈하여 청구인들의 국가배상청구권을 침해한다(헌재 2018.8.30. 2014헌바148).

10회 쟁점별 모의고사 정답 및 해설
(범죄피해자구조청구권 ~ 국민의 기본적 의무)

정답
p.88

01	②	02	③	03	①	04	④	05	①
06	②	07	④	08	④	09	④	10	③
11	④	12	④	13	③	14	③	15	①
16	②	17	③	18	②	19	①	20	④

01
정답 ②

ㄱ. [O] 범죄피해자 보호법 제16조 제2호는 자기 또는 타인의 형사사건의 수사 또는 재판에서 고소·고발 등 수사단서를 제공하거나 진술, 증언 또는 자료제출을 하다가 구조피해자가 된 경우 범죄피해구조금을 받을 수 있도록 규정하고 있다.

ㄴ. [X]
> 범죄피해자 보호법 제3조【정의】① 이 법에서 사용하는 용어의 뜻은 다음과 같다.
> 4. '구조대상 범죄피해'란 대한민국의 영역 안에서 또는 대한민국의 영역 밖에 있는 대한민국의 선박이나 항공기 안에서 행하여진 사람의 생명 또는 신체를 해치는 죄에 해당하는 행위(형법 제9조, 제10조 제1항, 제12조, 제22조 제1항에 따라 처벌되지 아니하는 행위를 포함하며, 같은 법 제20조 또는 제21조 제1항에 따라 처벌되지 아니하는 행위 및 과실에 의한 행위는 제외한다)로 인하여 사망하거나 장해 또는 중상해를 입은 것을 말한다.

／타인의 범죄행위로 인한 **생명·신체에 대한 피해**를 입었을 것

ㄷ. [O] 국가의 주권이 미치지 못하고 국가의 경찰력 등을 행사할 수 없거나 행사하기 어려운 해외에서 발생한 범죄에 대하여는 국가에 그 방지책임이 있다고 보기 어렵다. 따라서 범죄피해자구조청구권이 대상이 되는 범죄피해에 해외에서 발생한 범죄피해의 경우를 포함하고 있지 아니한 것이 현저하게 불합리한 자의적인 차별이라고 볼 수 없어 평등원칙에 위배되지 아니한다(헌재 2011.12.29. 2009헌마354).

ㄹ. [X] (1) 청원권, 재판청구권, 피고인의 형사보상청구권, 국가배상청구권은 제헌헌법부터 규정되었고 형사피의자의 형사보상청구권과 범죄피해자구조청구권은 제9차 개정헌법에서 규정되었다.
(2) 범죄피해자구조청구권이라 함은 타인의 범죄행위로 말미암아 생명을 잃거나 신체상의 피해를 입은 국민이나 그 유족이 가해자로부터 충분한 피해배상을 받지 못한 경우에 국가에 대하여 일정한 보상을 청구할 수 있는 권리이며, 그 법적 성격은 생존권적 기본권으로서의 성격을 가지는 청구권적 기본권이라고 할 것이다(헌재 1989.4.17. 88헌마3).

02
정답 ③

① [O]
> 범죄피해자 보호법 제24조【범죄피해구조심의회 등】① 구조금 지급에 관한 사항을 심의·결정하기 위하여 각 지방검찰청에 범죄피해구조심의회를 두고 법무부에 범죄피해구조본부심의회(이하 '본부심의회'라 한다)를 둔다.

② [O]
> 범죄피해자 보호법 제25조【구조금의 지급신청】② 제1항에 따른 신청은 해당 구조대상 범죄피해의 발생을 안 날부터 3년이 지나거나 해당 구조대상 범죄피해가 발생한 날부터 10년이 지나면 할 수 없다.

❸ [X]
> 범죄피해자 보호법 제31조【소멸시효】구조금을 받을 권리는 그 구조결정이 해당 신청인에게 송달된 날부터 2년간 행사하지 아니하면 시효로 인하여 소멸된다.

④ [O]
> 범죄피해자 보호법 제32조【구조금 수급권의 보호】구조금을 받을 권리는 양도하거나 담보로 제공하거나 압류할 수 없다.

03
정답 ①

❶ [O] 인간다운 생활을 할 권리로부터 인간의 존엄에 상응하는 '최소한의 물질적인 생활'의 유지에 필요한 급부를 요구할 수 있는 구체적인 권리가 상황에 따라서는 직접 도출될 수 있다고 할 수는 있어도, 직접 그 이상의 급부를 내용으로 하는 구체적인 권리를 발생케 한다고 볼 수는 없다. 이러한 구체적 권리는 국가가 재정형편 등 여러 가지 상황들을 종합적으로 감안하여 법률을 통하여 구체화할 때에 비로소 인정되는 법률적 차원의 권리이다(헌재 2006.11.30. 2005헌바25).

② [X] 산재보험수급권은 이른바 '사회보장수급권'의 하나로서 국가에 대하여 적극적으로 급부를 요구하는 것이지만, 헌법규정만으로는 이를 실현할 수 없고, 법률에 의한 형성을 필요로 한다. 이와 같이 사회적 기본권의 성격을 가지는 산재보험수급

권은 법률에 의해서 구체적으로 형성되는 권리로서 국가가 재정부담능력과 전체적인 사회보장수준 등을 고려하여 그 내용과 범위를 정하는 것이므로 광범위한 입법형성의 자유영역에 있는 것이고, 국가가 헌법 제34조에 따른 사회보장의무에 위반하여 생계보호에 관한 입법을 전혀 하지 아니하였거나 그 내용이 현저히 불합리하여 헌법상 용인될 수 있는 재량의 범위를 명백히 일탈한 경우에 한하여 헌법에 위반된다(헌재 2015.6.25. 2014헌바269).

③ [×] 헌법 제34조 제1항은 '모든 국민은 인간다운 생활을 할 권리를 가진다'고 규정하고, 제2항은 '국가는 사회보장·사회복지의 증진에 노력할 의무를 진다'고 규정하고 있는바, 사회보장수급권은 이 규정들로부터 도출되는 사회적 기본권의 하나이다. 이와 같이 사회적 기본권의 성격을 가지는 사회보장수급권은 국가에 대하여 적극적으로 급부를 요구하는 것이므로 헌법규정만으로는 이를 실현할 수 없고, 법률에 의한 형성을 필요로 한다. 사회보장수급권의 구체적 내용, 즉 수급요건, 수급자의 범위, 급여금액 등은 법률에 의하여 비로소 확정된다(헌재 2001.9.27. 2000헌마342).

④ [×] 인간다운 생활을 할 권리로부터 인간의 존엄에 상응하는 최소한의 물질적인 생활의 유지에 필요한 급부를 요구할 수 있는 구체적인 권리가 상황에 따라서는 직접 도출될 수 있다고 할 수는 있어도, 동 기본권이 직접 그 이상의 급부를 내용으로 하는 구체적인 권리를 발생케 한다고는 볼 수 없다고 할 것이다. 이러한 구체적 권리는 국가가 재정형편 등 여러 가지 상황들을 종합적으로 감안하여 법률을 통하여 구체화할 때에 비로소 인정되는 법률적 차원의 권리라고 할 것이다. 그러므로 전공상자 등에게 인간다운 생활에 필요한 최소한의 물질적 수요를 충족시켜 주고 헌법상의 사회보장, 사회복지의 이념과 국가유공자에 대한 우선적 보호이념에 명백히 어긋나지 않는 한 입법자는 광범위한 입법재량권을 행사할 수 있다고 할 것이다(헌재 1998.2.27. 97헌가10).

편의시설설치, 재활서비스운영 등)과 이행시기에 관하여는, 행정청이 다른 여러 과제들과의 우선순위, 재정적 여건 등 다양한 요인들을 감안하여 결정할 사안으로서, 그에 관하여 광범위한 재량권을 가진다고 할 것이다(헌재 2002.12.18. 2002헌마52).

③ [○] 헌법은 제34조 제1항에서 모든 국민의 '인간다운 생활을 할 권리'를 사회적 기본권으로 규정하면서, 제2항 내지 제6항에서 특정한 사회적 약자와 관련하여 '인간다운 생활을 할 권리'의 내용을 다양한 국가의 의무를 통하여 구체화하고 있다. 헌법이 제34조에서 여자(제3항), 노인·청소년(제4항), 신체장애자(제5항) 등 특정 사회적 약자의 보호를 명시적으로 규정한 것은, '장애인과 같은 사회적 약자의 경우에는 개인 스스로가 자유행사의 실질적 조건을 갖추는 데 어려움이 많으므로, 국가가 특히 이들에 대하여 자유를 실질적으로 행사할 수 있는 조건을 형성하고 유지해야 한다'는 점을 강조하고자 하는 것이다(헌재 2002.12.18. 2002헌마52).

❹ [×] 사회적 기본권과 경쟁적 상태에 있는 국가의 다른 중요한 헌법적 의무와의 관계에서나 아니면 개별적인 사회적 기본권 규정들 사이에서의 경쟁적 관계에서 보나, 입법자는 사회·경제정책을 시행하는 데 있어서 서로 경쟁하고 충돌하는 여러 국가목표를 균형 있게 고려하여 서로 조화시키려고 시도하고, 매 사안마다 그에 적합한 실현의 우선순위를 부여하게 된다. <u>국가는 사회적 기본권에 의하여 제시된 국가의 의무와 과제를 언제나 국가의 현실적인 재정·경제능력의 범위 내에서 다른 국가과제와의 조화와 우선순위결정을 통하여 이행할 수밖에 없다. 그러므로 사회적 기본권은 입법과정이나 정책결정과정에서 사회적 기본권에 규정된 국가목표의 무조건적인 최우선적 배려가 아니라 단지 적절한 고려를 요청하는 것이다.</u> 이러한 의미에서 사회적 기본권은, 국가의 모든 의사결정과정에서 사회적 기본권이 담고 있는 국가목표를 고려하여야 할 국가의 의무를 의미한다(헌재 2002.12.18. 2002헌마52).

04   정답 ④

① [○] 사회적 기본권과 경쟁적 상태에 있는 국가의 다른 중요한 헌법적 의무와의 관계에서나 아니면 개별적인 사회적 기본권 규정들 사이에서의 경쟁적 관계에서 보나, 입법자는 사회·경제정책을 시행하는 데 있어서 서로 경쟁하고 충돌하는 여러 국가목표를 균형 있게 고려하여 서로 조화시키려고 시도하고, 매 사안마다 그에 적합한 실현의 우선순위를 부여하게 된다. 국가는 사회적 기본권에 의하여 제시된 국가의 의무와 과제를 언제나 국가의 현실적인 재정·경제능력의 범위 내에서 다른 국가과제와의 조화와 우선순위결정을 통하여 이행할 수밖에 없다. 그러므로 사회적 기본권은 입법과정이나 정책결정과정에서 사회적 기본권에 규정된 국가목표의 무조건적인 최우선적 배려가 아니라 단지 적절한 고려를 요청하는 것이다. 이러한 의미에서 사회적 기본권은 국가의 모든 의사결정과정에서 사회적 기본권이 담고 있는 국가목표를 고려하여야 할 국가의 의무를 의미한다(헌재 2002.12.18. 2002헌마52).

② [○] '장애인의 복지를 위하여 노력해야 할 국가의 과제를 언제 어떠한 방법으로 이행할 것인가' 하는 이행의 구체적 방법(예컨대 장애인 생활안정지원, 재활시설운영, 직업생활시설운영,

05   정답 ①

❶ [○] 가입자들에 대한 안정적인 보험급여 제공을 보장하기 위해서는 보험료 체납에 따른 보험재정의 악화를 방지할 필요가 있다. 보험료 체납에 대하여 보험급여 제한과 같은 제재를 가하지 않는다면, 가입자가 충분한 자력이 있음에도 보험료를 고의로 납부하지 않은 채 보험급여만을 받고자 하는 도덕적 해이가 만연하여 건강보험제도 자체의 존립이 위태로워질 수 있다. 가입자 간 보험료 부담의 형평성을 제고하고자 하는 소득월액보험료의 도입취지를 고려하면, 소득월액보험료를 체납한 가입자에 대하여 보수월액보험료를 납부하였다는 이유로 보험급여를 제한하지 아니할 경우, 형평에 부합하지 않는 결과가 초래될 수 있다. 따라서 소득월액보험료 체납자에 대한 보험급여를 제한하는 것은 그 취지를 충분히 납득할 수 있다. 심판대상조항은 체납기간이 1개월 미만이거나, 월별 보험료의 총 체납횟수가 6회 미만인 경우에는 보험급여를 제한할 수 없도록 하고 있다. 또한 분할납부 승인을 받고 그 승인된 보험료를 1회 이상 납부한 경우에는 국민건강보험공단이 보험급여를 지급할 수 있다. 심판대상조항에 따라 보험급여를 하지 아니하는 기간에 받은 보험급여의 경우에도, 일정 기

한 이내에 체납된 보험료를 완납한 경우 보험급여로 인정하는 등, 국민건강보험법은 심판대상조항으로 인하여 가입자가 과도한 불이익을 입지 않도록 배려하고 있다. 따라서 심판대상조항은 청구인의 인간다운 생활을 할 권리나 재산권을 침해하지 아니한다(헌재 2020.4.23. 2017헌바244).

② [X] 한 사람의 수급권자에게 여러 종류의 연금의 수급권이 발생한 경우 그 연금을 모두 지급하는 것 보다는 일정한 범위에서 그 지급을 제한하여야 할 필요성이 있고 국민연금의 급여수준은 수급권자가 최저생활을 유지하는 데 필요한 금액을 기준으로 결정해야 할 것이지 납입한 연금보험료의 금액을 기준으로 결정하거나 여러 종류의 수급권이 발생하였다고 하여 반드시 중복하여 지급해야 할 것은 아니므로, 이 사건 법률조항이 수급권자에게 2 이상의 급여의 수급권이 발생한 때 그 자의 선택에 의하여 그중의 하나만을 지급하고 다른 급여의 지급을 정지하도록 한 것은 공공복리를 위하여 필요하고 적정한 방법으로서 헌법 제37조 제2항의 기본권 제한의 입법적 한계를 일탈한 것으로 볼 수 없고, 합리적인 이유가 있으므로 평등권을 침해한 것도 아니다(헌재 2000.6.1. 97헌마190).

③ [X] 우리 헌법은 제34조 제5항에서 "신체장애자 및 질병·노령 기타의 사유로 생활능력이 없는 국민은 법률이 정하는 바에 의하여 국가의 보호를 받는다."라고 하여 생활능력이 없는 국민의 복지향상을 위하여 노력해야 할 국가의 의무를 규정하고 있다. 그러나 이러한 국가의 의무는 신체장애자 등 생활능력이 없는 국민도 인간다운 생활을 누릴 수 있도록 정의로운 사회질서를 형성해야 할 일반적인 의무를 뜻하는 것이지, 신체장애자 등을 위하여 특정한 의무를 이행해야 한다는 구체적 내용의 의무가 헌법으로부터 나오는 것은 아니다. 따라서 이러한 헌법 규정으로부터 직접 신체장애 등을 가진 국민에게 어떠한 기본권이 발생한다고 보기는 어렵다(헌재 2012.5.31. 2011헌마241).

④ [X] 보험급여제한조항은 외국인의 경우 보험료의 1회 체납만으로도 별도의 공단 처분 없이 곧바로 그 다음 달부터 보험급여를 제한하도록 규정하고 있으므로, 보험료가 체납되었다는 통지도 실시되지 않는다. 그러나 절차적으로 보험료 체납을 통지하는 것은 당사자로 하여금 착오를 시정할 수 있도록 하거나 잘못된 보험료 부과 또는 보험급여제한처분에 불복할 기회를 부여하는 것이기 때문에, 이를 통지하지 않는 것은 정당화될 수 없는 차별이다(헌재 2023.9.26. 2019헌마1165).

06 정답 ②

① [X] 헌법상 명문규정이나 헌법의 해석으로부터 청구인의 주장과 같이 보건복지부장관이 이 사건에서 문제된 해당 공공기관에 장애인전용 주차구역, 장애인용 승강기 및 화장실을 설치하도록 할 작위의무가 도출된다고 보기는 어렵다. 다음으로 장애인·노인·임산부 등의 편의증진 보장에 관한 법률상 보건복지부장관은 편의시설의 설치·운영에 관한 업무를 총괄하고(제10조 제1항), 시설주관기관에 소관 대상시설에 대한 편의시설을 설치하거나 관리·보수 또는 개선하는 등 시정조치를 할 것을 요청할 수 있다(제23조). 그러나 개별 대상시설에 대한 시정조치 요청행위는 재량행위이므로 보건복지부장관이 해당 시설의 규모나 상태, 안전성 등을 종합적으로 고려하여 판단할 사안에 해당한다. 위 규정들이 보건복지부장관으로 하여금 이 사건에서 문제된 공공기관들에게 장애인전용 주차구역, 장애인용 승강기 및 화장실을 설치하거나 시정조치를 하도록 요청할 구체적 작위의무를 부담시키는 규정이라고 할 수 없고, 달리 그러한 법적 의무를 발생시키는 규정을 찾아볼 수 없다. 그러므로 이 부분 심판청구는 작위의무 없는 공권력의 불행사에 대한 헌법소원이어서 부적법하다(헌재 2023.7.20. 2019헌마709).

❷ [O] 헌법 제23조에서 보장하고 있는 국민의 재산권은 원칙적으로 헌법 제37조 제2항에서 정하고 있는 요건을 갖춘 경우에만 정당하게 제한할 수 있다. 그런데 이 법상의 연금수급권은 사회보장수급권의 성격을 아울러 지니고 있으므로 순수한 재산권이 아니며, 사회보장수급권과 재산권이라는 양 권리의 성격이 불가분적으로 혼재되어 있다. 공무원연금의 재원은 공무원이 납부하는 기여금과 국가가 부담하는 부담금으로 구성되는데, 이 두 재원을 각각 사회보장급여, 보험료, 후불임금으로 구분하여 정확히 귀속시킬 수가 없다. 그러므로 비록 연금수급권에 재산권의 성격이 일부 있다 하더라도 그것은 이미 사회보장법리의 강한 영향을 받지 않을 수 없다 할 것이고, 사회보장수급권과 재산권의 두 요소가 불가분적으로 혼재되어 있다면 입법자로서는 연금수급권의 구체적 내용을 정함에 있어 이를 하나의 전체로서 파악하여 어느 한쪽의 요소에 보다 중점을 둘 수도 있다 할 것이다. 따라서 연금수급권의 구체적 내용을 형성함에 있어서는 일차적으로 입법자의 재량에 맡겨져 있다고 할 것이다(헌재 1999.4.29. 97헌마333).

③ [X] 사립학교 교원에 대한 명예퇴직수당은 장기근속자의 조기퇴직을 유도하기 위한 특별장려금이라고 할 것이고 장기근속자의 사회복귀나 노후 복지보장과 같은 사회보장과는 직접적인 관련이 있다고 보기 어렵다. 따라서 사립학교 사무직원에 대한 명예퇴직제도를 법률에 규정하지 않았다고 하여 국가가 이들에 대한 사회보장의무를 다하지 않았다거나 이들의 사회보장수급권 내지 인간다운 생활권 등을 침해한 것이라고 볼 수 없다(헌재 2007.4.26. 2003헌마533).

④ [X] 인간다운 생활을 할 권리로부터 인간의 존엄에 상응하는 '최소한의 물질적인 생활'의 유지에 필요한 급부를 요구할 수 있는 구체적인 권리가 상황에 따라서는 직접 도출될 수 있다고 할 수는 있어도, 동 기본권이 직접 그 이상의 급부를 내용으로 하는 구체적인 권리를 발생케 한다고는 볼 수 없다고 할 것이다. 이러한 구체적 권리는 국가가 재정형편 등 여러 가지 상황들을 종합적으로 감안하여 법률을 통하여 구체화할 때에 비로소 인정되는 법률적 차원의 권리라고 할 것이다(헌재 1998. 2.27. 97헌가10).

07 정답 ④

① [O] 우리 헌법은 제31조 제1항에서 "모든 국민은 능력에 따라 균등하게 교육을 받을 권리를 가진다."라고 규정함으로써 모든 국민의 교육의 기회균등권을 보장하고 있다. 이는 정신적·육체적 능력 이외의 성별·종교·경제력·사회적 신분 등에 의하여 교육을 받을 기회를 차별하지 않고, 즉 합리적 차별사유 없이 교육을 받을 권리를 제한하지 아니함과 동시에 국가가 모든 국민에게 균등한 교육을 받게 하고 특히 경제적 약자가

실질적인 평등교육을 받을 수 있도록 적극적 정책을 실현해야 한다는 것이다(헌재 1994.2.24. 93헌마192).
② [O] ③ [O] 헌법 제31조 제1항에 의하여 보장되는 교육을 받을 권리는 교육의 기회균등을 의미하는 것으로, 국가에게 국민 누구나 능력에 따라 균등한 교육을 받을 수 있게끔 노력해야 할 의무를 부과한다. 따라서 교육을 받을 권리는 개인적 성향·능력 및 정신적·신체적 발달상황 등을 고려하지 아니한 채 동일한 교육을 받을 수 있는 권리를 의미하는 것이 아니다(헌재 2009.9.24. 2008헌마662).
❹ [X] 헌법 제31조 제1항에서 말하는 '능력에 따라 균등하게 교육을 받을 권리'란 법률이 정하는 일정한 교육을 받을 전제조건으로서의 능력을 갖추었을 경우 차별 없이 균등하게 교육을 받을 기회가 보장된다는 것이지 일정한 능력(예컨대 지능이나 수학능력 등)이 있다고 하여 제한 없이 다른 사람과 차별하여 어떠한 내용과 종류와 기간의 교육을 받을 권리가 보장된다는 것은 아니다(헌재 1994.2.24. 93헌마192).

08 정답 ④

① [X] 헌법 제31조의 '능력에 따라 균등한 교육을 받을 권리'는 국가에 의한 교육제도의 정비·개선 외에도 의무교육의 도입 및 확대, 교육비의 보조나 학자금의 융자 등 교육영역에서의 사회적 급부의 확대와 같은 국가의 적극적인 활동을 통하여 사인간의 출발기회에서의 불평등을 완화해야 할 국가의 의무를 규정한 것이다. 그러나 위 조항은 교육의 모든 영역, 특히 학교교육 밖에서의 사적인 교육영역에까지 균등한 교육이 이루어지도록 개인이 별도로 교육을 시키거나 받는 행위를 국가가 금지하거나 제한할 수 있는 근거를 부여하는 수권규범이 아니다. 오히려 국가는 헌법이 지향하는 문화국가이념에 비추어, 학교교육과 같은 제도교육 외에 사적인 교육의 영역에서도 사인의 교육을 지원하고 장려해야 할 의무가 있는 것이다. 경제력의 차이 등으로 말미암아 교육의 기회에 있어서 사인간에 불평등이 존재한다면, 국가는 원칙적으로 의무교육의 확대 등 적극적인 급부활동을 통하여 사인 간의 교육기회의 불평등을 해소할 수 있을 뿐, 과외교습의 금지나 제한의 형태로 개인의 기본권 행사인 사교육을 억제함으로써 교육에서의 평등을 실현할 수는 없는 것이다(헌재 2000.4.27. 98헌가16).
② [X] 이 사건 계획은 대학수학능력시험(이하 '수능'이라 한다)의 개편으로 수능 응시자들이 선택할 수 있는 탐구과목의 조합이 크게 늘어나게 되자, 수능 성적과 아울러 고등학교 교육과정을 충실히 이수하였는지도 입학전형에서 전형요소로 반영하고자 한 것이다. 이 사건 계획에 따르더라도 서울대학교 2023학년도 정시모집 일반전형에서 수학능력시험 성적은 여전히 가장 중요한 전형요소이고, 교과평가를 전형요소로 도입한 것은 서울대학교에 입학하고자 하는 수험생이 해당 모집단위 관련 학문 분야에 필요한 수학능력을 지니고 있는지를 평가할 만한 합리적인 지표를 반영하고자 한 것이어서 그 합리성이 인정되며, 2단계 전형에서 수험생 사이의 교과평가 점수 차이는 최대 5점에 그치고, 학생생활기록부가 없는 수험생의 경우 대체서류 등을 통하여 교과평가가 이루어진다는 점을 종합하여 보면, 이 사건 계획이 불합리하다거나 자의적이라고 볼 수 없고, 따라서 청구인들의 균등하게 교육을 받을 권리를 침해하지 않는다(헌재 2022.5.26. 2021헌마527).
③ [X] 헌법 제31조 제1항의 교육을 받을 권리는, 국민이 능력에 따라 균등하게 교육받을 것을 공권력에 의하여 부당하게 침해받지 않을 권리와, 국민이 능력에 따라 균등하게 교육받을 수 있도록 국가가 적극적으로 배려하여 줄 것을 요구할 수 있는 권리로 구성되는바, 전자는 자유권적 기본권의 성격이, 후자는 사회권적 기본권의 성격이 강하다고 할 수 있다. 그런데 이 사건 규칙조항과 같이 검정고시응시자격을 제한하는 것은, 국민의 교육받을 권리 중 그 의사와 능력에 따라 균등하게 교육받을 것을 국가로부터 방해받지 않을 권리, 즉 <u>자유권적 기본권을 제한하는 것이므로</u>, 그 제한에 대하여는 헌법 제37조 제2항의 비례원칙에 의한 심사, 즉 <u>과잉금지원칙에 따른 심사를 받아야 할 것이다</u>(헌재 2008.4.24. 2007헌마1456).
❹ [O] 헌법 제31조 제1항에 의하여 보장되는 교육을 받을 권리는 교육의 기회균등을 의미하는 것으로, 국가에게 국민 누구나 능력에 따라 균등한 교육을 받을 수 있게끔 노력해야 할 의무를 부과한다. 따라서 교육을 받을 권리는 개인적 성향·능력 및 정신적·신체적 발달상황 등을 고려하지 아니한 채 동일한 교육을 받을 수 있는 권리를 의미하는 것이 아니며, <u>교육을 받을 권리에 교육의 기회 보장을 요구할 수 있는 권리를 넘어서서 국민이 국가에 대하여 직접 특정한 교육제도나 교육과정을 요구할 수 있는 권리나, 특정한 교육제도나 교육과정의 배제를 요구할 권리가 포함되는 것은 더더욱 아니다</u>(헌재 2005.11.24. 2003헌마173).

09 정답 ④

ㄱ. [O] 헌법 제31조 제3항의 의무교육 무상의 원칙이 의무교육을 위탁받은 사립학교를 설치·운영하는 학교법인 등과의 관계에서 관련 법령에 의하여 <u>이미 학교법인이 부담하도록 규정되어 있는 경비까지 종국적으로 국가나 지방자치단체의 부담으로 한다는 취지로 볼 수는 없다</u>. 따라서 사립학교를 설치·경영하는 학교법인이 공유재산을 점유하는 목적이 의무교육 실시라는 공공 부문과 연결되어 있다는 점만으로 그 점유자를 변상금 부과대상에서 제외하여야 한다고 할 수 없고, 심판대상조항이 공익목적 내지 공적 용도로 무단점유한 경우와 사익추구의 목적으로 무단점유한 경우를 달리 취급하지 않았다 하더라도 평등원칙에 위반되지 아니한다(헌재 2017.7.27. 2016헌바374).
ㄴ. [X] 중학교 의무교육의 실시 여부 자체라든가 연한은 본질적 내용으로서 국회 입법에 유보되어 있어 반드시 형식적 의미의 법률로 규정되어야 할 기본적 사항이라 하겠으나, 그 <u>실시의 시기·범위</u> 등 구체적인 실시에 필요한 세부사항에 관하여는 반드시 그런 것은 아니라고 본다. 따라서 심판대상조항이 실시시기와 범위를 대통령령에 위임한 것도 위임원칙의 한계를 넘은 것은 아니다(헌재 1991.2.11. 90헌가27).
ㄷ. [O] 의무교육의 실시범위와 관련하여 의무교육의 무상원칙을 규정한 헌법 제31조 제3항은 초등교육에 관하여는 직접적인 효력규정으로서 개인이 국가에 대하여 입학금·수업료 등을 면제받을 수 있는 헌법상의 권리라고 볼 수 있다(헌재 1991.2.11. 90헌가27).
ㄹ. [X] 헌법 제31조 제2항·제3항으로부터 직접 의무교육 경비를 중앙정부로서의 국가가 부담하여야 한다는 결론은 도출되지 않

으며, 그렇다고 하여 의무교육의 성질상 중앙정부로서의 국가가 모든 비용을 부담하여야 하는 것도 아니므로, 지방교육자치에 관한 법률 제39조 제1항이 의무교육 경비에 대한 지방자치단체의 부담가능성을 예정하고 있다는 점만으로는 헌법에 위반되지 않는다(헌재 2005.12.22. 2004헌라3).

ㅁ. [×] 의무교육에 있어서 무상의 범위에는 의무교육이 실질적이고 균등하게 이루어지기 위한 본질적 항목으로, 수업료나 입학금의 면제, 학교와 교사 등 인적·물적 시설 및 그 시설을 유지하기 위한 인건비와 시설유지비, 신규시설투자비 등의 재원부담으로부터의 면제가 포함된다 할 것이며, 그 외에도 <u>의무교육을 받는 과정에 수반하는 비용으로서 의무교육의 실질적인 균등보장을 위해 **필수불가결한 비용은 무상의 범위에 포함된다**.</u> 한편, 의무교육에 있어서 본질적이고 **필수불가결한 비용 이외의 비용을 무상의 범위에 포함시킬 것인지는 국가의 재정상황과 국민의 소득수준, 학부모들의 경제적 수준 및 사회적 합의 등을 고려하여 입법자가 입법정책적으로 해결해야 할 문제이다**(헌재 2012.8.23. 2010헌바220).

10 정답 ③

① [O] ② [O] 피청구인들은 수시모집에서 검정고시 출신자의 지원을 제한하는 것은 공교육을 정상화하기 위한 조치라는 취지로 주장한다. 그러나 대학입학제도에서 학교생활기록부를 활용하는 것이 공교육을 정상화하기 위한 하나의 수단이 될 수 있음을 인정하더라도, 학교라는 공교육과정과는 별도로 동일한 학력을 인정하는 검정고시제도를 둔 이상, 공교육에서 이탈한 학생들을 수시모집에서 제외하는 방식으로 공교육의 정상화를 달성하려는 것은 바람직한 방법이라고 보기 어렵다. 이러한 사정을 종합하면, 이 사건 수시모집요강은 검정고시 출신자인 청구인들을 합리적인 이유 없이 차별하여 청구인들의 균등하게 교육을 받을 권리를 침해한다고 할 수 있다(헌재 2017.12.28. 2016헌마649).

❸ [×] 교육을 받을 권리의 중요성을 인식하고 이를 실현하기 위하여 우리 헌법은 제31조 제1항에서 "모든 국민은 능력에 따라 균등하게 교육을 받을 권리를 가진다."라고 규정함으로써 모든 국민의 교육의 기회균등권을 보장하고 있다. 이는 <u>정신적·육체적 능력 이외의 성별·종교·경제력·사회적 신분 등에 의하여 교육을 받을 기회를 차별하지 않고</u>, 즉 합리적 차별사유 없이 교육을 받을 권리를 제한하지 아니함과 동시에 국가가 모든 국민에게 균등한 교육을 받게 하고 특히 경제적 약자가 실질적인 평등교육을 받을 수 있도록 적극적 정책을 실현해야 한다는 것이다(헌재 1994.2.24. 93헌마192).

④ [O] 헌법 제22조 제1항이 보장하고 있는 학문의 자유와 헌법 제31조 제4항에서 보장하고 있는 대학의 자율성에 따라 대학이 학생의 선발 및 전형 등 대학입시제도를 자율적으로 마련할 수 있다 하더라도, 이러한 대학의 자율적 학생 선발권을 내세워 국민의 '균등하게 교육을 받을 권리'를 침해할 수 없으며, 이를 위해 대학의 자율권은 일정 부분 제약을 받을 수 있다(헌재 2017.12.28. 2016헌마649).

11 정답 ④

ㄱ. [×] 의무교육의 무상성에 관한 헌법상 규정은 교육을 받을 권리를 보다 실효성 있게 보장하기 위해 <u>의무교육 비용을 학령아동 보호자의 부담으로부터 공동체 전체의 부담으로 이전하라는 명령일 뿐 의무교육의 모든 비용을 조세로 해결해야 함을 의미하는 것은 아니므로</u>, 학교용지부담금의 부과대상을 수분양자가 아닌 개발사업자로 정하고 있는 이 사건 법률조항은 의무교육의 무상원칙에 위배되지 아니한다(헌재 2008.9.25. 2007헌가1).

ㄴ. [O] 의무교육이 아닌 중등교육에 관한 교육재정과 관련하여 재정조달목적의 부담금을 징수할 수 있다고 하더라도 이는 일반적인 재정조달목적의 부담금이 갖추어야 할 요건을 동일하게 갖춘 경우에 한하여 허용될 수 있다. 그런데 학교용지부담금은 특정한 공익사업이 아니라 일반적 공익사업이거나 일반적 공익사업으로서의 성격을 함께 가지고 있는 공익사업을 위한 재정확보수단이다. 그리고 학교용지확보 필요성에 있어서 주택건설촉진법상의 수분양자들의 구체적 사정을 거의 고려하지 않은 채 수분양자 모두를 일괄적으로 동일한 의무자집단에 포함시켜 동일한 학교용지부담금을 부과하는 것은 합리적 근거가 없는 차별에 해당하고, 의무자집단 전체의 입장에서 보더라도 일반국민, 특히 다른 개발사업에 의한 수분양자집단과 사회적으로 구별되는 집단적 동질성을 갖추고 있다고 할 수 없다. 신규 주택의 수분양자들이 위 공익사업에 대하여 일반국민들에 비하여 밀접한 관련성을 갖는다고 보기 어려움에도 불구하고 신규 주택의 수분양자들에게만 학교용지확보를 위한 부담금을 부과하는 것은 합리적인 이유가 없는 차별에 해당한다(헌재 2005.3.31. 2003헌가20).

ㄷ. [×] 학교용지부담금을 개발사업자에게 부과하는 것은 학교용지 확보를 위한 새로운 재원의 마련이라는 정당한 입법목적을 달성하기 위한 적절한 수단으로서 교육의 기회를 균등하게 보장해야 한다는 공익과 개발사업자의 재산적 이익이라는 사익을 적절히 교량하고 있으므로 개발사업자의 재산권을 과도하게 침해하지 아니한다(헌재 2008.9.25. 2007헌가1).

ㄹ. [O] 개발사업이 진행되는 지역에서 단기간에 형성된 취학 수요에 부응하기 위하여 학교를 신설 및 증축하는 것은 개발지역의 기반시설을 확보하려는 것이므로, 그 재정을 충당하기 위하여 학교용지부담금을 개발사업의 시행자에게 부과하는 것은, **개발사업의 시행자가 위와 같은 학교시설 확보의 필요성을 유발하였기 때문이다**. 학교시설 확보의 필요성은 개발사업에 따른 인구 유입으로 인한 취학 수요의 증가로 초래되므로, 주택재건축사업의 시행으로 공동주택을 건설하는 경우에는 신규로 주택이 공급되는 개발사업분만을 기준으로 학교용지부담금의 부과대상을 정하여야 한다. 이 사건 법률조항이 주택재건축사업의 경우 학교용지부담금 부과대상에서 '기존 거주자와 토지 및 건축물의 소유자에게 분양하는 경우'에 해당하는 개발사업분만 제외하고, 매도나 현금청산의 대상이 되어 제3자에게 분양됨으로써 기존에 비하여 가구 수가 증가하지 아니하는 개발사업분을 제외하지 아니한 것은, 주택재건축사업의 시행자들 사이에 학교시설 확보의 필요성을 유발하는 정도와 무관한 불합리한 기준으로 학교용지부담금의 납부액을 달리하는 차별을 초래하므로, 이 사건 법률조항은 평등원칙에 위배된다(헌재 2013.7.25. 2011헌가32).

> 〈학교용지 부담금 정리〉
> - 수분양자에게 학교용지 부담금 부과: 헌법 제31조 제3항에 위반된다(헌재 2005.3.31. 2003헌가20).
> - 개발사업자에게 학교용지 부담금 부과: 헌법 제31조 제3항에 위반되지 않는다(헌재 2008.9.25. 2007헌가9).
> - 가구 수가 증가하지 아니한 개발사업분을 학교용지 부담금에서 제외하지 않은 것: 평등원칙 위반(헌재 2013.7.25. 2011헌가32)

ㅁ. [O] 학교용지부담금은 300세대 규모 이상의 주택건설로 인하여 늘어나는 공익시설에 대한 수요 중에서 초, 중, 고등학교의 학교용지의 확보에 대한 수요를 충족시키기 위하여 부과되는 것이므로 부과원인에 따른 분류에 의하면 원인자부담금의 하나에 해당한다. 그리고 학교시설의 건립이라는 특정한 공익사업을 시행함으로 인하여 주택수분양자들은 그의 자녀들이 근거리에서 교육을 받을 수 있는 특별한 이익을 얻게 되기 때문에 수익자부담금으로서의 성격도 가지고 있다. 한편 부담금의 성질에 따른 분류에 의하면, 학교용지부담금은 재정조달목적의 부담금이라고 볼 수 있다. 왜냐하면 학교용지부담금은 기본적으로 필요한 학교시설의 확보에 있어서 소요되는 재정을 충당하기 위한 것이고, 부담금을 부과함으로써 택지개발, 주택공급 등을 제한하거나 금지하기 등의 정책적, 유도적 성격은 희박하기 때문이다(헌재 2005.3.31. 2003헌가20).

12   정답 ④

ㄱ. [X] 근로의 권리란 인간이 자신의 의사와 능력에 따라 근로관계를 형성하고, 타인의 방해를 받음이 없이 근로관계를 계속 유지하며, 근로의 기회를 얻지 못한 경우에는 국가에 대하여 근로의 기회를 제공하여 줄 것을 요구할 수 있는 권리를 말하며, 이러한 근로의 권리는 사회권적 기본권의 성격이 강하므로 이에 대한 외국인의 기본권 주체성을 전면적으로 인정하기는 어렵다. 그러나 근로의 권리는 '일할 자리에 관한 권리'만이 아니라 '일할 환경에 관한 권리'도 함께 내포하고 있는바, 후자는 자유권적 기본권의 성격도 갖고 있어 건강한 작업환경, 일에 대한 정당한 보수, 합리적인 근로조건의 보장 등을 요구할 수 있는 권리 등을 포함한다고 할 것이므로 외국인 근로자라고 하여 이 부분에까지 기본권 주체성을 부인할 수는 없다. 즉 근로의 권리의 구체적인 내용에 따라, 국가에 대하여 고용증진을 위한 사회적·경제적 정책을 요구할 수 있는 권리는 사회권적 기본권으로서 국민에 대하여만 인정해야 하지만, 최소한의 근로조건을 요구할 수 있는 권리로서 자유권적 기본권의 성격도 아울러 가지므로 이러한 경우 외국인 근로자에게도 그 기본권 주체성을 인정함이 타당하다(헌재 2002.11.28. 2001헌바50).

ㄴ. [X] 기본권 주체성의 인정 문제와 기본권 제한의 정도는 별개의 문제이므로 외국인에게 근로의 권리에 대한 기본권 주체성을 인정한다는 것이 곧바로 우리 국민과 동일한 수준의 보장을 한다는 것을 의미하는 것은 아니다(헌재 2016.3.31. 2014헌마367).

ㄷ. [O] 산업연수생이 연수라는 명목하에 사업주의 지시·감독을 받으면서 사실상 노무를 제공하고 수당 명목의 금품을 수령하는 등 실질적인 근로관계에 있는 경우에도, 근로기준법이 보장한 근로기준 중 주요사항을 외국인 산업연수생에 대하여만 적용되지 않도록 하는 것은 자의적인 차별이라 아니할 수 없다(헌재 2007.8.30. 2004헌마670).

ㄹ. [O] 헌법상 근로의 권리는 '일할 자리에 관한 권리'만이 아니라 '일할 환경에 관한 권리'도 의미하는데, '일할 환경에 관한 권리'는 인간의 존엄성에 대한 침해를 방어하기 위한 권리로서 외국인에게도 인정되며, 건강한 작업환경, 일에 대한 정당한 보수, 합리적인 근로조건의 보장 등을 요구할 수 있는 권리 등을 포함한다. 여기서의 근로조건은 임금과 그 지불방법, 취업시간과 휴식시간 등 근로계약에 의하여 근로자가 근로를 제공하고 임금을 수령하는 데 관한 조건들이고, 이 사건 출국만기보험금은 퇴직금의 성질을 가지고 있어서 그 지급시기에 관한 것은 근로조건의 문제이므로 외국인인 청구인들에게도 기본권 주체성이 인정된다(헌재 2016.3.31. 2014헌마367).

ㅁ. [O] 타인과의 사용종속관계하에서 근로를 제공하고 그 대가로 임금 등을 받아 생활하는 사람은 노동조합 및 노동관계조정법(이하 '노동조합법'이라 한다)상 근로자에 해당하고, 노동조합법상의 근로자성이 인정되는 한, 그러한 근로자가 외국인인지 여부나 취업자격의 유무에 따라 노동조합법상 근로자의 범위에 포함되지 아니한다고 볼 수는 없다(대판 전합체 2015.6.25. 2007두4995).

13   정답 ③

① [O] 헌법 제33조 제1항이 '근로자는 근로조건의 향상을 위하여 자주적인 단결권, 단체교섭권, 단체행동권을 가진다'고 규정하여 근로자에게 '단결권, 단체교섭권, 단체행동권'을 기본권으로 보장하는 뜻은 근로자가 사용자와 대등한 지위에서 단체교섭을 통하여 자율적으로 임금 등 근로조건에 관한 단체협약을 체결할 수 있도록 하기 위한 것이다. 비록 헌법이 위 조항에서 '단체협약체결권'을 명시하여 규정하고 있지 않다고 하더라도 근로조건의 향상을 위한 근로자 및 그 단체의 본질적인 활동의 자유인 '단체교섭권'에는 단체협약체결권이 포함되어 있다고 보아야 한다(헌재 1998.2.27. 94헌바13).

② [O] 청구인들은 심판대상조항이 기존 직장에서 계속 근무하기를 원하는 기간제근로자들에게 정규직으로 전환되지 않는 한 2년을 초과하여 계속적으로 근무할 수 없도록 함으로써 직업선택의 자유, 근로의 권리를 침해하고 있다고 주장한다. … 헌법 제15조 직업의 자유와 제32조 근로의 권리는 국가에게 단지 사용자의 처분에 따른 직장 상실에 대하여 최소한의 보호를 제공해 줄 의무를 지울 뿐이고, 여기에서 직장 상실로부터 근로자를 보호하여 줄 것을 청구할 수 있는 권리가 나오지는 않는다. 따라서 직업의 자유, 근로의 권리 침해 문제는 이 사건에서 발생하지 않는다(헌재 2013.10.24. 2010헌마219).

❸ [X] 이 사건 법률조항으로 인하여 교원 노조 및 해직 교원의 단결권 자체가 박탈된다고 할 수는 없는 반면, 교원이 아닌 자가 교원노조의 조합원 자격을 가질 경우 교원노조의 자주성에 대한 침해는 중대할 것이어서 법익의 균형성도 갖추었으므로, 이 사건 법률조항은 청구인들의 단결권을 침해하지 아니한다(헌재 2015.5.28. 2013헌마671 등).

④ [O] 심판대상조항으로 인하여 교육공무원 아닌 대학 교원들이 향유하지 못하는 단결권은 헌법이 보장하고 있는 근로3권의 핵심적이고 본질적인 권리이다. 심판대상조항의 입법목적이 재직 중인 초·중등 교원에 대하여 교원노조를 인정해 줌으로써 교원노조의 자주성과 주체성을 확보한다는 측면에서는 그 정당성을 인정할 수 있을 것이나, 교원노조를 설립하거나 가입하여 활동할 수 있는 자격을 초·중등 교원으로 한정함으로써 교육공무원이 아닌 대학 교원에 대해서는 근로기본권의 핵심인 단결권조차 전면적으로 부정한 측면에 대해서는 그 입법목적의 정당성을 인정하기 어렵고, 수단의 적합성 역시 인정할 수 없다. 설령 일반근로자 및 초·중등 교원과 구별되는 대학 교원의 특수성을 인정하더라도, 대학 교원에게도 단결권을 인정하면서 다만 해당 노동조합이 행사할 수 있는 권리를 다른 노동조합과 달리 강한 제약 아래 두는 방법도 얼마든지 가능하므로, 단결권을 전면적으로 부정하는 것은 필요 최소한의 제한이라고 보기 어렵다(헌재 2018.8.30. 2015헌가38).

ㅁ. [×] 퇴직금의 지급시기와 같은 근로조건을 정함에 있어 입법자는 여러 가지 사회적·경제적 여건 등을 함께 고려할 필요성이 있으므로 그 시기를 언제로 할 것인지에 대해서는 폭넓은 입법재량이 있다. 따라서 구체적 입법이 헌법상 용인될 수 있는 재량의 범위를 명백히 일탈하여 근로의 권리에 관한 국가의 최소한의 의무를 불이행한 경우가 아닌 한, 헌법 위반 문제가 발생한다고 보기 어렵다. 즉, 헌법 제32조 제3항에서 "근로조건의 기준은 인간의 존엄성을 보장하도록 법률로 정한다."라고 규정하고 있는 취지에 비추어 입법내용이 인간의 존엄을 유지하기 위한 최소한 합리성을 담보하고 있으면 위헌이라고 볼 수 없다. 결국 이 사건 출국만기보험금의 지급시기를 출국 후 14일 이내로 함으로써 청구인들의 근로의 권리가 침해되었는지 여부는 이러한 입법이 헌법상 용인될 수 있는 재량의 범위를 명백히 일탈한 것인지 여부에 달려 있다(헌재 2016.3.31. 2014헌마367).

14 정답 ③

ㄱ. [O] 연차유급휴가는 근로자의 건강하고 문화적인 생활의 실현에 이바지할 수 있도록 여가를 부여하는 데 그 목적이 있는 것으로, 인간의 존엄성을 보장하기 위한 합리적인 근로조건에 해당하므로 연차유급휴가에 관한 권리는 근로의 권리의 내용에 포함된다(헌재 2015.5.28. 2013헌마619).
ㄴ. [O] 근로의 권리란 '일할 자리에 관한 권리'와 '일할 환경에 관한 권리'를 말하며, 후자는 건강한 작업환경, 일에 대한 정당한 보수, 합리적인 근로조건의 보장 등을 요구할 수 있는 권리 등을 의미하는바, 직장변경의 횟수를 제한하고 있는 위 법률조항은 위와 같은 근로의 권리를 제한하는 것은 아니라 할 것이다(헌재 2011.9.29. 2007헌마1083).
 ✔ 직업선택의 자유를 제한함.
ㄷ. [O] 헌법이 보장하는 근로의 권리에는 '일할 자리에 관한 권리'뿐만 아니라 '일할 환경에 관한 권리'도 포함되는데, 일할 환경에 관한 권리는 인간의 존엄성에 대한 침해를 막기 위한 권리로서 건강한 작업환경, 정당한 보수, 합리적 근로조건의 보장 등을 요구할 수 있는 권리를 포함한다. 근로기준법에 마련된 해고예고제도는 근로조건의 핵심적 부분인 해고와 관련된 사항일 뿐만 아니라, 근로자가 갑자기 직장을 잃어 생활이 곤란해지는 것을 막는 데 목적이 있으므로, 근로자의 인간 존엄성을 보장하기 위한 최소한의 근로조건으로서 근로의 권리의 내용에 포함된다(헌재 2015.12.23. 2014헌바3).
ㄹ. [×] 헌법상 근로의 권리는 '일할 자리에 관한 권리'만이 아니라 '일할 환경에 관한 권리'도 의미하는데, '일할 환경에 관한 권리'는 인간의 존엄성에 내한 침해를 방어하기 위한 권리로서 외국인에게도 인정되며, 건강한 작업환경, 일에 대한 정당한 보수, 합리적인 근로조건의 보장 등을 요구할 수 있는 권리 등을 포함한다. 여기서의 근로조건은 임금과 그 지불방법, 취업시간과 휴식시간 등 근로계약에 의하여 근로자가 근로를 제공하고 임금을 수령하는 데 관한 조건들이고, 이 사건 출국만기보험금은 퇴직금의 성질을 가지고 있어서 그 지급시기에 관한 것은 근로조건의 문제이므로 외국인인 청구인들에게도 기본권 주체성이 인정된다(헌재 2016.3.31. 2014헌마367).

15 정답 ①

❶ [O] 심판대상조항은 교원의 근로조건 향상을 위하여 정부 등을 상대로 단체교섭권 등을 행사하는 교원노조를 설립하거나 그 활동의 주된 주체를 원칙적으로 초·중등학교에 재직 중인 교원으로 한정함으로써, 대내외적으로 교원노조의 자주성과 주체성을 확보하여 교원의 실질적 근로조건 향상에 기여한다는 데 그 입법목적이 있다. 이러한 입법목적은 재직 중인 초·중등 교원에 대하여 교원노조를 인정해 줌으로써 이들의 교원노조의 자주성과 주체성을 확보하는 데 기여할 수 있다는 측면에서는 그 정당성을 인정할 수 있을 것이다. 그러나 심판대상조항이 교원노조를 설립하거나 가입하여 활동할 수 있는 자격을 초·중등 교원으로 한정함으로써 결과적으로 교육공무원 아닌 대학 교원에 대해서 근로기본권의 핵심인 단결권조차 전면적으로 부정한 측면에 대해서는 입법목적의 정당성을 인정할 수 없고, 수단의 적합성도 인정할 수 없다(헌재 2018.8.30. 2015헌가38).
② [×] 선지는 반대의견이다.
이 사건의 쟁점은 이와 같이 근로기본권의 핵심적인 권리인 단결권조차 인정되지 아니하는 대학 교원에 대한 기본권의 제한이 헌법적으로 정당화될 수 있는지 여부이다. 평등원칙 위배에 관한 제청이유는 초·중등 교원과 달리 대학 교원의 단결권 등을 인정하지 않는 것의 위헌성에 관한 주장으로서, 단결권 침해의 위헌성에 대한 주장과 실질적으로 같다고 할 것이므로 별도로 살펴보지 아니한다(헌재 2018.8.30. 2015헌가38).
③ [×] 교육공무원인 대학 교원과 공무원 아닌 대학 교원으로 나누어, 각각의 단결권 침해가 헌법에 위배되는지 여부에 관하여, 공무원 아닌 대학 교원에 대해서는 과잉금지원칙 준수 여부를 기준으로, 교육공무원인 대학 교원에 대해서는 입법형성의 범위를 일탈하였는지 여부를 기준으로 나누어 심사하기로 한다(헌재 2018.8.30. 2015헌가38).
④ [×] 헌법 제33조 제2항이 직접 '법률이 정하는 자'만이 노동3권을 향유할 수 있다고 규정하고 있어서 '법률이 정하는 자' 이외의 공무원은 노동3권의 주체가 되지 못하므로, '법률이 정하는 자' 이외의 공무원에 대해서도 노동3권이 인정됨을 전제로

하여 헌법 제37조 제2항의 과잉금지원칙을 적용할 수는 없는 것이다(헌재 2007.8.30. 2003헌바51 등).

16
정답 ②

ㄱ. [O] 적정임금 보장은 1980년 개정헌법에 규정되었고, 최저임금 보장은 1987년 개정헌법에 규정되었다.

ㄴ. [X]
> 헌법 제32조 ④ 여자의 근로는 특별한 보호를 받으며, 고용·임금 및 근로조건에 있어서 부당한 차별을 받지 아니한다.
> ⑥ 국가유공자·상이군경 및 전몰군경의 유가족은 법률이 정하는 바에 의하여 우선적으로 근로의 기회를 부여받는다.

ㄷ. [X] ㄹ. [X]
> 헌법 제32조 ② 모든 국민은 근로의 의무를 진다. 국가는 근로의 의무의 내용과 조건을 민주주의원칙에 따라 법률로 정한다.
> ③ 근로조건의 기준은 인간의 존엄성을 보장하도록 법률로 정한다.

ㅁ. [O]
> 헌법 제32조 ① 모든 국민은 근로의 권리를 가진다. 국가는 사회적·경제적 방법으로 근로자의 고용의 증진과 적정임금의 보장에 노력하여야 하며, 법률이 정하는 바에 의하여 최저임금제를 시행하여야 한다.
> ④ 여자의 근로는 특별한 보호를 받으며, 고용·임금 및 근로조건에 있어서 부당한 차별을 받지 아니한다.
> ⑤ 연소자의 근로는 특별한 보호를 받는다.

ㅂ. [X] 헌법 제32조는 여자의 근로와 연소자의 근로에 대한 특별한 보호규정을 두고 있으나, 장애인근로 보호에 대한 규정은 없다. 장애인의 근로는 제34조 제5항에 따라 보호될 수 있다.

ㅅ. [X] '노인'의 근로는 특별한 보호를 받는다는 규정은 없다.

17
정답 ③

① [O] 특수경비원의 파업·태업 그 밖에 경비업무의 정상적인 운영을 저해하는 일체의 쟁의행위를 금지하는 경비업법 제15조 제3항은 나머지 청구인들의 단체행동권을 침해하지 않는다(헌재 2023.3.23. 2019헌마937).

② [O] 노조전임자의 급여를 지원하는 행위를 금지하는 노동조합 및 노동관계조정법 제81조 제4호는 과잉금지원칙에 위배되지 아니한다(헌재 2022.5.26. 2019헌바341).

❸ [X] 피청구인 대통령이 구 '고용보험 및 산업재해보상보험의 보험료징수 등에 관한 법률' 제49조의3 제2항 단서에 따라 대통령령 입법부작위에 정당한 이유가 있다고 볼 수 있다(헌재 2023.10.26. 2020헌마93).

④ [O] 동물의 사육 사업 근로자에 대하여 근로기준법 제4장에서 정한 근로시간 및 휴일 규정의 적용을 제외하도록 한 구 근로기준법 제63조 제2호 중 '동물의 사육' 가운데 '제4장에서 정한 근로시간, 휴일에 관한 규정'에 관한 부분은 청구인의 근로의 권리를 침해하지 않는다(헌재 2021.8.31. 2018헌마563).

18
정답 ②

ㄱ. [O] 이 사건 급여지원금지조항으로 인하여 초래되는 사용자의 기업의 자유의 제한은 근로시간 면제제도로 인하여 상당히 완화되는 반면에, 이 사건 급여지원금지조항은 노동조합의 자주성과 독립성 확보, 안정적인 노사관계의 유지와 산업 평화를 도모하기 위한 것으로서 그 공익은 중대하므로 법익의 균형성도 인정된다. 따라서 이 사건 급여지원금지조항은 과잉금지원칙에 위배되지 아니한다(헌재 2022.5.26. 2019헌바341).

ㄴ. [X] 심판대상조항은 사용자가 예측하지 못한 시기에 전격적으로 이루어져 사용자의 사업운영에 심대한 혼란이나 막대한 손해를 초래하여 사용자의 사업계속에 관한 자유의사를 제압·혼란시켰다고 평가할 수 있는 집단적 노무제공 거부를 형사처벌의 대상으로 삼고 있다. 이러한 단체행동권의 행사를 금지함으로써 근로자 집단이 받은 불이익은 단체행동권 행사의 시기·방법적 제약으로서 사용자 및 제3자의 기본권 보장이나 거래질서 유지의 공익보다 중대한 것이라 단언하기는 어렵다. 따라서 심판대상조항은 법익균형성 요건도 갖추었다. 그러므로 심판대상조항은 과잉금지원칙을 위배하여 단체행동권을 침해하지 아니한다(헌재 2022.5.26. 2012헌바66).

ㄷ. [X] 헌법상 보장된 근로자의 단결권은 단결할 자유만을 가리킬 뿐이고, 단결하지 아니할 자유 이른바 소극적 단결권은 이에 포함되지 않는다고 보는 것이 우리 재판소의 선례라고 할 것이다. 그렇다면 근로자가 노동조합을 결성하지 아니할 자유나 노동조합에 가입을 강제당하지 아니할 자유, 그리고 가입한 노동조합을 탈퇴할 자유는 근로자에게 보장된 단결권의 내용에 포섭되는 권리로서가 아니라 헌법 제10조의 행복추구권에서 파생되는 일반적 행동의 자유 또는 제21조 제1항의 결사의 자유에서 그 근거를 찾을 수 있다(헌재 2005.11.24. 2002헌바95 등).

ㄹ. [X] 우리 헌법은 제33조 제1항에서 근로자의 자주적인 노동3권을 보장하고 있으면서도, 같은 조 제2항에서 공무원인 근로자에 대하여는 법률에 의한 제한을 예정하고 있는바, 이는 공무원의 국민 전체에 대한 봉사자로서의 지위 및 그 직무상의 공공성을 고려하여 합리적인 공무원제도의 보장과 이와 관련된 주권자의 권익을 공공복리의 목적 아래 통합 조정하려는 것이다. 따라서 국회는 헌법 제33조 제2항에 따라 공무원인 근로자에게 단결권·단체교섭권·단체행동권을 인정할 것인가의 여부, 어떤 형태의 행위를 어느 범위에서 인정할 것인가 등에 대하여 광범위한 입법형성의 자유를 가진다(헌재 2008.12.26. 2005헌마971).

ㅁ. [O] 노동조합이 근로자의 근로조건과 경제조건의 개선이라는 목적을 위하여 활동하는 한, 헌법 제33조의 단결권의 보호를 받지만, 단결권에 의하여 보호받는 고유한 활동영역을 떠나서 개인이나 다른 사회단체와 마찬가지로 정치적 의사를 표명하거나 정치적으로 활동하는 경우에는 모든 개인과 단체를 똑같이 보호하는 일반적 기본권인 의사표현의 자유 등의 보호를 받을 뿐이다(헌재 1999.11.25. 95헌마154).

19 정답 ①

❶ [O] 환경권을 행사함에 있어 국민은 국가로부터 건강하고 쾌적한 환경을 향유할 수 있는 자유를 침해당하지 않을 권리를 행사할 수 있고, 일정한 경우 국가에 대하여 건강하고 쾌적한 환경에서 생활할 수 있도록 요구할 수 있는 권리가 인정되기도 하는바, 환경권은 그 자체 종합적 기본권으로서의 성격을 지닌다(헌재 2019.12.27. 2018헌마730).

② [X] 환경권의 내용과 행사는 법률에 의해 구체적으로 정해지는 것이기는 하나(헌법 제35조 제2항), 이 헌법조항의 취지는 특별히 명문으로 헌법에서 정한 환경권을 입법자가 그 취지에 부합하도록 법률로써 내용을 구체화하도록 한 것이지 환경권이 완전히 무의미하게 되는데도 그에 대한 입법을 전혀 하지 아니하거나, 어떠한 내용이든 법률로써 정하기만 하면 된다는 것은 아니다. 그러므로 일정한 요건이 충족될 때 환경권 보호를 위한 입법이 없거나 현저히 불충분하여 국민의 환경권을 침해하고 있다면 헌법재판소에 그 구제를 구할 수 있다고 해야 할 것이다(헌재 2019.12.27. 2018헌마730).

③ [X] 법률이 헌법에 위반되는 경우 원칙적으로 위헌결정을 하여야 하지만, 위헌결정을 통하여 법률조항을 법질서에서 제거하는 것이 법적 공백이나 혼란을 초래할 우려가 있는 경우에는 위헌조항의 잠정 적용을 명하는 헌법불합치결정을 할 수 있다. 심판대상조항의 위헌성은 전국동시지방선거의 선거운동에서 확성장치를 사용하는 것 자체에 있는 것이 아니라, 선거운동에서 사용하는 확성장치와 관련하여 그로부터 유발되는 소음의 규제기준에 관한 구체적인 규정을 두지 아니하여 건강하고 쾌적한 환경에서 생활할 권리를 침해한다는 것에 있는데, 만약 위 조항을 단순위헌으로 선언하는 경우 선거운동에서 확성장치의 사용에 관한 근거규정이 사라지고, 후보자 등은 확성장치를 사용할 수 없게 됨에 따라 혼란이 초래될 우려가 있다(헌재 2019.12.27. 2018헌마730).

④ [X] 환경권의 내용과 행사는 법률에 의해 구체적으로 정해지는 것이기는 하나(헌법 제35조 제2항), 이 헌법조항의 취지는 특별히 명문으로 헌법에서 정한 환경권을 입법자가 그 취지에 부합하도록 법률로써 내용을 구체화하도록 한 것이지 환경권이 완전히 무의미하게 되는데도 그에 대한 입법을 전혀 하지 아니하거나, 어떠한 내용이든 법률로써 정하기만 하면 된다는 것은 아니다. 그러므로 일정한 요건이 충족될 때 환경권 보호를 위한 입법이 없거나 현저히 불충분하여 국민의 환경권을 침해하고 있다면 헌법재판소에 그 구제를 구할 수 있다고 해야 할 것이다(헌재 2019.12.27. 2018헌마730).

20 정답 ④

① [X] 국가의 국민보건에 관한 보호의무를 명시한 헌법 제36조 제3항에 의한 권리를 헌법소원을 통하여 주장할 수 있는 자는 직접 자신의 보건이나 의료문제가 국가에 의해 보호받지 못하고 있는 의료 수혜자적 지위에 있는 국민이라고 할 것이므로 의료시술자적 지위에 있는 안과의사가 자기 고유의 업무범위를 주장하여 다투는 경우에는 위 헌법규정을 원용할 수 없다(헌재 1993.11.25. 92헌마8).

② [X] 보건에 관한 국가의 의무와 관련하여 마약류 관리에 관한 법률 제3조의2(국가의 책임), 같은 법 제40조, 마약류중독자 치료보호규정 제9조 제3항 및 구 정신보건법 등에 의하여 국민의 건강을 유지하는 데 필요한 국가적 급부와 배려가 이루어지고 있다는 점을 감안하면, 구 치료감호법 제4조 제1항이 피고인의 치료감호청구권을 인정하지 않고 있다 하더라도 국민의 보건에 관한 권리를 침해하는 것이라고는 볼 수 없다(헌재 2010.4.29. 2008헌마622).

③ [X] 헌법 제36조 제3항은 "모든 국민은 보건에 관하여 국가의 보호를 받는다."라고 하여, 국민이 자신의 건강을 유지하는 데 필요한 국가적 급부와 배려를 요구할 수 있는 권리인 이른바 '보건에 관한 권리'를 규정하고 있고, 이에 따라 국가는 국민의 건강을 소극적으로 침해하여서는 아니 될 의무를 부담하는 것에서 한 걸음 더 나아가 적극적으로 국민의 보건을 위한 정책을 수립하고 시행하여야 할 의무를 부담한다(헌재 2021.1.28. 2019헌가24 등).

❹ [O] 정신건강증진 및 정신질환자 복지서비스 지원에 관한 법률, 형의 집행 및 수용자의 처우에 관한 법률에 있는 다른 제도들을 통하여 국민의 정신건강을 유지하는 데에 필요한 국가적 급부와 배려가 이루어지고 있으므로, 이 사건 법률조항들에서 치료감호대상자의 치료감호청구권이나 법원의 직권에 의한 치료감호를 인정하지 않는다 하더라도 국민의 보건에 관한 국가의 보호의무에 반한다고 보기 어렵다(헌재 2021.1.28. 2019헌가24 등).

빠른 정답

1회 p.8

01	④	02	①	03	①	04	③	05	④
06	④	07	③	08	②	09	②	10	④
11	①	12	④	13	④	14	③	15	①
16	④	17	④	18	②	19	④	20	④

2회 p.16

01	①	02	④	03	③	04	①	05	②
06	④	07	③	08	①	09	④	10	③
11	③	12	④	13	②	14	①	15	①
16	②	17	②	18	③	19	④	20	③

3회 p.24

01	②	02	①	03	①	04	②	05	②
06	③	07	②	08	④	09	④	10	④
11	②	12	④	13	①	14	③	15	①
16	④	17	③	18	③	19	①	20	③

4회 p.34

01	④	02	④	03	④	04	②	05	②
06	②	07	③	08	①	09	④	10	②
11	③	12	④	13	④	14	④	15	①
16	①	17	④	18	①	19	①	20	④

5회 p.44

01	②	02	③	03	③	04	④	05	②
06	④	07	③	08	①	09	④	10	②
11	③	12	③	13	①	14	②	15	④
16	③	17	①	18	②	19	①	20	④

6회
p.54

01	③	02	③	03	②	04	②	05	②
06	④	07	①	08	③	09	③	10	②
11	③	12	①	13	③	14	①	15	①
16	②	17	③	18	③	19	③	20	④

7회
p.64

01	①	02	④	03	③	04	④	05	④
06	③	07	③	08	④	09	③	10	③
11	②	12	②	13	④	14	③	15	③
16	①	17	④	18	③	19	②	20	②

8회
p.72

01	②	02	①	03	①	04	①	05	②
06	②	07	④	08	④	09	④	10	①
11	①	12	③	13	②	14	②	15	②
16	②	17	②	18	④	19	④	20	④

9회
p.80

01	②	02	②	03	③	04	③	05	①
06	④	07	①	08	③	09	④	10	①
11	④	12	①	13	②	14	①	15	③
16	④	17	④	18	②	19	①	20	③

10회
p.88

01	②	02	③	03	①	04	④	05	①
06	②	07	④	08	④	09	④	10	③
11	④	12	④	13	③	14	③	15	①
16	②	17	③	18	②	19	①	20	④

2025 최신개정판

해커스경찰
황남기
경찰헌법

Season 1 쟁점별 모의고사

개정 4판 1쇄 발행 2025년 1월 8일

지은이	황남기 편저
펴낸곳	해커스패스
펴낸이	해커스경찰 출판팀
주소	서울특별시 강남구 강남대로 428 해커스경찰
고객센터	1588-4055
교재 관련 문의	gosi@hackerspass.com
	해커스경찰 사이트(police.Hackers.com) 교재 Q&A 게시판
	카카오톡 플러스 친구 [해커스경찰]
학원 강의 및 동영상강의	police.Hackers.com
ISBN	979-11-7244-726-7 (13360)
Serial Number	04-01-01

저작권자 ⓒ 2025, 황남기
이 책의 모든 내용, 이미지, 디자인, 편집 형태는 저작권법에 의해 보호받고 있습니다.
서면에 의한 저자와 출판사의 허락 없이 내용의 일부 혹은 전부를 인용, 발췌하거나 복제, 배포할 수 없습니다.

경찰공무원 1위,
해커스경찰(police.Hackers.com)

해커스경찰

· 정확한 성적 분석으로 약점 극복이 가능한 **경찰 합격예측 온라인 모의고사**(교재 내 응시권 및 해설강의 수강권 수록)
· 해커스 스타강사의 **경찰헌법 무료 특강**
· **해커스경찰 학원 및 인강**(교재 내 인강 할인쿠폰 수록)
· 다회독에 최적화된 **회독용 답안지**

한경비즈니스 2024 한국품질만족도 교육(온·오프라인 경찰학원) 부문 1위